독자의 1초를
아껴주는 정성을
만나보세요!

세상이 아무리 바쁘게 돌아가더라도 책까지 아무렇게나 빨리 만들 수는 없습니다.

인스턴트 식품 같은 책보다 오래 익힌 술이나 장맛이 밴 책을 만들고 싶습니다.

땀 흘리며 일하는 당신을 위해 한 권 한 권 마음을 다해 만들겠습니다.

마지막 페이지에서 만날 새로운 당신을 위해 더 나은 길을 준비하겠습니다.

Problem Solving in Data Structures & Algorithms Using C

Copyright © 2017 Hemant Jain

Korean translation copyright ©2020 Gilbut Publishing Co., Ltd.

This Korean edition was published by arrangement with Hemant Jain through Agency-One, Seoul.

이 책의 한국어판 저작권은 원 에이전시를 통한 저작권사와의 독점 계약으로 (주)도서출판 길벗에 있습니다.

저작권법에 의해 한국 내에서 보호를 받는 저작물이므로 무단전재와 복제를 금합니다.

실전 대비 C 알고리즘 인터뷰

Problem Solving in Data Structures & Algorithms Using C

초판 발행 • 2020년 9월 28일

지은이 • 헤먼 자인
옮긴이 • 이호진
발행인 • 이종원
발행처 • (주)도서출판 길벗
출판사 등록일 • 1990년 12월 24일
주소 • 서울시 마포구 월드컵로10길 56(서교동)
대표 전화 • 02)332-0931 | **팩스** • 02)323-0586
홈페이지 • www.gilbut.co.kr | **이메일** • gilbut@gilbut.co.kr

기획 및 책임편집 • 정지연(stopy@gilbut.co.kr) | **디자인** • 박상희 | **제작** • 이준호, 손일순, 이진혁
영업마케팅 • 임태호, 전선하, 박성용, 지운집, 차명환 | **영업관리** • 김명자 | **독자지원** • 송혜란, 홍혜진

교정교열 • 김창수 | **전산편집** • 박진희 | **출력 및 인쇄** • 북토리 | **제본** • 신정문화사

▶ 잘못 만든 책은 구입한 서점에서 바꿔 드립니다.

▶ 이 책은 저작권법에 따라 보호받는 저작물이므로 무단전재와 무단복제를 금합니다. 이 책의 전부 또는 일부를 이용하려면
  반드시 사전에 저작권자와 (주)도서출판 길벗의 서면 동의를 받아야 합니다.

▶ 이 도서의 국립중앙도서관 출판예정도서목록(CIP)은 서지정보유통지원시스템(http://seoji.nl.go.kr)과 국가자료종합목록구
  축시스템(https://kolis-net.nl.go.kr)에서 이용하실 수 있습니다.(CIP 제어번호: CIP2020038482)

ISBN 979-11-6521-295-7 93000 (길벗 도서번호 007031)

정가 36,000원

독자의 1초를 아껴주는 정성 길벗출판사

길벗 | IT실용서, IT/일반 수험서, IT전문서, 경제실용서, 취미실용서, 건강실용서, 자녀교육서
더퀘스트 | 인문교양서, 비즈니스서
길벗이지톡 | 어학단행본, 어학수험서
길벗스쿨 | 국어학습서, 수학학습서, 유아학습서, 어학학습서, 어린이교양서, 교과서

페이스북 • https://www.facebook.com/gbitbook
예제 소스 • https://github.com/gilbutITbook/007031

PROBLEM SOLVING
IN DATA STRUCTURES &
ALGORITHMS USING C

실전 대비
C 알고리즘
인터뷰

헤먼 자인 지음
이호진 옮김

소프트웨어 개발자에게 필요한 직무 역량으로 가장 중요한 것은 무엇일까요? 전공 지식, 기술 경험, 커뮤니케이션, 학습 능력, 창의력, 문제를 이해하고 논리적으로 분석 해결하는 능력 등 다양한 것들이 있습니다.

최근 많은 소프트웨어 기업이 개발자를 채용할 때 지원자가 문제를 논리적으로 분석하고 해결하는 능력이 있는지를 주요하게 봅니다. 실리콘밸리의 많은 소프트웨어 기업, 특히 FANG 같은 큰 회사들뿐만 아니라 스타트업들도 대부분 개발자 채용 과정에서 알고리즘 테스트를 진행합니다.

우리나라의 소프트웨어 회사들도 개발자 구인 과정에 알고리즘 테스트를 도입했습니다. 물론 일부 대기업을 비롯해 이런 과정 없이 취업할 수 있는 회사들도 많습니다. 전통적인 제조사들은 소프트웨어 개발자를 채용하는 과정에서 보통 이런 과정이 생략됩니다.

하지만 많은 개발자가 선호하는 유망한 기업들은 알고리즘 테스트 없이 들어가기는 어렵습니다. 미국의 몇몇 유명 기업은 알고리즘 테스트 결과가 연봉 책정에 큰 영향을 미치기도 합니다. 우리나라에도 이를 적용하는 회사들이 있습니다.

알고리즘 테스트가 지원자의 실무 능력을 모두 반영하는 것은 아니라는 의견도 있습니다. 맞습니다. 알고리즘 테스트를 잘한다고 해서 업무를 잘한다고 100% 보장할 수 없으며, 알고리즘을 잘 아는 인력을 채용했는데 실무와의 괴리로 문제의식을 느끼고 보완책을 마련하는 기업들도 있습니다. 실제로 문제의 난도를 낮추고 다른 과정을 마련하는 등의 시도를 하고 있습니다.

그러나 효율적인 알고리즘을 작성하는 개발자가 뛰어난 개발자일 가능성이 크고, 그런 허들이 높은 직장일수록 더 좋은 직장일 가능성이 큰 것 또한 사실입니다. 알고리즘 테스트가 완벽하지는 않을지라도 좋은 직장을 구하고 더 나은 개발자로 인정받기 위한 보편적인 방법이므로 예비 개발자든 현직 개발자든 피할 수 없다고 생각합니다.

현업에서 어떤 일을 하느냐에 따라 알고리즘을 효율적으로 작성하는 것이 의미 없을 수도 있고, 기업에 따라 그런 것에 가치를 두지 않기도 합니다. 몇 해 전인가 median filter를 작성해야 할 일이 있었습니다. 일반적으로 현업에서 median filter를 직접 작성할 일은 거의 없습니다. 슬라이딩 윈도를 이동하면서 중간값을 구하는 코드인데, 윈도를 이동할 때마다 중간값을 반복해서 찾는 방식으로 간단하게 작성했습니다. 하지만 그렇게 작성된 코드는 너무 느렸습니다. 마침 그즈음 풀었던 알고리즘 문제와 매우 유사해서 쉽게 해결할 수 있었습니다. 실무에서 이런 순간이 여러 번 있었는데, 그때마다 알고리즘 공부를 하길 잘했다고 스스로 뿌듯했습니다.

몇 해 전부터 규칙적으로 알고리즘 공부를 하는 스터디 모임을 하고 있습니다. 알고리즘 공부를 하고 싶다면 스터디 모임에 참여하길 추천합니다. 가능하면 오프라인에서 만나 칠판에 직접 손 코딩을 해서 문제를 푸는 형태로 진행하는 것이 좋습니다. 제가 참여하는 모임도 매주 오프라인에서 만나 손 코딩으로 문제를 풀었는데, 지금은 대부분 멤버가 미국으로 떠나면서 온라인 모임으로 변경되었습니다.

오프라인 모임과 온라인 모임은 각각 장단점이 있습니다. 온라인 모임이 공간 제약이 없어 만나기는 쉽지만, 집중력도 떨어지고 의견을 나누기에는 제한적입니다. 실제 인터뷰는 첫 번째를 제외하면 대부분 오프라인에서 진행되고 타이핑이 아니라 수기로 코드를 작성하는 경우가 많으니 미리 준비하는 측면에서 오프라인 모임을 추천합니다.

작년 가을, 미국 취업을 준비 중인 친구와 실리콘밸리를 방문했습니다. 구글, 애플, 비자, 삼성 등에서 일하는 여러 현지 개발자를 만나고 그들의 업무 환경도 돌아봤습니다. 지구상에서 가장 첨단의 소프트웨어 업체가 모여 있는 곳을 둘러보는 것은 신선한 자극이 되었습니다.

요즘은 정기적으로 한국에서 구인 이벤트를 여는 유명 외국 기업이 많습니다. 해외로 취업하는 개발자도 많아지면서 미국뿐만 아니라 독일, 영국, 일본 등 여러 나라로 떠나는 지인들이 늘었습니다. 저 또한 예전에 1년 정도 일본에서 일했던 적이 있는데, 현업에서 일하든 신입으로 취업하기를 희망하든 한 번쯤은 해외에서 일하는 것도 나쁘지 않다고 생각합니다. 기회는 분명히 오지만, 준비된 자만이 그 기회를 잡을 수 있습니다. 그러기 위해 꼭 필요한 것이 알고리즘 공부입니다.

다른 직종에서 일하다가 늦은 나이에 소프트웨어 개발자가 되겠다며 유학을 결심한 후배가 있습니다. 유학 가기 전에 미리 공부하는 차원에서 저에게 여러 조언을 부탁했습니다. 그중 하나가 C 언어 기반의 알고리즘과 자료 구조 책을 추천해 달라는 것이었습니다. 여러 책을 비교해 봤는데 대부분 책에서 다루는 자료 구조의 범위가 한정적이거나 충분한 예제가 없어서 딱히 마음에 들지 않았습니다.

물론 이 책도 완벽하지 않고 단점도 있지만, C 언어로 알고리즘 공부를 시작하거나 계속하려는 분들에게는 최적의 선택이 아닐까 합니다. 이 책은 C 언어로 코드가 짜였지만, 언어는 알고리즘을 설명하기 위한 도구일 뿐이니 C 언어가 아닌 다른 언어를 사용하는 분들도 충분히 이해할 수 있고, 유용하리라 생각합니다.

끝으로 항상 좋은 책을 출판해 주시는 길벗출판사와 IT전문서팀 그리고 처음부터 끝까지 큰 도움을 주신 편집자님께 깊은 감사를 드립니다. 또한 이 책의 번역 동기를 제공하고 도움을 준 친구 승룡, 종인과 실리콘밸리의 주말 알고리즘 스터디 멤버들, 마지막으로 가족에게 고마운 마음을 전합니다.

이 책에서 다루는 내용

이 책에서는 자료 구조(data structure)와 알고리즘(algorithm)을 다룹니다. 자료 구조는 빠르고 효율적으로 데이터를 이용할 수 있게 메모리에 데이터를 저장하는 방법을 정의한 것이고, 알고리즘은 여러 자료 구조를 이용해 문제를 해결하는 방법의 모음입니다.

효율적인 알고리즘 설계는 마이크로소프트, 구글, 페이스북을 비롯한 모든 소프트웨어 기업에서 아주 중요하게 여기는 기술입니다. 이 기업들의 코딩 인터뷰는 자료 구조와 알고리즘을 얼마나 아는지에 중점을 둡니다. 그리고 지원자가 자료 구조와 알고리즘의 개념을 이용해 복잡한 문제를 어떻게 효율적으로 해결하는지 살펴봅니다. 단지 아는 것을 넘어 코딩 인터뷰에서 능력을 인정받고 소프트웨어 엔지니어로 탁월한 능력을 발휘하려면 자료 구조와 알고리즘을 자유자재로 구사해야 합니다.

이 책에서는 대상 독자를 C 언어 개발자라고 가정합니다. C 언어 전문가는 아니더라도 여러분은 구조체(structure), 함수(function), 배열(array), 포인터(pointer), 재귀(recursion)의 개념에 친숙할 겁니다.

책의 앞부분에서는 다양한 자료 구조와 알고리즘에 대한 복잡도 분석(complexity analysis)을 살펴봅니다. 또한 연결 리스트(linked list)와 스택(stack), 큐(queue), 트리(tree), 힙(heap), 해시 테이블(hash table), 그래프(graph)를 알아보고 정렬(sorting)과 검색(searching) 기술도 살펴봅니다.

책의 뒷부분에서는 무차별 대입(brute force), 탐욕(greedy) 알고리즘, 분할 정복(divide and conquer), 동적 계획법(dynamic programming), 축소(reduction), 백트래킹(backtracking) 같은 다양한 알고리즘 기법을 다룹니다.

코딩 인터뷰 대비 계획

일반적으로 코딩 인터뷰까지 몇 달 정도의 시간밖에 없으므로 확실한 계획을 세워야 합니다. 대비 계획은 준비 기간과 지원하려는 회사에 따라 달라지는데, 이 책에서는 다음과 같이 준비할 수 있는 기간에 따라 세 가지 대비 계획을 제시합니다.

1개월 대비 계획

1개월 대비 계획은 자료 구조와 알고리즘의 개념을 잘 알고 있으며 한 달 내에 코딩 인터뷰가 잡혀 있어서 이 개념들을 다시 살펴보려고 할 때 적당합니다. 다음은 이런 경우에 공부해야 할 주제들과 이를 마무리하는 데 걸리는 시간입니다.

주차	장	설명
1주차	1장 알고리즘 분석 2장 알고리즘 문제를 풀기 위한 접근법 3장 추상 자료형과 자료 구조	해결책의 복잡도를 구하는 방법의 기본 개념을 이해합니다. 새로운 문제를 어떻게 다뤄야 할지 알게 되고 다양한 자료형과 사용법을 살펴봅니다.
2주차	4장 정렬 5장 검색 13장 문자열 알고리즘	정렬, 검색, 문자열 알고리즘은 코딩 인터뷰에서 주요 항목으로 다뤄집니다.
3주차	6장 연결 리스트 7장 스택 8장 큐	연결 리스트, 스택, 큐는 코딩 인터뷰에서 자주 나오는 문제입니다.
4주차	9장 트리	트리를 살펴봅니다. 이제 기본적인 코딩 인터뷰 준비를 완료했습니다. 행운을 빕니다.

3개월 대비 계획

준비하는 데 최소 3개월의 시간이 있다면 이 계획을 사용합니다. 이 계획은 이 책의 내용 대부분을 포함하지만, 구글, 페이스북 같은 특정 회사에서 요구하는 알고리즘인 동적 계획법, 분할 정복 등의 알고리즘 기술은 빠져 있습니다. 그러므로 특정 회사와 코딩 인터뷰를 보기 전까지는 잠시 이 계획에 해당하는 장들은 보류하고 그 외 장에 집중해야 합니다.

시기	장	설명
1주차	1장 알고리즘 분석 2장 알고리즘 문제를 풀기 위한 접근법 3장 추상 자료형과 자료 구조	해결책의 복잡도를 구하는 방법의 기본 개념을 이해합니다. 새로운 문제를 어떻게 다뤄야 할지 알게 되고 다양한 자료형과 사용법을 살펴봅니다.

시기	장	설명
2주차 3주차	4장 정렬 5장 검색 13장 문자열 알고리즘	정렬, 검색, 문자열 알고리즘은 코딩 인터뷰에서 주요 항목으로 다뤄집니다.
4주차 5주차	6장 연결 리스트 7장 스택 8장 큐	연결 리스트, 스택, 큐는 코딩 인터뷰에서 자주 나오는 문제입니다.
6주차 7주차	9장 트리 10장 힙	트리와 힙을 살펴봅니다.
8주차 9주차	11장 해시 테이블 12장 그래프	이 책의 곳곳에서 사용하는 해시 테이블 구현 방법을 이해합니다. 그래프는 많은 실전 문제에서 해결책으로 사용합니다.
10주차 11주차 12주차	앞에 열거된 장 복습하기	지금까지 공부한 모든 장을 복습합니다. 학습하지 못한 부분이 있다면 완료해야 하고 풀지 못한 예제도 풀어야 합니다.

5개월 대비 계획

최소 5개월의 시간이 있을 때 사용합니다. 이 계획에서는 책 전체를 학습합니다. 추가로 www.topcoder.com 같은 코딩 연습 사이트에서 많은 문제를 풀어 보는 것도 좋습니다. 구글, 페이스북 같은 회사를 목표로 한다면 코딩 테스트 사이트에 가입해 가능한 한 많은 문제를 풀어 보기를 권합니다.

시기	장	설명
1주차	1장 알고리즘 분석 2장 알고리즘 문제를 풀기 위한 접근법 3장 추상 자료형과 자료 구조	해결책의 복잡도를 구하는 방법의 기본 개념을 이해합니다. 새로운 문제를 어떻게 다뤄야 할지 알게 되고 다양한 자료형과 사용법을 살펴봅니다.
2주차 3주차	4장 정렬 5장 검색 13장 문자열 알고리즘	정렬, 검색, 문자열 알고리즘은 코딩 인터뷰에서 주요 항목으로 다뤄집니다.
4주차 5주차	6장 연결 리스트 7장 스택 8장 큐	연결 리스트, 스택, 큐는 코딩 인터뷰에서 자주 나오는 문제입니다.

시기	장	설명
6주차 7주차	9장 트리 10장 힙	트리와 힙을 살펴봅니다.
8주차 9주차	11장 해시 테이블 12장 그래프	이 책의 곳곳에서 사용하는 해시 테이블 구현 방법을 이해합니다. 그래프는 많은 실전 문제에서 해결책으로 사용합니다.
13주차 14주차 15주차 16주차	14장 알고리즘 설계 기법 15장 무차별 대입 알고리즘 16장 탐욕 알고리즘 17장 분할 정복과 부분 정복 18장 동적 계획법 19장 백트래킹 20장 복잡도 이론	다양한 알고리즘 유형과 사용법을 알아봅니다. 이미 이러한 알고리즘을 잘 알고 있다면 다음 단계로 topcoder에서 문제를 풀어 보기 바랍니다.
20주차	복습하기	지금까지 공부한 모든 장을 복습합니다. 학습하지 못한 부분이 있다면 완료해야 하고 풀지 못한 예제도 풀어야 합니다.

코딩 인터뷰를 준비할 때 이 책만 한 준비 계획은 없습니다. 문제를 읽고 스스로 풀려고 노력한 후에 이 책의 접근법과 해결책을 찾아봐야 합니다. 문제를 많이 풀어 보면 사고력이 향상되고 처음 접하는 문제도 풀 수 있게 됩니다. 이 책의 모든 문제를 풀어 보고 나서 www.topcoder.com, www.careercup.com 같은 코딩 테스트 사이트에서 더욱 많은 문제를 풀어 보기를 강력히 권합니다.

소스 코드

이 책에서 사용한 코드는 길벗출판사 깃허브에서 내려받을 수 있습니다.

- **길벗출판사 깃허브:** https://github.com/gilbutITbook/007031

베타테스터 실습 후기

최근 많은 기업이 채용 과정에서 알고리즘 테스트를 도입하고 있어서 해당 역량을 어떻게 키울 수 있을지 고민하던 차에 이 책의 베타테스트 소식을 접하게 되었습니다. 주니어 관점에서 모든 예제를 곧바로 이해하기에는 어려웠지만 3년 후 어느 정도 수준을 갖춰야 할지 지향점을 심어 주는 책이었습니다. 이 책은 알고리즘을 학습하는 책이라기보단 알고리즘 풀이법 또는 접근법을 학습하는 책입니다. 기본적으로 자료 구조와 알고리즘에 대한 탄탄한 이해가 뒷받침되어야 이 책에서 새로운 풀이를 발견했을 때 당황하지 않고 즐거운 마음으로 이해할 수 있을 듯합니다. 무엇보다 이 책의 큰 장점은 하나의 문제에 대해 다양한 해결 방법을 제시하고 독자들이 스스로 생각할 수 있게 유도한다는 것입니다. 그만큼 다소 긴 학습 시간을 요구하지만, 다양한 예제 덕분에 이전에 생각하지 못했던 풀이법들을 익힐 수 있어서 좋았고, 각 해결책의 시간 복잡도와 공간 복잡도를 같이 보여줘서 해당 풀이를 숙지하는 데 도움이 되었습니다.

실습 환경 Windows 10, Visual Studio 2019 Community

남여민_AhnLab, 시스템 소프트웨어 개발자

개발 업무를 하다 보면 알고리즘에 대한 지식이 당연히 필요합니다. 평소 알고리즘에 대한 지식 부족으로 관련 책을 찾아보고 있었는데, 마침 베타테스터 기회가 있어 참여하게 되었습니다. 낯이 익던 문제 유형들도 있었고, 처음 접하는 문제들도 있었습니다. 몇몇 문제는 프로그래밍 대회에서 보던 것과 유사한 유형이어서 반갑기도 했습니다. 저는 예제 코드를 그대로 사용하기보다는 알고리즘에 대한 설명을 이해하고 예제 코드를 참고해 새롭게 구현하는 방법으로 베타테스트를 진행했습니다. 그 덕분에 트리와 힙 구조, 백트래킹 부분을 좀 더 잘 이해할 수 있었습니다. 예제 코드를 단순히 따라 하기보다는 먼저 구현해 본 후 안 되는 부분을 참고하는 방법이 학습에 더 도움이 될 듯합니다.

실습 환경 Windows 10, Visual Studio 2019 Community

김강목_임베디드 개발자

알고리즘이라고 하면 각자 생각나는 책이 있을 겁니다. 저 역시 특정 책들이 떠오릅니다. 이 책들은 몇 년 동안 베스트셀러를 유지하고 있지만, 입문자가 보기에는 굉장히 높은 난도여서 많은 대학생과 개발자에게 좌절감을 안겨주었죠. 또한, 최근 우후죽순으로 쏟아져 나오는 알고리즘 관련 책들은 대개 입사 시 치러야 하는 코딩 테스트에 아주 강하게 치우쳐 있어서 프로그래밍의 근본적인 구조 설명이 별로 없다 보니 문제 풀이 해설지를 보는 듯한 기분이 들어 아쉬운 마음이 있었습니다. 이 책은 그런 코딩 테스트 책과는 다릅니다. 기본적인 자료 구조부터 자료 구조를 활용한 응용 예제 및 모든 알고리즘의 토대가 되는 전략을 제시합니다. 그리고 C 언어를 사용하므로 API를 사용하지 않고 본인이 모든 기능을 구현할 수 있어서 다른 책보다 많은 걸 배울 수 있습니다. 그리고 포함된 그림 덕분에 책을 이해하기가 쉬웠습니다. 이 책을 꾸준히 공부하면 추후 코딩 테스트를 위한 알고리즘을 공부할 때 훨씬 수월할 듯합니다. 다만, C 언어를 기본적으로 이해하고 있어야 보기 쉽습니다.

실습 환경 Windows 10, Vsual Sudio 2019, Ubuntu16.04 GCC

김인환_서울아산병원 의료영상지능실현 연구실, 울산대 의과대학 의공학 석박사통합과정

백엔드 서비스 개발을 하고 있는데 실무에 적용할 알고리즘을 알고 싶어 신청했습니다. 기본 복잡도 계산과 알고리즘에 대한 다양한 문제를 코드와 함께 설명하고 있어서 현업 개발을 하며 알고 있던 것들을 정리하고 상황별 복잡도에 따라 알고리즘을 선택하는 데 많은 도움이 되었습니다. 또한, 알고리즘을 적용한 코드들이 들어 있어서 코딩 테스트 참고서로 유용할 듯합니다.

실습 환경 Windows 10, Vsual Sudio 2019

김상엽_스마일게이트, 서버 개발자

우연한 기회에 이 책의 베타테스트에 참여하게 되었습니다. 제가 맡은 부분은 1장부터 5장까지로, 예제를 전부 실습하는 데 매일 2~3시간씩 대략 5일 정도 걸렸습니다. 코드 품질은 대체로 좋으며, 코드 수준도 초중급 정도로 C 언어를 잘 몰라도 알고리즘 원리를 이해하는 데 무리가 없으리라 생각됩니다. C 언어를 어려워하는 사람이 많은데, 알고리즘 공부는 자바나 파이썬보다는 C 언어로 하는 것이 언어의 철학과 메커니즘을 이해하는 데 가장 좋은 방법이라 생각합니다. 그리고 알고리즘을 기초부터 실전 응용문제까지 다양하게 다루고 있어서 이 책 한 권만 제대로 본다면 알고리즘의 기본기를 제대로 잡을 수 있고 코딩 인터뷰도 무리 없이 통과할 수 있을 겁니다. 코딩 테스트 또는 인터뷰를 준비하거나 자료 구조와 알고리즘의 기본기를 잡고 싶은 분들께 추천합니다.

실습 환경 Windows 10, Visual Studio 2019

이석곤_엔컴(주), 15년 차 개발자

자료 구조와 알고리즘을 한 권으로 볼 수 있는 책이었습니다. 초급자가 보기에는 다소 어려울 수도 있지만, 끈기를 가지고 실습해서 완독한다면 포인터에 대한 감과 자료 구조에 대한 인사이트를 얻을 수 있습니다.

시한_컴퓨터 비전 인공지능 커뮤니티 VAIS

최근에 나온 자료 구조와 알고리즘 관련 책들은 거의 파이썬, 자바, C++ 등의 객체 지향 언어로 구현되었습니다. 그런데 이 책은 C 언어로 작성되어 있어 베타테스터를 신청하게 되었습니다. 다른 책에 비해 주제별 용어 설명이 상세하고 구현 방법, 연습문제(풀이) 등이 알차게 구성되어 있어서 코딩 테스트를 실전 대비하고 고급 역량을 갖추기에 적합한 책인 듯합니다. 초급자라면 바로 보기에는 어려움이 있겠지만, C 언어에 대한 이해와 기본기를 갖추고 있다면 도전해 볼 만한 좋은 내용을 담고 있습니다. 특히 그래프 알고리즘은 지도, SNS 친구 추천, 게임의 스킬 트리에 사용하는 위상 정렬, 빠른 길 찾기에서 필요한 중요한 알고리즘입니다. 각각의 예제 코드는 C 언어를 기반으로 포인터와 메모리 변화를 통해 로직을 이해할 수 있게 되어 있어서 매우 유용합니다. 또한, 기본적인 내용을 다루는 책들보다 문자열 알고리즘, 알고리즘 설계 기법, 무차별 대입, 탐욕 알고리즘, 분할 정복과 부분 정복, 동적 계획법, 백트래킹, 복잡도 이론 등의 고급 알고리즘을 다루므로 개발자의 역량을 기르기에 좋은 구성으로 이루어져 있습니다. 핵심 알고리즘만 나와 있는 장은 실행할 수 있게 구현해서 실습했고, 매일 2시간씩 약 17일 정도 걸렸습니다.

실습 환경 Windows 10, Visual Studio 2019

강태호_CJ올리브네트웍스, 소프트웨어 엔지니어

'알고리즘 연구회'라는 사내 인포멀에 참여하고 있어서 관련 주제를 다루는 이 책을 관심 있게 읽었습니다. 다양한 자료 구조와 알고리즘이 흥미로운 문제와 함께 이해하기 쉽도록 잘 설명되어 있습니다. 문제마다 시간 복잡도와 공간 복잡도를 고려한 여러 해결책이 함께 제시되어 있어서 필요에 따라 유용하게 활용할 수 있습니다. 코딩 인터뷰를 준비하는 사람뿐만 아니라 프로그래밍 대회를 준비하는 학생이나 문제 해결 능력을 키우고 싶은 개발자들이 재미있게 지식을 쌓을 수 있는 책이라고 생각합니다.

실습 환경 Windows 10, MinGW, GCC 6.3.0

김상영_LG전자 ID사업부 SW개발실 책임연구원

C 언어는 오래된 역사만큼이나 프로그래밍의 근간이 되는 언어라고 생각됩니다. 이 책에는 실전에서 활용하거나 다른 언어로 변환해 사용하기에도 좋은 알고리즘이 매우 많이 수록되어 있습니다. 코드를 하나씩 실행해 보며 원리나 구조를 심층 탐구하다 보면 어느새 알고리즘에 대한 자신감이 생길 겁니다.

실습 환경 Windows 10, Visual Studio 2019

배윤성_제이아이엔시스템, 책임연구원

알고리즘 책은 시중에 많이 나와 있지만, 현재의 트렌드에 맞춰 코딩 테스트를 목표로 하는 알고리즘 책은 별로 없어 보입니다. 특히 C 언어로 된 책은요. 이 책은 코딩 인터뷰를 대비하는 책입니다. 그렇다고 실전 문제 풀이만 다룬 것은 아닙니다. 컴퓨터공학에서 배우는 알고리즘 과목의 기초 지식부터 전반적인 알고리즘의 지식을 다룬 후 코딩 테스트에 나올 법한 실전 문제 풀이를 제시하고 있습니다. 최근 유행하는 파이썬보다 C 언어에 익숙하면서 알고리즘을 공부하려는 분들께 적합한 책입니다. 저도 C 언어에 익숙하다 보니 알고리즘을 다시 공부하는 데 이 책이 많은 도움이 되었습니다. 알고리즘을 공부할 때 자신에게 익숙한 언어를 선택하는 것이 빠른 학습의 지름길이란 생각이 듭니다. 이 책을 읽는 모든 분이 이 책을 통해 원하시는 바를 이루셨으면 좋겠습니다.

실습 환경 Windows 10, Visual Studio 2019

이승표_로그웨이브, 서버 개발자

5장 검색 ····· 137

7장 스택 ····· 275

7.1 스택의 추상 자료형 276

7.2 시스템 스택과 함수 호출 277

7.3 배열로 스택 구현하기 279

8장 큐 ····· 331

9장 트리 ····· 353

11장   해시 테이블 ····· 459

12장   그래프 ····· 479

1부

코딩 인터뷰를 위한 기본 개념 익히기

1^장

알고리즘 분석

우리는 경험을 통해 배우고 경험으로부터 새로운 문제를 해결하는 방법을 찾습니다. 다양한 문제의 해결 알고리즘과 기술을 살펴봄으로써 비슷한 문제를 푸는 데 도움이 되는 패턴을 개발하게 됩니다.

알고리즘(algorithm)은 작업을 수행하는 절차의 집합을 의미합니다. 컴퓨터 프로그램에서 알고리즘은 입력으로부터 출력을 생성하는 절차의 집합입니다. 알고리즘을 알고 있다면 문제에 적절한 알고리즘을 적용해 원하는 결과를 빠르게 얻을 수 있습니다.

알고리즘의 가장 중요한 속성은 다음과 같습니다.

- **정확성**(correctness) 알고리즘은 정확해야 합니다. 주어진 입력을 모두 처리하고 올바르게 출력해야 합니다.
- **효율성**(efficiency) 알고리즘은 문제를 효율적으로 해결해야 합니다. 효율성은 두 가지 변수로 측정합니다. 첫째, 시간 복잡도(time complexity)는 알고리즘이 얼마나 빠르게 결과를 출력하는지 측정합니다. 둘째, 공간 복잡도(space complexity)는 원하는 결과를 얻기 위해 알고리즘이 메모리를 얼마나 사용하는지 측정합니다. 시간 복잡도는 입력 크기 n에 대한 시간을 함수 $T(n)$으로 표현하고, 공간 복잡도는 입력 크기 n에 대한 메모리 사용을 함수 $S(n)$으로 표현합니다.

1.1 점근적 분석

점근적 분석(asymptotic analysis)은 데이터 집합이나 프로그래밍 언어와 관계없이 알고리즘 자체의 효율성을 비교하는 데 사용합니다. 일반적으로 알고리즘의 **증가 차수**(order of growth)[1]에 관심이 있고 알고리즘을 실행하는 데 걸리는 정확한 시간에는 관심이 없습니다. 이때 관심을 가지는 그 시간을 **점근적 실행 시간**(asymptotic running time)이라고 합니다.

---

1 역주 증가 차수란 입력의 양이 증가할 때 알고리즘 수행 시간의 경향성을 나타냅니다.

1.1.1 빅오 표기법

정의 모든 $n \geq n_0$에 대해 조건 $f(n) \leq cg(n)$을 만족하는 두 양의 상수 c와 n_0이 있다면 f(n)은 g(n)의 **빅오**(big-O) 또는 f(n) = O(g(n))입니다.

cg(n)은 모든 $n \geq n_0$에 대해 f(n)의 **상한**(upper bound)[2]입니다. 이때 함수 f(n)의 증가 속도는 cg(n)보다 느립니다. 입력 크기 n이 충분히 크면 항상 cg(n)이 f(n)보다 큽니다.

▼ 그림 1–1 빅오 표기법

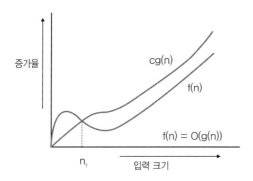

예시
$n^2 + n = O(n^2)$

1.1.2 오메가 표기법

정의 모든 $n \geq n_0$에 대해 조건 $cg(n) \leq f(n)$을 만족하는 두 양의 상수 c와 n_0이 있다면 f(n)은 g(n)의 오메가(omega) 또는 f(n) = Ω(g(n))입니다.

cg(n)은 f(n)의 **하한**(lower bound)[3]이며, 함수 f(n)의 증가 속도는 cg(n)보다 빠릅니다.

---

2 **역주** 상한은 알고리즘의 실행 시간이 최악일 때도 이 시간과 같거나 빠르다는 뜻입니다.

3 **역주** 하한은 알고리즘의 실행 시간이 최선일 때도 이 시간과 같거나 느리다는 뜻입니다.

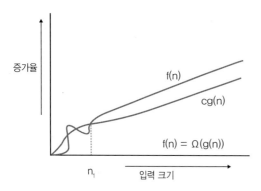

$f(n) = \Omega(g(n))$으로 표기하는 $f(n) = n^c$와 $g(n) = c^n$의 관계를 그림에서 살펴보세요.

1.1.3 세타 표기법

정의 모든 $n \geq n_0$에 대해 조건 $c_1 g(n) \leq f(n) \leq c_2 g(n)$을 만족하는 세 양의 상수 c_1, c_2, n_0이 있다면 $f(n)$은 $g(n)$의 세타(theta) 또는 $f(n) = \Theta(g(n))$입니다.

함수 $g(n)$은 $f(n)$에 대해 **점근적 근접 한계값**(asymptotically tight bound)[4]입니다. 이때 함수 $f(n)$은 $g(n)$과 같은 비율로 증가합니다.

❤ 그림 1-3 세타 표기법

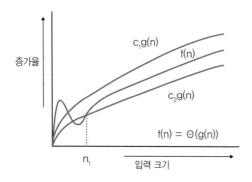

---

4 **역주** 점근적 상한과 점근적 하한의 교집합을 의미합니다.

예시

$n^3 + n^2 + n = \Theta(n^3)$

$n^2 + n = \Theta(n^2)$

$f(n) = 2n^2 + n$과 $g(n) = n^2$의 관계를 각 표기법에서 살펴보세요.

$f(n) = O(g(n))$

$f(n) = \Theta(g(n))$

$f(n) = \Omega(g(n))$

예를 들어 각각 $f(n) = 10000 \times n \times \log(n)$ 시간과 $f(n) = n^2$ 시간이 걸리는 두 정렬 알고리즘이 있다고 가정해 봅시다. 점근적 분석을 사용하면 첫 번째 알고리즘이 더 우수한데(상수를 무시하므로), n이 10000보다 작은 데이터 집합에 대해서는 실제로 두 번째 알고리즘이 더 빠르게 실행됩니다. 이 점근적 분석의 단점을 고려하며 알고리즘 사례 분석을 살펴봅시다.

Note ≡ 점근적 분석은 완벽하지 않지만, 알고리즘을 분석하는 가장 좋은 방법입니다.

PROBLEM SOLVING ALGORITHMS

1.2 알고리즘 복잡도 분석

1. **최악의 복잡도**(worst case complexity) 입력 크기 n에 대한 문제를 풀 때 최악의 성능을 내는 복잡도입니다. 알고리즘 실행 시간의 상한을 계산합니다. 가장 많이 사용하는 분석입니다.

2. **평균적인 복잡도**(average case complexity) 평균적인 성능을 내는 복잡도입니다. 가능한 모든 입력에 대한 실행 시간을 계산해 그 평균을 취합니다.

3. **최선의 복잡도**(best case complexity) 최선의 성능을 내는 복잡도입니다.

1.2.1 시간 복잡도

알고리즘에 주로 나오는 시간 복잡도를 시간이 증가하는 순서로 나열했습니다.

▼ 표 1-1 시간 복잡도의 종류

이름	표기법
상수(constant) 시간	$O(1)$
로그(logarithmic) 시간	$O(\log n)$
선형(linear) 시간	$O(n)$
N 로그 N(N Log N) 시간	$O(n \log n)$
이차(quadratic) 시간	$O(n^2)$
다항(polynomial) 시간	$O(n^c)$, c는 1보다 큰 상수
지수(exponential) 시간	$O(c^m)$, c는 1보다 큰 상수
계승(factorial) 또는 n의 n승(N-power-N) 시간	$O(n!)$ 또는 $O(n^n)$

시간 복잡도의 증가율은 다음과 같습니다.

▼ 표 1-2 시간 복잡도의 증가율

N	함수 증가율(추정치)						
	$O(1)$	$O(\log n)$	$O(n)$	$O(n \log n)$	$O(n^2)$	$O(n^3)$	$O(2^n)$
10	1	3	10	30	10^2	10^3	10^3
10^2	1	6	10^2	6×10^2	10^4	10^6	10^{30}
10^3	1	9	10^3	9×10^3	10^6	10^9	10^{300}
10^4	1	13	10^4	13×10^4	10^8	10^{12}	10^{3000}
10^5	1	16	10^5	16×10^5	10^{10}	10^{15}	10^{30000}
10^6	1	19	10^6	19×10^6	10^{12}	10^{18}	10^{300000}

알고리즘을 실행하는 데 걸리는 시간이 함수 증가율에 따라 크게 달라지는 것을 볼 수 있습니다. 같은 데이터 집합을 사용해도 어떤 알고리즘은 몇 분 만에 결과를 계산하지만, 어떤 알고리즘은 며칠 동안 실행해도 결과를 계산하지 못합니다.

상수 시간 O(1)

입력 크기와 상관없이 결과를 고정된(상수) 시간에 계산한다면 알고리즘이 **상수 시간**(constant time)에 실행된다고 합니다. 다음과 같은 경우입니다.

- 배열의 n번째 원소에 접근하기
- 스택에 넣고(push) 빼기(pop)
- 큐에 삽입하고(add) 삭제하기(remove)
- 해시 테이블의 원소에 접근하기

선형 시간 O(n)

알고리즘의 실행 시간이 입력 크기에 정비례하면 알고리즘이 **선형 시간**(linear time)에 실행된다고 합니다. 다음과 같은 경우입니다.

- 배열에서 원소 검색, 최솟값 찾기, 최댓값 찾기 등의 연산
- 연결 리스트에서 순회(traversal), 최솟값 찾기, 최댓값 찾기 등의 연산

> Note ≡ 자료 구조 내의 모든 노드를 방문한다면 시간 복잡도는 O(n)보다 같거나 큽니다.

로그 시간 O(logn)

알고리즘의 실행 시간이 입력 크기의 로그에 비례하면 알고리즘이 **로그 시간**(logarithmic time)에 실행된다고 합니다. 이때 알고리즘의 각 단계에서 입력의 상당 부분(절반)을 방문하지 않고 지나갑니다. 다음과 같은 경우입니다.

- 이진 검색(binary search) 알고리즘(**5.2.2 이진 검색**에서 다룹니다)

N 로그 N 시간 O(nlogn)

알고리즘의 실행 시간이 입력 크기와 입력 크기의 로그 곱에 비례하면 알고리즘이 **N 로그 N 시간**(N Log N time)에 실행된다고 합니다. 이런 알고리즘은 입력을 절반(또는 일부 비율)으로 나눌 때마다 각 부분을 독립적으로 처리합니다. 다음과 같은 경우입니다.

- 병합 정렬(merge sort)

- 퀵 정렬(quick sort) – 평균적인 성능[5]

- 힙 정렬(heap sort)

> **Note ≡** 퀵 정렬은 숫자 배열을 정렬하는 특별한 알고리즘입니다. 최악의 시간 복잡도는 $O(n^2)$, 평균적인 시간 복잡도는 $O(n\log n)$입니다.

이차 시간 $O(n^2)$

알고리즘의 실행 시간이 입력 크기의 제곱에 비례하면 알고리즘이 **이차 시간**(quadratic time)에 실행된다고 합니다. 이런 알고리즘은 각 원소(element)를 다른 모든 원소와 비교합니다. 다음과 같은 경우입니다.

- 버블 정렬(bubble sort)

- 선택 정렬(selection sort)

- 삽입 정렬(insertion sort)

지수 시간 $O(2^n)$

지수 시간(exponential time) 알고리즘은 입력 데이터의 원소들로 만들 수 있는 모든 부분 집합을 생성합니다.

계승 시간 $O(n!)$

계승 시간(factorial time) 알고리즘은 입력 데이터의 원소들로 만들 수 있는 모든 순열을 생성합니다.

1.2.2 알고리즘의 함수 실행 시간 도출

상수 각 구문을 실행하는 데 상수 시간이 걸리며, 시간 복잡도는 $O(1)$입니다.

---

5 [역주] 퀵 정렬은 이름처럼 실제로도 가장 빠른 정렬이지만, 피벗(pivot) 값을 최솟값이나 최댓값으로 정하면 최악의 성능을 보입니다. 하지만 최악의 경우는 드물게 나타나고 실제 성능이 뛰어나기에 주로 평균적인 성능으로 이야기합니다.

반복문 반복문의 실행 시간은 반복문 내 구문의 실행 시간과 반복 횟수의 곱입니다. 시간 복잡도는 $O(n)$입니다.

중첩 반복문 중첩 반복문의 실행 시간은 모든 반복문 크기의 곱과 반복문 내 구문의 실행 시간을 곱한 것입니다. 반복문의 수를 c라고 할 때 시간 복잡도는 $O(n^c)$입니다. 반복문이 2개라면 시간 복잡도는 $O(n^2)$이 됩니다.

연속 구문 연속된 구문의 실행 시간을 모두 더하면 됩니다.

if-else 구문 if나 else 중 실행 시간이 더 많이 걸리는 블록을 선택하고 나머지 블록은 무시합니다.

로그 구문 각 반복마다 입력 크기가 일정(상수 인자만큼)하게 감소합니다. 시간 복잡도는 $O(\log n)$입니다.

1.3 / 시간 복잡도 예제

PROBLEM SOLVING ALGORITHMS

이 절에서는 코드만 보고 함수의 시간 복잡도를 빅오로 표현할 수 있는 예제를 살펴봅니다.

예제 1-1

```
int fun1(int n)
{
    int m = 0;
    for (int i = 0; i < n; i++) {
        m += 1;
    }
    return m;
}
```

분석 시간 복잡도는 $O(n)$입니다.

```
int fun2(int n)
{
    int i, j, m = 0;
    for (i = 0; i < n; i++) {
        for (j = 0; j < n; j++) {
            m += 1;
        }
    }
    return m;
}
```

분석 시간 복잡도는 $O(n^2)$입니다.

```
int fun3(int n)
{
    int i, j, m = 0;
    for (i = 0; i < n; i++) {
        for (j = 0; j < i; j++) {
            m += 1;
        }
    }
    return m;
}
```

분석 시간 복잡도는 $O(n + (n - 1) + (n - 2) + \dots 1) == O(n(n + 1) / 2) == O(n^2)$입니다.

```
int fun4(int n)
{
    int i, m = 0;
    i = 1;
    while (i < n) {
        m += 1;
        i = i * 2;
    }
    return m;
}
```

분석

- 문제 공간[6]을 매번 절반으로 나눕니다.

- 시간 복잡도는 O(logn)입니다.

예제 1-5

```c
int fun5(int n)
{
    int i, m = 0;
    i = n;
    while (i > 0) {
        m += 1;
        i = i / 2;
    }
    return m;
}
```

분석

- 문제 공간을 매번 절반으로 나눕니다.

- 시간 복잡도는 O(logn)입니다.

예제 1-6

```c
int fun6(int n)
{
    int i, j, k, m = 0;
    for (i = 0; i < n; i++) {
        for (j = 0; j < n; j++) {
            for (k = 0; k < n; k++) {
                m += 1;
            }
        }
    }
    return m;
}
```

---

6 역주 문제 공간은 문제의 해결책을 찾는 과정의 전체 데이터가 존재하는 영역을 의미합니다. 100개의 데이터가 있는 문제를 푼다고 가정하면 100개, 50개, 25개로 범위를 줄이는 것이 문제 공간을 절반으로 나누는 것입니다.

분석

- 외부 반복문은 n번 실행하고 외부 반복문의 각 반복에서 내부 반복문은 자체적으로 n번 실행합니다. 최종 복잡도는 n × n × n입니다.
- 시간 복잡도는 $O(n^3)$입니다.

예제 1-7

```
int fun7(int n)
{
    int i, j, k, m = 0;
    for (i = 0; i < n; i++) {
        for (j = 0; j < n; j++) {
            m += 1;
        }
    }
    for (i = 0; i < n; i++) {
        for (k = 0; k < n; k++) {
            m += 1;
        }
    }
    return m;
}
```

분석

- 두 그룹의 반복문은 연속적이므로 최종 복잡도는 두 그룹의 복잡도를 더합니다.
- 시간 복잡도는 $O(n^2) + O(n^2) = O(n^2)$입니다.[7]

예제 1-8

```
int fun8(int n)
{
    int i, j, m = 0;
    for (i = 0; i < n; i++) {
        for (j = 0; j < sqrt(n); j++) {
            m += 1;
        }
    }
    return m;
}
```

---

7 역주 수학적으로 $n^2 + n^2 = 2n^2$이 맞지만, 빅오 표기법은 최고차항의 차수로 표현하고 계수와 낮은 차수의 항은 무시합니다. 따라서 $O(n^2)$ + $O(n^2)$은 $O(2n^2)$이 아니라 $O(n^2)$이 됩니다.

분석 시간 복잡도는 $O(n \times \sqrt{n}) = O(n^{3/2})$입니다.

1

읽기쉬운 분석

예제 1-9

```
int fun9(int n)
{
    int i, j, m = 0;
    for (i = n; i > 0; i /= 2) {
        for (j = 0; j < i; j++) {
            m += 1;
        }
    }
    return m;
}
```

분석

- 중첩 반복문에서는 내부 반복문을 살펴봐야 합니다. 시간 복잡도는 내부 반복문에서 계산되는데, 처음에는 n 시간 동안 실행하고 다음에는 n/2 시간의 형태로 실행합니다(n + n/2 + n/4 + n/8 + n/16 + ...).

- 시간 복잡도는 $O(n)$입니다.

예제 1-10

```
int fun10(int n)
{
    int i, j, m = 0;
    for (i = 0; i < n; i++) {
        for (j = i; j > 0; j--) {
            m += 1;
        }
    }
    return m;
}
```

분석

- 등차수열입니다.

    $O(n + (n - 1) + (n - 2) + ... 1) = O(n(n + 1) / 2)$

- 시간 복잡도는 $O(n^2)$입니다.

```
int fun11(int n)
{
    int i, j, k, m = 0;
    for (i = 0; i < n; i++) {
        for (j = i; j < n; j++) {
            for (k = j + 1; k < n; k++) {
                m += 1;
            }
        }
    }
    return m;
}
```

분석 시간 복잡도는 $O(n^3)$입니다.

```
int fun12(int n)
{
    int i, j = 0, m = 0;
    for (i = 0; i < n; i++) {
        for (; j < n; j++) {
            m += 1;
        }
    }
    return m;
}
```

분석

- 해결책을 찾기 전에 한 번 더 주의 깊게 생각해야 합니다. 각 반복에서 j 값을 초기화하지 않습니다.
- 시간 복잡도는 $O(n)$입니다.

```
int fun13(int n)
{
    int i, j, m = 0;
    for (i = 1; i <= n; i *= 2) {
        for (j = 0; j <= i; j++) {
```

```
            m += 1;
        }
    }
    return m;
}
```

분석

- 외부 반복문의 연속 반복에서 내부 반복문은 1, 2, 4, 8 ... n번 실행됩니다.
- 시간 복잡도는 $T(n) = O(1 + 2 + 4 + ... + n/2 + n) = O(n)$입니다.

1.4 마스터 정리

마스터 정리(master theorem)는 다음과 같은 재귀 관계식의 동작 시간을 점근적으로 계산하는 방법입니다.

a ≥ 1이고 b > 1일 때, $T(n) = aT(n/b) + f(n)$

이때 n은 문제의 크기고, a는 재귀에서 하위 문제의 개수이며, n/b는 각 하위 문제의 크기입니다. f(n)은 문제를 하위 문제로 나누고 그 하위 문제의 결과를 최종 결과로 다시 합칠 때 드는 비용입니다.

다음 세 가지 경우에서 점근적 근접 한계값을 결정할 수 있습니다.

- **사례 1** $f(n) = O(n^{\log_b a - \epsilon})$이고 상수 $\epsilon > 1$일 때, 최종 시간 복잡도 $T(n) = \Theta(n^{\log_b a})$입니다.
- **사례 2** $f(n) = \Theta(n^{\log_b a}\log^k n)$이고 상수 $k \geq 0$일 때, 최종 시간 복잡도 $T(n) = \Theta(n^{\log_b a}\log^{k+1} n)$입니다.
- **사례 3** $f(n) = \Omega(n^{\log_b a + \epsilon})$이고 상수 $\epsilon > 1$일 때, 최종 시간 복잡도 $T(n) = \Theta(f(n))$입니다.

▼ 그림 1-4 점근적 근접 한계값

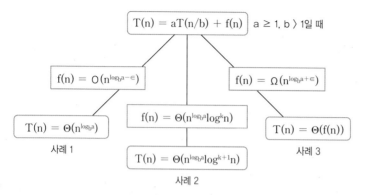

$$T(n) = aT(n/b) + f(n)$$ a ≥ 1, b > 1일 때

$$f(n) = O(n^{\log_b a - \epsilon})$$

$$f(n) = \Omega(n^{\log_b a + \epsilon})$$

$$f(n) = \Theta(n^{\log_b a} \log^k n)$$

$$T(n) = \Theta(n^{\log_b a})$$
사례 1

$$T(n) = \Theta(f(n))$$
사례 3

$$T(n) = \Theta(n^{\log_b a} \log^{k+1} n)$$
사례 2

▼ 표 1-3 마스터 정리 예제

예제	해결책
병합 정렬 $T(n) = 2T(n/2) + n$	$\log_b a = \log_2 2 = 1$ $f(n) = n = \Theta(n^{\log_2 2} \log^0 n)$ 사례 2가 적용되어 $T(n) = \Theta(n^{\log_2 2} \log^{0+1} n) = \Theta(n \log n)$
이진 검색 $T(n) = T(n/2) + O(1)$	$\log_b a = \log_2 1 = 0$ $f(n) = 1 = \Theta(n^{\log_2 1} \log^0 n)$ 사례 2가 적용되어 $T(n) = \Theta(n^{\log_2 1} \log^{0+1} n) = \Theta(\log n)$
이진 트리 순회 $T(n) = 2T(n/2) + O(1)$	$\log_b a = \log_2 2 = 1$ $f(n) = 1 = O(n^{\log_2 2 - 1})$ 사례 1이 적용되어 $T(n) = \Theta(n^{\log_2 2}) = \Theta(n)$
$T(n) = 2T(n/2) + n^2$	$\log_b a = \log_2 2 = 1$ $f(n) = n^2 = \Omega(n^{\log_2 2 + 1})$ 사례 3이 적용되어 $T(n) = \Theta(f(n)) = \Theta(n^2)$
$T(n) = 4T(n/2) + n^2$	$\log_b a = \log_2 4 = 2$ $f(n) = n^2 = \Theta(n^{\log_2 4} \log^0 n)$ 사례 2가 적용되어 $T(n) = \Theta(n^{\log_2 4} \log^{0+1} n) = \Theta(n^2 \log n)$
$T(n) = T(n/2) + 2n$	$\log_b a = \log_2 1 = 0$ 사례 3이 적용되어 $T(n) = \Theta(n)$
$T(n) = 16T(n/4) + n$	$\log_b a = \log_4 16 = 2$ 사례 1이 적용되어 $T(n) = \Theta(n^2)$

예제	해결책
$T(n) = 2T(n / 2) + n\log n$	$\log_b a = \log_2 2 = 1$ $f(n) = n\log(n) = \Theta(n^{\log_2 2}\log^1 n)$ 사례 2가 적용되어 $T(n) = \Theta(n^{\log_2 2}\log^{0+1} n) = \Theta(n\log n)$
$T(n) = 2T(n / 4) + n^{0.5}$	$\log_b a = \log_4 2 = 0.5$ 사례 2가 적용되어 $T(n) = \Theta(n^{\log_4 2}\log^{0.5+1} n) = \Theta(n^{0.5}\log^{1.5} n)$
$T(n) = 2T(n / 4) + n^{0.49}$	$\log_b a = \log_4 2 = 0.5$ 사례 1이 적용되어 $T(n) = \Theta(n\log_4 2) = \Theta(n)$
$T(n) = 3T(n / 3) + \sqrt{n}$	$\log_b a = \log_3 3 = 1$ 사례 1이 적용되어 $T(n) = \Theta(n)$
$T(n) = 3T(n / 4) + n\log n$	$f(n) = n\log n = \Omega(n^{\log_4 3}\log^1 n)$ 사례 3이 적용되어 $T(n) = \Theta(n\log n)$
$T(n) = 3T(n / 3) + (n / 2)$	$\log_b a = \log_3 3 = 1$ 사례 2가 적용되어 $T(n) = \Theta(n\log n)$

1.5 배열 기반 문제

이 절에서는 배열에 적용하는 다양한 알고리즘을 알아보고 이와 유사한 방법으로 풀 수 있는 예제를 살펴봅니다.

1.5.1 배열의 합 구하기

문제 1-1 입력 인자로 주어진 정수 배열에서 모든 원소의 합을 구하는 함수를 작성하세요.

해결책 배열의 모든 원소를 순회해 합에 추가하고 결과를 구합니다.

```
int SumArray(int arr[], int size)
{
    int total = 0;
    int index = 0;
    for (index = 0; index < size; index++) {
        total = total + arr[index];
    }
    return total;
}
```

분석 시간 복잡도는 O(n)입니다.

1.5.2 순차 검색

문제 1-2 배열에서 주어진 값을 찾는 함수를 작성하세요.

해결책 배열에 저장된 데이터에 관한 정보가 없고 정렬되지 않은 배열이라면 배열의 맨 처음 원소부터 하나씩 차례로 검색해야 합니다.

- 찾는 값을 발견하면 인덱스를 반환합니다.
- 찾는 값을 발견하지 못한 채로 배열의 끝에 도달하면 -1을 반환합니다.

```
int SequentialSearch(int arr[], int size, int value)
{
    int i = 0;
    for (i = 0; i < size; i++) {
        if (value == arr[i])
            return i;
    }
    return -1;
}
```

분석 배열의 원소를 순차적으로 순회하므로 시간 복잡도는 O(n)입니다.

1.5.3 이진 검색

문제 1-3 정렬된 배열에서 특정 값을 찾는 함수를 작성하세요.

해결책 정렬된 배열에서 값을 검색할 때는 이진 검색을 사용합니다. 각 단계에서 중간 위치를 찾습니다. 찾는 값은 중간값보다 크거나 작습니다. 배열의 왼쪽 또는 오른쪽을 검색합니다. 각 단계에서 검색 공간의 절반을 제거하므로 선형 검색보다 효율적인 알고리즘입니다.

1. 오름차순 또는 내림차순으로 정렬된 데이터는 이진 검색을 사용해 효율적으로 검색할 수 있습니다. 각 단계에서 검색 공간을 절반으로 줄입니다.

2. 각 단계에서 찾는 값과 중간값을 비교합니다. 중간값이 찾는 값이라면 중간값의 인덱스를 반환합니다.

3. 찾는 값이 중간값보다 작으면 배열의 왼쪽 절반을 검색합니다.

4. 찾는 값이 중간값보다 크면 배열의 오른쪽 절반을 검색합니다.

5. 찾는 값을 발견하면 그 값의 인덱스를 반환하고, 찾지 못하면 -1을 반환합니다.

해결책 1-3

```c
int BinarySearch(int arr[], int size, int value)
{
    int low = 0, mid;
    int high = size - 1;
    while (low <= high) {
        mid = low + (high - low) / 2; /* 오버플로 방지 */
        if (arr[mid] == value) {
            return mid;
        }
        else if (arr[mid] < value) {
            low = mid + 1;
        }
        else {
            high = mid - 1;
        }
    }
    return -1;
}
```

분석 시간 복잡도는 $O(\log n)$입니다.

1.5.4 k 위치만큼 배열 회전하기

문제 1-4 주어진 배열을 k번 회전하는 함수를 작성하세요. 예를 들어 배열 [10, 20, 30, 40, 50, 60]을 2번 회전하면 [30, 40, 50, 60, 10, 20]이 됩니다.

해결책 배열의 회전은 두 단계로 구성됩니다.

- 첫 번째 단계에서는 배열을 반으로 나누고 전반부와 후반부를 각각 회전해 뒤집습니다 (reverse).

- 두 번째 단계에서 전체 배열을 회전해 한꺼번에 뒤집습니다.

- 1,2,3,4,5,6,7,8,9,10 → 4,3,2,1,10,9,8,7,6,5 → 5,6,7,8,9,10,1,2,3,4

해결책 1-4

```
void reverseArray(int *a, int n)
{
    for (int i = 0, j = n - 1; i < j; i++, j--) {
        a[i] ^= a[j] ^= a[i] ^= a[j];
    }
}
void rotateArray2(int *a, int n, int k)
{
    reverseArray(a, k);
    reverseArray(&a[k], n - k);
    reverseArray(a, n);
}
```

분석 배열의 첫 번째 회전은 $O(n)$ 시간에 실행되고 두 번째 회전도 $O(n)$ 시간에 실행됩니다. 따라서 이 알고리즘의 총 시간 복잡도는 $O(n)$입니다.

1.5.5 합이 최대인 부분 배열 찾기

문제 1-5 양의 정수와 음의 정수로 된 배열이 있을 때 원소의 합이 최대인 연속된 부분 배열을 찾으세요.

해결책

1. 합이 최대인 부분 배열은 단일 스캔으로 찾을 수 있습니다. 현재까지 전역 최대 합과 현재 원소를 포함하는 최대 합을 기억해 둡니다.

2. 현재 원소를 포함하는 최대 합보다 전역 최대 합이 작다면 전역 최대 합을 현재 최대 합으로 업데이트합니다.

3. 마지막으로 전역 최대 합을 반환합니다.

```
int maxSubArraySum(int a[], int size)
{
    int maxSoFar = 0, maxEndingHere = 0;
    for (int i = 0; i < size; i++) {
        maxEndingHere = maxEndingHere + a[i];
        if (maxEndingHere < 0) {
            maxEndingHere = 0;
        }
        if (maxSoFar < maxEndingHere) {
            maxSoFar = maxEndingHere;
        }
    }
    return maxSoFar;
}
```

분석 시간 복잡도는 $O(n)$입니다.

1.5.6 배열로 파형 그리기

문제 1-6 주어진 배열을 홀수 인덱스 원소가 인접한 짝수 인덱스 원소보다 작아지는 파형(wave form)이 되게 배열하십시오.

첫 번째 해결책 짝수 인덱스 값과 인접한 홀수 인덱스 값을 비교해 홀수 인덱스가 짝수 인덱스보다 작지 않으면 서로 바꿉니다(swap).

```
void WaveArray2(int arr[], int size)
{
    /* 홀수 인덱스는 짝수 인덱스보다 작다. */
    for (int i = 1; i < size; i+= 2) {
        if ((i - 1) >= 0 && arr[i] > arr[i - 1]) {
            swap(arr, i, i - 1);
        }
```

```
            if ((i + 1) < size && arr[i] > arr[i + 1]) {
                swap(arr, i, i + 1);
            }
        }
    }

    /* 테스트 코드 */
    int main()
    {
        int arr[] = { 8, 1, 2, 3, 4, 5, 6, 4, 2 };
        int size = size = sizeof(arr) / sizeof(int);
        WaveArray2(arr, size);
        printArray(arr, size);
        return 0;
    }
```

분석 시간 복잡도는 O(n)입니다.

두 번째 해결책 배열을 정렬한 후 i번째와 i+1번째 인덱스의 값을 서로 바꿔 파형을 생성합니다.

해결책 1-6-2

```
void WaveArray(int arr[], int size)
{
    quickSort(arr, size);
    /* 배열의 인접 원소끼리 바꾸기 */
    for (int i = 0 ; i < size - 1; i+= 2) {
        swap(arr, i, i + 1);
    }
}
```

분석 시간 복잡도는 O(nlogn)입니다.

1.5.7 인덱스 배열

문제 1-7 크기 n인 배열이 주어집니다. 배열을 정렬해 0부터 n-1까지의 모든 값은 배열에 존재하며, 존재하지 않는 값은 -1로 채웁니다. 값 i가 arr[i]에 저장되도록 배열의 값을 정렬해 보세요.

예시

입력 [8, −1, 6, 1, 9, 3, 2, 7, 4, −1]

출력 [−1, 1, 2, 3, 4, −1, 6, 7, 8, 9]

첫 번째 해결책 각 인덱스의 원소를 선택해 그 원소의 값에 해당하는 인덱스로 원소를 옮깁니다. 이 때 옮기려는 위치에 원래 있던 값으로 이 과정을 반복합니다.[8]

해결책 1-7-1

```
void indexArray(int arr[], int size)
{
    for (int i = 0; i < size; i++) {
        int curr = i;
        int value = -1;

        /* 각 원소를 적절한 위치로 옮기기 */
        while (arr[curr] != -1 && arr[curr] != curr) {
            int temp = arr[curr];
            arr[curr] = value;
            value = curr = temp;
        }

        /* 위치가 바뀌었는지 확인하기 */
        if (value != -1) {
            arr[curr] = value;
        }
    }
}
```

분석

- 이차 시간 복잡도처럼 보이지만, 내부 반복문은 단 하나의 원소만 순회합니다.

- 내부 반복문에서 원소 하나를 처리하면 이 원소는 해당 인덱스 값 또는 −1을 가집니다.

- 시간 복잡도는 $O(n)$입니다.

두 번째 해결책 각 인덱스의 값을 선택해 적절한 위치에 놓습니다.

---

8 역주 이 반복은 옮기려는 위치의 값이 −1일 때 멈추고 for 문의 다음 원소로 넘어갑니다

```
void indexArray2(int arr[], int size)
{
    for (int i = 0; i < size; i++) {
        while (arr[i] != -1 && arr[i] != i) {
            /* arr[i]와 arr[arr[i]] 맞바꾸기 */
            int temp = arr[i];
            arr[i] = arr[temp];
            arr[temp] = temp;
        }
    }
}

/* 테스트 코드 */
int main()
{
    int arr[] = { 8, -1, 6, 1, 9, 3, 2, 7, 4, -1 };
    int size = sizeof(arr)/sizeof(int);
    indexArray2(arr, size);
    printArray(arr, size);
    return 0;
}
```

분석

- 이차 시간 복잡도처럼 보이지만, 내부 반복문은 외부 반복문이 몇 번 실행되든지 간에 원소를 한 번만 바꿉니다.

- 내부 반복문이 한 번 처리되면 해당 위치의 원소는 해당 인덱스 값 또는 -1을 가집니다.

- 시간 복잡도는 O(n)입니다.

1.5.8 1에서 n까지 정렬하기

문제 1-8 크기 n인 배열이 주어집니다. 이 배열은 1부터 n까지의 고유한 원소를 가집니다. 배열의 원소를 정렬하세요.

첫 번째 해결책 각 인덱스 값을 선택해 적절한 위치로 옮깁니다. 이때 옮기려는 위치에 원래 있던 값을 선택해 이 과정을 반복합니다.

해결책 1-8-1 적절한 위치로 원소 이동하기

```
void Sort1toN(int arr[], int size)
{
    int curr, value, next;
    for (int i = 0; i < size; i++) {
        curr = i;
        value = -1;
        /* 원소를 적절한 위치로 옮기기 */
        while (curr >= 0 && curr < size && arr[curr] != curr + 1) {
            next = arr[curr];
            arr[curr] = value;
            value = next;
            curr = next - 1;
        }
    }
}
```

분석

- 이차 시간 복잡도처럼 보이지만, 내부 반복문은 단 하나의 원소만 순회합니다.

- 내부 반복문에서 하나의 원소를 처리하면 이 원소는 해당 인덱스 값 또는 -1을 가집니다.

- 시간 복잡도는 O(n)입니다.

두 번째 해결책 각 인덱스의 값을 선택해 적절한 위치에 놓습니다.

해결책 1-8-2 원소 바꾸기

```
void Sort1toN2(int arr[], int size)
{
    int temp;
    for (int i = 0; i < size; i++) {
        while (arr[i] != i + 1 && arr[i] > 1) {
            temp = arr[i];
            arr[i] = arr[temp - 1];
            arr[temp - 1] =  temp;
        }
    }
}
```

분석

- 이차 시간 복잡도처럼 보이지만, 내부 반복문은 외부 반복문이 몇 번 실행되든지 간에 원소를 한 번만 바꿉니다.

- 내부 반복문이 한 번 처리되면 해당 위치의 원소는 해당 인덱스 값이나 –1을 가집니다.

- 시간 복잡도는 O(n)입니다.

1.5.9 누락된 가장 작은 양수 찾기

문제 1-9 정렬되지 않은 배열이 주어졌을 때 배열에 없는 숫자 중 가장 작은 양수를 찾으세요.

첫 번째 해결책 범위 내 각 숫자가 배열에 있는지 무차별 대입(brute force) 방식으로 접근해 확인합니다.

해결책 1-9-1

```
int SmallestPositiveMissingNumber(int arr[], int size)
{
    int found;
    for (int i = 1; i < size + 1; i++) {
        found = 0;
        for (int j=0; j< size; j++) {
            if (arr[j] == i) {
                found = 1;
                break;
            }
        }
        if (found == 0) {
            return i;
        }
    }
    return -1;
}
```

분석 시간 복잡도는 O(n²)입니다.

두 번째 해결책 해시 테이블로 원소를 파악합니다.

해결책 1-9-2

```
int SmallestPositiveMissingNumber2(int arr[], int size)
{
    HashTable hs;
    for (int i = 0; i < size; i++) {
        HashAdd(&hs, arr[i]);
```

```
    }
    for (int i = 1; i < size + 1; i++) {
        if (!HashFind(hs, i)) {
            return i;
        }
    }
    return -1;
}
```

분석 시간 복잡도는 O(n)이며, 공간 복잡도는 해시 테이블에 대해 O(n)입니다.

세 번째 해결책 값을 보조 배열에 저장합니다. 문제에서 알려준 범위를 사용해 보조 배열을 만들고 나서 입력 배열을 순회합니다. 입력 배열의 각 값을 인덱스로 사용해 보조 배열에 저장합니다.

해결책 1-9-3

```
int SmallestPositiveMissingNumber3(int arr[], int size)
{
    int *aux = (int *)malloc(size * sizeof(int));
    for (int i = 0; i < size; i++) {
        if (arr[i] > 0 && arr[i] <= size) {
            aux[arr[i] - 1] = arr[i];
        }
    }
    for (int i = 0; i < size; i++) {
        if (aux[i] != i + 1) {
            return i + 1;
        }
    }
    return -1;
}
```

분석 시간 복잡도는 O(n)이며, 공간 복잡도는 보조 배열에 대해 O(n)입니다.

네 번째 해결책 배열의 원소를 재배치합니다. 원소를 재배치해 선형 시간에 상수 공간 복잡도를 가지는 없는 원소를 찾을 수 있습니다.

해결책 1-9-4

```
int SmallestPositiveMissingNumber5(int arr[], int size)
{
    int temp;
    for (int i = 0; i < size; i++) {
```

```
        while (arr[i] != i + 1 && arr[i] > 0 && arr[i] <= size) {
            temp = arr[i];
            arr[i] = arr[temp - 1];
            arr[temp - 1] = temp;
        }
    }
    for (int i = 0; i < size; i++) {
        if (arr[i] != i + 1) {
            return i + 1;
        }
    }
    return -1;
}
```

분석 시간 복잡도는 O(n)이며, 공간 복잡도는 O(1)입니다.

1.5.10 최대-최소 배열

문제 1-10 주어진 정렬된 배열을 최대-최소 형태로 재배열하세요.

> 예시
> 입력 [1, 2, 3, 4, 5, 6, 7]
> 출력 [7, 1, 6, 2, 5, 3, 4]

첫 번째 해결책 보조 배열로 입력 배열의 복사본을 만듭니다. 입력 배열을 처음부터 끝까지 순회하며 값들을 보조 배열에 번갈아 넣습니다.

해결책 1-10-1

```
void MaxMinArr(int arr[], int size)
{
    int *aux = (int *)malloc(size * sizeof(int));
    for (int i = 0; i < size; i++) {
        aux[i] = arr[i];
    }

    int start = 0;
    int stop = size - 1;
    for (int i = 0; i < size; i++) {
```

```
        if (i % 2 == 0) {
            arr[i] = aux[stop];
            stop -= 1;
        }
        else {
            arr[i] = aux[start];
            start += 1;
        }
    }
}
```

분석 시간 복잡도는 O(n)이며, 공간 복잡도는 O(n)입니다.

두 번째 해결책 보조 배열을 사용하지 않습니다. 배열에서 거꾸로 뒤집기 작업을 해 다음과 같이 변경합니다.

1, 2, 3, 4, 5, 6, 7 → 7, 6, 5, 4, 3, 2, 1 → 7, 1, 2, 3, 4, 5, 6 → 7, 1, 6, 5, 4, 3, 2 → 7, 1, 6, 2, 3, 4, 5 → 7, 1, 6, 2, 5, 4, 3 → 7, 1, 6, 2, 5, 3, 4

해결책 1-10-2

```
void ReverseArr(int arr[], int start, int stop)
{
    while (start < stop) {
        swap(arr, start, stop);
        start += 1;
        stop -= 1;
    }
}


void MaxMinArr2(int arr[], int size)
{
    for (int i = 0; i <(size - 1); i++) {
        ReverseArr(arr, i, size - 1);
    }
}


/* 테스트 코드 */
int main()
{
    int arr2[] = { 1, 2, 3, 4, 5, 6, 7 };
    int size2 = sizeof(arr) / sizeof(int);
    MaxMinArr2(arr2, size2);
```

```
        printArray(arr2, size2);
        return 0;
    }
```

분석 시간 복잡도는 $O(n^2)$이며, 공간 복잡도는 $O(1)$입니다.

1.5.11 최대 합 구하기

문제 1-11 주어진 배열을 회전해 arr[i] × (i+1)의 최대 합을 구하세요.

```
    int maxCircularSum(int arr[], int n)
    {
        int sumAll = 0;
        int currVal = 0;
        int maxVal;

        for (int i = 0; i < n; i++) {
            sumAll += arr[i];
            currVal += ((i + 1) * arr[i]);
        }

        maxVal = currVal;
        for (int i = 1; i < n; i++) {
            currVal = (currVal + sumAll) - (n * arr[n-i]);
            if (currVal > maxVal) {
                maxVal = currVal;
            }
        }
        return maxVal;
    }

    /* 테스트 코드 */
    int main()
    {
        int arr[] = { 10, 9, 8, 7, 6, 5, 4, 3, 2, 1 };
        printf("최대 합: %d", maxCircularSum(arr, sizeof(arr) / sizeof(int)));
    }
```

분석 시간 복잡도는 $O(n)$이며, 공간 복잡도는 $O(1)$입니다.

1.5.12 배열 인덱스의 최대 차이 구하기

문제 1-12 주어진 배열 arr[]에서 arr[j] > arr[i]인 인덱스 j와 i의 최대 차이를 구하세요.

첫 번째 해결책 무차별 대입으로 각 인덱스 i에 대해 arr[j] > arr[i]인 인덱스 j를 찾습니다. 2개의 반복문을 사용하는데, 하나는 인덱스 i를 선택하기 위한 반복문이고 다른 하나는 배열의 인덱스 i+1부터 배열의 크기까지 순회하는 반복문입니다.

해결책 1-12-1

```
int ArrayIndexMaxDiff(int arr[], int size)
{
    int maxDiff = -1;
    int j;
    for (int i = 0; i <size; i++) {
        j = size - 1;
        while (j > i) {
            if (arr[j] > arr[i]) {
                maxDiff = max(maxDiff, j-i);
                break;
            }
            j -= 1;
        }
    }
    return maxDiff;
}
```

분석 시간 복잡도는 $O(n^2)$이며, 공간 복잡도는 $O(1)$입니다.

두 번째 해결책 두 개의 보조 배열을 만들어서 하나는 왼쪽에서 현재 인덱스까지의 최솟값을 저장하고, 다른 하나는 오른쪽에서 현재 인덱스까지의 최댓값을 저장합니다. 최솟값을 저장하는 leftMin의 값은 항상 내림차순으로 감소합니다.

해결책 1-12-2

```
int ArrayIndexMaxDiff2(int arr[], int size) {
    int *leftMin = (int *)malloc(sizeof(int) * size);
    int *rightMax = (int *)malloc(sizeof(int) * size);
    leftMin[0] = arr[0];
    int i, j;
    int maxDiff;
```

```
    for (i = 1; i < size; i++) {
        if (leftMin[i - 1] < arr[i]) {
            leftMin[i] = leftMin[i - 1];
        }
        else {
            leftMin[i] = arr[i];
        }
    }

    rightMax[size - 1] = arr[size - 1];
    for (i = size - 2; i >= 0; i--) {
        if (rightMax[i + 1] > arr[i]) {
            rightMax[i] = rightMax[i + 1];
        }
        else {
            rightMax[i] = arr[i];
        }
    }

    i = 0;
    j = 0;
    maxDiff = -1;
    while (j < size && i < size) {
        if (leftMin[i] < rightMax[j]) {
            maxDiff = max(maxDiff, j-i);
            j = j + 1;
        }
        else {
            i = i + 1;
        }
    }
    return maxDiff;
}
```

분석 시간 복잡도는 O(n)이며, 공간 복잡도는 O(n)입니다.

1.5.13 최대 경로 합

문제 1-13 오름차순인 두 배열이 주어졌을 때 한 배열에서 연속된 원소를 몇 개 고르고 다른 배열에서 연속된 원소를 골라 이 원소들을 합했을 때 나올 수 있는 최댓값을 구합니다. 원소를 고르는 배열을 변경하는 것은 두 배열이 같은 값을 가지는 지점에서만 가능합니다.[9]

예시

arr1 = [12, 13, 18, 20, 22, 26, 70]

arr2 = [11, 15, 18, 19, 20, 26, 30, 31]

최대 합을 구성하는 원소: 11, 15, 18, 19, 20, 22, 26, 70

최대 합: 201

해결책 1-13

```
int maxPathSum(int arr1[], int size1, int arr2[], int size2)
{
    int i = 0, j = 0, result = 0, sum1 = 0, sum2 = 0;
    while (i < size1 && j < size2) {
        if (arr1[i] < arr2[j]) {
            sum1 += arr1[i];
            i += 1;
        }
        else if (arr1[i] > arr2[j]) {
            sum2 += arr2[j];
            j += 1;
        }
        else {
            result += max(sum1, sum2);
            result = result + arr1[i];
            sum1 = 0;
            sum2 = 0;
            i += 1;
            j += 1;
        }
    }
    while (i < size1) {
        sum1 += arr1[i];
        i += 1;
```

---

9 **역주** 예를 들어 이 예제에서는 18, 20, 26이 두 배열에서 값이 같은 지점이고, 이 지점에서 arr2 → arr2 → arr1 → arr1 순으로 선택해 최대 합을 구하고 있습니다.

```
    }
    while (j < size2) {
        sum2 +=  arr2[j];
        j += 1;
    }
    result +=  max(sum1, sum2);
    return result;
}

/* 테스트 코드 */
int main()
{
    int arr1[] = { 12, 13, 18, 20, 22, 26, 70 };
    int arr2[] = { 11, 15, 18, 19, 20, 26, 30, 31 };
    printf("최대 경로 합: %d", maxPathSum(arr1, sizeof(arr1) / sizeof(int), arr2,
sizeof(arr2) / sizeof(int)));
}
```

분석 시간 복잡도는 $O(n)$이며, 공간 복잡도는 $O(n)$입니다.

1.6 재귀 함수

재귀 함수는 직간접으로 자기 자신을 호출하는 함수입니다. 재귀 함수는 다음과 같이 두 부분으로 구성됩니다.

- **종료 조건**(termination condition) 재귀 함수는 항상 하나 이상의 종료 조건이 있습니다. 함수에서 간단한 경우를 처리하고 자기 자신을 호출하지 않는 조건입니다.
- **본문**(body) 재귀 함수의 주요 로직은 본문에 있습니다. 이 본문에는 자기 자신을 호출하는 재귀 확장 구문도 있습니다.

재귀 알고리즘의 중요한 특성 세 가지는 다음과 같습니다.

1. 재귀 알고리즘은 종료 조건이 있어야 합니다.

2. 재귀 알고리즘은 종료 조건에 도달하게 상태를 변경해야 합니다.

3. 재귀 알고리즘은 자기 자신을 호출해야 합니다.

재귀 프로그램의 속도는 스택 오버헤드 때문에 더 느립니다. 루프를 사용한 반복 해결책을 사용해 같은 작업을 수행할 수 있다면 스택 오버헤드를 피하고자 재귀 해결책 대신에 반복 해결책을 사용하는 것이 낫습니다.

> Note ≡ 종료 조건이 없는 재귀 함수는 계속 실행되다가 결국 스택 메모리를 전부 사용하게 됩니다.

1.6.1 팩토리얼

문제 1-14 주어진 값 n에 대해 n!을 구하세요.

$$n! = n \times (n-1) \times \ldots \times 2 \times 1$$

해결책 1-14

```c
int factorial(unsigned int i)
{
    /* 종료 조건 */
    if (i <= 1) {
        return 1;
    }
    /* 본문, 재귀 확장 */
    return i * factorial(i - 1);
}
```

분석

- 함수 f(n)은 매번 f(n-1)을 호출합니다.
- 시간 복잡도는 O(n)입니다.

1.6.2 16진수 출력

문제 1-15 주어진 10진수를 16진수로 출력하세요.

해결책

- 기수(base) 값은 함수 매개 변수로 주어집니다.
- 수(number)의 나머지를 계산해 숫자(digit)로 저장합니다.
- 수가 기수보다 크다면 수를 기수로 나눈 몫을 인자로 printInt() 함수를 재귀적으로 호출합니다.
- 수는 높은 자릿수에서 낮은 자릿수로 출력됩니다.

해결책 1-15

```
void printInt(unsigned int number, const int base)
{
    char* conversion = "0123456789ABCDEF";
    char digit = number % base;
    if (number /= base) {
        printInt(number, base);
    }
    printf("%c", conversion[digit]);
}
```

분석 시간 복잡도는 O(n)입니다.

1.6.3 하노이의 탑

문제 1-16 하노이의 탑(tower of Hanoi) 문제에는 세 개의 막대와 n개의 디스크가 주어집니다. 처음에는 첫 번째 막대(가장 왼쪽)에 디스크가 크기가 큰 것부터 작은 순으로 쌓입니다. 이 문제의 목표는 모든 디스크를 첫 번째 막대에서 세 번째 막대(가장 오른쪽 탑)로 옮기는 것입니다. 한 번에 하나의 디스크만 옮기되 작은 디스크 위에 큰 디스크를 쌓을 수는 없습니다.

▼ 그림 1-5 하노이의 탑

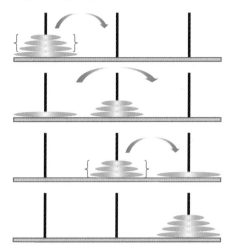

해결책 n개의 디스크를 출발지에서 목적지로 옮기려면 먼저 n-1개의 디스크를 출발지에서 임시 막대로 이동한 뒤 가장 낮은 n번째 디스크를 출발지에서 목적지로 이동합니다. 그런 다음 n-1개의 디스크를 임시 막대에서 대상으로 이동합니다.

해결책 1-16

```c
void towerOfHanoi(int num, char src, char dst, char temp)
{
    if (num < 1) {
        return;
    }
    towerOfHanoi(num - 1, src, temp, dst);
    printf("\n 디스크 %d을(를) 막대 %c에서 막대 %c로 옮겨라", num, src, dst);
    towerOfHanoi(num - 1, temp, dst, src);
}

int main()
{
    int num = 4;
    printf("하노이의 탑에서 이동은 다음과 같습니다.\n");
    towerOfHanoi(num, 'A', 'C', 'B');
    return 0;
}
```

1.6.4 최대 공약수

문제 1-17 최대 공약수(GCD, Greatest Common Divisor)를 구하세요.

해결책 유클리드(Euclid) 알고리즘을 사용해 최대 공약수를 구합니다.

GCD(n, m) == GCD(m, n mod m)

해결책 1-17

```
int GCD(int m, int n)
{
    if (m < n) {
        return (GCD(n, m));
    }
    if (m % n == 0) {
        return (n);
    }
    return (GCD(n, m % n));
}
```

1.6.5 피보나치 수

문제 1-18 n이 주어졌을 때 피보나치 수열(Fibonacci series)에서 n번째 숫자를 찾으세요.

해결책 피보나치 수는 바로 앞 두 수의 합으로 계산합니다.

해결책 1-18

```
int fibonacci(int n)
{
    if (n <= 1) {
        return n;
    }
    return fibonacci(n - 1) + fibonacci(n - 2);
}
```

Note ≡ 비효율적인 방법이므로 다음 장에서 더 나은 해결책을 살펴보겠습니다.

1.6.6 정수 배열의 순열

문제 1-19 주어진 정수 배열에서 모든 순열(permutation)을 구하세요.

해결책 인덱스의 각 수를 재귀적으로 호출하는 순열 함수에서 i는 i의 오른쪽에 있는 모든 수와 바뀝니다. 각 수는 오른쪽에 있는 모든 수와 맞바뀌져 가능한 모든 순열을 만듭니다.

해결책 1-19

```
void permutation(int *arr, int i, int length)
{
    if (length == i) {
        printArray(arr, length);
        return;
    }
    for (j = i; j < length; j++) {
        swap(arr, i, j);
        permutation(arr, i + 1, length);
        swap(arr, i, j);
    }
}

/* 테스트 코드 */
int main()
{
    int arr[5];
    for (int i = 0; i < 5; i++) {
        arr[i] = i;
    }
    permutation(arr, 0, 5);
}
```

1.6.7 재귀적 이진 검색

문제 1-20 오름차순 정수 배열에서 재귀적 방법으로 특정 값이 배열에 존재하는지 찾으세요.

해결책 앞에서 유사한 반복 해결책을 살펴보았습니다. 이번에는 같은 문제를 재귀 해결책으로 살펴봅니다. 재귀 해결책에서는 검색 공간을 절반으로 나누고 나머지는 버립니다. 각 단계에서 검색 공간의 절반을 버리므로 매우 효율적입니다.

```c
int BinarySearchRecursive(int arr[], int low, int high, int value)
{
    if (low > high) {
        return -1;
    }
    int mid = (low + high) / 2;
    if (arr[mid] == value) {
        return mid;
    }
    else if (arr[mid] < value) {
        return BinarySearchRecursive(arr, mid + 1, high, value);
    }
    else {
        return BinarySearchRecursive(arr, low, mid - 1, value);
    }
}

/* 테스트 코드 */
int main()
{
    int arr[] = { 1, 2, 3, 4, 5, 6, 7, 8, 9 };
    printf(" %d ", BinarySearchRecursive(arr,0,sizeof(arr) / sizeof(int) - 1, 6));
    printf(" %d ", BinarySearchRecursive(arr,0,sizeof(arr) / sizeof(int) - 1, 16));
    return 0;
}
```

☑ 연습 문제

1. 참인지 거짓인지 답하세요..

    a. $5n + 10n^2 = O(n^2)$

    b. $n\log n + 4n = O(n)$

    c. $\log(n^2) + 4\log(\log n) = O(\log n)$

    d. $12n^{1/2} + 3 = O(n^2)$

    e. $3^n + 11n^2 + n^{20} = O(2^n)$

2. 배열을 검색할 때 최선의 시간 복잡도는 얼마입니까?

3. 배열을 검색할 때 평균적인 시간 복잡도는 얼마입니까?

4. 주어진 양수 배열에서 인접한 원소를 선택하지 못한다는 제한으로 최대 합을 구하세요.

▶연습 문제 풀이는 645쪽에 있습니다.

2^장

알고리즘 문제를 풀기 위한 접근법

알고리즘에 대한 이론적 지식이 필수지만, 그것만으로 충분하지는 않습니다. 면접관이 프로그램 개발에 관한 질문을 하면 다음 다섯 단계 접근법으로 답변하기를 추천합니다. 이 접근법을 숙달하면 코딩 인터뷰에서 다른 지원자들보다 뛰어난 모습을 보여줄 수 있습니다.

알고리즘 문제를 푸는 데 필요한 다섯 단계 접근법은 다음과 같습니다.

1. 제약 조건 분석

2. 아이디어 구상

3. 복잡도 계산

4. 코딩

5. 테스트

한 단계씩 살펴보겠습니다.

2.1 제약 조건 분석

PROBLEM SOLVING ALGORITHMS

기술적 문제를 푸는 것은 단지 알고리즘을 알고 좋은 소프트웨어 시스템을 만드는 것만을 의미하지 않습니다. 면접관은 여러분이 주어진 문제에 어떻게 접근하는지를 알고 싶어 합니다. 많은 사람이 주어진 문제를 명확하게 하는 질문을 하지 않아서 실수하게 됩니다. 이런 사람들은 한 번에 많은 것을 가정하고 문제를 풀기 시작합니다. 문제를 풀기 전에 면접관으로부터 얻어야 할 많은 정보를 놓친 채 말입니다.

이 단계에서 문제에 대한 모든 제약 조건을 파악합니다. 완벽하게 정의되지 않은 문제를 풀려고 해서는 안 됩니다. 코딩 인터뷰 문제는 모든 세부 사항이 잘 정리된 시험지와는 다릅니다. 실제로 면접관은 지원자가 질문을 통해 문제를 명확하게 하기를 기대합니다.

예를 들어 숫자를 정렬하는 알고리즘을 작성하라는 문제가 제시되었다고 해봅시다.

1. 처음에 확인해야 하는 정보는 문제에 주어진 데이터의 종류입니다. 면접관이 정수라고 대답한다고 가정해 봅시다.

2. 두 번째로 확인해야 하는 정보는 데이터의 크기입니다. 100개의 정수와 10억 개의 정수를 다루는 알고리즘은 달라질 수밖에 없습니다.

숫자 배열의 제약 조건에 관한 기본 질문은 다음과 같습니다.

1. 배열에 원소가 몇 개 있습니까?

2. 각 원소 값의 범위는 무엇입니까? 최솟값과 최댓값은 무엇입니까?

3. 각 원소의 데이터 종류는 무엇입니까? 정수입니까? 아니면 부동소수점 실수입니까?

4. 배열은 고유한 데이터로 구성됩니까?

문자열 배열의 제약 조건에 관한 기본 질문은 다음과 같습니다.

1. 배열에 원소가 몇 개 있습니까?

2. 각 문자열의 길이는 얼마입니까? 최소 길이와 최대 길이는 얼마입니까?

3. 배열은 고유한 데이터로 구성됩니까?

그래프의 제약 조건에 대한 기본 질문은 다음과 같습니다.

1. 그래프에 노드가 몇 개 있습니까?

2. 그래프에 간선이 몇 개 있습니까?

3. 가중치 그래프입니까? 가중치의 범위는 무엇입니까?

4. 방향 그래프입니까? 아니면 무방향 그래프입니까?

5. 그래프 내에 루프가 있습니까?

6. 그래프 내에 음수 사이클이 있습니까?

7. 그래프에 자체 루프가 있습니까?

12장 그래프에서 제약 조건에 따라 알고리즘과 해결책의 복잡도가 달라짐을 알아봅니다.

2.2 아이디어 구상

이 책에서는 이론을 다룹니다. 매일 만들어지는 새로운 문제를 모두 다루기가 불가능하기 때문입니다. 그 대신에 새로운 문제를 어떻게 풀어야 하는지를 배우는 것이 낫습니다. 면접관이 질문한 문제의 답을 알고 있다 해도 해결책을 찾으려면 면접관과 토론해야 합니다. 면접관이 문제를 약간 수정했다면 해결책이 달라질 수도 있기 때문에 문제를 분석하는 것 또한 필요합니다.

처음 접하는 문제는 어떻게 풀까요? 해답은 문제를 많이 풀어 보는 것입니다. 많은 문제를 풀다 보면 접해 보지 않은 문제도 풀 수 있게 됩니다. 문제를 충분히 많이 풀어 보면 처음 보는 문제에서 패턴을 발견하고 쉽게 해결할 수 있습니다.

모르는 문제를 풀어야 할 때는 다음 전략을 따릅니다.

1. 문제 간단하게 만들기

2. 몇 가지 예제 시도하기

3. 적합한 자료 구조 생각하기

4. 이전에 풀어 본 비슷한 유형의 문제 떠올리기

2.2.1 문제 간단하게 만들기

다음 문제를 살펴봅시다. 여러 명의 부부가 한 줄로 무작위로 서 있습니다. 남편은 H_1, H_2, H_3 ... 아내는 W_1, W_2, W_3 ... 형태로 각각 번호가 있습니다. H_1이 맨 처음에 오고 그다음에 W_1이 오고 그 뒤로 H_2, W_2 ... 형태로 배열해야 합니다.

처음에는 어려워 보이지만 간단한 문제입니다. 마지막 위치의 관계를 찾습니다.

$$P(H_i) = i \times 2 - 1$$
$$P(W_i) = i \times 2$$

나머지 알고리즘은 삽입 정렬 등으로 구현해 완성하면 됩니다.

2.2.2 몇 가지 예제 시도하기

앞의 문제에서 세 쌍의 부부로 몇 가지 예제를 시도해 본다면 해당 수식에 다다르게 됩니다. 더 많은 예제를 시도해 보면 문제를 해결하는 데 도움이 됩니다.

2.2.3 적합한 자료 구조 생각하기

몇 가지 문제에서는 가장 적합한 자료 구조를 선택하기가 쉽습니다. 예를 들어 주어진 값에서 최솟값과 최댓값을 찾는 문제가 있다면 **힙**(heap)이 적합합니다. 이 책에서는 많은 자료 구조를 다루는데, 그중에서 필요한 자료 구조를 찾아내야 합니다.

문제 하나를 살펴봅시다. 스트림 데이터가 주어졌을 때 언제든지 **중간값**(median)을 찾아서 값을 확인하고 꺼낼(pop) 수 있어야 합니다. 중간값을 루트로 가지는 **균형 트리**(balanced tree)의 정렬을 고려해 볼 수 있습니다. 기다리세요! 중간값을 루트로 만드는 것은 그리 쉬운 일이 아닙니다.

힙을 사용하면 최솟값 또는 최댓값만 구할 수 있어서 원하는 결과를 얻을 수 없습니다. **최대 힙**(max heap)과 **최소 힙**(min heap)의 두 개 힙을 사용한다면 어떨까요? 작은 값들은 최대 힙으로 보내고 큰 값들은 최소 힙으로 보냅니다. 또한, 힙에 몇 개의 원소가 있는지 셀 수 있습니다. 알고리즘의 나머지 부분은 여러분 스스로 생각해 보세요.

처음 보는 문제를 접할 때마다 자료 구조를 떠올려 보세요. 이 중 하나 또는 몇 개의 조합으로 문제를 풀 수 있을 것입니다.

이전에 풀어 본 비슷한 문제를 생각해 보세요. 두 연결 리스트의 머리(head) 포인터가 주어진 상황을 가정해 봅시다. 두 리스트가 어떤 지점에서 만나는지 그 교차점을 찾아야 합니다. 두 연결 리스트의 끝은 널 포인터 대신에 루프로 되어 있습니다.

여러분은 교차하는 두 연결 리스트의 교차점을 찾는 법을 알고 있고 연결 리스트에 루프가 있는지를 확인하는 법도 알고 있습니다(플로이드의 순환 찾기 알고리즘). 따라서 이 두 가지 해결책을 이용해 이 문제의 해결책을 찾을 수 있습니다.

2.3 복잡도 계산

문제를 푸는 것은 단지 올바른 해결책만을 찾는 것이 아닙니다. 해결책은 메모리를 적절하게 사용해야 하며 빨라야 합니다. 앞 장에서 빅오 표기법을 배웠으니 빅오 분석을 할 수 있어야 합니다. 해결책을 구상할 때 그 해결책이 최적이 아니라 더 나은 방법이 있을 수 있으므로 더 나은 것을 찾으려 노력하세요.

면접관 대부분은 면접자가 알고리즘의 시간 복잡도와 공간 복잡도를 구할 수 있기를 바랍니다. 여러분은 시간 복잡도와 공간 복잡도를 바로 구할 수 있어야 합니다. 문제를 풀 때마다 복잡도를 구한다면 최고의 해결책을 고를 수 있습니다. 어떤 문제는 시간 복잡도와 공간 복잡도 사이에 약간의 트레이드오프가 있으므로 이러한 트레이드오프를 알아야 합니다. 때로는 공간을 더 많이 사용해 시간을 더 많이 아끼고 알고리즘을 훨씬 빠르게 만듭니다.

2.4 코딩

지금까지 여러분은 문제의 모든 제약 조건을 파악하고 몇 가지 해결책을 고안해 다양한 해결책의 복잡도를 평가한 후 최종으로 코딩할 해결책을 선택했습니다. 면접관과 제약 조건, 구현 아이디어, 복잡도를 논하기 전에 바로 코딩을 시작하면 절대 안 됩니다.

우리는 비주얼 스튜디오 같은 IDE로 코딩하는 것에 익숙합니다. 화이트보드나 종이에 코드를 작성하라고 하면 많은 사람이 난처해합니다. 따라서 종이에 코딩하는 연습을 해야 합니다. 종이는 뒤로 가기 버튼이 없으니 코딩하기 전에 생각해야 합니다. 항상 모듈 형태의 코드를 작성하려고 노력하세요. 깨끗하고 관리하기 편한 코드가 되도록 함수를 작게 만들어야 합니다. 스와프 함수가 있다면 그것을 사용하고 면접관에게 나중에 작성하겠다고 말하세요. 여러분이 스와프 코드를 작성할 수 있다는 것은 모두가 알고 있습니다.

2.5 / 테스트

코드 작성이 완료를 뜻하지는 않습니다. 가장 중요한 것은 몇 가지 작은 테스트 케이스로 코드를 시험하는 것입니다. 이 테스트로 여러분이 테스트의 중요성을 이해하고 있음을 보여줍니다. 또한 면접관에게 여러분이 버그가 있는 코드를 작성하지 않는다는 신뢰도 줄 수 있습니다. 코딩 작업이 끝나면 작은 테스트 케이스로 코드를 한 줄씩 살펴보며 코드가 제대로 동작하는지 확인합니다.

다음과 같은 몇 가지 테스트 케이스를 시험합니다.

- **정상적인 테스트 케이스**(normal test case) 가장 일반적인 시나리오가 포함된 긍정적인 테스트 사례이며, 코드의 기본 논리 작동에 중점을 둡니다. 예를 들어 연결 리스트 문제를 푼다면 이 테스트는 서너 개의 노드가 있는 연결 리스트가 입력으로 주어질 때 무슨 일이 발생하는 지를 포함해야 합니다. 코드를 다 작성했다고 말하기 전에 항상 이 테스트 케이스를 고려해야 합니다.
- **엣지 케이스**(edge case) 코드의 경계를 시험하려고 설계된 테스트 케이스입니다. 앞과 같은 연결 리스트 알고리즘에서 빈 리스트나 하나의 노드만 전달될 때 코드가 어떻게 작동하는지를 시험하고자 엣지 케이스를 만듭니다. 엣지 케이스는 코드를 더욱 탄탄하게 합니다. 이러한 조건을 처리하기 위해 코드에 추가할 항목은 거의 없습니다.
- **로드 테스트**(load test) 이 테스트는 거대한 데이터로 시험합니다. 코드가 느리거나 메모리를 너무 많이 사용하는지를 시험하는 데 사용합니다.

항상 이 다섯 단계를 따라야 합니다. 제약 조건 분석, 아이디어 구상, 복잡도 계산을 하기 전에 절대로 코딩을 먼저 하면 안 됩니다. 적어도 테스트 단계만은 놓쳐서는 안 됩니다.

2.6 / 코딩 인터뷰 예시

면접관이 최선의 정렬 알고리즘을 구하라는 질문을 했다고 가정해 봅시다. 몇몇 면접자는 퀵 정렬 $O(n\log n)$로 바로 넘어갑니다. 이런, 실수입니다! 문제를 풀기 전에 많은 질문을 해야 합니다.

질문 1	데이터의 종류는 무엇입니까? 정수입니까?
답변	네, 정수입니다
질문 2	어느 정도 크기의 데이터를 정렬합니까?
답변	수천 개입니다.
질문 3	데이터는 정확히 무엇입니까?
답변	사람의 나이 데이터입니다.
질문 4	데이터는 어떤 자료 구조로 저장되어 있습니까?
답변	데이터는 리스트 형태로 제공됩니다.
질문 5	주어진 자료 구조를 수정할 수 있습니까? 그리고 … ?(추가로 다른 질문을 합니다)
답변	아니요, 제공된 자료 구조는 수정할 수 없습니다.

첫 번째 답변에서 데이터가 정수라는 것을 알 수 있습니다. 데이터는 그리 크지 않으며, 수천 개의 항목만 들어 있습니다. 세 번째 답이 흥미롭습니다. 여기서 데이터의 범위가 1~150이라고 추론합니다. 데이터는 리스트의 형태로 제공됩니다. 다섯 번째 답에서 자신의 데이터 구조를 만들고 주어진 배열은 수정할 수 없음을 추론합니다. 마지막으로 버킷 정렬(bucket sort)을 사용해 데이터를 정렬할 수 있다고 결론을 내립니다. 범위가 1~150이기 때문에 크기 151의 리스트만 있으면 됩니다. 데이터가 수천 개 이하라서 데이터 오버플로를 걱정할 필요가 없으며, 선형 시간 $O(n)$의 해결책을 가집니다.

Note ≡	정렬은 4장에서 알아봅니다.

2.7 정리

이제 여러분은 처음 보는 문제를 다루는 과정을 잘 알게 되었습니다. 다음 장에서는 다양한 자료 구조와 문제 해결 방법을 살펴봅니다. 이 장의 일부 내용은 다른 장에서 다루는 지식이 필요해 이해하지 못할 수도 있으니 해당 내용을 읽은 후에 다시 읽어 보기 바랍니다.

이 책에서는 많은 문제를 풉니다. 하지만 먼저 스스로 문제를 풀려고 노력한 후에 해결책을 보세요. 항상 문제의 복잡도를 생각하세요. 그리고 코딩 인터뷰에서 면접관과의 소통은 완벽하게 문제를 이해하고 문제를 어떻게 풀어야 할지 결정하는 열쇠입니다.

3^장

추상 자료형과 자료 구조

3.1 추상 자료형

데이터와 데이터에 허용되는 연산이 무엇인지 나타낸 것을 **추상 자료형**(ADT, Abstract Data Type)이라고 합니다. ADT는 데이터의 사용자 관점으로 정의하며 데이터에서 가능한 값과 노출되는 인터페이스를 고려합니다. ADT는 자료 구조의 실제 구현에 관심이 없습니다. 예를 들어 사용자가 정수를 저장하고 이 값들의 평균을 구한다고 해봅시다. 이때 자료 구조의 ADT는 정수를 더하고 평균값을 구하는 두 함수를 제공하지만 구현 방법은 언급하지 않습니다.

▼ 그림 3-1 추상 자료형

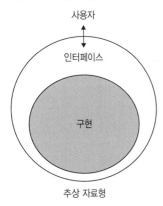

3.2 자료 구조

자료 구조(data structure)는 데이터의 구체적인 표현이며, 데이터를 프로그래머 관점에서 정의합니다. 또한 자료 구조는 데이터를 메모리에 저장하는 방법을 나타냅니다. 모든 자료 구조는 장점과 단점이 있으므로 문제 유형에 따라 최적의 자료 구조를 선택해야 합니다. 예를 들어 배열, 연결 리스트, 스택, 큐, 트리 등에 데이터를 저장할 수 있습니다.

> Note ≣   이 장에서는 다양한 자료 구조와 해당 자료 구조의 API를 알아봅니다. API 덕분에 사용자는 내부 구현을 몰라도 사용할 수 있습니다.

3.3 배열

배열은 같은 자료형의 다중 원소 집합을 표현합니다. 배열의 API(Application Programming Interface)는 다음과 같습니다.

- **k번째 위치에 원소 삽입하기** 상수 시간 $O(1)$에 k번째 위치에 값을 저장합니다. arr[k]에 값을 저장하기만 하면 됩니다.
- **k번째 위치에서 값 읽기** 상수 시간 $O(1)$에 k번째 위치에 저장된 값에 접근합니다. arr[k]에서 값을 읽기만 하면 됩니다.
- **k번째 위치에 저장된 값 대체하기** 상수 시간 $O(1)$에 k번째 위치에 저장된 값을 새 값으로 대체합니다.

배열은 고정된 크기라서 배열의 크기보다 많은 값을 저장할 수 없습니다. 더 많은 값을 저장하려면 값을 저장할 수 있는 충분한 공간이 있는 새 배열을 생성해 이전 배열에서 새 배열로 값을 복사합니다. 그런데 재할당과 복사 연산은 느립니다. 처음부터 더 큰 배열을 할당하는 방법이 있지만, 메모리가 낭비됩니다. 이 문제의 해결책이 연결 리스트입니다.

3.4 연결 리스트

연결 리스트(linked list)는 동적 자료 구조로, 메모리를 실행 시간에 할당합니다. 연결 리스트는 연속적으로 자료를 저장하지 않고 다음 원소를 가리키는 링크를 사용합니다.

❤ 그림 3-2 연결 리스트

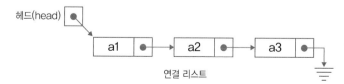

연결 리스트

연결 리스트는 원소에 직접 접근할 수 없어서 성능이 배열보다 느립니다. 하지만 저장할 원소의 개수를 미리 알지 못할 때 유용합니다. 연결 리스트에는 선형(linear), 원형(circular), 이중(doubly), 이중 원형(doubly circular) 등 많은 종류가 있습니다.

연결 리스트의 API는 다음과 같습니다.

- Insert(k) 리스트의 맨 앞에 k를 추가합니다. 리스트의 맨 앞에 새 원소를 삽입하고 포인터를 이동합니다. 새 원소는 리스트의 첫 번째 원소가 됩니다. 이 연산은 상수 시간 O(1)에 수행됩니다.

- Delete() 리스트의 첫 번째 원소를 삭제합니다. 리스트의 첫 번째 원소를 삭제하려면 포인터만 이동하면 됩니다. 이 연산은 상수 시간 O(1)에 수행됩니다.

- PrintList() 리스트의 모든 원소를 표시합니다. 첫 번째 원소부터 시작해서 다음 포인터를 따라 갑니다. 이 연산은 O(n) 시간에 수행됩니다.

- Find(k) 값이 k인 원소의 위치를 찾습니다. 첫 번째 원소부터 시작해서 찾는 값을 발견하거나 리스트의 끝에 도달할 때까지 다음 포인터를 따라갑니다. 이 연산은 O(n) 시간에 수행됩니다.

- FindKth(k) k번째 위치의 원소를 찾습니다. 첫 번째 원소부터 시작해서 k번째 원소에 도달할 때까지 노드(node)의 다음 연결(link)을 따라갑니다. 이 연산은 O(n) 시간에 수행됩니다.

- IsEmpty() 원소가 없는 빈 리스트인지 확인합니다. 리스트의 헤드 포인터만 확인합니다. Null 값을 가지면 빈 리스트고 아니면 빈 리스트가 아닙니다. 이 연산은 O(1) 시간에 수행됩니다.

> Note ≡ 이진 검색은 연결 리스트에서 작동하지 않습니다.

3.5 스택

스택(stack)은 **후입 선출**(LIFO, Last-In-First-Out) 전략을 따르는 특별한 자료 구조로, 마지막에 추가한 원소가 먼저 제거됩니다.

▼ 그림 3-3 스택

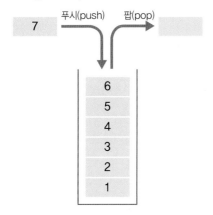

스택은 다음과 같이 다양한 용도로 쓰입니다.

1. 재귀(recursion) 호출

2. 후위 표현식(postfix expression)의 계산

3. 스택으로 구현하는 백트래킹(backtracking)

4. 트리와 그래프의 깊이 우선 탐색(DFS, Depth-First Search)

5. 10진수를 2진수로 변환하기

스택의 API는 다음과 같습니다.

- **Push(k)** 스택의 맨 위에 값 k를 추가합니다.

- **Pop()** 스택의 맨 위에 있는 원소의 값을 반환하고 이 원소를 제거합니다.

- **Top()** 스택의 맨 위에 있는 원소의 값을 반환합니다.

- **Size()** 스택의 원소 개수를 반환합니다.

- **IsEmpty()** 스택이 비었는지를 결정합니다. 스택이 비었으면 1을 반환합니다.

스택의 모든 연산의 시간 복잡도는 O(1)입니다.

3.6 큐

큐(queue)는 선입 선출(FIFO, First-In-First-Out) 형태의 자료 구조로, 먼저 추가한 원소가 먼저 제거됩니다.

▼ 그림 3-4 큐

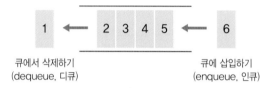

큐에서 삭제하기
(dequeue, 디큐)

큐에 삽입하기
(enqueue, 인큐)

큐는 다음과 같이 다양한 용도로 사용합니다.

1. 공유 자원 접근(예: 프린터)

2. 멀티 프로그래밍

3. 메시지 큐

4. 그래프와 트리의 너비 우선 탐색(BFS, Breadth First Search)

큐의 API는 다음과 같습니다.

- **Add(k)** 큐의 맨 뒤쪽에 새 원소 k를 추가합니다.
- **Remove()** 큐의 맨 앞에 있는 원소의 값을 반환하고 이 원소를 삭제합니다.
- **Front()** 큐의 맨 앞에 있는 원소의 값을 반환합니다.
- **Size()** 큐의 원소 개수를 반환합니다.
- **IsEmpty()** 큐가 비었으면 1을 반환하고 그렇지 않다면 0을 반환합니다.

큐의 모든 연산은 시간 복잡도가 O(1)입니다.

3.7 트리

트리(tree)는 계층형 자료 구조입니다. 트리의 최상위 원소를 **루트**(root)라고 하며, 루트 원소를 제외한 트리의 모든 원소는 부모 원소가 있고 0개 이상의 자식 원소가 있습니다. 트리는 계층적 정보를 저장할 때 아주 유용한 자료 구조입니다.

▼ 그림 3-5 트리

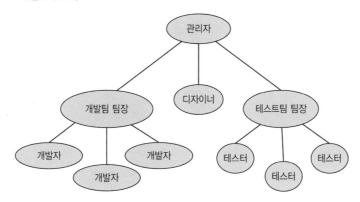

트리에는 여러 유형이 있습니다.

3.7.1 이진 트리

이진 트리(binary tree)는 각 노드에 왼쪽 자식과 오른쪽 자식이라는 최대 2개(0, 1 또는 2)의 자식이 있는 트리입니다.

이진 탐색 트리(BST, Binary Search Tree)는 다음 방법으로 노드를 정렬한 이진 트리입니다.

1. 왼쪽 하위 트리의 키(key)가 부모 노드의 키보다 작거나 같습니다.

2. 오른쪽 하위 트리의 키가 부모 노드의 키보다 큽니다.

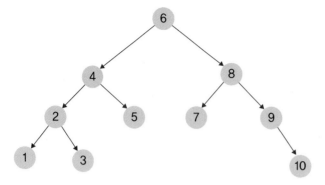

이진 탐색 트리의 API는 다음과 같습니다.

- `Insert(k)` 트리에 새 원소 k를 삽입합니다.
- `Delete(k)` 트리에서 원소 k를 삭제합니다.
- `Search(k)` 트리에서 값이 k인 원소를 검색합니다. 값이 k인 원소는 없을 수도 있습니다.
- `FindMax()` 트리에서 가장 큰 값을 찾습니다.
- `FindMin()` 트리에서 가장 작은 값을 찾습니다.

이진 탐색 트리의 모든 연산은 트리가 균형을 이룰 때는 평균적인 시간 복잡도 O(logn)이며, 트리가 균형을 이루지 않을 때는 최악의 시간 복잡도 O(n)입니다.

항상 균형을 유지하는 몇 가지 이진 탐색 트리가 있습니다. 그중에서 가장 유명한 것은 AVL 트리와 레드-블랙 트리(RB-트리)입니다. 정렬된 딕셔너리(dictionary)는 RB-트리를 사용해 구현합니다.

PROBLEM SOLVING ALGORITHMS

3.8 힙(우선순위 큐)

우선순위 큐(priority queue)는 우선순위에 따라 특별한 순서로 원소를 추출하는 특별한 종류의 큐입니다. 우선순위 큐는 이진 힙 자료 구조로 구현합니다. 힙에서 레코드는 배열에 저장하며, 모든 노드는 부모의 값이 자식 값보다 크다는(또는 작다는) 동일한 규칙을 따릅니다.

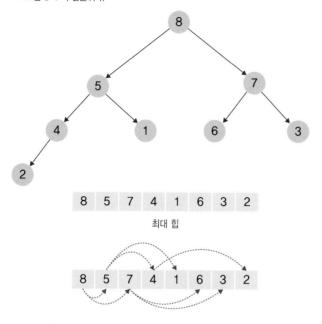

▼ 그림 3-7 우선순위 큐

| 8 | 5 | 7 | 4 | 1 | 6 | 3 | 2 |

최대 힙

| 8 | 5 | 7 | 4 | 1 | 6 | 3 | 2 |

힙 자료 구조는 두 가지 유형이 있습니다.

- **최대 힙**(Max heap) 각 노드의 값은 자식 노드의 값 이상이어야 합니다.
- **최소 힙**(Min heap) 각 노드의 값은 자식 노드의 값 이하여야 합니다.

힙은 데이터에서 최댓값과 최솟값을 하나씩 가져올 때 유용한 자료 구조입니다. 힙 정렬은 힙을 사용해 오름차순이나 내림차순으로 데이터를 정렬합니다.

힙의 API는 다음과 같습니다.

- `Insert(k)` 힙에 새 원소 k를 추가합니다. 이 연산의 시간 복잡도는 O(logn)입니다.
- `Remove()` 최대 힙일 때 최댓값을 추출합니다(최소 힙은 최솟값). 이 연산의 시간 복잡도는 O(logn)입니다.
- `Heapify()` 숫자 배열을 힙으로 변환합니다. 이 연산의 시간 복잡도는 O(n)입니다.

3.9 해시 테이블

해시 테이블(hash table)은 키(key)에 값(value)을 매핑하는 자료 구조입니다. 해시 테이블의 각 위치는 **슬롯**(slot)이라고 합니다. 해시 테이블은 **해시 함수**(hash function)로 배열의 인덱스를 계산합니다. 실제 저장된 키의 개수가 가능한 키의 개수보다 적을 때 해시 테이블을 사용합니다.

✔ 그림 3-8 해시 테이블

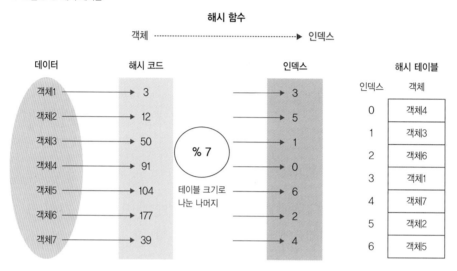

해시 함수로 데이터를 저장하는 과정은 다음과 같습니다.

1. 데이터를 저장할 크기 M인 배열을 생성합니다. 이 배열을 해시 테이블이라고 합니다.

2. 해시 함수로 키의 해시 코드를 찾습니다.

3. 해시 코드를 해시 테이블의 크기로 나눈 나머지를 구해 데이터를 저장할 인덱스로 사용합니다.

4. 마지막으로 데이터를 지정된 인덱스에 저장합니다.

해시 테이블에서 해시 함수로 데이터를 찾는 과정은 다음과 같습니다.

1. 해시 함수로 검색 중인 키의 해시 코드를 찾습니다.

2. 해시 코드를 해시 테이블의 크기로 나눈 나머지를 구해 저장된 데이터의 인덱스를 구합니다.

3. 마지막으로 지정된 인덱스에서 값을 검색합니다.

해시 테이블의 API는 다음과 같습니다.

- **Insert(x)** x를 데이터 세트에 추가합니다.
- **Delete(x)** 데이터 세트에서 x를 삭제합니다.
- **Search(x)** 데이터 세트에서 x를 검색합니다.

해시 테이블은 딕셔너리를 구현하는 데 유용한 자료 구조입니다. 해시 테이블에서 원소를 찾는 데 걸리는 평균 시간은 O(1)으로 검색 성능이 뛰어납니다. 해시 테이블은 배열의 개념을 일반화합니다.

PROBLEM SOLVING ALGORITHMS

3.10 딕셔너리와 심볼 테이블

심볼 테이블(symbol table)은 문자열인 키와 어떤 데이터 유형이든 가능한 값과의 매핑입니다. 값은 발생 횟수 같은 정수, 단어의 사전적 의미 등이 될 수 있습니다.

3.10.1 문자열용 이진 탐색 트리

이진 탐색 트리는 심볼 테이블을 구현하는 가장 간단한 방법입니다. 간단한 문자열 비교 함수로 두 문자열을 비교할 수 있습니다. 모든 키가 무작위고 균형 트리라면 평균적으로 로그 시간에 키 조회를 수행합니다.

▼ 그림 3-9 이진 탐색 트리로 구현한 딕셔너리

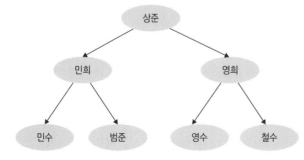

3.10.2 문자열용 해시 테이블

해시 테이블은 심볼 테이블 구현에 사용하는 또 다른 자료 구조입니다. 다음 그림의 해시 테이블을 보면 사람 이름이 키로 사용되고 이름의 의미가 값으로 사용되는 것을 볼 수 있습니다. 첫 번째 키는 적절한 해시 함수에 전달되어 해시 코드로 변환됩니다. 값이 저장될 실제 인덱스를 찾는 데 사용하는 해시 테이블의 크기도 내부 해시 함수에 전달됩니다. 마지막으로 이름의 의미인 값이 해시 테이블에 저장됩니다.

▼ 그림 3-10 해시 테이블로 구현한 딕셔너리

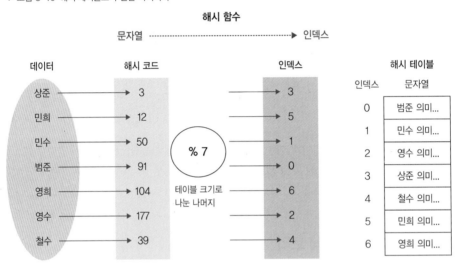

PROBLEM SOLVING ALGORITHMS

3.11 그래프

그래프(graph)는 네트워크를 표현하는 자료 구조로, **정점**(vertex)이라 부르는 노드와 정점 사이를 연결하는 **간선**(edge)의 집합으로 구성됩니다. 간선은 두 노드 간의 **경로**(path)이며, 방향성이 있거나(directed) 없을(undirected) 수 있습니다. 경로가 방향성이 있으면 한 방향으로만 이동할 수 있고 방향성이 없으면 양방향으로 이동할 수 있습니다. 그리고 간선과 관련된 비용이 발생할 수 있습니다.

▼ 그림 3-11 정점과 간선으로 이루어진 그래프

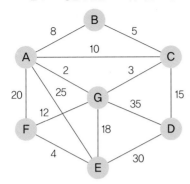

3.11.1 깊이 우선 탐색

깊이 우선 탐색(DFS, Depth-First Search) 알고리즘은 출발점에서 깊이로 이동하다가 막다른 곳에 다다르면 부모 노드로 올라갑니다(backtrack, 백트랙). DFS는 스택을 사용해 검색을 시작할 다음 정점을 구합니다. 또는 시스템 스택을 사용하는 재귀(recursion)로 같은 작업을 수행할 수 있습니다.

▼ 그림 3-12 깊이 우선 탐색

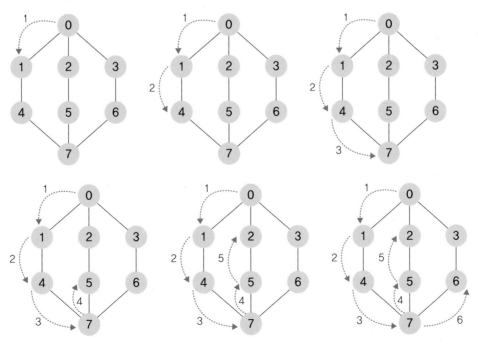

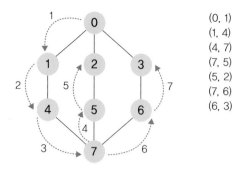

(0, 1)
(1, 4)
(4, 7)
(7, 5)
(5, 2)
(7, 6)
(6, 3)

깊이 우선 탐색 → 0, 1, 4, 7, 5, 2, 6, 3

3.11.2 너비 우선 탐색

너비 우선 탐색(BFS, Breadth-First Search) 알고리즘은 같은 단계의 노드에서부터 순회합니다. 출발점에서 제일 가까운 곳을 먼저 순회하고 큐로 구현합니다.

▼ 그림 3-13 너비 우선 탐색

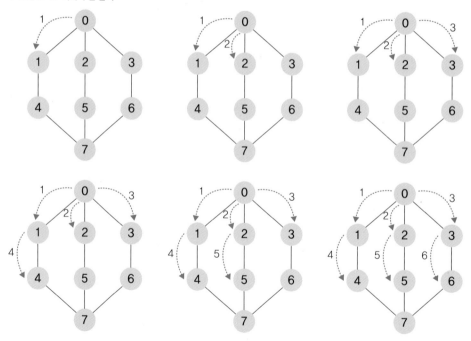

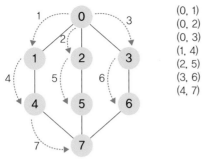

```
(0, 1)
(0, 2)
(0, 3)
(1, 4)
(2, 5)
(3, 6)
(4, 7)
```

너비 우선 탐색 → 0, 1, 2, 3, 4, 5, 6, 7

3.12 / 정렬

정렬(sorting)은 컬렉션에서 원소를 오름차순 또는 내림차순으로 배치하는 과정입니다. 순서에 따라 데이터 원소를 정렬하면 검색이 쉬워집니다. 이 책에서는 정렬이 필요하면 sort( ) 함수를 사용하고 이는 O(nlogn) 시간 내에 완료된다고 가정합니다.

▼ 그림 3–14 정렬

3.12.1 카운트 정렬

카운트 정렬(counting sort)은 가장 간단하고 효율적인 정렬 방법으로, 미리 정의된 데이터 범위에서만 동작하는 엄격한 요구 사항이 있습니다. 예를 들어 연령대별로 몇 명의 사람이 있는지 정렬한다고 해봅시다. 나이의 범위는 1세에서 130세입니다.

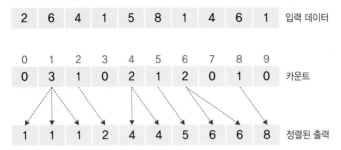

▼ 그림 3-15 카운트 정렬

입력 데이터에서 각 값의 수를 세어 1이 3개, 2가 1개의 형태로 카운트 배열에 저장합니다. 저장된 카운트 배열을 다시 읽어 그 값만큼 차례대로 출력 배열에 저장합니다. 카운트 배열의 0 인덱스는 값이 0이니 넘어가고, 1은 3개니 출력에 0~2까지 3개의 인덱스에 1을 저장하고, 그다음 2를 1개, 4를 2개의 형태로 차례대로 저장합니다.

입력 범위를 알면 $O(n + k)$ 시간에 카운트를 이용해 정렬합니다. 이때 n은 사람 수, k는 최대 연령인 130으로 가정합니다.

PROBLEM SOLVING ALGORITHMS

3.13 / 정리

이 장에서는 다양한 자료 구조와 추상 자료형을 간략하게 소개했습니다. 다음 장부터는 여기서 소개한 자료 구조를 하나씩 자세히 살펴봅니다. 자료 구조의 인터페이스를 알고 있다면 내부 구현을 몰라도 인터페이스를 사용해 다른 문제를 풀 수 있습니다.

4^장

정렬

정렬은 배열의 원소를 오름차순 또는 내림차순으로 배치하는 과정입니다. 예를 들어 카드 게임에서 필요한 카드를 쉽게 찾을 수 있도록 카드를 값에 따라 분류하는 것입니다.

도서관의 책은 분야에 따라 정렬되어 있습니다. 이때 책을 적절한 색인 순으로 배치하면 쉽게 찾을 수 있습니다. 정렬은 데이터를 순서에 따라 배치해 데이터를 쉽게 검색할 수 있게 합니다.

이 장에서는 배열의 원소를 정렬하는 알고리즘을 설명합니다. 정렬 알고리즘을 이해하는 것은 알고리즘 분석을 이해하는 첫걸음입니다. 많은 정렬 알고리즘이 개발되고 분석되었습니다. 버블 정렬(bubble sort), 삽입 정렬(insertion sort), 선택 정렬(selection sort) 같은 정렬 알고리즘은 구현이 쉽고 작은 데이터 집합에 적합하지만 큰 데이터 집합에서는 느립니다. 병합 정렬(merge sort), 퀵 정렬(quick sort), 힙 정렬(heap sort) 같은 알고리즘은 큰 데이터 집합을 정렬하는 데 적합하지만 작은 데이터 집합 정렬에는 과합니다. 그리고 외부 정렬(external sort) 기법 같은 알고리즘은 메모리에 완전히 저장할 수 없는 거대한 데이터 집합을 정렬합니다.

다양한 알고리즘에 대한 논의를 시작하기 전에 먼저 두 값을 비교할 때 사용하는 비교 함수를 살펴봅니다.

less() 함수는 value1이 value2보다 작으면 1을, 그렇지 않으면 0을 반환합니다.

```
int less(int value1, int value2)
{
    return value1 < value2;
}
```

more() 함수는 value1이 value2보다 크면 1을, 그렇지 않으면 0을 반환합니다.

```
int more(int value1, int value2)
{
    return value1 > value2;
}
```

다양한 정렬 알고리즘의 값은 이 함수 중 하나로 비교되며, 사용한 함수의 반환 값에 따라 교환(swap)됩니다. more()를 사용하면 오름차순으로 출력을 정렬하고 less()를 사용하면 내림차순으로 출력을 정렬합니다.

4.1 정렬 유형

내부 정렬은 모든 원소를 한 번에 메모리로 읽어 들여서 정렬을 수행합니다.

- 선택 정렬
- 삽입 정렬
- 버블 정렬
- 퀵 정렬
- 병합 정렬

외부 정렬은 데이터 크기가 너무 커서 전체 데이터를 메모리에 읽어 들이는 것이 불가능할 때 데이터를 여러 덩어리로 나누어서 정렬합니다

- 병합 정렬

4.1.1 버블 정렬

버블 정렬은 가장 느린 정렬 알고리즘으로, 작은 데이터에 사용하며 구현하기 쉽습니다. 버블 정렬은 인접한 값의 각 쌍을 비교합니다. 오름차순으로 값을 정렬할 때 두 번째 값이 첫 번째 값보다 작다면 두 값을 교환(swap)합니다. 그렇지 않다면 다음 쌍을 비교합니다. 따라서 가장 큰 값은 배열의 끝으로 이동하며 다음 정렬에서 제외됩니다.[1]

첫 번째 패스(pass)[2]가 끝나면 가장 큰 값이 가장 오른쪽에 오게 되며 배열을 완전히 정렬하는 데 n번의 패스를 수행합니다.

---

1 역주 정렬의 각 패스에서 가장 큰 값이 이동하는 과정이 거품이 보글보글 떠오르는 것과 비슷해 버블 정렬이라고 합니다.
2 역주 전체 데이터를 읽거나 쓰는 것을 패스라고 합니다

▼ 그림 4-1 버블 정렬

5	1	2	4	3	7	6	교환
1	5	2	4	3	7	6	교환
1	2	5	4	3	7	6	교환
1	2	4	5	3	7	6	교환
1	2	4	3	5	7	6	그대로 두기
1	2	4	3	5	7	6	교환
1	2	4	3	5	6	7	

다음 예제에서 외부 반복문은 데이터 비교를 위해 수행된 교환 횟수를 나타냅니다. 내부 반복문은 실제 데이터 비교에 사용합니다. 내부 반복문의 한 반복이 끝날 때마다 가장 큰 값이 배열의 끝으로 이동합니다. 첫 번째 반복이 끝나면 가장 큰 값이, 두 번째 반복이 끝나면 두 번째로 큰 값이 이동합니다.

more() 함수는 첫 번째 인자의 값이 두 번째 인자의 값보다 크면 두 값을 교환하며 배열이 오름차순으로 정렬됩니다. 이와 달리 less() 함수에서는 배열이 내림차순으로 정렬됩니다.

예제 4-1

```c
void BubbleSort(int arr[], int size)
{
    int i, j, temp;
    for (i = 0; i < (size - 1); i++) {
        for (j = 0; j < size - i - 1; j++) {
            if (more(arr[j], arr[j + 1])) {
                temp = arr[j];
                arr[j] = arr[j + 1];
                arr[j + 1] = temp;
            }
        }
    }
}

/* 테스트 코드 */
int main()
{
    int arr[10] = { 4, 5, 3, 2, 6, 7, 1, 8, 9, 10 };
    printArray(arr, sizeof(arr) / sizeof(int));
    BubbleSort(arr, sizeof(arr) / sizeof(int));
}
```

분석 (n-1), (n-2), (n-3) …에 대한 내부 반복문의 실행 시간은 각각 다음과 같습니다.

$$(n-1) + (n-2) + (n-3) + \ldots + 3 + 2 + 1 = n(n-1)/2$$

최악의 성능 시간 복잡도	$O(n^2)$
평균적인 성능 시간 복잡도	$O(n^2)$
공간 복잡도	$O(1)$, 하나의 임시 변수만 필요함
안정 정렬[3] 여부	네

4.1.2 향상된 버블 정렬

외부 반복문의 한 패스에서 더 이상 교환할 것이 없으면 배열은 이미 정렬된 것입니다. 이때 정렬을 멈춥니다. 일부 원소를 제외한 배열의 나머지 부분이 이미 정렬된 상태임을 알고 있다면 향상된 버블 정렬이 매우 유용합니다.

예제 4-2

```
void BubbleSort2(int arr[], int size)
{
    int i, j, temp, swapped = 1;
    for (i = 0; i < (size - 1) && swapped; i++) {
        swapped = 0;
        for (j = 0; j < size - i - 1; j++) {
            if (more(arr[j], arr[j + 1])) {
                temp = arr[j];
                arr[j] = arr[j + 1];
                arr[j + 1] = temp;
                swapped = 1;
            }
        }
    }
}
```

분석 거의 정렬되어 있는 배열에 향상된 버블 정렬을 사용하면 이 알고리즘의 최선의 성능이 향상됩니다. 이 경우 패스는 단 한 번이면 되고 최선의 성능 시간 복잡도는 $O(n)$이 됩니다.

---

3 **역주** 안정 정렬(stable sorting)은 이 장의 뒷부분에서 설명합니다.

최악의 성능 시간 복잡도	$O(n^2)$
평균적인 성능 시간 복잡도	$O(n^2)$
공간 복잡도	$O(1)$
배열이 거의 정렬된 경우 시간 복잡도	$O(n)$
안정 정렬 여부	네

4.1.3 삽입 정렬

삽입 정렬의 시간 복잡도는 $O(n^2)$로 버블 정렬과 같지만 실제 성능은 조금 더 낮습니다. 이는 카드 게임에서 카드를 배열하는 방법과 비슷합니다. 순회한 원소들의 부분 배열은 정렬 상태를 유지합니다. 왼쪽에 있는 정렬된 하위 배열의 적절한 위치에 각 값을 삽입합니다.

▼ 그림 4-2 카드 정렬하기

5	6	2	4	7	3	1	삽입 5
5	6	2	4	7	3	1	삽입 6
2	5	6	4	7	3	1	삽입 2
2	4	5	6	7	3	1	삽입 4
2	4	5	6	7	3	1	삽입 7
2	3	4	5	6	7	1	삽입 3
1	2	3	4	5	6	7	삽입 1

- 외부 반복문은 왼쪽의 정렬된 배열에 삽입할 값을 선택하는 데 사용합니다.
- 삽입하려고 선택한 값을 임시 변수에 저장합니다.
- 내부 반복문은 more( ) 함수로 비교를 수행합니다. 이때 적절한 위치를 찾을 때까지 임시 변수의 값은 오른쪽으로 이동합니다.
- 최종으로 임시 변수의 값(삽입하려고 선택한 값)은 적절한 위치에 놓습니다.

- 외부 반복문의 각 반복에서 정렬된 배열의 크기가 1씩 증가합니다.
- 외부 반복문이 끝나면 전체 배열이 정렬됩니다.

예제 4-3

```
void InsertionSort(int arr[], int size)
{
    int temp, j;
    for (int i = 1; i < size; i++) {
        temp = arr[i];
        for (j = i; (j > 0 && more(arr[j - 1], temp)); j--) {
            arr[j] = arr[j - 1];
        }
        arr[j] = temp;
    }
}

/* 테스트 코드 */
int main()
{
    int arr[10] = { 4, 5, 3, 2, 6, 7, 1, 8, 9, 10 };
    InsertionSort(arr, sizeof(arr) / sizeof(int));
    printArray(arr, sizeof(arr) / sizeof(int));
}
```

분석

최악의 성능 시간 복잡도	$O(n^2)$
최선의 성능 시간 복잡도	$O(n)$
평균적인 성능 시간 복잡도	$O(n^2)$
공간 복잡도	$O(1)$
안정 정렬 여부	네

4.1.4 선택 정렬

선택 정렬은 정렬되지 않은 배열에서 가장 큰 값을 찾아 맨 뒤에 놓습니다. 이 과정을 n-1번 반복합니다. 이 알고리즘은 앞 두 정렬 알고리즘과 같은 이차 시간 복잡도지만, 두 알고리즘보다 비교 횟수가 적어서 더 나은 성능을 보여줍니다. 선택 정렬에서 정렬은 뒤에서부터 이루어집니다.

▼ 그림 4-3 선택 정렬

5	6	2	4	7	3	1	교환
5	6	2	4	1	3	7	교환
5	3	2	4	1	6	7	교환
1	3	2	4	5	6	7	그대로 두기
1	3	2	4	5	6	7	교환
1	2	3	4	5	6	7	그대로 두기
1	2	3	4	5	6	7	

- 외부 반복문은 내부 반복문의 반복 횟수를 결정합니다.
- n개의 입력에 대해 내부 반복문은 n번 반복합니다.
- 내부 반복문의 각 반복에서 가장 큰 값을 찾아서 배열의 끝에 배치합니다.
- 이 알고리즘은 최댓값을 적절한 위치로 배치합니다. 배열의 정렬은 뒤에서부터 이루어집니다.

예제 4-4

```
void SelectionSort(int arr[], int size)
{
    int i, j, max, temp;
    for (i = 0; i < size - 1; i++) {
        max = 0;
        for (j = 1; j <= (size - 1 - i); j++) {
            if (arr[j] > arr[max]) {
                max = j;
            }
        }
        temp = arr[size - 1 - i];
        arr[size - 1 - i] = arr[max];
        arr[max] = temp;
    }
}
```

분석

최악의 성능 시간 복잡도	O(n²)
최선의 성능 시간 복잡도	O(n²)
평균적인 성능 시간 복잡도	O(n²)
공간 복잡도	O(1)
안정 정렬 여부	아니요

배열의 앞에서부터 정렬이 이루어지게 선택 정렬 알고리즘을 구현할 수도 있습니다.

```
void SelectionSort2(int arr[], int size)
{
    int i, j, min, temp;
    for (i = 0; i < size - 1; i++) {
        min = i;
        for (j = i + 1; j < size; j++) {
            if (arr[j] < arr[min]) {
                min = j;
            }
        }
        temp = arr[i];
        arr[i] = arr[min];
        arr[min] = temp;
    }
}
```

4.1.5 병합 정렬

병합 정렬은 각 단계에서 입력을 반으로 나눠 재귀 호출을 합니다. 두 부분을 각각 재귀적으로 정렬한 후 마지막에 최종 정렬된 출력으로 결과를 병합합니다.

▼ 그림 4-4 병합 정렬

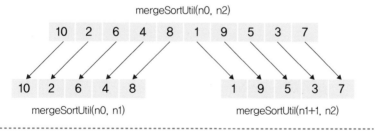

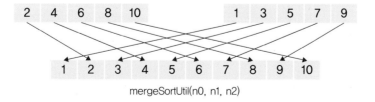

```
void Merge(int *arr, int *tempArray, int lowerIndex, int middleIndex, int upperIndex)
{
    int lowerStart = lowerIndex;
    int lowerStop = middleIndex;
    int upperStart = middleIndex + 1;
    int upperStop = upperIndex;
    int count = lowerIndex;
    while (lowerStart <= lowerStop && upperStart <= upperStop) {
        if (arr[lowerStart] < arr[upperStart]) {
            tempArray[count++] = arr[lowerStart++];
        }
        else {
            tempArray[count++] = arr[upperStart++];
        }
    }
    while (lowerStart <= lowerStop) {
        tempArray[count++] = arr[lowerStart++];
    }
    while (upperStart <= upperStop) {
        tempArray[count++] = arr[upperStart++];
    }
    for (int i = lowerIndex; i <= upperIndex; i++) {
        arr[i] = tempArray[i];
    }
}


void MergeSortUtil(int *arr, int *tempArray, int lowerIndex, int upperIndex)
{
    if (lowerIndex >= upperIndex)
        return;
    int middleIndex = (lowerIndex + upperIndex) / 2;
    MergeSortUtil(arr, tempArray, lowerIndex, middleIndex);
    MergeSortUtil(arr, tempArray, middleIndex + 1, upperIndex);
    Merge(arr, tempArray, lowerIndex, middleIndex, upperIndex);
}


void MergeSort(int *arr, int size)
{
    int *tempArray = (int *)malloc(size * sizeof(int));
    MergeSortUtil(arr, tempArray, 0, size - 1);
}
```

분석 병할 정렬은 항상 배열을 반으로 나누고 두 반쪽을 합치는 데 선형 시간이 필요하므로 시간 복잡도는 세 가지 경우(최선, 평균, 최악) 모두 O(nlogn)입니다. 병할 정렬을 할 때는 정렬되지 않은 배열과 같은 크기의 추가 공간이 필요합니다. 따라서 큰 배열의 정렬에 사용하는 것은 추천하지 않으며, 연결 리스트를 정렬하는 데 가장 적합합니다.

최악의 성능 시간 복잡도	O(nlogn)
최선의 성능 시간 복잡도	O(nlogn)
평균적인 성능 시간 복잡도	O(nlogn)
공간 복잡도	O(n)
안정 정렬 여부	네

4.1.6 퀵 정렬

퀵 정렬은 재귀 알고리즘으로 각 단계에서 피벗(pivot)[4]을 선택합니다(여기서는 부분 배열의 첫 번째 원소를 선택). 피벗보다 작은 원소는 배열의 왼쪽으로 피벗보다 큰 원소는 배열의 오른쪽으로 이동하게 배열을 두 부분으로 나눕니다. 그다음 왼쪽과 오른쪽으로 나눈 부분 배열을 개별적으로 정렬하고, 분할한 부분 배열의 정렬을 마치면 전체 배열이 정렬됩니다.

❤ 그림 4-5 퀵 정렬

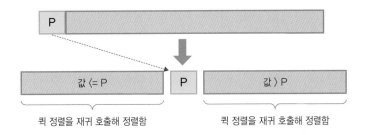

배열을 두 부분으로 나누는 과정은 다음과 같습니다.

1. 배열의 첫 번째 원소를 피벗으로 선택합니다.

2. 이때 상위 인덱스(U)와 하위 인덱스(L)라는 두 변수를 사용합니다.

4　**역주** 피벗은 퀵 정렬에서 값을 나누는 기준이 되는 값이며, 랜덤한 값을 임의로 선택할 수도 있고 전력을 가지고 특정 값을 선택할 수도 있습니다.

3. 하위 인덱스를 배열의 두 번째 원소로, 상위 인덱스를 배열의 마지막 원소로 설정합니다.

4. 하위 인덱스의 값이 피벗보다 작으면 하위 인덱스를 증가시킵니다.

5. 상위 인덱스의 값이 피벗보다 크면 상위 인덱스를 감소시킵니다.

6. 하위 인덱스와 상위 인덱스의 값을 교환합니다.

7. 상위 인덱스가 하위 인덱스보다 크면 단계 4~6을 반복합니다.

8. 끝으로 피벗과 상위 인덱스의 값을 교환합니다.

▼ 그림 4-6 퀵 정렬의 단계별 과정

6	4 ᴸ	5	1	8	2	9	7	3	10 ᵁ	피벗 값은 6
6	4	5 ᴸ	1	8	2	9	7	3	10 ᵁ	4 ⟨ 6로 하위 인덱스(L)를 이동
6	4	5	1 ᴸ	8	2	9	7	3	10 ᵁ	5 ⟨ 6로 하위 인덱스(L)를 이동
6	4	5	1	8 ᴸ	2	9	7	3	10 ᵁ	1 ⟨ 6로 하위 인덱스(L)를 이동
6	4	5	1	8 ᴸ	2	9	7 ᵁ	3	10	10 ⟩ 6로 상위 인덱스(U)를 이동
6	4	5	1	3 ᴸ	2	9	7 ᵁ	8	10	하위 인덱스(L)와 상위 인덱스(U)의 값을 교환
6	4	5	1	3	2 ᴸ	9	7 ᵁ	8	10	3 ⟨ 6로 하위 인덱스(L)를 이동
6	4	5	1	3	2	9 ᴸ	7 ᵁ	8	10	2 ⟨ 6로 하위 인덱스(L)를 이동
6	4	5	1	3	2	9 ᴸᵁ	7	8	10	8 ⟩ 6로 상위 인덱스(U)를 이동
6	4	5	1	3	2	9 ᵁ	7 ᴸ	8	10	7 ⟩ 6로 상위 인덱스(U)를 이동
6	4	5	1	3	2 ᵁ	9 ᴸ	7	8	10	9 ⟩ 6로 상위 인덱스(U)를 이동
2	4	5	1	3	6	9	7	8	10	피벗과 상위 인덱스(U)의 값을 교환

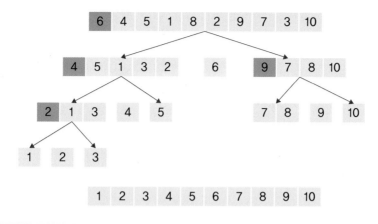

예제 4-7

```c
void QuickSortUtil(int arr[], int lower, int upper)
{
    if (upper <= lower) {
        return;
    }
    int pivot = arr[lower];
    int start = lower;
    int stop = upper;

    while (lower < upper) {
        while (arr[lower] <= pivot) {
            lower++;
        }
        while (arr[upper] > pivot) {
            upper--;
        }
        if (lower < upper) {
            swap(arr, upper, lower);
        }
    }

    swap(arr, upper, start); // upper는 pivot의 위치입니다.
    QuickSortUtil(arr, start, upper - 1); // pivot - 1은 왼쪽 부분 배열의 상위 인덱스입니다.
    QuickSortUtil(arr, upper + 1, stop);  // pivot + 1은 오른쪽 부분 배열의 하위 인덱스입니다.
}

void QuickSort(int arr[], int size)
{
    QuickSortUtil(arr, 0, size - 1);
}
```

분석 퀵 정렬은 매우 적은 공간을 사용하며, O(logn)의 추가 공간만 필요합니다. 퀵 정렬은 동일한 키의 원소를 다른 위치에 정렬할 수 있기 때문에 안정 정렬이 아닙니다.

최악의 성능 시간 복잡도	O(n²)
최선의 성능 시간 복잡도	O(nlogn)
평균적인 성능 시간 복잡도	O(nlogn)
공간 복잡도	O(logn)
안정 정렬 여부	아니요

4.1.7 퀵 선택

퀵 선택 알고리즘은 실제로 전체 배열을 정렬하지 않고, 정렬된 배열에서 k번째 위치에 있는 원소를 찾는 데 사용합니다. 퀵 선택은 퀵 정렬과 매우 비슷하지만, 전체 배열을 정렬하는 대신 퀵 정렬의 각 단계에서 배열의 절반을 무시하고 k번째 원소가 있는 배열 영역에만 집중합니다.

예제 4-8

```
void QuickSelectUtil(int arr[], int lower, int upper, int k)
{
    if (upper <= lower) {
        return;
    }

    int pivot = arr[lower];
    int start = lower;
    int stop = upper;

    while (lower < upper) {
        while (lower < upper && arr[lower] <= pivot) {
            lower++;
        }
        while (lower <= upper && arr[upper] > pivot) {
            upper--;
        }
        if (lower < upper) {
            swap(arr, upper, lower);
        }
    }
```

```
        swap(arr, upper, start); // upper는 피벗의 위치입니다.
        if (k < upper) {
            // pivot - 1은 왼쪽 부분 배열의 상위 인덱스입니다.
            QuickSelectUtil(arr, start, upper - 1, k);
        }
        if (k > upper) {
            // pivot + 1은 오른쪽 부분 배열의 하위 인덱스입니다.
            QuickSelectUtil(arr, upper + 1, stop, k);
        }
    }
}

int QuickSelect(int *a, int count, int index)
{
    QuickSelectUtil(a, 0, count - 1, index - 1);
    return a[index - 1];
}

/* 테스트 코드 */
int main()
{
    int arr[10] = { 4, 5, 3, 2, 6, 7, 1, 8, 9, 10 };
    printf("5번째 원소: %d", QuickSelect(arr, sizeof(arr) / sizeof(int),5));
}
```

분석

최악의 성능 시간 복잡도	$O(n^2)$
최선의 성능 시간 복잡도	$O(n)$
평균적인 성능 시간 복잡도	$O(n)$
공간 복잡도	$O(\log n)$

4.1.8 버킷 정렬

버킷 정렬은 가장 간단하고 효율적인 정렬 형태로, 사전 정의된 데이터 범위에 대한 엄격한 요구 사항이 있습니다. 이는 몇 명의 사람이 어떤 연령 집단에 속하는지 정렬하는 것과 비슷합니다. 우리는 사람의 나이가 0세에서 130세의 범위 안에 속함을 알고 있습니다.

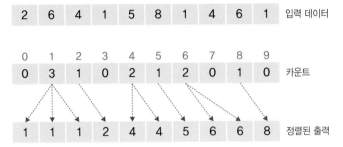

- 카운트를 저장하는 카운트 배열을 만듭니다.
- 카운트 배열의 원소를 0으로 초기화합니다.
- 입력 배열에 해당하는 인덱스를 증가시킵니다.
- 마지막으로 카운트 배열에 저장된 정보를 결과 배열[5]에 저장합니다.

예제 4-9

```c
void BucketSort(int array[], int n, int range)
{
    int i, j=0;
    int *count = (int *)malloc((range + 1) * sizeof(int));

    for (i = 0; i < range; i++)
        count[i] = 0;
    for (i = 0; i < n; i++)
        count[array[i]]++;

    for (i = 0; i < range; i++) {
        for (; count[i] > 0; count[i]--) {
            array[j++] = i;
        }
    }
    free(count);
}

/* 테스트 코드 */
int main()
{
    int arr[10] = { 4, 5, 3, 2, 6, 7, 1, 8, 9, 10 };
    BucketSort(arr, sizeof(arr) / sizeof(int), 10);
```

---

5 [역주] 예제의 코드는 입력인 array 배열에 결과를 저장합니다.

```
    printArray(arr, sizeof(arr) / sizeof(int));
  }
```

분석

자료 구조	배열
최악의 성능 시간 복잡도	O(n + k)
평균적인 성능 시간 복잡도	O(n + k)
최악의 공간 복잡도	O(k)

k – 버킷의 수

n – 배열의 총 원소 수

4.1.9 일반화된 버킷 정렬

때로는 버킷에 들어가는 원소들이 유일하지 않아서 같은 범위에 여러 원소가 들어가는 경우가 있습니다. 예를 들어 이름을 정렬할 때 포인터 버킷을 사용해 이름을 저장할 수 있습니다.

▼ 그림 4-8 일반화된 버킷 정렬

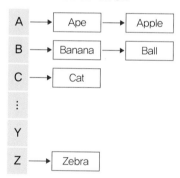

각 버킷의 내부는 이미 정렬되어 있으며 각 버킷 내부의 원소는 삽입 정렬 알고리즘을 사용해 정렬된 상태로 유지합니다. 일반화된 버킷 정렬은 여러분이 직접 구현해 볼 수 있게 남겨 두겠습니다. 별도의 체인을 사용하는 **11장 해시 테이블**에서 비슷한 자료 구조를 살펴봅니다.

4.1.10 힙 정렬

힙 정렬은 **10장 힙**에서 다루니 10장을 참고하세요.

분석

자료 구조	배열
최악의 성능 시간 복잡도	O(nlogn)
평균적인 성능 시간 복잡도	O(nlogn)
최악의 공간 복잡도	O(1)

4.1.11 트리 정렬

이진 탐색 트리의 중위 순회(inorder traversal)는 정렬 알고리즘으로 볼 수도 있습니다. 자세한 내용은 **9장 트리**에서 살펴봅니다.

분석

최악의 성능 시간 복잡도	$O(n^2)$
최선의 성능 시간 복잡도	O(nlogn)
평균적인 성능 시간 복잡도	O(nlogn)
공간 복잡도	O(n)
안정 정렬 여부	네

4.1.12 외부 정렬

정렬하려는 데이터가 너무 커서 메모리(RAM)에 전체 데이터를 올릴 수 없을 때 **외부 정렬**(외부 병합 정렬)을 사용합니다. 첫 번째 단계는 전체 데이터 중 덩어리를 선택해 메모리에서 정렬하는데, 이때 병합 정렬을 사용해 정렬합니다. 그런 다음 정렬한 데이터의 덩어리를 디스크에 다시 저장합니다. 이렇게 정렬한 데이터의 덩어리들을 최종 정렬 데이터로 결합해야 합니다.

두 번째 단계는 정렬된 데이터의 덩어리로부터 데이터를 읽기 위한 큐를 만듭니다. 각 덩어리는 자체 큐를 가지는데, 이 큐에서 팝(pop)을 합니다. 또한, 이 큐가 정렬된 덩어리에서 데이터를 읽는 작업을 담당합니다.

길이 m인 정렬된 k개의 데이터 덩어리가 있다고 가정합시다. 세 번째 단계는 최소 힙을 사용해 각 큐에서 입력 데이터를 가져오며 각 큐에서 하나의 원소만을 취합니다. 힙에서 최솟값을 가져와 최종 출력으로 추가합니다. 최솟값 원소를 힙에 추가한 큐는 다시 팝 되고 이 큐의 다른 원소를 힙에 추가합니다. 데이터를 다 처리한 빈 큐는 입력 목록에서 제거합니다. 마지막으로 힙에서 정렬된 데이터를 가져옵니다.

힙에서 나오는 데이터를 저장하고 디스크 영역에 제한된 크기의 쓰기 작업을 수행하는 출력 버퍼를 추가하면 프로세스를 더욱더 최적화할 수 있습니다.

▼ 그림 4-9 외부 정렬

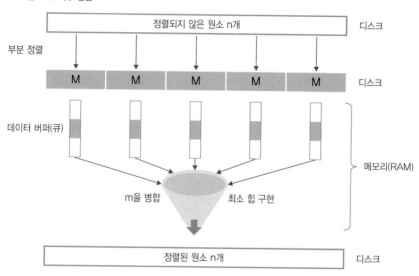

Note ≡ 　실제 코딩 인터뷰에서는 외부 정렬을 구현하라고 하지는 않지만, 개념을 알고 있는 편이 좋습니다.

4.1.13 안정 정렬

동일한 키의 두 원소가 정렬하기 전 순서대로 정렬 결과에 순서가 유지되는 것을 안정 정렬 (stable sort)이라고 합니다. 즉, 안정 정렬 알고리즘은 동일한 키의 원소를 재배열하지 않도록 보장합니다.

4.2 정렬 알고리즘 비교

앞에 나온 다양한 정렬 알고리즘을 비교해 보겠습니다.

정렬 유형	평균 시간	최선 시간	최악 시간	공간 복잡도	안정 정렬 여부
버블 정렬	$O(n^2)$	$O(n^2)$	$O(n^2)$	$O(1)$	네
향상된 버블 정렬	$O(n^2)$	$O(n)$	$O(n^2)$	$O(1)$	네
선택 정렬	$O(n^2)$	$O(n^2)$	$O(n^2)$	$O(1)$	아니요
삽입 정렬	$O(n^2)$	$O(n)$	$O(n^2)$	$O(1)$	네
힙 정렬	$O(n\log n)$	$O(n\log n)$	$O(n\log n)$	$O(1)$	아니요
병합 정렬	$O(n\log n)$	$O(n\log n)$	$O(n\log n)$	$O(n)$	네
퀵 정렬	$O(n\log n)$	$O(n\log n)$	$O(n^2)$	최악: $O(n)$ 평균: $O(\log n)$	아니요
버킷 정렬	$O(n+k)$	$O(n+k)$	$O(n+k)$	$O(n+k)$	네

완벽한 정렬 알고리즘은 없습니다. 알고리즘마다 장단점이 있으니 하나씩 살펴보겠습니다.

- **퀵 정렬** 안정 정렬이 필요하지 않고 최악 성능보다 평균 성능을 우선할 때 사용합니다. 데이터가 무작위일 때 퀵 정렬을 선호합니다.[6] 평균적인 성능 시간 복잡도는 $O(n\log n)$ 이고 최악의 성능 시간 복잡도는 $O(n^2)$입니다. 퀵 정렬의 공간 복잡도는 재귀 호출의 보조 저장 공간으로 스택을 사용하므로 $O(\log n)$이 됩니다.
- **병합 정렬** 안정 정렬과 $O(n\log n)$의 시간 복잡도가 필요할 때 사용합니다. 병합 단계에서 많은 복사가 이루어지므로 일반적으로 병합 정렬이 퀵 정렬보다 느립니다. 병합 정렬은 두 정렬된 연결 리스트를 병합하거나 외부 정렬에서 사용합니다.
- **힙 정렬** 안정 정렬이 필요하지 않고 평균 성능보다 최악 성능이 중요할 때 사용합니다. $O(n\log n)$의 시간 복잡도를 보장하고, $O(1)$ 보조 공간을 사용해 입력이 매우 커도 예측 불가한 메모리 부족을 겪지 않습니다.

---

6 **역주** 성능과 범용성을 고려해 일부 개발 언어는 퀵 정렬 함수를 기본으로 제공합니다. C 언어는 stdlib.h에서 qsort() 함수로, C++는 algorithm.h에서 sort()로 제공합니다.

- **삽입 정렬** 안정 정렬이 필요하고 n이 매우 작을 때 사용합니다. 퀵 정렬과 병합 정렬의 내부 정렬[7]에서 사용합니다. 최악의 성능 시간 복잡도는 $O(n^2)$입니다. 실제 실행 시간은 매우 작은 상수 시간을 곱한 것이므로 입력 크기가 작을 때 병합 정렬이나 퀵 정렬보다 더 나은 성능을 보여줍니다. 데이터가 이미 정렬된 경우에도 유용합니다. 이때 실행 시간은 $O(n)$입니다.

- **버블 정렬** 데이터가 거의 정렬된 경우에 사용합니다. 두 개의 원소만 자기 자리에 있지 않은 경우를 가정해 봅시다. 첫 번째 패스에서 버블 정렬이 데이터를 정렬하고, 두 번째 패스에서 모든 데이터를 정렬하고 종료합니다. 실행하는 데 단지 두 패스만 필요합니다.

- **선택 정렬** 최선, 최악, 평균의 시간 복잡도 모두 $O(n^2)$입니다. 빠른 작업을 원할 때 유용하며 프로토타입을 만들 때 사용할 수 있습니다.

- **카운트 정렬**(counting-sort) 제한된 범위 내의 데이터를 정렬하는 데 사용합니다.

- **기수 정렬**(radix-sort) k를 기수의 수라고 할 때 $\log(n)$이 k보다 아주 큰 경우에 사용합니다.

- **버킷 정렬** 입력이 어느 정도 균등하게 분포할 때 사용합니다.

PROBLEM SOLVING ALGORITHMS

4.3 정렬 문제

정렬 문제 몇 가지를 살펴보겠습니다.

4.3.1 0과 1 나누기

문제 4-1 0과 1로 이루어진 배열에서 0이 앞으로 1이 뒤로 오도록 정렬하는 알고리즘을 작성하세요. 배열을 정렬하는 데 필요한 최소 교환 횟수도 구하세요.

해결책 배열의 시작을 왼쪽 인덱스로, 배열의 끝을 오른쪽 인덱스로 지정해 양끝에서 시작합니다. 배열의 값이 0일 때는 왼쪽 인덱스를 순회하고, 값이 1일 때는 오른쪽 인덱스를 거꾸로 순회합니다. 왼쪽 인덱스가 오른쪽 인덱스보다 작다면 두 값을 교환합니다.

---

7 **역주** 외부 정렬의 반대 의미로 메모리에 데이터를 올려서 정렬하는 알고리즘을 의미합니다.

```c
int Partition01(int arr[], int size)
{
    int left = 0;
    int right = size - 1;
    int count = 0;
    while (left < right) {
        while (arr[left] == 0) {
            left += 1;
        }
        while (arr[right] == 1) {
            right -= 1;
        }
        if (left < right) {
            swap(arr, left, right);
            count += 1;
        }
    }
    return count;
}

/* 테스트 코드 */
int main()
{
    int arr[] = { 0, 1, 1, 0, 1, 0, 1, 1, 0, 0, 0, 1 };
    Partition01(arr, sizeof(arr) / sizeof(int));
    printArray(arr, sizeof(arr) / sizeof(int));
}
```

분석

- 내부 반복문의 각 반복에서 왼쪽이 증가하거나 오른쪽이 감소합니다. 왼쪽이 오른쪽보다 크거나 같을 때 반복문은 멈춥니다. 따라서 전체적으로 결합된 내부 반복문은 n번 실행됩니다.

- 시간 복잡도는 이차(반복문 안에 반복문)처럼 보이지만 선형의 O(n)입니다.

4.3.2 0, 1, 2 나누기

문제 4-2 0, 1, 2로 이루어진 배열에서 0, 1, 2의 순서로 배열을 정렬하는 알고리즘을 작성하세요.

첫 번째 해결책 0, 1, 2에 대한 카운터(counter)를 사용해 카운트를 구한 후에 배열의 값을 바꿉니다. 이 작업은 두 번으로 나뉘어 수행됩니다. 만약 한 번에 수행하려면 어떻게 구현할까요?

두 번째 해결책 기본적인 접근 방법은 인덱스 3개를 사용하는 것입니다. 첫 번째 인덱스는 배열의 왼쪽, 두 번째 인덱스는 배열의 오른쪽, 세 번째 인덱스는 배열 순회에 사용합니다. 왼쪽 인덱스는 0에서 시작하고, 오른쪽 인덱스는 n-1에서 시작합니다. 배열을 순회하며 0을 발견할 때마다 세 번째 인덱스 값과 증가된 왼쪽 인덱스 값을 교환합니다. 2를 발견할 때마다 세 번째 인덱스 값과 감소된 오른쪽 인덱스 값을 교환합니다. 순회가 끝나면 배열은 모두 정렬됩니다.

해결책 4-2

```
void Partition012(int arr[], int size)
{
    int left = 0;
    int right = size - 1;
    int i = 0;
    while (i <= right) {
        if (arr[i] == 0) {
            swap(arr, i, left);
            i += 1;
            left += 1;
        }
        else if (arr[i] == 2) {
            swap(arr, i, right);
            right -= 1;
        }
        else {
            i += 1;
        }
    }
}

/* 테스트 코드 */
int main()
{
    int arr2[] = { 0, 1, 1, 0, 1, 2, 1, 2, 0, 0, 0, 1 };
    Partition012(arr2, sizeof(arr2) / sizeof(int));
    printArray(arr2, sizeof(arr2) / sizeof(int));
}
```

분석 시간 복잡도는 선형의 O(n)입니다.

4.3.3 범위 나누기

문제 4-3 정수 배열과 범위가 주어지면 범위보다 작은 값은 왼쪽에, 큰 값은 오른쪽에 오도록 배열을 나누는 알고리즘을 작성하세요.

해결책 기본적인 접근 방법은 3개의 인덱스를 사용하는 것입니다. 첫 번째 인덱스는 배열의 왼쪽, 두 번째 인덱스는 배열의 오른쪽, 세 번째 인덱스는 배열 순회에 사용합니다. 왼쪽 인덱스는 0에서 시작하고, 오른쪽 인덱스는 n-1에서 시작합니다. 배열을 순회하며 범위보다 작은 값을 발견할 때마다 세 번째 인덱스 값과 증가된 왼쪽 인덱스 값을 교환합니다. 범위보다 큰 값을 발견할 때마다 세 번째 인덱스 값과 감소된 오른쪽 인덱스 값을 교환합니다. 순회가 끝나면 배열은 범위를 기준으로 나누어집니다.

해결책 4-3

```c
void RangePartition(int arr[], int size, int lower, int higher)
{
    int start = 0;
    int end = size - 1;
    int i = 0;
    while (i <= end) {
        if (arr[i] < lower) {
            swap(arr, i, start);
            i += 1;
            start += 1;
        }
        else if (arr[i] > higher) {
            swap(arr, i, end);
            end -= 1;
        }
        else {
            i += 1;
        }
    }
}

/* 테스트 코드 */
int main()
{
    int arr[] = { 1, 21, 2, 20, 3, 19, 4, 18, 5, 17, 6, 16, 7, 15, 8, 14, 9, 13,
    10, 12, 11 };
```

```
    RangePartition(arr, sizeof(arr) / sizeof(int), 9, 12);
    printArray(arr, sizeof(arr) / sizeof(int));
}
```

분석 시간 복잡도는 선형의 O(n)입니다.

4.3.4 최소 교환 횟수 구하기

문제 4-4 주어진 값보다 작은 모든 원소를 배열의 앞부분에 배치하는 최소 교환 횟수를 구하세요.

해결책 시작에서 값 하나, 끝에서 값 하나를 취하는 두 개의 인덱스와 주어진 값을 키로 사용하는 퀵 정렬 기술을 사용합니다. 교환 횟수가 답입니다.

해결책 4-4

```
int minSwaps(int arr[], int size, int val)
{
    int swapCount = 0;
    int first = 0;
    int second = size - 1;
    int temp;
    while (first < second) {
        if (arr[first] <= val) {
            first += 1;
        }
        else if (arr[second] > val) {
            second -= 1;
        }
        else {
            temp = arr[first];
            arr[first] = arr[second];
            arr[second] = temp;
            swapCount += 1;
        }
    }
    return swapCount;
}
```

분석 시간 복잡도는 선형의 O(n)입니다.

4.3.5 절댓값으로 정렬하기

문제 4-5 주어진 값의 절댓값 차이에 따라 배열을 정렬하세요.

해결책 이 문제는 어떤 정렬 알고리즘을 사용하든지 상관없이 풀 수 있습니다. 여기서는 버블 정렬을 사용해 풀어보겠습니다. 비교 함수인 more()만 바뀌는데, AbsMore() 함수에 ref 인자가 추가됩니다.

해결책 4-5

```
int AbsMore(int value1, int value2, int ref)
{
    return abs(value1 - ref) > abs(value2 - ref);
}


void AbsBubbleSort(int arr[], int size, int ref)
{
    for (int i = 0; i < (size - 1); i++) {
        for (int j = 0; j < (size - i - 1); j++) {
            if (AbsMore(arr[j], arr[j + 1], ref)) {
                swap(arr, j, j + 1);
            }
        }
    }
}


/* 테스트 코드 */
int main()
{
    int array[] = { 9, 1, 8, 2, 7, 3, 6, 4, 5 };
    int ref = 5;
    AbsBubbleSort(array, sizeof(array) / sizeof(int), ref);
    printArray(array, sizeof(array) / sizeof(int));
}
```

분석 시간 복잡도는 선형의 $O(n)$입니다.

4.3.6 수식으로 정렬하기

문제 4-6 방정식 $A \times X^2$에 따라 배열을 정렬하세요.

해결책 이 문제도 어떤 정렬 알고리즘을 사용하든지 풀 수 있습니다. 비교 함수인 more()만 바뀌는데, EqMore() 함수에 A 인자가 추가됩니다.

해결책 4-6

```
int EqMore(int value1, int value2, int A)
{
    value1 = A * value1 * value1;
    value2 = A * value2 * value2;
    return value1 > value2;
}
```

분석 시간 복잡도는 사용한 정렬 알고리즘과 똑같습니다. O(nlogn)의 시간 복잡도를 갖는 정렬 알고리즘을 사용했다면 이 해결책의 시간 복잡도도 O(nlogn)입니다.

4.3.7 배열에서 짝수와 홀수 나누기

문제 4-7 짝수와 홀수로 구성된 배열에서 짝수와 홀수를 나누는 프로그램을 작성하세요.

첫 번째 해결책 별도의 배열을 할당한 다음 주어진 배열을 스캔해 짝수를 앞에 홀수를 뒤에 채웁니다.

두 번째 해결책

1. left 변수를 0으로, right 변수를 크기-1로 초기화합니다.

2. 해당 인덱스의 원소가 짝수면 left 인덱스가 증가합니다.

3. 인덱스의 원소가 홀수면 right 인덱스가 감소합니다.

4. left 인덱스와 right 인덱스의 값을 교환합니다.

5. left가 right보다 작을 때까지 단계 2~4를 반복합니다.

해결책 4-7

```
void seperateEvenAndOdd(int data[], int size)
{
    int left = 0, right = size - 1;
    while (left < right) {
        if (data[left] % 2 == 0) {
            left++;
```

```
        }
        else if (data[right] % 2 == 1) {
            right--;
        }
        else {
            swap(data, left, right);
            left++;
            right--;
        }
    }
}
```

분석 시간 복잡도는 선형의 O(n)입니다.

4.3.8 배열 축소하기

문제 4-8 양의 정수 배열에서 축소 연산을 수행합니다. 각 축소 연산에서 가장 작은 수를 골라서 모든 원소에서 그 값을 뺍니다. 각 축소 과정 후에 남은 원소의 수를 출력합니다.

> 예시
> 입력 [5, 1, 1, 1, 2, 3, 5]
> 출력
>   4는 [4, 1, 2, 4]에 해당합니다.
>   3은 [3, 1, 3]에 해당합니다.
>   2는 [2, 2]에 해당합니다.
>   0은 []에 해당합니다.

해결책 4-8

```
void ArrayReduction(int arr[], int size)
{
    QuickSort(arr, size);
    int count = 1;
    int reduction = arr[0];
    for (int i = 0; i < size; i++) {
        if (arr[i] - reduction > 0) {
            printf(" %d ", (size - i));
            reduction = arr[i];
            count += 1;
```

```
        }
    }
    printf("\nTotal number of reductions %d", count);
}

/* 테스트 코드 */
int main()
{
    int arr[] = { 5, 1, 1, 1, 2, 3, 5 };
    ArrayReduction(arr, sizeof(arr) / sizeof(int));
}
```

분석 시간 복잡도는 O(nlogn)입니다.

추가 문제 필요한 축소 연산의 횟수를 구하세요. 선형 시간에 완료합니다.

힌트 축소 연산 횟수는 중복을 제외한 원소의 수와 동일합니다.

4.3.9 배열 병합하기

문제 4-9 두 개의 정렬된 배열이 주어졌을 때 두 배열을 합쳐 정렬한 결과를 반으로 나눠 앞부분은 첫 번째 배열에, 뒷부분은 두 번째 배열에 재배치하는 알고리즘을 구현하세요. 허용되는 추가 공간은 O(1)입니다.

해결책 첫 번째 배열은 정렬된 결과의 작은 값들을 가집니다. 주어진 첫 번째 배열을 순회하며 첫 번째 배열의 값과 주어진 두 번째 배열의 첫 번째 값을 비교합니다. 첫 번째 배열의 값이 두 번째 배열의 첫 번째 원소보다 작으면 이를 반복합니다. 첫 번째 배열의 값이 두 번째 배열의 값보다 크면 두 번째 배열의 첫 번째 원소 값을 첫 번째 배열에 복사합니다. 첫 번째 배열의 값을 두 번째 배열에 정렬된 순서로 삽입합니다. 두 번째 배열은 항상 정렬되어 있으므로 첫 번째 원소만 비교하면 됩니다.

해결책 4-9

```
void merge(int arr1[], int size1, int arr2[], int size2)
{
    int index = 0;
    while (index < size1) {
        if (arr1[index] <= arr2[0]) {
            index += 1;
```

```
        }
        else {
            // 항상 arr2의 첫 번째 원소와 비교합니다.
            arr1[index] ^= arr2[0] ^= arr1[index] ^= arr2[0];
            index += 1;
            // 교환한 후 arr2는 정렬되지 않은 상태입니다.
            // 원소를 적절한 정렬 위치로 삽입합니다.
            for (int i = 0; i < (size2 - 1); i++) {
                if (arr2[i] < arr2[i + 1]) {
                    break;
                }
                arr2[i] ^= arr2[i + 1] ^= arr2[i] ^= arr2[i + 1];
            }
        }
    }
}


// 테스트 코드
int main()
{
    int arr1[] = { 1, 5, 9, 10, 15, 20 };
    int arr2[] = { 2, 3, 8, 13 };
    merge(arr1, sizeof(arr1) / sizeof(int), arr2, sizeof(arr2) / sizeof(int));
    printArray(arr1, sizeof(arr1) / sizeof(int));
    printArray(arr2, sizeof(arr2) / sizeof(int));
}
```

분석 첫 번째 배열의 크기를 m, 두 번째 배열의 크기를 n이라고 하면 시간 복잡도는 $O(mn)$이 됩니다.

4.3.10 뒤집기로 배열 정렬하기

문제 4-10 정수 배열에서 부분 배열을 뒤집으면 전체 배열이 정렬되는 부분 배열을 찾으세요.

해결책 이 알고리즘에서 시작과 멈춤은 전체 배열을 정렬 상태로 만드는 반전된 부분 배열의 경계입니다. 다음 원소보다 큰 값을 가지는 원소가 반전된 부분 배열의 시작입니다. 시작 위치에서부터 다음 원소보다 작은 값을 가지는 원수가 반전된 부분 배열의 끝입니다.

```
int checkReverse(int arr[], int size)
{
    int start = -1;
    int stop = -1;
    for (int i = 0; i < (size - 1); i++) {
        if (arr[i] > arr[i + 1]) {
            start = i;
            break;
        }
    }
    if (start == -1) {
        return 1;
    }
    for (int i = start; i < (size - 1); i++) {
        if (arr[i] < arr[i + 1]) {
            stop = i;
            break;
        }
    }
    if (stop == -1) {
        return 1;
    }
    // 부분 배열 바로 앞과 뒤의 값을 확인합니다.
    // 부분 배열을 반전했을 때 전체 배열은 정렬된 상태여야 합니다.
    if (arr[start - 1] > arr[stop] || arr[stop + 1] < arr[start]) {
        return 0;
    }
    for (int i = stop + 1; i < size - 1; i++) {
        if (arr[i] > arr[i + 1]) {
            return 0;
        }
    }
    return 1;
}
```

분석 시간 복잡도는 선형의 O(n)입니다.

4.3.11 합집합과 교집합 구하기

문제 4-11 정렬되지 않은 두 배열에서 합집합과 교집합을 구하세요.

해결책 두 배열을 정렬합니다. 두 배열을 모두 순회하며 두 배열에 공통으로 있는 값은 교집합 리스트와 합집합 리스트에 모두 추가하고, 한 배열에만 있는 값은 합집합 리스트에만 추가합니다.

해결책 4-11

```
void UnionIntersectionSorted(int arr1[], int size1, int arr2[], int size2)
{
    int first = 0, second = 0;
    int *unionArr = (int *)malloc(sizeof(int) * (size1 + size2));
    int *interArr = (int *)malloc(sizeof(int) * min(size1, size2));
    int uIndex = 0;
    int iIndex = 0;

    while (first < size1 && second < size2) {
        if (arr1[first] == arr2[second]) {
            unionArr[uIndex++] = arr1[first];
            interArr[iIndex++] = arr1[first];
            first += 1;
            second += 1;
        }
        else if (arr1[first] < arr2[second]) {
            unionArr[uIndex++] = arr1[first];
            first += 1;
        }
        else {
            unionArr[uIndex++] = arr2[second];
            second += 1;
        }
    }
    while (first < size1) {
        unionArr[uIndex++] = arr1[first];
        first += 1;
    }
    while (second < size2) {
        unionArr[uIndex++] = arr2[second];
        second += 1;
    }

    printArray(unionArr, uIndex);
```

```
    printArray(interArr, iIndex);
}

void UnionIntersectionUnsorted(int arr1[], int size1, int arr2[], int size2)
{
    QuickSort(arr1, size1);
    QuickSort(arr2, size2);
    UnionIntersectionSorted(arr1, size1, arr2, size2);
}

int main()
{
    int arr1[] = { 1, 11, 2, 3, 14, 5, 6, 8, 9 };
    int arr2[] = { 2, 4, 5, 12, 7, 8, 13, 10 };
    UnionIntersectionUnsorted(arr1, sizeof(arr1) / sizeof(int), arr2, sizeof(arr2) /
sizeof(int));
}
```

분석 시간 복잡도는 정렬에 필요한 시간인 O(nlogn)입니다

1. 주어진 텍스트 파일에서 각 단어의 빈도를 출력하고, 그중에서 k번째 빈도인 단어를 출력하세요.

   힌트

   첫 번째 해결책 전체 데이터를 정렬한 뒤 k번째 원소를 반환합니다.

   두 번째 해결책 k번째 원소에 퀵 선택 알고리즘을 사용합니다.

   세 번째 해결책 해시 테이블 또는 트라이(trie)를 사용해 빈도를 추적하고, 힙을 사용해 k번째 원소를 구합니다.

2. 정렬된 k개의 숫자 입력 스트림이 주어졌을 때 입력 스트림들의 모든 원소를 포함하는 단일 출력 스트림을 만들어 보세요. 입력 스트림은 ReadNumber() 연산을, 출력 스트림은 WriteNumber() 연산을 지원합니다.

   힌트

   a. k개의 모든 입력 스트림에서 첫 번째 숫자를 읽어 우선순위 큐에 추가합니다(노드는 입력 스트림을 추적하며 우선순위 큐에 추가되는 데이터는 값과 스트림 아이디입니다.)

   b. 한 번에 하나의 원소를 우선순위 큐에서 꺼내어 출력 스트림에 넣고, 꺼낸 원소가 있던 동일한 입력 스트림에서 다른 원소를 읽어 우선순위 큐에 추가합니다.

   c. 스트림이 비어 있으면 계속 진행합니다.

   d. 우선순위 큐가 빌 때까지 a~c 과정을 반복합니다.

3. 고정 길이 m인 정렬된 리스트 k개와 m*k 길이의 최종 출력 리스트가 주어졌을 때 추가 공간을 사용하지 않고 배열의 모든 원소를 최종 리스트에 병합하는 효율적인 알고리즘을 작성하세요.

   힌트 최종 출력 리스트의 끝을 사용해 우선순위 큐를 만들 수 있습니다.

4. 1PB(petabyte, 페타바이트)개의 데이터는 어떻게 정렬할까요?(1PB = 1000TB)

5. 4번 문제 해결책의 시간 복잡도는 무엇입니까?

6. CPU 코어가 8개라면 3번 문제를 어떤 방법으로 개선할 수 있을까요?

7. 정수 배열을 정렬하면서 findMin, findMax, findMedian을 구현하세요.

▶연습 문제 풀이는 646쪽에 있습니다.

8. 우선순위가 각각 높음, 중간, 낮음인 파일들을 높음–중간–낮음 순으로 정렬하세요.

   힌트 버킷 정렬

9. 힙 정렬, 병합 정렬, 퀵 정렬의 장단점을 적어보세요.

10. n개의 정수로 이루어진 회전 정렬 리스트(정렬된 배열을 임의의 횟수만큼 회전)에서 특정 값의 인덱스를 찾으세요. 단, 모든 원소의 값은 유일합니다.

    힌트 수정된 이진 검색

11. 10번 문제에서 원소의 중복이 허용될 때 원소가 처음 나타나는 인덱스를 찾으세요.

12. 두 개의 정렬된 리스트를 하나의 정렬된 리스트로 병합하세요.

13. 영어 문자열 배열을 선형 시간에 정렬하세요.

14. 모든 애너그램(anagram)[8]이 서로 나란히 있도록 문자열 배열을 정렬하는 메서드를 작성하세요.

    힌트
    - 반복문으로 배열의 각 원소인 단어를 읽습니다.
    - 각 단어에 대해 문자를 정렬한 값을 키, 원래 단어를 값으로 해 해시 맵에 추가합니다. 반복문이 끝나면 모든 애너그램을 (구성 문자로 정렬된) 키에 대한 값으로 가져옵니다.
    - 해시 맵 처리를 반복한 뒤에 키의 모든 값을 출력하고 다음 키로 이동합니다.
    - 시간 복잡도는 $O(n)$, 공간 복잡도는 $O(n)$입니다.

15. 주어진 배열을 빈도로 정렬해 보세요.

    힌트 먼저 배열에 있는 다양한 원소를 해시 테이블에 추가해 빈도를 계산합니다. 그다음 빈도와 값으로 정렬하는데, 이때 빈도에 우선순위가 있는 정렬 함수를 사용해 정렬합니다.

---

8 **역주** 알고리즘 문제에서 가끔 다루는 애너그램은 단어나 어구의 철자를 재배열해 다른 단어나 어구로 바꾸는 것을 말합니다

5^장

검색

검색은 아이템 컬렉션에서 특정 아이템을 찾는 과정입니다. 아이템은 파일의 키워드, 데이터베이스의 레코드, 트리의 노드, 배열의 값(원소) 등입니다.

5.1 왜 검색일까

책이 수백만 권 있는 도서관에 있다고 상상해 보세요. 특정 제목의 책을 찾으려면 어떻게 찾아야 할까요? 아마도 책 제목의 첫 자음으로 시작하는 책들이 모여 있는 구역에서 찾으려 할 겁니다. 찾으려는 책을 발견할 때까지 모든 책의 제목을 계속해서 비교합니다(각 자음으로 시작하는 제목을 가진 책의 수가 동일하다고 가정하면 이 간단한 방법으로 검색 공간이 19분의 1로 줄어듭니다).

도서관에서 책을 찾는 것과 비슷하게 컴퓨터는 많은 정보를 저장하고 이 정보를 검색하는 데 매우 효율적인 검색 알고리즘이 필요합니다. 효율적으로 검색하려면 데이터를 적절한 순서로 정리해 유지해야 합니다. 데이터를 적절한 순서로 정리하면 필요한 값이나 키를 쉽게 검색할 수 있습니다. 예를 들어 정렬된 순서로 데이터를 유지하는 것도 데이터를 정리하는 방법의 하나입니다.

5.2 검색 알고리즘의 종류

- **선형 검색** 정렬되지 않은 입력과 정렬된 입력
- **이진 검색** 정렬된 입력
- **문자열 검색** 13장에서 살펴봄
- **해싱과 심볼 테이블** 11장에서 살펴봄

5.2.1 선형 검색

정렬되지 않은 입력

정렬되지 않은 배열의 원소에서 특정 원소를 검색하려면 원하는 원소를 찾을 때까지 배열 전체를 살펴봐야 합니다. 이런 종류의 알고리즘을 **불규칙 선형 검색**(unordered linear search)이라고 합니다. 이 알고리즘의 가장 큰 문제는 최악의 경우에 성능이 나빠지거나 시간 복잡도가 높아지는 것입니다.

예제 5-1

```
int linearSearchUnsorted(int data[], int size, int value)
{
    for (int i = 0; i < size; i++) {
        if (value == data[i]) {
            return 1;
        }
    }
    return 0;
}
```

분석

- 시간 복잡도는 $O(n)$입니다. 최악의 경우는 찾는 원소가 배열의 맨 마지막에 있을 때며, 이 때는 배열 전체를 살펴보게 됩니다. n은 배열의 크기입니다.
- 공간 복잡도는 $O(1)$입니다. 배열 할당에 추가 메모리를 사용하지 않습니다.

정렬된 입력

배열의 원소가 오름차순 또는 내림차순으로 정렬되었다면 어떤 원소를 찾을 때 정렬되지 않은 입력의 선형 검색보다 훨씬 더 효율적입니다. 대부분은 배열 전체를 뒤져볼 필요가 없습니다. 배열이 오름차순으로 정렬되었다면 배열의 처음부터 살피다가 검색할 키 값보다 큰 값을 만나면 검색을 멈추고 해당 키는 배열에 존재하지 않는다고 반환합니다. 이 알고리즘은 이런 방식으로 시간을 절약하고 성능을 높입니다.

예제 5-2

```
int linearSearchSorted(int data[], int size, int value)
{
    for (int i = 0; i < size; i++) {
        if (value == data[i]) {
            return 1;
```

```
        }
        if (value < data[i]) {
            return 0;
        }
    }
    return 0;
}
```

분석

- 시간 복잡도는 O(n)입니다. 최악의 경우는 찾는 원소가 배열의 맨 마지막에 있을 때며, 이 때는 배열 전체를 살펴봐야 합니다. 이 알고리즘은 불규칙 선형 검색과 증가율[1]은 동일하지만, 평균적인 경우에는 더 효율적입니다.

- 공간 복잡도는 O(1)입니다. 배열 할당에 추가 메모리를 사용하지 않습니다.

5.2.2 이진 검색

사전에서 단어를 어떻게 찾나요? 일반적으로 대략적인 페이지(대부분 사전 가운데)를 펴서 그 페이지 위치부터 검색을 시작합니다. 그리고 찾는 단어를 발견하면 검색을 마칩니다. 다른 방법으로 알파벳 순으로 단어를 찾는다고 했을 때 찾는 단어가 전반부에 있으면 후반부를 버리는 방법이 있습니다. 반대로 단어가 후반부에 존재할 때도 마찬가지입니다. 원하는 단어를 찾을 때까지 이 과정을 반복합니다.

> Note ≡ 이진 검색을 하려면 정렬된 배열이 필요합니다. 그렇지 않으면 이진 검색을 적용할 수 없습니다.

예제 5-3

```
int Binarysearch(int data[], int size, int value)
{
    int low = 0;
    int high = size - 1;
    int mid;
    while (low <= high) {
        mid = (low + high) / 2;
        if (data[mid] == value) {
            return 1;
```

---

1 역주 데이터가 늘어날 때 실행 시간이 얼마나 늘어나는지에 대한 증가율을 의미합니다.

```
        }
        else if (data[mid] < value) {
            low = mid + 1;
        }
        else {
            high = mid - 1;
        }
    }
    return 0;
}
```

분석

- 시간 복잡도는 O(logn)입니다. 항상 입력의 반을 취하고 나머지 반은 버립니다. 따라서 이 진 검색에 대한 반복 관계는 $T(n) = T(n/2) + c$입니다. 마스터 정리(분할 정복)를 이용하면 $T(n) = O(logn)$입니다.

- 공간 복잡도는 O(1)입니다.

예제 5-4 재귀를 이용한 이진 검색 구현

```
int BinarySearchRecursive(int data[], int size, int low, int high, int value)
{
    if (low > high) {
        return 0;
    }

    int mid = (low + high) / 2;
    if (data[mid] == value) {
        return 1;
    }
    else if (data[mid] < value) {
        return BinarySearchRecursive(data, size, mid + 1, high, value);
    }
    else {
        return BinarySearchRecursive(data, size, low, mid - 1, value);
    }
}
```

분석

- 시간 복잡도 O(logn)입니다.

- 공간 복잡도는 재귀에서 시스템 스택을 사용하므로 O(logn)입니다.

5.2.3 정렬이 선택 알고리즘에서 얼마나 유용한가

선택 문제는 정렬 문제로 변환할 수 있습니다. 배열을 한번 정렬하면 정렬된 배열에서 최솟값과 최댓값(또는 원하는 원소)을 쉽게 찾을 수 있습니다. '정렬 후 선택' 방법은 하나의 원소를 찾을 때는 효율적이지 않지만, 배열에서 많은 선택을 할 때는 효율적입니다. 처음에 한번 정렬하는 데는 비싼 비용이 들지만, 그 이후에 하는 선택 연산은 적은 비용으로 수행되기 때문입니다.

예를 들어 배열에서 최댓값을 구하려면 배열을 정렬(오름차순)해 배열의 마지막 원소를 간단히 반환하면 됩니다. 두 번째로 큰 값을 구하려면 어떻게 하면 될까요? 배열을 다시 정렬할 필요 없이 정렬된 배열의 맨 뒤에서 두 번째 원소를 반환하면 됩니다. 마찬가지로 정렬된 배열을 단일 스캔해 k번째 원소를 구할 수 있습니다.

따라서 정렬은 성능 향상을 해야 할 때 사용합니다. 일반적으로 이 정렬 방법은 (정렬을 위한) $O(n\log n)$의 시간이 필요합니다. 정렬을 한 번 하면 $O(n)$ 시간의 단일 스캔으로 모든 쿼리에 응답할 수 있습니다.

5.3 검색 문제

5.3.1 첫 번째 중복 원소 찾기

문제 5-1 정렬되지 않은 n개의 원소를 가진 배열에서 중복되는 첫 번째 원소를 찾으세요.

첫 번째 해결책 완전 검색(exhaustive search) 또는 무차별 대입(brute force)으로 리스트의 각 원소에 대해 같은 값을 가지는 다른 원소가 있는지 찾습니다. 반복문 두 개로 수행하는데, 첫 번째 반복문은 원소를 선택하고 두 번째 반복문은 중복 항목이 있는지 찾습니다.

해결책 5-1

```
int FirstRepeated(int data[], int size)
{
    for (int i = 0; i < size; i++) {
        for (int j = i + 1; j < size; j++) {
            if (data[i] == data[j]) {
                return data[i];
```

```
            }
        }
    }
    return 0;
}
```

분석 시간 복잡도는 O(n^2)이며, 공간 복잡도는 O(1)입니다.

두 번째 해결책 해시 테이블로 특정 원소의 빈도를 추적할 수 있습니다. 첫 번째 스캔으로 해시 테이블을 채우고, 두 번째 스캔으로 해시 테이블에서 원소의 출현 빈도를 살펴봅니다. 어떤 원소가 여러 번 출현한다면 첫 번째 중복 원소를 찾아 문제를 해결합니다.

분석 해시 테이블 삽입과 탐색은 O(1)의 상수 시간이 걸리므로 알고리즘 전체 시간 복잡도는 O(n)입니다. 공간 복잡도는 해시를 유지하는 데 필요한 O(n)입니다.

5.3.2 중복 값 출력하기

문제 5-2 n개의 숫자로 이루어진 배열에서 중복 원소를 출력하세요.

첫 번째 해결책 완전 검색 또는 무차별 대입으로 리스트의 각 원소에 대해 같은 값을 가지는 다른 원소가 있는지 찾습니다. 반복문 두 개로 수행하는데, 첫 번째 반복문은 원소를 선택하고 두 번째 반복문은 중복 항목이 있는지 찾습니다.

해결책 5-2-1

```
void printRepeating(int data[], int size)
{
    printf("중복 원소: ");
    for (int i = 0; i < size; i++) {
        for (int j = i + 1; j < size; j++) {
            if (data[i] == data[j]) {
                printf("%d", data[i]);
            }
        }
    }
}
```

분석 시간 복잡도는 O(n^2)이며, 공간 복잡도는 O(1)입니다.

두 번째 해결책 배열의 모든 원소를 정렬한 후 단일 스캔으로 중복 항목을 찾습니다.

```
void printRepeating2(int data[], int size)
{
    Sort(data, size);
    printf("중복 원소: ");
    for (int i = 1; i < size; i++) {
        if (data[i] == data[i - 1]) {
            printf("%d", data[i]);
        }
    }
}
```

분석 정렬 알고리즘은 O(nlogn) 시간이 걸리고 단일 스캔은 O(n) 시간이 걸립니다. 알고리즘의 시간 복잡도는 O(nlogn)이며, 공간 복잡도는 O(1) 입니다.

세 번째 해결책 해시 테이블을 사용해 이미 본 원소를 추적하는 것은 앞에서 살펴보았습니다. 단일 스캔으로 중복 항목을 찾습니다.

```
void printRepeating3(int data[], int size)
{
    HashTable hs;
    HashInit(&hs);
    printf("중복 원소: ");
    for (int i = 0; i < size; i++) {
        if (HashFind(hs, data[i])) {
            printf(" %d ", data[i]);
        }
        else {
            HashAdd(hs, data[i]);
        }
    }
}
```

분석 해시 테이블 삽입과 탐색은 O(1)의 상수 시간이 걸리므로 알고리즘 전체 시간 복잡도는 O(n)이며, 공간 복잡도는 O(n)입니다.

네 번째 해결책 카운트를 사용한 해결책은 입력 범위를 알 때만 가능한 방법입니다. 배열의 원소는 0에서 n-1의 범위에 있습니다. 크기 n의 배열을 카운터로 예약해 각 원소의 값에 해당하는 카운트를 증가시키고, 단일 스캔으로 중복 항목을 찾습니다. 원소의 범위를 알 때 중복 항목을 가장 빨리 찾을 수 있는 방법입니다.

해결책 5-2-4

```c
void printRepeating4(int data[], int size)
{
    int *count = (int *)malloc(sizeof(int) * size);
    for (int i = 0; i < size; i++) {
        count[i] = 0;
    }
    printf("중복 원소: ");
    for (int i = 0; i < size; i++) {
        if (count[data[i]] == 1) {
            printf("%d", data[i]);
        }
        else {
            count[data[i]]++;
        }
    }
}
```

분석 카운트 해결책은 배열만 사용해 해시 테이블 삽입과 탐색에 O(1)의 상수 시간이 걸리므로 알고리즘의 전체 시간 복잡도는 O(n)입니다. 또한 카운트 리스트를 생성하므로 공간 복잡도는 O(n)입니다.

5.3.3 중복 값 삭제하기

문제 5-3 정수 배열에서 중복 값을 삭제하세요.

첫 번째 해결책 배열을 정렬하고 두 개의 참조를 사용합니다. 0부터 첫 번째 참조(첫 번째 참조는 하위 배열의 마지막 인덱스를 가리킵니다)까지의 모든 고유한 원소로 하위 배열을 만듭니다. 두 번째 참조는 1부터 끝까지 배열을 순회합니다. 고유한 수들은 두 번째 참조 위치에서 첫 번째 참조 위치로 복사하며 동일한 원소는 무시합니다.

해결책 5-3

```c
int removeDuplicates(int data[], int size)
{
    int j = 0;
    if (size == 0) {
```

```
            return 0;
        }
        Sort(data, size);
        for (int i = 1; i < size; i++) {
            if (data[i] != data[j]) {
                j++;
                data[j] = data[i];
            }
        }
        return j + 1;
    }
```

분석 배열 정렬 시간은 O(nlogn)이고 중복 삭제 시간은 O(n)이므로 전체 시간 복잡도는 O(nlogn)입니다. 추가 공간이 필요하지 않으므로 공간 복잡도는 O(1)입니다.

두 번째 해결책 해시 테이블로 이미 방문한 원소를 추적합니다. 출력 배열을 만들어 고유한 원소만 추가하고 해당 값을 해시 테이블에도 추가합니다.

분석 전체 시간 복잡도는 O(n)이며, 공간 복잡도는 해시 테이블에 대해 O(n)입니다.

5.3.4 누락 값 찾기

문제 5-4 범위 1에서 n까지의 값으로 이루어진 크기 n-1의 배열이 있습니다. 이 배열은 중복 값이 없으며 하나의 정수 값이 빠져 있습니다. 누락된 값을 찾으세요.

첫 번째 해결책 완전 검색 또는 무차별 대입을 사용해 1에서 n까지의 각 값에 대해 배열에 그 값이 있는지 확인합니다. 이 작업은 두 개의 반복문을 사용해 수행합니다. 첫 번째 반복문은 범위 1~n 의 값을 선택하고 두 번째 반복문은 이 원소가 배열에 존재하는지 찾습니다.

해결책 5-4-1

```
int findMissingNumber(int data[], int size)
{
    int found;
    for (int i = 1; i <= size; i++) {
        found = 0;
        for (int j = 0; j < size; j++) {
            if (data[j] == i) {
                found = 1;
                break;
```

```
                }
            }
            if (found == 0) {
                return i;
            }
        }
    }
    printf("누락 값 없음");
    return -1;
}
```

분석 시간 복잡도는 O(n²)이며, 공간 복잡도는 O(1)입니다.

두 번째 해결책 배열의 모든 원소를 정렬한 후 단일 스캔으로 중복을 찾습니다.

분석 정렬하는 데 O(nlogn)시간이 걸리고 단일 스캔하는 데는 O(n) 시간이 걸립니다. 따라서 전체 시간 복잡도는 O(nlogn)이며, 공간 복잡도는 O(1)입니다.

세 번째 해결책 해시 테이블로 이미 조회한 원소를 추적해 단일 스캔만으로 누락된 원소를 찾습니다.

분석 해시 테이블 삽입과 탐색은 상수 시간 O(1)이 걸립니다. 알고리즘의 전체 시간 복잡도는 O(n)이며, 공간 복잡도는 O(n)입니다.

네 번째 해결책 입력의 범위를 안다면 카운트를 해결책으로 사용합니다. 배열에서 원소의 범위가 0에서 n까지임을 알고 있습니다. 크기 n의 배열을 예약해 조회한 원소의 카운트를 증가시키고 단일 스캔만으로 누락된 원소를 찾습니다.

분석 카운트 해결책은 배열만을 사용해 삽입과 탐색에 상수 시간 O(1)이 걸리므로 알고리즘의 전체 시간 복잡도는 O(n)입니다. 공간 복잡도는 카운트 리스트를 생성하는 데 드는 O(n)입니다.

다섯 번째 해결책 첫 번째 스캔에서 주어진 입력 배열을 수정해 다음 스캔에서 누락 원소를 찾을 수 있게 합니다. 입력 배열을 다음과 같이 수정합니다. 배열을 스캔해 인덱스 i일 때 배열에 저장되는 값은 arr[i]이므로 arr[arr[i]]에 n+1을 더합니다. 나머지 연산자 %를 사용해 배열에서 값을 읽습니다. 첫 번째 스캔에서 모든 값을 수정하고 나면 두 번째 스캔으로 n+1보다 작은 값이 배열에서 누락된 값임을 확인할 수 있습니다.[2]

---

2   예를 들어 n은 6, 누락된 원소는 5, 배열이 {3, 2, 1, 6, 4}라고 해봅시다. 그리고 문제의 정의에 따라 배열의 인덱스는 0이 아니라 1부터 시작함에 유의합니다. arr[n]에 값을 더할 때, 실제로는 arr[n-1]에 저장해야 합니다. arr[6]은 1부터 시작하는 배열의 범위 밖 인덱스입니다. 따라서 arr[6]을 제외한 모든 인덱스에 n+1인 7을 더합니다. 그러면 수정된 배열은 {10, 9, 8, 13, 4}이 됩니다. 이 수정된 배열에서 n+1보다 작은 값은 인덱스 5로, 이것이 바로 누락된 수입니다.

분석 이 해결책은 배열을 두 번 스캔하므로 시간 복잡도는 O(n)이며, 공간 복잡도는 O(1)입니다.

여섯 번째 해결책 1부터 n까지 n개 정수의 합을 구하는 합계 공식을 사용합니다. 공식으로 구한 합에서 배열에 저장된 값들을 모두 빼면 누락된 값을 구할 수 있습니다.

분석 시간 복잡도는 O(n)이며, 공간 복잡도는 O(1)입니다.

일곱 번째 해결책 1부터 n까지 n개 정수의 XOR 합을 사용합니다. 배열에 저장된 값들을 XOR 해 누락된 값을 구합니다.

해결책 5-4-2

```c
int findMissingNumber2(int data[], int size, int range)
{
    int xorSum = 0;
    // 1부터 범위 내의 모든 수를 XOR 합니다.
    for (int i = 1; i <= range; i++) {
        xorSum ^= i;
    }
    // 반복문을 돌며 배열의 모든 원소를 XOR 합니다.
    for (int i = 0; i < size; i++) {
        xorSum ^= data[i];
    }
    return xorSum;
}
```

분석 시간 복잡도는 O(n)이며, 공간 복잡도는 O(1)입니다.

여덟 번째 해결책 셋(set)를 사용합니다. 먼저 배열의 모든 값을 셋에 저장합니다. 그런 다음 1부터 n까지의 값이 셋에 존재하는지 확인해 특정 값을 찾지 못하면 그 값을 반환합니다.

해결책 5-4-3

```c
int findMissingNumber3(int arr[], int size, int upperRange)
{
    Set st;
    SetInit(&st);
    int i =  0;

    while (i < size) {
        SetAdd(&st, arr[i]);
        i += 1;
    }
```

```
        i = 1;
        while (i <= upperRange) {
            if (SetFind(&st, i) == 0) {
                return i;
            }
            i += 1;
        }

        printf("누락 값 없음");
        return -1;
    }
```

Note ≡   같은 문제를 여러 형태로 질문할 수 있습니다(범위를 XOR 해야 할 수도, 하지 말아야 할 수도 있습니다).

1. 모든 숫자가 한 번씩 나타나는 범위 1~n의 숫자가 있습니다. 단 하나의 숫자만 두 번 나타납니다.

2. 범위 1~n의 모든 원소가 16번 나타나며 하나의 원소만 17번 나타납니다. 17번 나타나는 원소를 찾으세요.

5.3.5 최솟값, 최댓값, 누락 값 찾기

문제 5-5 주어진 배열에서 최댓값과 최솟값을 찾고, 최솟값에서 최댓값까지의 범위에서 누락된 값을 찾으세요.

첫 번째 해결책 무차별 대입 접근법을 사용합니다. 배열을 순회하며 최솟값과 최댓값을 찾습니다. 그런 다음 최솟값과 최댓값 사이에서 누락된 값을 찾습니다. 이 해결책의 시간 복잡도는 O(n²)입니다.

두 번째 해결책 정렬 접근법을 사용합니다. 주어진 배열을 정렬한 뒤 전체 배열을 순회하며 누락된 값을 출력합니다.

해결책 5-5-1
```
void MissingValues(int arr[], int size)
{
    Sort(arr, size);
    int value = arr[0];
    int i = 0;
    printf("누락 값: ");
    while (i < size) {
        if (value == arr[i]) {
            value += 1;
```

149

```
                i += 1;
            }
            else {
                printf(" %d ", value);
                value += 1;
            }
        }
    }
```

분석 이 해결책의 시간 복잡도를 계산하면 정렬에는 O(nlogn) 시간이, 순회에는 O(n) 시간이 걸리므로 전체 시간 복잡도는 O(nlogn)입니다.

세 번째 해결책 해시 테이블 접근법을 사용합니다. 배열을 순회하며 해시 테이블에 원소를 삽입합니다. 이렇게 단일 순회로 배열의 최솟값과 최댓값을 찾습니다. 그런 다음 최솟값과 최댓값 사이의 값이 해시 테이블에 존재하는지 찾습니다. 어떤 값이 존재하지 않는다면 그 값을 출력합니다.

해결책 5-5-2

```
void MissingValues2(int arr[], int size)
{
    HashTable ht;
    HashInit(&ht);
    int minVal = 999999;
    int maxVal = -999999;
    for (int i = 0; i < size; i++) {
        HashAdd(&ht, arr[i]);
        if (minVal > arr[i]) {
            minVal = arr[i];
        }
        if (maxVal < arr[i]) {
            maxVal = arr[i];
        }
    }
    for (int i = minVal; i < maxVal + 1; i++) {
        if (HashFind(&ht, i) == 0) {
            printf("%d", i);
        }
    }
}
```

분석 시간 복잡도는 O(n)이며, 공간 복잡도는 해시 테이블에 대해 O(n)입니다.

5.3.6 홀수 번 나타나는 원소 찾기

문제 5-6 하나의 원소를 제외한 모든 원소가 짝수 번 나타나는 배열이 있습니다. 이 배열에서 홀수 번 나타나는 원소를 찾으세요.

첫 번째 해결책 XOR 접근법을 사용합니다. 배열의 모든 원소를 XOR 하면 짝수 번 나타나는 원소들은 서로 결합해 0으로 사라집니다. 이때 마지막에 남는 값이 찾는 값입니다.

분석 시간 복잡도는 O(n)이며, 공간 복잡도는 O(1)입니다.

두 번째 해결책 해시 테이블을 사용해 빈도를 추적합니다. 해시 테이블을 순회하며 홀수 번 나타나는(빈도가 홀수인) 원소를 찾습니다.

해결책 5-6

```
void OddCount(int arr[], int size)
{
    Counter ctr;
    CounterInit(&ctr);
    int count;
    for (int i = 0; i < size; i++) {
        CounterAdd(&ctr, arr[i]);
    }
    for (int i = 0; i < size; i++) {
        count = CounterGetCount(&ctr, arr[i]);
        if (count > 0 && (count % 2 == 1)) {
            printf("%d", count);
            CounterDelete(&ctr, arr[i]);
        }
    }
}
```

분석 시간 복잡도는 O(n)이며, 공간 복잡도는 O(n)입니다.

5.3.7 홀수 번 나타나는 모든 원소 찾기

문제 5-7 두 개의 원소를 제외한 모든 원소가 짝수 번 나타나는 배열이 있습니다. 홀수 번 나타나는 원소를 찾으세요. 단, O(n) 시간 복잡도와 O(1) 공간 복잡도 내에 실행되어야 합니다.

해결책

- 공간 복잡도 조건이 O(1)이므로 해시 테이블은 사용할 수 없습니다.

- 배열의 모든 원소를 XOR 합니다. 그러면 짝수 개의 원소는 자체적으로 사라지고 남는 값이 찾고 있는 두 값의 합입니다.

- 배열을 두 그룹으로 나누고 각 그룹을 XOR 하면 각 그룹에서 남는 값을 구할 수 있습니다.

- 알고리즘에 나오는 오른쪽 끝 설정 비트는 두 원소를 분리하는 데 사용합니다.

해결책 5-7

```
void OddCount2(int arr[], int size)
{
    int xorSum = 0;
    int first = 0;
    int second = 0;
    int setBit;

    /*
    arr[]에 있는 모든 원소를 XOR합니다.
    짝수 번 출현하는 원소는 서로 결합해 0으로 사라집니다.
    합에는 홀수 원소의 합만 남게 됩니다.
    */
    for (int i = 0; i < size; i++) {
        xorSum = xorSum ^ arr[i];
    }

    /* 오른쪽 끝 설정 비트 */
    setBit = xorSum & ~(xorSum - 1);

    /*
    setBit의 비트가 1인 원소와 0인 원소, 두 그룹으로 나눕니다.
    짝수 원소들은 스스로 없어지고 찾는 숫자를 얻습니다.
    */
    for (int i = 0; i < size; i++) {
        if (arr[i] & setBit) {
            first = first ^ arr[i];
        }
        else {
            second = second ^ arr[i];
        }
    }
    printf("%d & %d", first, second);
}
```

5.3.8 고윳값의 합 구하기

문제 5-8 원소가 중복되는 크기 n인 배열이 있습니다. 배열에서 중복 값을 삭제하고 고윳값의 합을 구하세요. 어떤 값이 계속 중복되면 한 번만 더해야 합니다.

해결책 입력 배열을 정렬하면 중복 값들은 인접한 위치에 놓입니다. 합계를 저장할 변수를 만들고, 바로 그다음 값과 다른 값을 가지는 값만 변수에 더합니다.

해결책 5-8

```
void SumDistinct(int arr[], int size)
{
    int sum = 0;
    Sort(arr, size);

    for (int i = 0; i < (size - 1); i++)
    {
        if (arr[i] != arr[i + 1])
            sum += arr[i];
    }

    sum += arr[size - 1];
    printf("%d", sum);
}
```

분석 시간 복잡도는 O(nlogn)이며, 공간 복잡도는 O(1)입니다.

5.3.9 합이 0에 가까운 두 원소 찾기

문제 5-9 양수와 음수를 포함하는 정수 배열이 있습니다. 두 개의 원소를 취해 그 합이 0에 가장 가까운 두 원소를 찾으세요.

첫 번째 해결책 완전 검색 또는 무차별 대입을 사용합니다. 배열의 각 원소에 대해 해당 원소와 더했을 때 절댓값이 최소가 되는 다른 원소를 찾습니다. 반복문을 두 개 사용해 수행합니다. 첫 번째 반복문은 원소를 선택하고 두 번째 반복문은 합의 절댓값이 최소(0에 가장 가까운)가 되는 원소를 찾습니다.

```
void minabsSumPair(int data[], int size)
{
    int minSum, sum, minFirst, minSecond;

    // 배열에는 적어도 두 개의 원소가 있어야 합니다.
    if (size < 2) {
        printf("입력 오류");
    }

    minFirst = 0;
    minSecond = 1;
    minSum = abs(data[0] + data[1]);
    for (int l = 0; l < size - 1; l++) {
        for (int r = l + 1; r < size; r++) {
            sum = abs(data[l] + data[r]);
            if (sum < minSum) {
                minSum = sum;
                minFirst = l;
                minSecond = r;
            }
        }
    }
    printf("두 원소: %d, %d", data[minFirst], data[minSecond]);
}
```

분석 시간 복잡도는 $O(n^2)$이며, 공간 복잡도는 $O(1)$입니다.

두 번째 해결책 정렬을 사용해 다음 단계로 실행합니다.

1. 배열의 모든 원소를 정렬합니다.

2. firstIndex = 0과 secondIndex = size −1과 같이 두 개의 변수를 만들고 값을 초기화합니다.

3. arr[firstIndex]와 arr[secondIndex]의 합을 계산합니다.

4. 합이 0이면 문제가 해결됩니다.

5. 합이 0보다 작으면 firstIndex가 증가합니다.

6. 합이 0보다 크면 secondIndex가 감소합니다.

7. 원하는 두 원소를 얻거나 firstIndex >= secondIndex 될 때까지 단계 3~6을 반복합니다.

```
void minabsSumPair2(int data[], int size)
{
    int minSum, sum, minFirst, minSecond;

    // 배열에는 적어도 두 개의 원소가 있어야 합니다.
    if (size < 2) {
        printf("입력 오류");
    }
    Sort(data, size);

    // 값을 초기화합니다.
    minFirst = 0;
    minSecond = size - 1;
    minSum = abs(data[minFirst] + data[minSecond]);
    for (int l = 0, r = size - 1; l < r;) {
        sum = (data[l] + data[r]);
        if (abs(sum) < minSum) {
            minSum = abs(sum);
            minFirst = l;
            minSecond = r;
        }
        if (sum < 0) {
            l++;
        }
        else if (sum > 0) {
            r--;
        }
        else {
            break;
        }
    }
    printf("두 원소: %d, %d", data[minFirst], data[minSecond]);
}
```

분석 시간 복잡도는 O(nlogn)이며, 공간 복잡도는 O(1)입니다.

5.3.10 조건에 맞는 두 원소 찾기

문제 5-10 n개의 숫자로 이루어진 배열에서 합이 주어진 값이 되는 두 원소를 찾으세요.

첫 번째 해결책 완전 검색 또는 무차별 대입을 사용합니다. 배열의 각 원소에 대해 해당 원소와 더했을 때 원하는 값이 되는 다른 원소를 찾습니다. 두 개의 반복문을 사용해 수행합니다. 첫 번째 반복문은 하나의 원소를 선택하고 두 번째 반복문은 더했을 때 원하는 값이 되는 다른 원소를 찾습니다.

해결책 5-10-1

```c
int FindPair(int data[], int size, int value)
{
    for (int i = 0; i < size; i++) {
        for (int j = i + 1; j < size; j++) {
            if ((data[i] + data[j]) == value) {
                printf("두 원소: %d, %d ", data[i], data[j]);
                return 1;
            }
        }
    }
    return 0;
}
```

분석 시간 복잡도는 $O(n^2)$이며, 공간 복잡도는 $O(1)$입니다.

두 번째 해결책 정렬을 사용해 다음 단계로 실행합니다.

1. 배열의 모든 원소를 정렬합니다.

2. firstIndex = 0과 secondIndex = size - 1처럼 두 개의 변수를 만들고 초기화합니다.

3. arr[firstIndex]와 arr[secondIndex]의 합을 계산합니다.

4. 합이 주어진 값과 같으면 문제가 해결됩니다.

5. 합이 주어진 값보다 작으면 firstIndex가 증가합니다.

6. 합이 주어진 값보다 크면 secondIndex가 감소합니다.

7. 원하는 원소의 쌍을 얻거나 firstIndex >=secondIndex 될 때까지 단계 3~6을 반복합니다.

해결책 5-10-2

```c
int FindPair2(int data[], int size, int value)
{
    int first = 0, second = size - 1;
    int curr;
    Sort(data, size);
```

```
        while (first < second) {
            curr = data[first] + data[second];
            if (curr == value) {
                printf("두 원소: %d, %d", data[first], data[second]);
                return 1;
            }
            else if (curr < value) {
                first++;
            }
            else
                second--;
            }
        }
        return 0;
    }
```

분석 정렬하는 데는 O(nlogn) 시간이, 단일 스캔에는 O(n) 시간이 걸립니다. 따라서 시간 복잡도는 O(nlogn)이며, 공간 복잡도는 O(1)입니다.

세 번째 해결책 해시 테이블을 사용합니다. 다음과 같이 해시 테이블로 이미 탐색한 원소들을 추적하고 단일 스캔으로 원소의 쌍을 찾습니다.

1. 각 원소의 값을 해시 테이블에 넣습니다. 현재 값을 arr[index]라고 합니다.

2. value - arr[index]가 해시 테이블에 있으면 원하는 쌍을 찾아서 문제가 해결됩니다.

3. 그렇지 않다면 배열의 다음 항목으로 진행합니다.

해결책 5-10-3

```
int FindPair3(int data[], int size, int value)
{
    HashTable hs;
    HashInit(&hs);
    for (int i = 0; i < size; i++) {
        if (HashFind(&hs, value - data[i])) {
            printf("두 원소: %d, %d", data[i], (value - data[i]));
            return 1;
        }
        HashAdd(&hs, data[i]);
    }
    return 0;
}
```

분석 각 원소의 해시 테이블 삽입과 탐색은 상수 시간 $O(1)$에 실행되어 전체 시간 복잡도는 $O(n)$ 시간입니다. 이때 공간 복잡도도 $O(n)$입니다.

네 번째 해결책 카운트를 사용합니다. 단, 이 접근법은 입력의 범위를 알 때만 사용할 수 있습니다. 배열의 원소들은 0에서 n까지의 범위에 있습니다. 길이 n의 배열을 예약해 배열을 탐색할 때 각 값의 카운트가 증가합니다. 세 번째 해결책에서 해시 테이블 대신 카운트 목록을 사용해 답을 찾습니다.

분석 카운트 접근법은 상수 시간 $O(1)$에 각 원소의 배열 삽입과 탐색을 실행하므로 전체 시간 복잡도는 $O(n)$입니다. 공간 복잡도는 카운트 목록을 만들기 때문에 $O(n)$이 됩니다.

5.3.11 두 개의 배열에서 조건에 맞는 원소 쌍 찾기

문제 5-11 X, Y라는 두 개의 배열이 있습니다. x_i와 y_i의 합이 주어진 값이 되는 쌍 (x_i, y_i)을 찾으세요. 단, $x_i \in X$, $y_i \in Y$입니다.

첫 번째 해결책 완전 검색 또는 무차별 대입을 사용합니다. X의 원소 x_i를 반복하면서 Y에서 (찾는 값 - x_i)를 찾을 수 있는지 살펴봅니다. 반복문 두 개를 사용해 수행합니다. 첫 번째 반복문은 X에서 원소를 선택하고, 두 번째 반복문은 Y에서 해당 원소을 찾습니다.

분석 시간 복잡도는 $O(n^2)$이며, 공간 복잡도는 $O(1)$입니다.

두 번째 해결책 정렬을 사용합니다. 두 번째 목록 Y의 모든 원소를 정렬합니다. X의 각 원소에 대해 해당하는 원소가 Y에 있는지 이진 검색을 사용해 찾습니다.

분석 정렬하는 데는 $O(m\log m)$, 검색하는 데는 $O(n\log m)$ 시간이 걸립니다. 따라서 시간 복잡도는 $O(n\log m)$ 또는 $O(m\log m)$이며, 공간 복잡도는 $O(1)$입니다.

세 번째 해결책 정렬을 사용해 다음의 단계를 실행합니다.

1. X와 Y의 원소를 오름차순으로 정렬합니다.

2. X의 가장 작은 원소와 Y의 가장 큰 원소의 합을 구합니다.

3. 합이 찾는 값이면 원하는 쌍을 찾아 문제가 해결됩니다.

4. 합이 찾는 값보다 작다면 X의 다음 원소를 취합니다.

5. 합이 찾는 값보다 크다면 Y의 이전 원소를 취합니다.

분석 정렬은 O(nlogn) + O(mlogm) 시간에, 검색은 O(n+m) 시간에 실행됩니다. 따라서 시간 복잡도는 O(nlogn)이며, 공간 복잡도는 O(1)입니다.

네 번째 해결책 해시 테이블을 사용해 다음의 단계를 실행합니다.

1. 배열 Y의 모든 원소를 스캔해 해시 테이블에 삽입합니다.

2. 배열 X의 모든 원소를 스캔합니다. 현재 원소를 x_i라고 할 때 (찾는 값 $- x_i$)를 해시 테이블에서 찾습니다.

3. 값을 찾으면 원하는 쌍을 얻어 문제가 해결됩니다.

4. 그렇지 않다면 배열 X의 다음 값으로 넘어갑니다.

다섯 번째 해결책 카운트를 사용하는데, 이 접근법은 입력의 범위를 알 때만 가능합니다. 해시 테이블 대신에 간단한 목록을 사용하는 것만 제외하면 해시 테이블 해결책과 동일합니다.

분석 카운트 접근법은 배열 삽입과 탐색에 상수 시간 O(1)이 걸리며 전체 시간 복잡도는 O(n)입니다. 카운트 목록을 만들므로 공간 복잡도도 O(n)입니다.

5.3.12 차가 주어진 값과 같은 원소 쌍 찾기

문제 5-12 양수 배열에서 두 원소의 차의 절댓값이 주어진 값이 되는 원소 쌍을 찾으세요.

첫 번째 해결책 무차별 대입을 사용합니다. 가능한 모든 쌍을 찾고 그 차의 절댓값이 주어진 값과 같은 쌍을 찾습니다.

해결책 5-12-1

```
int FindDifference(int arr[], int size, int value)
{
    for (int i = 0; i < size; i++) {
        for (int j = i + 1; j < size; j++) {
            if (abs(arr[i] - arr[j]) == value) {
                printf("두 원소: %d, %d", arr[i], arr[j]);
            }
            return 1;
        }
    }
    return 0;
}
```

분석 시간 복잡도는 O(n²)입니다.

두 번째 해결책 배열을 정렬해 성능을 높일 수 있습니다. 배열의 시작인 인덱스 0에서 차례로 두 개의 인덱스를 취해 first와 second라고 합니다. 값의 차가 원하는 값보다 작으면 second 인덱스가 증가합니다. 값의 차가 원하는 값보다 크면 first 인덱스가 증가합니다.

해결책 5-12-2

```c
int FindDifference2(int arr[], int size, int value)
{
    int first = 0;
    int second = 0;
    int diff;
    Sort(arr, size);
    while (first < size && second < size) {
        diff = abs(arr[first] - arr[second]);
        if (diff == value) {
            printf("두 원소: %d, %d ", arr[first], arr[second]);
            return 1;
        }
        else if (diff > value) {
            first += 1;
        }
        else {
            second += 1;
        }
    }
    return 0;
}
```

분석 시간 복잡도는 정렬을 사용하므로 O(nlogn)입니다.

5.3.13 최소 차 원소 쌍 찾기

문제 5-13 배열에서 두 원소의 차가 최소가 되는 원소 쌍을 찾으세요.

첫 번째 해결책 두 개의 원소를 선택해 두 원소의 차를 구합니다. 반복문을 두 개 사용해 각 쌍을 비교하면 두 원소의 차가 최소인 원소 쌍을 찾을 수 있습니다.

분석 시간 복잡도는 O(n²)입니다.

두 번째 해결책 최소 차의 원소 쌍은 서로 인접하기 때문에 배열을 정렬해 성능을 높일 수 있습니다.

해결책 5-13

```
int findMinDiff(int arr[], int size)
{
    Sort(arr, size);
    int diff = 9999999;
    for (int i = 0; i < (size - 1); i++) {
        if ((arr[i + 1] - arr[i]) < diff) {
            diff = arr[i + 1] - arr[i];
        }
    }
    return diff;
}
```

분석 시간 복잡도는 O(nlogn)입니다.

5.3.14 두 개의 배열에서 최소 차의 원소 쌍 찾기

문제 5-14 두 배열에서 각각 하나의 원소를 선택해 두 원소의 차가 최소가 되는 원소 쌍을 찾으세요.

첫 번째 해결책 무차별 대입을 사용합니다. 최소 차의 원소 쌍을 찾기 위해 첫 번째 배열에서 원소 하나를 고르고 두 번째 배열에서 원소 하나를 골라 이들 두 원소의 차를 구합니다.

분석 시간 복잡도는 O(nm)입니다.

두 번째 해결책 최소 차의 원소 쌍을 구할 때 배열을 정렬하면 성능을 높일 수 있습니다. 첫 번째 배열에서 원소 하나를 고르고 두 번째 배열에서 다른 하나를 골라 두 원소의 차를 구합니다. 그 차가 음수면 첫 번째 배열의 인덱스가 증가하고, 양수면 두 번째 배열의 인덱스가 증가합니다.

해결책 5-14

```
int MinDiffPair(int arr1[], int size1, int arr2[], int size2)
{
    int minDiff = 9999999;
    int first = 0;
    int second = 0;
    int out1, out2, diff;
    Sort(arr1, size1);
    Sort(arr2, size2);
```

```
    while (first < size1 && second < size2) {
        diff = abs(arr1[first] - arr2[second]);
        if (minDiff > diff) {
            minDiff = diff;
            out1 = arr1[first];
            out2 = arr2[second];
        }
        if (arr1[first] < arr2[second]) {
            first += 1;
        }
        else {
            second += 1;
        }
    }

    printf("두 원소: %d, %d\n", out1, out2);
    printf("최소 차: %d\n", minDiff);
    return minDiff;
}
```

분석 시간 복잡도는 정렬에 O(nlogn + mlogm), 비교에 O(n + m)입니다. 따라서 전체 시간 복잡도는 O(nlogn + mlogm)입니다.

5.3.15 최소 합 원소 쌍 찾기

문제 5-15 양수와 음수를 모두 포함하는 정수 배열이 있습니다. 합이 최소가 되는 배열의 두 원소를 찾으세요(0에 가장 가깝습니다).

첫 번째 해결책 무차별 대입을 사용합니다. 두 개의 반복문을 사용해 가능한 쌍을 모두 찾습니다. 각 쌍을 합한 값의 절댓값을 구하고 그중에서 가장 작은 값을 찾습니다.

해결책 5-15-1

```
void minabsSumPair(int data[], int size)
{
    int minSum, sum, minFirst, minSecond;

    // 배열에는 적어도 두 개의 원소가 있어야 합니다.
    if (size < 2) {
        printf("입력 오류");
```

```
        }

        minFirst = 0;
        minSecond = 1;
        minSum = abs(data[0] + data[1]);

        for (int l = 0; l < size - 1; l++) {
            for (int r = l + 1; r < size; r++) {
                sum = abs(data[l] + data[r]);
                if (sum < minSum) {
                    minSum = sum;
                    minFirst = l;
                    minSecond = r;
                }
            }
        }

        printf("두 원소: %d, %d", data[minFirst], data[minSecond]);
    }
```

분석 시간 복잡도는 $O(n^2)$입니다.

두 번째 해결책 최소 합의 원소 한 쌍이 필요하므로 배열을 정렬하면 성능을 높일 수 있습니다. 배열의 시작에서 하나의 원소를 선택하고 끝에서 다른 하나를 선택합니다. 이 쌍의 합을 계산하고 합의 절댓값도 구합니다. 이 절댓값이 현재 합의 최소 절댓값보다 작으면 이 값을 새로운 최소 절댓값으로 만듭니다. 합이 음수면 배열의 시작에서 인덱스가 증가하고 합이 양수면 배열의 끝에서 인덱스가 감소합니다.

해결책 5-15-2
```
void minabsSumPair2(int data[], int size)
{
    int minSum, sum, minFirst, minSecond;

    // 배열에는 적어도 두 개의 원소가 있어야 합니다.
    if (size < 2) {
        printf("입력 오류");
    }

    Sort(data, size);

    // 값을 초기화합니다.
```

```
        minFirst = 0;
        minSecond = size - 1;
        minSum = abs(data[minFirst] + data[minSecond]);
        for (int l = 0, r = size - 1; l < r;) {
            sum = (data[l] + data[r]);
            if (abs(sum) < minSum) {
                minSum = abs(sum);
                minFirst = l;
                minSecond = r;
            }
            if (sum < 0) {
                l++;
            }
            else if (sum > 0) {
                r--;
            }
            else {
                break;
            }
        }

        printf("두 원소: %d, %d", data[minFirst], data[minSecond]);
    }
```

분석 시간 복잡도는 정렬에 O(nlogn) 시간이 걸리고 비교에 O(n) 시간이 걸립니다. 따라서 전체 시간 복잡도는 O(nlogn)입니다.

5.3.16 주어진 값과 합이 가장 가까운 원소 쌍 찾기

문제 5-16 양의 정수 배열과 숫자가 주어집니다. 합이 주어진 값에 가장 가까운 두 원소를 찾으세요.

첫 번째 해결책 무차별 대입을 사용합니다. 원소 각 쌍의 합을 구하고 주어진 값에서 이를 뺀 값의 절댓값을 구합니다. 두 개의 반복문으로 수행합니다.

해결책 5-16-1

```
void ClosestPair(int arr[], int size, int value)
{
    int diff = 999999;
    int first = -1;
    int second = -1;
```

```
    int curr;

    for (int i = 0; i < size; i++) {
        for (int j = i + 1; j < size; j++) {
            curr = abs(value - (arr[i] + arr[j]));
            if (curr < diff) {
                diff = curr;
                first = arr[i];
                second = arr[j];
            }
        }
    }

    printf("두 원소: %d, %d ", first, second);
}
```

분석 시간 복잡도는 $O(n^2)$입니다.

두 번째 해결책 정렬을 사용합니다. 합이 주어진 값에 가까운 원소 쌍을 구하므로 배열을 정렬하면 성능을 높일 수 있습니다. 배열의 시작에서 하나의 원소를 선택하고 끝에서 다른 하나를 선택합니다. 두 인덱스의 값을 더해 현재 값이라고 합니다. 현재 값이 주어진 값보다 크면 끝에서 인덱스가 감소하고 현재 값이 주어진 값보다 작으면 시작 인덱스가 증가합니다.

해결책 5-16-2
```
void ClosestPair2(int arr[], int size, int value)
{
    int first = 0, second = 0; int start = 0;
    int stop = size - 1;
    int diff, curr;
    Sort(arr, size);

    diff = 9999999;
    while (start < stop) {
        curr = (value - (arr[start] + arr[stop]));
        if (abs(curr) < diff) {
            diff = abs(curr);
            first = arr[start];
            second = arr[stop];
        }
        if (curr == 0) {
            break;
```

```
        }
        else if (curr > 0) {
            start += 1;
        }
        else {
            stop -= 1;
        }
    }

    printf("두 원소: %d, %d\n", first, second);
}
```

분석 정렬하는 데 O(nlogn) 시간이 걸리고 쌍을 찾는 데 O(n) 시간이 걸리므로 전체 시간 복잡도는 O(nlogn)입니다.

5.3.17 합이 나머지 원소의 합과 같은 두 원소 찾기

문제 5-17 배열에서 합이 배열의 나머지 원소의 합과 같은 두 개의 원소를 찾으세요.

해결책 배열을 정렬하고 모든 원소의 합을 구합니다. 두 원소의 합이 전체 합을 2로 나눈 값과 같은 원소를 찾습니다.

해결책 5-17

```
int SumPairRestArray(int arr[], int size)
{
    int total, low, high, curr, value;
    Sort(arr, size);
    total = 0;

    for (int i = 0; i < size; i++) {
        total += arr[i];
    }

    value = total / 2;
    low = 0;
    high = size - 1;

    while (low < high) {
        curr = arr[low] + arr[high];
        if (curr == value) {
```

```c
            printf("두 원소: %d, %d", arr[low], arr[high]);
            return 1;
        }
        else if (curr < value) {
            low += 1;
        }
        else {
            high -= 1;
        }
    }

    return 0;
}
```

분석 전체 시간 복잡도는 O(nlogn)입니다.

5.3.18 합이 0인 세 원소 찾기

문제 5-18 정수 배열에서 합이 0이 되는 세 개의 원소를 찾으세요.

첫 번째 해결책 무차별 대입을 사용합니다. 원소 세 개로 가능한 모든 조합을 찾아 각각의 합을 구합니다. 세 개의 반복문을 사용합니다.

해결책 5-18-1

```c
void ZeroSumTriplets(int arr[], int size)
{
    for (int i = 0; i < (size - 2); i++) {
        for (int j = i + 1; j < (size - 1); j++) {
            for (int k = j + 1; k < size; k++) {
                if (arr[i] + arr[j] + arr[k] == 0) {
                    printf("세 원소: %d, %d, %d", arr[i], arr[j], arr[k]);
                }
            }
        }
    }
}
```

분석 시간 복잡도는 $O(n^3)$입니다.

두 번째 해결책 정렬을 사용해 성능을 높일 수 있습니다. 배열을 정렬한 후 반복문에서 배열의 원소를 선택하고 합이 첫 번째 원소와 부호가 반대인 값이 되는 두 원소를 찾습니다.

해결책 5-18-2

```
void ZeroSumTriplets2(int arr[], int size)
{
    int start, stop, i;
    Sort(arr, size);

    for (i = 0; i < (size - 2); i++) {
        start = i + 1;
        stop = size - 1;
        while (start < stop) {
            if (arr[i] + arr[start] + arr[stop] == 0) {
                printf("세 원소: %d, %d, %d", arr[i], arr[start], arr[stop]);
                start += 1;
                stop -= 1;
            }
            else if (arr[i] + arr[start] + arr[stop] > 0) {
                stop -= 1;
            }
            else {
                start += 1;
            }
        }
    }
}
```

분석 시간 복잡도는 $O(n^2)$입니다.

5.3.19 합이 주어진 값과 같은 세 원소 찾기

문제 5-19 정수 배열에서 합이 주어진 값과 같은 세 개의 원소를 찾으세요.

첫 번째 해결책 무차별 대입을 사용합니다. 원소 세 개로 가능한 모든 조합을 찾아 각각의 합을 구합니다. 세 개의 반복문을 사용해 수행합니다.

해결책 5-19-1

```
void findTriplet(int arr[], int size, int value)
{
```

```
        for (int i = 0; i < (size - 2); i++) {
            for (int j = i + 1; j < (size - 1); j++) {
                for (int k = j + 1; k < size; k++) {
                    if ((arr[i] + arr[j] + arr[k]) == value) {
                        printf("세 원소: %d, %d, %d", arr[i], arr[j], arr[k]);
                    }
                }
            }
        }
    }
```

분석 시간 복잡도는 $O(n^3)$입니다.

두 번째 해결책 정렬을 사용해 성능을 높일 수 있습니다. 배열을 정렬합니다. 반복문을 사용해 배열에서 첫 번째 원소를 선택한 다음 합이 주어진 값과 같은 두 개의 원소를 찾습니다.

해결책 5-19-2

```
void findTriplet2(int arr[], int size, int value)
{
    int start, stop;
    Sort(arr, size);
    for (int i = 0; i < size - 2; i++) {
        start = i + 1;
        stop = size - 1;
        while (start < stop) {
            if (arr[i] + arr[start] + arr[stop] == value) {
                printf("세 원소: %d, %d, %d", arr[i], arr[start], arr[stop]);
                start += 1;
                stop -= 1;
            }
            else if (arr[i] + arr[start] + arr[stop] > value) {
                stop -= 1;
            }
            else {
                start += 1;
            }
        }
    }
}
```

분석 시간 복잡도는 $O(n^2)$입니다.

5.3.20 A + B = C인 세 원소 찾기

문제 5-20 정수 배열에서 두 원소의 합이 세 번째 원소와 같은 세 개의 원소를 찾으세요. A + B = C인 짝 (A, B, C)를 찾아야 합니다.

첫 번째 해결책 무차별 대입을 사용합니다. 원소 세 개로 이루어진 각 짝이 제약 조건 A + B = C를 만족하는지 확인합니다. 세 개의 반복문을 사용해 수행합니다.

분석 시간 복잡도는 $O(n^3)$입니다.

두 번째 해결책 정렬로 성능을 높일 수 있습니다. 배열을 내림차순으로 정렬합니다. 반복문을 사용해 배열에서 첫 번째 원소를 선택하고 두 원소의 합이 첫 번째 원소와 같은 다른 두 개의 원소를 찾습니다.

해결책 5-20

```
void ABCTriplet(int arr[], int size)
{
    int start, stop;
    Sort(arr, size);

    for (int i = 0; i < (size - 2); i++) {
        start = i + 1;
        stop = size - 1;
        while (start < stop) {
            if (arr[i] == arr[start] + arr[stop]) {
                printf("세 원소: %d, %d, %d", arr[i], arr[start], arr[stop]);
                start += 1;
                stop -= 1;
            }
            else if (arr[i] > arr[start] + arr[stop]) {
                stop -= 1;
            }
            else {
                start += 1;
            }
        }
    }
}
```

분석 시간 복잡도는 $O(n^2)$입니다.

5.3.21 합이 주어진 값보다 작은 세 원소 찾기

문제 5-21 정수 배열에서 원소의 합이 주어진 값보다 작은 세 원소를 찾으세요. A+ B + C ⟨ value인 짝 (A, B, C)를 찾아야 합니다.

첫 번째 해결책 무차별 대입을 사용합니다. 각 짝이 제약 조건 A + B + C ⟨ value를 만족하는지 확인합니다. 세 개의 반복문을 사용해 수행합니다.

분석 시간 복잡도는 $O(n^3)$입니다.

두 번째 해결책 정렬을 사용해 성능을 높일 수 있습니다. 배열을 정렬합니다. 반복문을 사용해 배열에서 첫 번째 원소를 선택한 다음 세 개의 원소의 합이 주어진 값보다 작은 다른 두 개의 원소를 찾습니다.

해결책 5-21

```
void SmallerThenTripletCount(int arr[], int size, int value)
{
    int start, stop;
    int count = 0;
    Sort(arr, size);

    for (int i = 0; i < (size - 2); i++) {
        start = i + 1;
        stop = size - 1;
        while (start < stop) {
            if (arr[i] + arr[start] + arr[stop] >= value) {
                stop -= 1;
            }
            else {
                count += stop - start;
                start += 1;
            }
        }
    }

    printf("%d", count);
}
```

분석 시간 복잡도는 $O(n^2)$입니다.

5.3.22 등차수열 원소 찾기

문제 5-22 정렬된 배열에서 등차수열[3]을 만족하는 세 원소의 짝을 모두 찾으세요.

해결책 배열의 두 번째 원소에서 뒤에서 두 번째 원소까지 순회해 세 원소의 중간 원소를 찾습니다. 중간 원소의 왼쪽으로 이동하며 첫 번째 원소를 찾고, 중간 원소의 오른쪽으로 이동하며 마지막 원소를 찾습니다. 첫 번째 원소와 마지막 원소의 합이 2배한 값과 같으면 등차 수열이므로 출력합니다. 첫 번째 원소와 마지막 원소의 합이 중간 원소를 2배한 값보다 작으면 마지막 원소를 오른쪽으로 이동하고, 크다면 첫 번째 원소를 왼쪽으로 이동합니다.

해결책 5-22

```
void APTriplets(int arr[], int size)
{
    int i, j, k;
    for (i = 1; i < size - 1; i++) {
        j = i - 1;
        k = i + 1;
        while (j >= 0 && k < size) {
            if (arr[j] + arr[k] ==  2 * arr[i]) {
                printf("세 원소: %d, %d, %d", arr[j], arr[i], arr[k]);
                k += 1;
                j -= 1;
            }
            else if (arr[j] + arr[k] < 2 * arr[i]) {
                k += 1;
            }
            else {
                j -= 1;
            }
        }
    }
}
```

분석 n번 순회하며 내부에서 다시 n번 순회하므로 시간 복잡도는 $O(n^2)$입니다.

---

3 역주 등차수열(arithmetic progression)은 서로 이웃하는 두 수의 차가 일정한 수열로, a[i] * 2 = a[i − 1] + a[i + 1]의 조건을 만족합니다.

5.3.23 등비수열 원소 찾기

문제 5-23 정렬된 배열에서 등비수열[4]을 만족하는 세 원소로 된 짝을 모두 찾으세요.

해결책 등차 수열과 동일한 방법으로 세 원소를 구하고, 첫 번째 원소와 마지막 원소의 곱이 중간 원소의 제곱과 같은지를 비교하면 됩니다.

해결책 5-23

```
void GPTriplets(int arr[], int size)
{
    int i, j, k;
    for (i = 1; i < size - 1; i++) {
        j = i - 1;
        k = i + 1;
        while (j >= 0 && k < size) {
            if (arr[j] * arr[k] == arr[i] * arr[i]) {
                printf("세 원소: %d, %d, %d", arr[j], arr[i], arr[k]);
                k += 1;
                j -= 1;
            }
            else if (arr[j] + arr[k] < 2 * arr[i]) {
                k += 1;
            }
            else {
                j -= 1;
            }
        }
    }
}
```

분석 n번 순회하며 내부에서 다시 n번 순회하므로 시간 복잡도는 O(n²)입니다.

5.3.24 삼각형 개수 구하기

문제 5-24 삼각형 한 변의 길이를 나타내는 양의 정수 배열이 있습니다. 이 배열의 원소들로 만들 수 있는 삼각형의 개수를 구하세요. 삼각형 두 변의 합은 항상 나머지 한 변보다 큽니다.

---

4 **역주** 등비수열(geometric progression)은 첫 번째 값부터 차례로 일정한 수를 곱해 이루어진 수열로, a[i] * a[i] = a[i − 1] * a[i + 1]의 조건을 만족합니다.

첫 번째 해결책 무차별 대입을 사용합니다. 세 원소로 이루어진 모든 짝을 구하고 이 짝에서 삼각형이 만들어지는지 확인합니다.

해결책 5-24-1

```
int numberOfTriangles(int arr[], int size)
{
    int i, j, k, count = 0;
    for (i = 0; i < (size - 2); i++) {
        for (j = i + 1; j < (size - 1); j++) {
            for (k = j + 1; k < size; k++) {
                if (arr[i] + arr[j] > arr[k]) {
                    count += 1;
                }
            }
        }
    }
    return count;
}
```

분석 시간 복잡도는 $O(n^3)$입니다.

두 번째 해결책 이 해결책은 간단한 속성 하나를 이용합니다. 정렬된 배열에서 arr[i]와 arr[j]의 합이 arr[k]보다 크면 arr[i]와 arr[j+1]의 합도 arr[k]보다 큽니다.

해결책 5-24-2

```
int numberOfTriangles2(int arr[], int size)
{
    int i, j, k, count = 0;
    Sort(arr, size);
    for (i = 0; i < (size - 2); i++) {
        k = i + 2;
        for (j = i + 1; j < (size - 1); j++) {
            /*
            arr[i]와 arr[j]의 합이 arr[k]보다 크면
            arr[i]와 arr[j + 1]의 합도 arr[k]보다 큽니다.
            이렇게 하면 성능이 O(n^2)으로 개선됩니다.
            */
```

```
            while (k < size && arr[i] + arr[j] > arr[k]) {
                k += 1;
            }
            count += k - j - 1;
        }
    }
    return count;
}
```

분석 알고리즘이 개선되어 시간 복잡도는 $O(n^2)$이 됩니다.

5.3.25 최빈값 찾기

문제 5-25 n개의 숫자로 이루어진 배열에서 가장 많이 나타나는(최빈) 숫자를 찾으세요.

첫 번째 해결책 완전 검색 또는 무차별 대입을 사용해 배열의 각 원소가 얼마나 많이 나타나는지 찾습니다. maxCount 변수를 추적해 어떤 원소가 maxCount보다 많이 나타나면 그 값으로 maxCount를 업데이트합니다. 두 개의 반복문을 사용하는데, 첫 번째 반복문에서 원소를 선택하고 두 번째 반복문에서 원소의 출현 빈도를 셉니다.

해결책 5-25-1

```
int getMax(int data[], int size)
{
    int max = data[0], count = 1, maxCount = 1;
    for (int i = 0; i < size; i++) {
        count = 1;
        for (int j = i + 1; j < size; j++) {
            if (data[i] == data[j]) {
                count++;
            }
        }
        if (count > maxCount) {
            max = data[i];
            maxCount = count;
        }
    }
    return max;
}
```

분석 시간 복잡도는 $O(n^2)$이며, 공간 복잡도는 $O(1)$입니다.

두 번째 해결책 정렬을 사용합니다. 배열의 모든 원소를 정렬하면 단일 스캔으로 카운트를 구합니다.

```
int getMax2(int data[], int size)
{
    int max = data[0], maxCount = 1;
    int curr = data[0], currCount = 1;
    Sort(data, size);
    for (int i = 1; i < size; i++) {
        if (data[i] == data[i - 1]) {
            currCount++;
        }
        else {
            currCount = 1;
            curr = data[i];
        }
        if (currCount > maxCount) {
            maxCount = currCount;
            max = curr;
        }
    }
    return max;
}
```

분석 정렬 알고리즘은 O(nlogn) 시간이 걸리고, 단일 스캔은 O(n) 시간이 걸립니다. 따라서 전체 시간 복잡도는 O(nlogn)입니다.

세 번째 해결책 카운트를 사용하는데, 이 접근법은 입력의 범위를 알 때만 가능합니다. 배열의 원소들은 0에서 n-1까지의 범위에 있습니다. 길이 n의 배열을 순회하며 살펴본 원소의 카운트를 증가시킵니다. 단일 스캔만으로 중복된 원소를 찾을 수 있습니다. 이는 원소의 범위를 알 때 최빈값을 가장 빠르게 찾는 방법입니다.

```
int getMax3(int data[], int size, int range)
{
    int max = data[0], maxCount = 1;
    int *count = (int *)malloc(sizeof(int) * range);
    for (int i = 0; i < size; i++) {
        count[data[i]]++;
        if (count[data[i]] > maxCount) {
            maxCount = count[data[i]];
```

```
            max = data[i];
        }
    }
    return max;
}
```

분석

- 카운트 접근법은 배열을 사용해 카운트를 증가시키는 데 상수 시간 O(1)이 걸리며 알고리즘의 전체 시간 복잡도는 O(n)입니다.
- 공간 복잡도는 카운트 배열을 만들기 때문에 O(n)입니다.

5.3.26 과반 출현 빈도 원소 찾기

문제 5-26 n개의 원소를 가진 배열에서 n/2번 이상 나타나는 원소를 찾으세요. 출현 빈도가 과반수를 차지하는 원소가 없으면 0을 반환합니다.

첫 번째 해결책 완전 검색 또는 무차별 대입을 사용해 배열의 각 원소가 얼마나 많이 나타나는지 찾습니다. maxCount 변수를 추적해 어떤 원소가 maxCount보다 많이 나타나면 maxCount를 그 값으로 업데이트합니다. 두 개의 반복문을 사용하는데, 첫 번째 반복문은 원소를 선택하고 두 번째 반복문은 원소의 출현 빈도를 셉니다. 최종 maxCount가 n/2보다 크면 빈도가 과반인 원소가 존재하고, 아니라면 존재하지 않습니다.

해결책 5-26-1

```
int getMajority(int data[], int size)
{
    int max = 0, count = 0, maxCount = 0;

    for (int i = 0; i < size; i++) {
        for (int j = i + 1; j < size; j++) {
            if (data[i] == data[j]) {
                count++;
            }
        }
        if (count > maxCount) {
            max = data[i];
            maxCount = count;
        }
    }
```

```
        if (maxCount > size / 2) {
            return max;
        }
        else {
            printf("과반 빈도인 원소가 존재하지 않습니다.");
            return 0;
        }
    }
```

분석 시간 복잡도는 $O(n^2) + O(1) = O(n^2)$이며, 공간 복잡도는 $O(1)$입니다.

두 번째 해결책 배열의 모든 원소를 정렬합니다. 배열에 과반 빈도로 출현하는 원소가 있으면 n/2 인덱스의 중간 원소는 과반수 값이어야 합니다. 단일 스캔으로 카운트를 구하고 과반 빈도의 원소가 존재하는지를 확인할 수 있습니다.

분석 정렬 알고리즘은 $O(n\log n)$ 시간이, 단일 스캔은 $O(n)$ 시간이 걸립니다. 따라서 전체 시간 복잡도는 $O(n\log n)$이며, 공간 복잡도는 $O(1)$입니다.

해결책 5-26-2

```
int getMajority2(int data[], int size)
{
    int majIndex = size / 2, count = 1;
    int candidate;
    Sort(data, size);
    candidate = data[majIndex];
    count = 0;

    for (int i = 0; i < size; i++) {
        if (data[i] == candidate) {
            count++;
        }
    }

    if (count > size / 2) {
        return data[majIndex];
    }
    else {
        printf("과반 빈도인 원소가 존재하지 않습니다.");
        return 0;
    }

}
```

세 번째 해결책 상쇄 접근법(무어의 투표 알고리즘, Moore's voting algorithm)을 사용합니다. 빈도가 과반이 아닌 원소와 과반인 원소는 서로 하나씩 상쇄됩니다. 과반인 원소가 남아 있다면 그 값을 얻습니다.

1. 배열의 첫 번째 원소를 과반 빈도 후보로 선정하고 카운트를 1로 초기화합니다.

2. 배열 스캔을 시작합니다.

   2-1. 과반 빈도 후보와 같은 값의 원소를 얻으면 카운트가 1씩 증가합니다.

   2-2. 과반 빈도 후보와 다른 값의 원소를 얻으면 카운트가 1씩 감소합니다.

   2-3. 카운트가 0이 되면 새로운 과반 빈도 후보가 있음을 의미합니다. 현재 값을 과반 빈도 후보로 만들고 카운트를 1로 재설정합니다.

   2-4. 마지막에는 유력한 과반 빈도 후보가 남습니다.

3. 배열을 한 번 더 스캔해 앞에서 찾은 후보가 n/2번 이상 출현하는지 확인합니다.

해결책 5-26-3

```
int getMajority3(int data[], int size)
{
    int majIndex = 0, count = 1;
    int candidate;

    for (int i = 1; i < size; i++) {
        if (data[majIndex] == data[i]){
            count++;
        }
        else {
            count--;
        }
        if (count == 0) {
            majIndex = i;
            count = 1;
        }
    }

    candidate = data[majIndex];
    count = 0;

    for (int i = 0; i < size; i++) {
        if (data[i] == candidate) {
            count++;
```

```
        }
    }

    if (count > size / 2) {
        return data[majIndex];
    }
    else {
        printf("과반 빈도인 원소가 존재하지 않습니다.");
        return 0;
    }
}
```

분석 상쇄 접근법은 배열을 두 번 스캔하므로 시간 복잡도는 O(n)입니다. 공간 복잡도는 카운트 변수를 사용해 O(1)입니다.

5.3.27 정렬된 배열에서 과반 빈도 원소 찾기

문제 5-27 정렬된 배열에서 과반수 넘게 나오는 원소가 있는지 찾으세요.

첫 번째 해결책 무차별 대입을 사용해 배열에서 중간값 원소의 출현 빈도 구합니다. 그 빈도가 배열 크기의 절반의 올림(ceil)보다 작거나 같으면 과반 빈도를 넘는 원소가 없는 것입니다.

분석 시간 복잡도는 O(n)입니다.

두 번째 해결책 배열이 정렬되어 있으므로 먼저 생각할 수 있는 해결책은 이진 검색입니다. 배열의 중간 위치에서 유력한 과반 빈도 후보를 발견할 수 있습니다. 과반 빈도 후보의 첫 번째 출현 위치를 찾아 인덱스 i라고 합니다. 과반수 후보가 존재한다면 (i+n)/2 인덱스의 원소도 과반 빈도 후보와 같은 값을 가집니다.

해결책 5-27

```
int FirstIndex(int arr[], int size, int low, int high, int value)
{
    int mid;
    if (high >= low)
    mid = (low + high) / 2;

    /*
    값의 첫 번째 출현 위치를 찾습니다.
    배열의 첫 번째 원소이거나
    중간값 직전의 값이 value보다 작거나 value와 같은 값이어야 합니다.
```

```
    */
    if ((mid == 0 || arr[mid - 1] < value) && (arr[mid] == value)) {
        return mid;
    }
    else if (arr[mid] < value) {
        return FirstIndex(arr, size, mid + 1, high, value);
    }
    else {
        return FirstIndex(arr, size, low, mid - 1, value);
    }
    return -1;
}


int isMajority(int arr[], int size)
{
    int i;
    int majority = arr[size / 2];
    i = FirstIndex(arr, size, 0, size - 1, majority);

    /*
    배열의 과반 빈도 원소를 사용하므로 항상 적절한 인덱스를 얻습니다.
    */
    if ((((i + size / 2) <= (size - 1)) && arr[i + size / 2] == majority) {
        return 1;
    }
    else {
        return 0;
    }
}
```

분석 시간 복잡도는 $O(logn)$입니다.

5.3.28 최소 비교로 배열에서 두 번째로 큰 수 찾기

문제 5-28 n개의 고유한 원소를 가진 미정렬 배열이 있습니다. 최소한의 비교로 두 번째로 큰 원소를 찾으세요.

첫 번째 해결책 배열에서 가장 큰 원소를 찾습니다. 그런 다음 마지막 원소를 가장 큰 원소로 바꿉니다. 그리고 나머지 n-1개의 원소에서 가장 큰 원소를 찾습니다. 바로 이 원소가 배열에서 두 번째로 큰 원소입니다. 총 비교 횟수는 $(n - 1) + (n - 2)$입니다. 이 방법은 비효율적입니다.

두 번째 해결책 배열을 정렬하고 n-1번째 원소를 반환합니다. 이 방법은 여전히 비효율적입니다.

세 번째 해결책 우선 순위 큐/힙을 사용합니다. 이 접근법은 **10장 힙**에서 살펴봅니다. buildHeap( ) 함수는 배열에서 힙을 만들고 n번의 비교를 수행합니다 arr[0]이 가장 큰 수입니다. arr[1]과 arr[2] 중에서 큰 값이 두 번째로 큰 값입니다. 총 비교 횟수는 $(n - 1) + 1 = n$입니다.

5.3.29 배열의 중간값 찾기

문제 5-29 크기 n의 정렬되지 않은 배열이 있습니다. 이 배열을 정렬한다면 n/2 위치에 놓일 원소를 찾으세요.

첫 번째 해결책 배열을 정렬하고 중간값을 반환합니다.

해결책 5-29

```
int getMedian(int data[], int size)
{
    Sort(data, size);
    return data[size / 2];
}
```

분석 알고리즘의 시간 복잡도는 O(nlogn)이며, 공간 복잡도는 O(1)입니다.

두 번째 해결책 퀵 선택 알고리즘을 사용합니다. 이 알고리즘은 **4장 정렬**에서 살펴봤습니다.

분석 이 알고리즘의 평균적인 시간 복잡도는 O(n)입니다.

5.3.30 바이토닉 배열에서 최댓값 찾기

문제 5-30 오름차순 정수 수열과 뒤따르는 내림차순 정수 수열로 구성된 바이토닉(bitonic) 배열이 있습니다. 바이토닉 배열에서 최댓값을 찾으세요.

첫 번째 해결책 순차 검색을 사용합니다. 배열을 순회해 다음 값이 현재 값보다 작은 위치를 찾습니다. 이 위치의 값이 반환할 최댓값입니다.

두 번째 해결책 이진 검색을 사용합니다. 원소가 어떤 순서로 정렬되어 있으므로 이진 검색과 비슷한 알고리즘을 사용합니다. 과정은 다음과 같습니다.

1. 시작과 끝 인덱스를 저장하기 위한 변수 두 개를 사용합니다. 변수는 start = 0, end = size − 1입니다.

2. 배열의 중간 원소를 찾습니다.

3. 중간 원소가 최댓값인지 확인합니다. 그렇다면 중간 원소를 반환합니다.

4. 중간 원소가 증가하는 부분에 있다면 중간 + 1부터 끝까지 찾습니다.

5. 중간 원소가 감소하는 부분에 있다면 시작부터 중간 − 1까지 찾습니다.

6. 최댓값을 찾을 때까지 과정 2~5를 반복합니다.

해결책 5-30

```c
int SearchBotinicArrayMax(int data[], int size)
{
    int start = 0, end = size - 1;
    int mid = (start + end) / 2;
    int maximaFound = 0;

    if (size < 3) {
        printf("입력 오류");
    }

    while (start <= end) {
        mid = (start + end) / 2;
        if (data[mid - 1] < data[mid] && data[mid + 1] < data[mid]) { // 최댓값
            maximaFound = 1;
            break;
        }
        else if (data[mid - 1] < data[mid] && data[mid] < data[mid + 1]) { // 증가
            start = mid + 1;
        }
        else if (data[mid - 1] > data[mid] && data[mid] > data[mid + 1]) { // 감소
            end = mid - 1;
        }
        else {
            break;
        }
    }

    if (maximaFound == 0) {
        printf("최댓값을 찾지 못했습니다.");
        return 0;
```

```
        }

    return data[mid];
}
```

5.3.31 바이토닉 배열에서 원소 검색하기

문제 5-31 바이토닉 배열에서 주어진 원소를 찾으세요.

해결책 바이토닉 배열에서 원소를 검색하는 방법은 다음과 같습니다.

1. 배열에서 최댓값을 찾습니다. 이진 검색으로 배열의 증가하는 부분에서 끝을 찾습니다.

2. 일단 최댓값이 있으면 이진 검색으로 배열의 증가 부분에서 주어진 값을 검색합니다.

3. 값이 증가 부분에 없으면 다시 이진 검색으로 배열의 감소 부분에서 주어진 값을 검색합니다.

해결책 5-31

```
int SearchBitonicArray(int data[], int size, int key)
{
    int max = FindMaxBitonicArray(data, size);
    int k = BinarySearch(data, size, 0, max, key, 1);

    if (k != -1) {
        return k;
    }
    else {
        return BinarySearch(data, size, max + 1, size - 1, key, 0);
    }
}

int FindMaxBitonicArray(int data[], int size)
{
    int start = 0, end = size - 1, mid;

    if (size < 3) {
        printf("입력 오류");
```

```
        }

        while (start <= end) {
            mid = (start + end) / 2;
            if (data[mid - 1] < data[mid] && data[mid + 1] < data[mid]) { // 최댓값
                return mid;
            }
            else if (data[mid - 1] < data[mid] && data[mid] < data[mid + 1]) { // 증가
                start = mid + 1;
            }
            else if (data[mid - 1] > data[mid] && data[mid] > data[mid + 1]) { // 감소
                end = mid - 1;
            }
            else {
                break;
            }
        }

        printf("최댓값을 찾지 못했습니다.");
        return -1;
    }
```

5.3.32 정렬된 배열에서 출현 빈도 구하기

문제 5-32 정렬된 배열 arr[ ]에서 주어진 값의 출현 빈도를 구하세요.

첫 번째 해결책 무차별 대입을 사용합니다. 선형 시간에 배열을 순회하며 주어진 값의 출현 빈도를 구합니다. 반복문 하나로 수행합니다.

해결책 5-32-1

```
int findKeyCount(int data[], int size, int key)
{
    int count = 0;
    for (int i = 0; i < size; i++) {
        if (data[i] == key) {
            count++;
        }
    }
    return count;
}
```

분석 시간 복잡도는 O(n)이며, 공간 복잡도는 O(1)입니다.

두 번째 해결책 정렬된 배열이므로 이진 검색으로 해결합니다.

1. 먼저 키가 첫 번째로 출현한 위치를 찾습니다.

2. 그런 다음 키가 마지막 출현한 위치를 찾습니다.

3. 이 두 값의 차이를 구하면 문제가 해결됩니다.

해결책 5-32-2

```c
int findKeyCount2(int data[], int size, int key)
{
    int firstIndex, lastIndex;
    firstIndex = findFirstIndex(data, size, 0, size - 1, key);
    lastIndex = findLastIndex(data, size, 0, size - 1, key);
    return (lastIndex - firstIndex + 1);
}


int findFirstIndex(int data[], int size, int start, int end, int key)
{
    int mid;
    if (end < start) {
        return -1;
    }
    mid = (start + end) / 2;
    if (key == data[mid] && (mid == start || data[mid - 1] != key)) {
        return mid;
    }

    if (key <= data[mid]) {
        return findFirstIndex(data, size, start, mid - 1, key);
    else {
        return findFirstIndex(data, size, mid + 1, end, key);
    }
}


int findLastIndex(int data[], int size, int start, int end, int key)
{
    int mid;
    if (end < start) {
        return -1;
    }
    mid = (start + end) / 2;
```

```
            if (key == data[mid] && (mid == end || data[mid + 1] != key)) {
                return mid;
            }

            if (key < data[mid]) {
                return findLastIndex(data, size, start, mid - 1, key);
            }
            else {
                return findLastIndex(data, size, mid + 1, end, key);
            }
        }
```

5.3.33 주식 매매 문제

문제 5-33 주어진 배열에서 n번째 원소는 n일째의 주식 가격입니다. 한 번만 매수하고 매도할 수 있습니다. 최대 이익을 얻으려면 어느 날에 매수하고 어느 날에 매도해야 하는지 결정하세요. 이는 주어진 숫자 배열에서 두 수의 차가 최대이고, 뒤에 있는 수에서 앞의 수를 빼는 형태로 계산합니다.

첫 번째 해결책 무차별 대입을 사용합니다. 배열의 각 원소에 대해 그 차가 최대(이익이 최대)인 다른 원소를 찾습니다. 두 개의 반복문을 사용해 수행합니다. 첫 번째 반복문은 매수일을 선택하고 두 번째 반복문은 매도일을 찾습니다.

분석 시간 복잡도는 $O(n^2)$이며, 공간 복잡도는 $O(1)$입니다.

두 번째 해결책 또 다른 해결책은 처음부터 지금까지 본 원소 중에서 가장 작은 원소를 추적하는 것입니다. 각 위치에서 차를 구해 최대 이익을 추적할 수 있습니다. 이것은 선형 해결책입니다.

해결책 5-33

```
void maxProfit(int stocks[], int size)
{
    int buy = 0, sell = 0;
    int curMin = 0;
    int currProfit = 0;
    int maxProfit = 0;

    for (int i = 0; i < size; i++) {
        if (stocks[i] < stocks[curMin]) {
```

```
                curMin = i;
            }
            currProfit = stocks[i] - stocks[curMin];
            if (currProfit > maxProfit) {
                buy = curMin;
                sell = i;
                maxProfit = currProfit;
            }
        }
    }

    printf("매수일: %d, 매수가: %d \n", buy, stocks[buy]);
    printf("매도일: %d, 매도가: %d \n", sell, stocks[sell]);
}
```

분석 시간 복잡도는 O(n)이며, 공간 복잡도는 O(1)입니다.

5.3.34 두 개의 정렬된 배열에서 중간값 찾기

문제 5-34 두 개의 정렬된 배열이 있습니다. 두 배열을 합쳐 하나의 큰 배열로 만들었을 때, 그 배열의 중간값을 찾으세요.

해결책 두 배열의 인덱스 i와 j를 추적합니다. 더 작은 값을 갖는 배열의 인덱스를 계속 증가시키며 카운터로 이미 추적한 원소를 추적합니다. 카운트가 두 배열을 결합한 길이의 절반과 같으면 이것이 중간값이 됩니다.

해결책 5-34

```
int findMedian(int dataFirst[], int sizeFirst, int dataSecond[], int sizeSecond)
{
    int medianIndex = ((sizeFirst + sizeSecond) + (sizeFirst + sizeSecond) % 2) 2;
    // 올림 함수5
    int i = 0, j = 0;
    int count = 0;

    while (count < medianIndex - 1) {
        if (i < sizeFirst - 1 && dataFirst[i] < dataSecond[j]) {
            i++;
        }
        else {
```

---

5 **역주** 실수 이상의 정수를 구하는 함수로, 다른 말로 천장 함수(cealing function)라고도 합니다.

```
                j++;
            }
            count++;
        }

        if (dataFirst[i] < dataSecond[j]) {
            return dataFirst[i];
        }
        else {
            return dataSecond[j];
        }

    }
```

분석 알고리즘의 시간 복잡도는 O(n)이며, 공간 복잡도는 O(1)입니다.

5.3.35 0과 1로 된 배열 검색하기

문제 5-35 0과 1로 이루어진 배열이 있습니다. 이 배열에서 모든 0이 1보다 앞에 올 때 첫 번째 1의 인덱스를 구하는 알고리즘을 작성하세요. 또는 0 또는 1을 포함하는 정렬된 배열이 있습니다. 예를 들어 a[] = {0, 0, 0, 1, 1, 1, 1}일 때 0과 1이 각각 몇 개인지 세보세요.

첫 번째 해결책 선형 검색을 사용합니다. 배열에서 첫 번째 1의 인덱스를 순회를 사용해 찾습니다.

분석 시간 복잡도는 O(n)이며, 공간 복잡도는 O(1)입니다.

두 번째 해결책 배열이 정렬되어 있어서 이진 검색으로 원하는 인덱스를 찾습니다.

해결책 5-35

```
int BinarySearch01(int data[], int size)
{
    if (size == 1 && data[0] == 1) {
        return 0;
    }
    return BinarySearch01Util(data, 0, size - 1);
}


int BinarySearch01Util(int data[], int start, int end)
{
    int mid;
```

```
        if (end < start) {
            return -1;
        }
        mid = (start + end) / 2;
        if (1 == data[mid] && 0 == data[mid - 1]) {
            return mid;
        }

        if (0 == data[mid]) {
            return BinarySearch01Util(data, mid + 1, end);
        }
        else {
            return BinarySearch01Util(data, start, mid - 1);
        }
    }
```

분석 시간 복잡도는 O(logn)이며, 공간 복잡도는 O(1)입니다.

5.3.36 회전된 배열에서 최댓값 찾기

문제 5-36 n개의 정수로 이루어진 정렬된 배열 S가 있습니다. S는 알 수 없는 횟수로 회전했습니다. 이 배열에서 최댓값 원소를 찾으세요.

첫 번째 해결책 선형 검색으로 배열에서 첫 번째 1의 인덱스를 찾습니다.

분석 시간 복잡도는 O(n)이며, 공간 복잡도는 O(1)입니다.

두 번째 해결책 배열이 정렬되어 있어서 수정된 이진 검색으로 원소를 찾습니다.

해결책 5-36

```
int RotationMaxUtil(int arr[], int start, int end)
{
    int mid;
    if (end <= start) {
        return arr[start];
    }
    mid = (start + end) / 2;
    if (arr[mid] > arr[mid + 1]) {
        return arr[mid];
    }
```

```
        if (arr[start] <= arr[mid]) { /* 증가 부분.*/
            return RotationMaxUtil(arr, mid + 1, end);
        }
        else {
            return RotationMaxUtil(arr, start, mid - 1);
        }
    }

    int RotationMax(int arr[], int size)
    {
        return RotationMaxUtil(arr, 0, size - 1);
    }
```

분석 시간 복잡도는 O(logn)이며, 공간 복잡도는 O(1)입니다.

5.3.37 회전된 배열에서 최댓값의 인덱스 찾기

문제 5-37 n개의 정수로 이루어진 정렬된 배열 S가 있습니다. S는 알 수 없는 횟수로 회전했습니다. 이 배열에서 최댓값 원소의 인덱스를 찾으세요.

첫 번째 해결책 선형 검색을 사용합니다. 순회를 사용해 배열에서 회전하기 전의 마지막 인덱스인 가장 큰 값을 찾습니다.

분석 시간 복잡도는 O(n)이며, 공간 복잡도는 O(1)입니다.

두 번째 해결책 배열이 정렬되어 있어서 수정된 이진 검색으로 원소를 찾습니다.

해결책 5-37

```
    int FindRotationMaxUtil(int arr[], int start, int end)
    {
        /* 원소가 1개일 때 */
        int mid;
        if (end <= start) {
            return start;
        }
        mid = (start + end) / 2;
        if (arr[mid] > arr[mid + 1]) {
            return mid;
        }
```

```
    if (arr[start] <= arr[mid]) { /* 증가 부분 */
        return FindRotationMaxUtil(arr, mid + 1, end);
    }
    else {
        return FindRotationMaxUtil(arr, start, mid - 1);
    }
}

int FindRotationMax(int arr[], int size)
{
    return FindRotationMaxUtil(arr, 0, size - 1);
}
```

분석 시간 복잡도는 O(logn)이며, 공간 복잡도는 O(1)입니다.

5.3.38 회전 횟수 구하기

문제 5-38 회전된 배열이 주어졌을 때 배열이 회전한 횟수를 구하세요.

해결책 회전된 배열에서 최댓값의 인덱스 찾기와 유사합니다. 차이는 배열은 0에서 시작하고 횟수는 1에서 시작하므로 최댓값의 인덱스에 1을 더해야 합니다.

해결책 5-38

```
int CountRotation(int arr[], int size)
{
    int maxIndex = FindRotationMaxUtil(arr, 0, size - 1);
    return (maxIndex + 1) % size;
}
```

분석 시간 복잡도는 O(logn)이며, 공간 복잡도는 O(1)입니다.

5.3.39 정렬된 회전 목록에서 원소 찾기

문제 5-39 n개의 정수로 이루어진 정렬된 목록 S가 있습니다. S는 알 수 없는 횟수로 회전했습니다. 배열에서 지정한 원소를 찾으세요.

첫 번째 해결책 선형 검색을 사용합니다. 순회를 사용해 배열에서 원소를 찾습니다.

분석 시간 복잡도는 O(n)이며, 공간 복잡도는 O(1)입니다.

두 번째 해결책 배열이 정렬되어 있어서 수정된 이진 검색으로 원소를 찾습니다.

해결책 5-39

```c
int BinarySearchRotateArray(int data[], int size, int key)
{
    return BinarySearchRotateArrayUtil(data, 0, size - 1, key);
}

int BinarySearchRotateArrayUtil(int data[], int start, int end, int key)
{
    int mid;
    if (end < start) {
        return -1;
    }
    mid = (start + end) / 2;
    if (key == data[mid]) {
        return mid;
    }

    if (data[mid] > data[start]) {
        if (data[start] <= key && key < data[mid]) {
            return BinarySearchRotateArrayUtil(data, start, mid - 1, key);
        }
        else {
            return BinarySearchRotateArrayUtil(data, mid + 1, end, key);
        }
    }
    else {
        if (data[mid] < key && key <= data[end]) {
            return BinarySearchRotateArrayUtil(data, mid + 1, end, key);
        }
        else {
            return BinarySearchRotateArrayUtil(data, start, mid - 1, key);
        }
    }

}
```

분석 시간 복잡도는 O(logn)이며, 공간 복잡도는 O(1)입니다.

5.3.40 원형 배열에서 최소 절대차 구하기

문제 5-40 주어진 정수 배열이 원형 배열일 때 인접한 원소끼리 절대차의 최솟값을 구하세요.

해결책 전체 배열을 순회하며 바로 다음 원소와의 절대차를 구합니다. 이전에 저장한 최솟값보다 작으면 최솟값을 갱신합니다. 다음 원소와의 절대차를 구할 때 배열의 크기로 나눈 나머지를 인덱스로 사용해 원형 배열의 인덱스를 벗어나지 않도록 합니다.

분석 전체 원소를 순회하므로 알고리즘의 시간 복잡도는 $O(n)$입니다.

해결책 5-40

```
int minAbsDiffAdjCircular(int arr[], int size)
{
    int diff = 9999999;
    if (size < 2) {
        return -1;
    }
    for (int i = 0; i < size; i++) {
        diff = min(diff, abs(arr[i] - arr[(i + 1) % size]));
    }
    return diff;
}
```

5.3.41 배열 변형하기

문제 5-41 배열 $[a_1\ a_2\ a_3\ a_4\ b_1\ b_2\ b_3\ b_4]$를 $[a_1\ b_1\ a_2\ b_2\ a_3\ b_3\ a_4\ b_4]$로 바꾸는 알고리즘을 작성하세요.

해결책 배열을 바꾸는 방법은 다음과 같습니다.

1. 배열 중간의 원소 한 쌍을 교환(swap)합니다. → $[a_1\ a_2\ a_3\ b_1\ a_4\ b_2\ b_3\ b_4]$

2. 배열 중간의 원소 두 쌍을 교환합니다. → $[a_1\ a_2\ b_1\ a_3\ b_2\ a_4\ b_3\ b_4]$

3. 배열 중간의 원소 세 쌍을 교환합니다. → $[a_1\ b_1\ a_2\ b_2\ a_3\ b_3\ a_4\ a_4]$

4. a나 b의 갯수를 n(배열의 크기/2)이라고 할 때 n-1번 반복합니다.

```
void transformArrayAB1(int data[], int size)
{
    int n = size / 2;
    for (int i = 1; i < n; i++) {
        for (int j = 0; j < i; j++) {
            swap(data, n - i + 2 * j, n - i + 2 * j + 1);
        }
    }
}
```

5.3.42 두 배열이 서로 순열인지 확인하기

문제 5-42 두 개의 정수 배열이 있습니다. 두 배열이 서로 순열인지 확인하는 알고리즘을 작성하세요.

첫 번째 해결책 정렬을 사용합니다. 두 배열의 모든 원소를 정렬하고 양쪽 배열의 각 원소를 처음부터 끝까지 비교합니다. 불일치가 없으면 1을 반환하고 그렇지 않으면 0을 반환합니다.

```
int checkPermutation(int data1[], int size1, int data2[], int size2)
{
    if (size1 != size2) {
        return 0;
    }
    Sort(data1, size1);
    Sort(data2, size2);
    for (int i = 0; i < size1; i++) {
        if (data1[i] != data2[i]) {
            return 0;
        }
    }
    return 1;
}
```

분석 정렬 알고리즘은 $O(n\log n)$ 시간이 걸리고, 비교는 $O(n)$ 시간이 걸립니다. 따라서 알고리즘의 전체 시간 복잡도는 $O(n\log n)$이며, 공간 복잡도는 $O(1)$입니다.

두 번째 해결책 해시 테이블을 사용합니다. 중복은 없다고 가정합니다.

1. 첫 번째 배열의 모든 원소에 대해 해시 테이블을 만듭니다.

2. 다른 배열을 처음부터 끝까지 순회하며 해시 테이블에서 각 원소를 검색합니다.

3. 해시 테이블에서 모든 원소를 발견한다면 1을 반환하고, 그렇지 않으면 0을 반환합니다.

해결책 5-42-2

```c
int checkPermutation2(int array1[], int size1, int array2[], int size2)
{
    int i;
    if (size1 != size2) {
        return 0;
    }
    HashTable hs;
    HashInit(&hs);
    for (i = 0; i < size1; i++) {
        HashAdd(&hs, array1[i]);
    }
    for (i = 0; i < size2; i++) {
        if (!HashFind(&hs, array2[i])) {
            return 0;
        }
    }
    return 1;
}
```

분석 해시 테이블의 삽입과 탐색은 상수 시간 O(1)에 수행하므로 알고리즘의 전체 시간 복잡도는 해시 테이블 작성과 조회를 위한 O(n) 시간이며, 공간 복잡도는 해시 테이블 생성을 위한 O(n)입니다.

5.3.43 정렬된 이차원 배열에서 원소 찾기

문제 5-43 각 행과 열이 정렬된 이차원 배열에서 원소를 찾는 알고리즘을 작성하세요.

해결책

1. 첫 번째 행의 마지막 열 원소로 시작합니다.

2. 해당 원소가 찾고 있는 값이면 1을 반환합니다.

3. 해당 원소가 찾고 있는 값보다 크면 같은 행의 이전 열로 이동합니다.

4. 해당 원소가 찾고 있는 값보다 작으면 같은 열의 다음 행으로 이동합니다.

5. 마지막 행의 첫 번째 열에 다다를 때까지 원소를 찾지 못하면 0을 반환합니다. 조건(row < r
   && column >= 0)은 false가 됩니다.

해결책 5-43

```
int FindElementIn2DArray(int **arr, int r, int c, int value)
{
    int row = 0;
    int column = c - 1;
    while (row < r && column >= 0) {
        if (arr[row][column] == value) {
            return 1;
        }
        else if (arr[row][column] > value) {
            column -= 1;
        }
        else {
            row += 1;
        }
    }
    return 0;
}
```

분석 시간 복잡도는 O(n)입니다.

5.3.44 등차수열 만들기

문제 5-44 n개의 정수 배열에서 배열 원소들로 등차수열을 만들 수 있는지 답하세요.

첫 번째 해결책 등차수열이 되는지는 정렬만으로 확인할 수 있습니다. 정렬 후 순회하며 등차수열이
되는지 확인합니다.

해결책 5-44-1

```
int isAP(int arr[], int size)
{
    int diff;
    if (size <= 1) {
```

```
            return 1;
        }
    Sort(arr, size);
    diff = arr[1] - arr[0];
    for (int i = 2; i < size; i++) {
        if (arr[i] - arr[i - 1] != diff) {
            return 0;
        }
    }
    return 1;
}
```

분석 시간 복잡도는 정렬에 대해 O(nlogn)입니다.

두 번째 해결책 단일 순회로 배열의 첫 번째와 두 번째로 작은 값을 찾습니다. 이를 통해 등차수열의 첫 번째 값과 등차를 구합니다. 입력 배열의 값을 순회해 원소를 해시 테이블에 추가합니다. 마지막으로 첫 번째 값과 등차로 해시 테이블의 모든 원소를 확인합니다.

해결책 5-44-2

```
int isAP2(int arr[], int size)
{
    int first = 9999999;
    int second = 9999999;
    int diff, value;
    HashTable hs;
    HashInit(&hs);

    for (int i = 0; i < size; i++) {
        if (arr[i] < first) {
            second = first;
            first = arr[i];
        }
        else if (arr[i] < second) {
            second = arr[i];
        }
    }

    diff = second - first;
    for (int i = 0; i < size; i++) {
        if (HashFind(&hs, arr[i])) {
            return 0;
        }
```

```
            HashAdd(&hs, arr[i]);
    }

    for (int i = 0; i < size; i++) {
        value = first + i * diff;
        if (!HashFind(&hs, value) || HashGet(&hs, value) != 1) {
            return 0;
        }
    }

    return 1;
}
```

분석 시간 복잡도는 O(n)이며, 공간 복잡도는 해시 테이블에 대해 O(n)입니다.

세 번째 해결책 단일 순회로 배열에서 첫 번째와 두 번째로 작은 값을 찾습니다. 배열을 다시 순회하며 교환을 통해 각 원소를 적합한 위치에 넣습니다. 각 원소의 인덱스는 (value - first) / diff 입니다. 또한 중복 값을 찾을 수 있도록 카운트도 유지합니다.

해결책 5-44-3

```
int isAP3(int arr[], int size)
{
    int first = 9999999;
    int second = 9999999;
    int *count = (int *)calloc(0, size);
    int diff, index;

    for (int i = 0; i < size; i++) {
        if (arr[i] < first) {
            second = first;
            first = arr[i];
        }
        else if (arr[i] < second) {
            second = arr[i];
        }
    }

    diff = second - first;
    for (int i = 0; i < size; i++) {
        index = (arr[i] - first) / diff;
    }
    if (index > size - 1 || count[index] != 0) {
```

```
        return 0;
    }


    count[index] = 1;
    for (int i = 0; i < size; i++) {
        if (count[i] != 1) {
            return 0;
        }
    }

    return 1;
}
```

분석 시간 복잡도는 O(n)이며, 공간 복잡도는 O(n)입니다.

5.3.45 균형점 찾기

문제 5-45 배열에서 균형점(balance point) 또는 균형 인덱스를 찾으세요. 왼쪽 원소의 합과 오른쪽 원소의 합이 같을 때, 이 인덱스가 균형점입니다.

해결책 first와 second라는 두 개의 셋을 만듭니다. 인덱스 1부터 (크기 − 1)까지의 모든 원소를 더한 값을 second에 저장합니다. second에서 원소를 하나씩 삭제하면서 first에 더합니다.

해결책 5-45

```
int findBalancedPoint(int arr[], int size)
{
    int first = 0;
    int second = 0;
    for (int i = 1; i < size; i++) {
        second += arr[i];
    }
    for (int i = 0; i < size; i++) {
        if (first == second) {
            printf("%d", i);
        }
        if (i < size - 1) {
            first += arr[i];
        }
        second -= arr[i + 1];
```

```
        }
    }
```

분석 시간 복잡도는 O(n)입니다.

5.3.46 천장과 바닥 찾기

문제 5-46 정렬된 배열에서 입력 값의 천장과 바닥을 찾으세요. 천장(ceil)은 입력 값보다 큰 배열의 값이고, 바닥(floor)은 입력 값보다 작은 배열의 값입니다.

해결책 배열이 정렬되어 있어서 천장과 바닥은 이진 검색 알고리즘으로 찾습니다.

해결책 5-46

```
/* 바닥 찾기 */

int findFloor(int arr[], int size, int value)
{
    int start = 0;
    int stop = size - 1;
    int mid;
    while (start <= stop) {
        mid = (start + stop) / 2;
        /* 검색 값은 arr[mid] 값과 같습니다.
           검색 값은 중간 인덱스(mid) 값보다 크고 중간 인덱스 + 1 값보다 작습니다.
           value가 arr[size - 1]보다 크면 바닥은 arr[size - 1]입니다.
        */
        if (arr[mid] == value ||
           (arr[mid] < value && (mid == size - 1 || arr[mid + 1] > value))) {
            return mid;
        }
        else if (arr[mid] < value) {
            start = mid + 1;
        }
        else {
            stop = mid - 1;
        }
    }
    return -1;
}
```

```
/* 천장 찾기 */
```

```c
int findCeil(int arr[], int size, int value)
{
    int start = 0;
    int stop = size - 1;
    int mid;
    while (start <= stop) {
        mid = (start + stop) / 2;
        /* 검색 값은 arr[mid] 값과 같습니다.
           검색 값은 중간 인덱스(mid) 값보다 작고 중간 인덱스 - 1 값보다 큽니다.
           value가 arr[0]보다 작으면 천장은 arr[0]입니다.
        */
        if (arr[mid] == value ||
           (arr[mid] > value && (mid == 0 || arr[mid - 1] < value))) {
            return mid;
        }
        else if (arr[mid] < value) {
            start = mid + 1;
        }
        else {
            stop = mid - 1;
        }
    }
    return -1;
}
```

분석 시간 복잡도는 $O(\log n)$입니다.

5.3.47 가장 가까운 숫자 찾기

문제 5-47 정렬된 배열과 숫자가 주어집니다. 배열에서 주어진 숫자에 가장 가까운 원소를 찾으세요.

해결책 배열이 정렬되어 있어 이진 검색을 사용합니다.

해결책 5-47

```c
int ClosestNumber(int arr[], int size, int num)
{
    int start = 0;
    int stop = size - 1;
    int output = -1;
```

```
    int minDist = 9999;
    int mid;
    while (start <= stop) {
        mid = (start + stop) / 2;
        if (minDist > abs(arr[mid] - num)) {
            minDist = abs(arr[mid] - num);
            output = arr[mid];
        }
        if (arr[mid] == num) {
            break;
        }
        else if (arr[mid] > num) {
            stop = mid - 1;
        }
        else
            start = mid + 1;
        }
    }
    return output;
}
```

5.3.48 지정 범위 내에서 중복 값 찾기

문제 5-48 주어진 정수 배열에서 범위 k 내에 중복 값이 있는지 찾으세요. 예를 들어 배열 [1, 2, 3, 1, 4, 5]와 범위 3이 주어졌을 때 답은 참입니다. 1이 범위 3내에서 중복되기 때문입니다. 그러나 동일한 배열에서 범위가 2이면 답은 거짓입니다.

해결책 해시 테이블에 값과 인덱스를 매핑합니다. 배열을 순회하며 각 원소가 처음 보는 값인지 이미 해시 테이블에 존재하는 값인지 확인합니다. 원소가 해시 테이블에 존재하지 않으면 원소를 키로, 인덱스를 값으로 해 해시 테이블에 추가합니다. 원소가 해시 테이블에 존재하면 현재 인덱스에서 이전 인덱스를 뺀 값이 범위 내에 있는지 확인합니다. 값과 일치하는 인덱스를 업데이트합니다.

해결책 5-48

```
int DuplicateKDistance(int arr[], int size, int k)
{
    HashTable hs;
    for (int i = 0; i < size; i++) {
        if (HashFind(&hs, arr[i]) && i - HashGet(&hs, arr[i]) <= k) {
            printf("%d, %d, %d", arr[i], HashGet(&hs, arr[i]), i);
```

```
            return 1;
        }
        else {
            HashAdd2(&hs, arr[i], i);
        }
    }
    return 0;
}
```

분석 시간 복잡도는 O(n)이며, 공간 복잡도는 O(n)입니다.

5.3.49 빈도 구하기

문제 5-49 1부터 n까지 정수를 포함하는 크기 n인 배열이 있습니다. 배열에 동일한 수가 여러 번 나타날 수 있다고 할 때, 모든 원소의 빈도를 구하세요. 누락된 원소는 빈도를 0으로 출력합니다.

```
예시
입력 [1, 2, 2, 2, 1]
출력 1: 2
    2: 3
    3: 0
    4: 0
    5: 0
```

첫 번째 해결책 해시 테이블로 값과 빈도를 추적합니다. 범위 내에서 순회하며 값과 빈도를 출력합니다.

두 번째 해결책 먼저 배열을 정렬하고 나서 배열을 순회하며 원소와 빈도를 출력합니다.

세 번째 해결책 1부터 n까지의 범위에 데이터가 있으므로 보조 배열로 빈도를 추적할 수 있습니다. 배열을 순회하면서 값 v를 찾을 때, 배열의 인덱스는 0부터 시작하므로 보조 배열의 해당 인덱스는 (v − 1)이 됩니다.

네 번째 해결책 추가 공간을 사용하지 않고 선형 시간에 이 문제를 풀어봅시다. 추가 정보로 1에서 n 까지의 값을 제공하는 것을 주의 깊게 관찰해야 합니다.

입력 배열을 순회하면서 값 v를 찾았을 때, 배열의 해당 인덱스는 v−1입니다. 해당 인덱스의 값이 범위 1~n 내의 유효한 값이면 해당 값을 순회 인덱스로 복사하고 인덱스 v−1의 값을 −1로 표시합니다. 인덱스 v-1의 값이 범위 내에 없으면 인덱스 v-1의 값을 1만큼 감소합니다. 각 원소의 절 댓값을 결과로 출력합니다.[6]

해결책 5-49

```c
int frequencyCounts(int arr[], int size)
{
    int index;
    for (int i = 0; i < size; i++) {
        while (arr[i] > 0) {
            index = arr[i] - 1;
            if (arr[index] > 0) {
                arr[i] = arr[index];
                arr[index] = -1;
            }
            else {
                arr[index] -= 1;
                arr[i] = 0;
            }
        }
    }
    for (int i = 0; i < size; i++) {
        printf("%d : %d \n", i + 1, abs(arr[i]));
    }
}
```

5.3.50 최대 원소 k개 찾기

문제 5-50 크기 n인 정수 배열에서 가장 큰 원소 k개를 출력하세요.

첫 번째 해결책 배열을 정렬하고 k번째로 큰 원소를 찾습니다. 배열을 스캔해 k번째 원소보다 크거나 같은 값을 갖는 모든 원소를 출력합니다.

---

6 역주 입력이 [1, 2, 2, 2, 1]일 때 인덱스 증가에 따른 값의 변화는 다음과 같습니다.
  i = 0 [−1, 2, 2, 2, 1]
  i = 1 [−1, −1, 2, 2, 1]
  i = 2 [−1, −2, 0, 2, 1]
  i = 3 [−1, −3, 0, 0, 1]
  i = 4 [−2, −3, 0, 0, 0]
  출력 [2, 3, 0, 0, 0]

```
int KLargestElements(int arrIn[], int size, int k)
{
    int *arr = (int *)malloc(size * sizeof(int));
    for (int i = 0; i < size; i++) {
        arr[i] = arrIn[i];
    }
    Sort(arr, size);
    for (int i = 0; i < size; i++) {
        if (arrIn[i] >= arr[size - k]) {
            printf(" %d ", arrIn[i]);
        }
    }
}
```

두 번째 해결책 먼저 배열을 다른 배열에 복사합니다. 퀵 선택으로 배열에서 k번째 원소를 찾습니다. 원래 배열을 스캔해 k번째 원소보다 크거나 같은 값을 갖는 모든 원소를 출력합니다.

```
int KLargestElements2(int arrIn[], int size, int k)
{
    int *arr = (int *)malloc(size * sizeof(int));
    for (int i = 0; i < size; i++) {
        arr[i] = arrIn[i];
    }
    QuickSelectUtil(arr, 0, size - 1, size - k);
    for (int i = 0; i < size; i++) {
        if (arrIn[i] >= arr[size - k]) {
            printf("%d", arrIn[i]);
        }
    }
}
```

분석 k를 찾는 데 O(n), 스캔하는 데 O(n)의 시간이 걸립니다.

Note ≡ 퀵 정렬과 밀접하게 관련된 퀵 선택 알고리즘은 **4장 정렬**에서 살펴봤습니다.

Note ≡ 두 해결책에서 출력된 값의 수가 k보다 클 수 있으므로 정확하게 개수가 k인지 확인해야 합니다.

5.3.51 고정점 찾기

문제 5-51 정렬된 정수 배열에서 고정점(fix point)을 찾으세요. 고정점은 인덱스와 값이 같은 배열의 인덱스를 말합니다.

첫 번째 해결책 무차별 대입을 사용합니다. 고정점을 찾기 위해 배열을 순회합니다.

```
int FixPoint(int arr[], int size)
{
    for (int i = 0; i < size; i++) {
        if (arr[i] == i) {
            return i;
        }
    }
    /* 고정점을 찾지 못하면 유효하지 않은 인덱스를 반환합니다. */
    return -1;
}
```

분석 선형 검색이므로 시간 복잡도는 O(n)입니다.

두 번째 해결책 배열이 정렬되어 있으므로 이진 검색 알고리즘을 사용합니다.

```
int FixPoint2(int arr[], int size)
{
    int low = 0;
    int high = size - 1;
    int mid;
    while (low <= high) {
        mid = (low + high) / 2;
        if (arr[mid] == mid) {
            return mid;
        }
        else if (arr[mid] < mid) {
            low = mid + 1;
        }
        else {
            high = mid - 1;
        }
    }
    /* 고정점을 찾지 못하면 유효하지 않은 인덱스를 반환합니다. */
```

```
        return -1;
    }
```

5.3.52 부분 배열 구하기

문제 5-52 양의 정수 배열에서 합이 주어진 값과 같은 부분 배열을 구하세요.

해결책 두 개의 인덱스를 사용해 시작점과 끝점을 저장합니다. 시작점과 끝점 사이 원소의 합이 주어진 값보다 작으면 끝점을 오른쪽으로 이동해 합을 증가시킵니다. 합이 주어진 값보다 크면 시작점의 값을 합에서 빼고, 시작점의 인덱스를 오른쪽으로 이동합니다. 합이 주어진 값과 같으면 이때의 시작점과 끝점이 정답입니다.

해결책 5-52

```
void subArraySums(int arr[], int size, int value)
{
    int first = 0;
    int second = 0;
    int sum = arr[first];
    while (second < size && first < size) {
        if (sum == value) {
            printf("%d , %d ", first, second);
        }
        if (sum < value) {
            second += 1;
            if (second < size) {
                sum += arr[second];
            }
        }
        else {
            sum -= arr[first];
            first += 1;
        }
    }
}
```

분석 시간 복잡도는 O(n)입니다.

5.3.53 연속된 부분 배열의 최대합 구하기

문제 5-53 양의 정수와 음의 정수로 이루어진 배열이 있을 때 인접한 원소들로 이루어진 부분 배열의 합 중에서 최댓값을 구하세요.

해결책 배열의 시작부터 끝까지 순회하며 각 원소를 더해 현재 최댓값을 구합니다. 이때 현재 최댓값이 0보다 작으면 현재 최댓값을 0으로 바꿔 음수를 만드는 부분 배열을 배제합니다. 각 순회 과정에서 현재 최댓값이 결괏값보다 크면 결괏값을 현재 최댓값으로 갱신합니다.

해결책 5-53 연속된 부분 배열의 최대합을 찾는 카데인(Kadane) 알고리즘

```c
int MaxConSub(int arr[], int size)
{
    int currMax = 0;
    int maximum = 0;
    for (int i = 0; i < size; i++) {
        currMax = max(arr[i], currMax + arr[i]);
        if (currMax < 0) {
            currMax = 0;
        }
        if (maximum < currMax) {
            maximum = currMax;
        }
    }
    printf("%d", maximum);
    return maximum;
}
```

분석 전체 원소를 순회하므로 시간 복잡도는 O(n)입니다.

5.3.54 원소가 중복되지 않는 연속된 부분 배열의 최대합 구하기

문제 5-54 정수 배열 A와 정수 배열 B가 있습니다. B의 원소를 포함하지 않는 A의 연속된 부분 배열의 합 중 최대값을 구하세요.

첫 번째 해결책 해시 테이블을 사용한 수정된 카데인 알고리즘으로 이 문제를 해결합니다.

```
int MaxConSubArr(int A[], int sizeA, int B[], int sizeB)
{
    int currMax = 0;
    int maximum = 0;
    HashTable hs;
    HashInit(&hs);

    for (int i = 0; i < sizeB; i++) {
        HashAdd(&hs, B[i]);
    }

    for (int i = 0; i < sizeA; i++) {
        if (HashFind(&hs, A[i]))
            currMax = 0;
        else {
            currMax = max(A[i], currMax + A[i]);
            if (currMax < 0)
                currMax = 0;
            if (maximum < currMax)
                maximum = currMax;
        }
    }

    printf(" %d ", maximum);
}
```

분석 A의 크기를 m, B의 크기를 n이라고 할 때, 각 배열의 모든 원소를 순회하므로 시간 복잡도
는 O(m + n)입니다.

두 번째 해결책 배열 B를 정렬합니다. 이진 검색으로 B에 특정 원소가 있는지 찾습니다.

```
int MaxConSubArr2(int A[], int sizeA, int B[], int sizeB)
{
    Sort(B, sizeB);
    int currMax = 0;
    int maximum = 0;

    for (int i = 0; i < sizeA; i++) {
        if (Binarysearch(B, sizeB, A[i])) {
            currMax = 0;
```

```
        }
        else {
            currMax = max(A[i], currMax + A[i]);
            if (currMax < 0) {
                currMax = 0;
            }
            if (maximum < currMax) {
                maximum = currMax;
            }
        }
    }

    printf(" %d ", maximum);
    return maximum;
}
```

분석 시간 복잡도는 정렬하는 데 O(mlogm) 시간이, 원소를 검색하는 데 O(nlogm) 시간이 걸리므로 전체 시간 복잡도는 O(mlogm + nlogm)입니다.

5.3.55 빗물의 양 구하기

문제 5-55 음수가 아닌 n개의 정수로 이루어진 배열이 있습니다. 배열의 각 원소는 히스토그램의 막대를 나타내고, 각 막대의 너비는 1단위를 나타냅니다. 이 구조물에 담을 수 있는 빗물의 양을 구하세요.

예를 들어 [4, 0, 1, 5]는 7단위의 빗물을 담을 수 있습니다.

▼ 그림 5-1 막대 높이가 각 [4, 0, 1, 5]일 때 담을 수 있는 빗물의 양

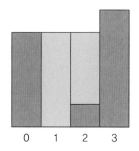

첫 번째 해결책 1단위 너비의 특정 막대에 담을 수 있는 빗물의 양을 구하면 쉽게 해결됩니다. i번째 막대에 저장된 빗물 = (왼쪽 막대의 최대 높이와 오른쪽 막대의 최대 높이 중 작은 값) – i번째 막대의 높이[7]

해결책 5-55-1

```c
int RainWater(int arr[], int size)
{
    int water = 0;
    int *leftHigh = (int *)calloc(size, sizeof(int));
    int *rightHigh = (int *)calloc(size, sizeof(int));
    int max = arr[0];
    leftHigh[0] = arr[0];

    for (int i = 1; i < size; i++) {
    {
        if (max < arr[i]) {
            max = arr[i];
        }
        leftHigh[i] = max;
    }

    max = arr[size - 1];
    rightHigh[size - 1] = arr[size - 1];

    for (int i = (size - 2); i >= 0; i--) {
        if (max < arr[i]) {
            max = arr[i];
        }
        rightHigh[i] = max;
    }

    for (int i = 0; i < size; i++) {
        water += min(leftHigh[i], rightHigh[i]) - arr[i];
    }

    printf("빗물의 양: %d ", water);
}
```

---

[7] **역주** 그림의 인덱스 2를 i라고 할 때 가장 높은 왼쪽 막대는 4, 가장 높은 오른쪽 막대는 5입니다. 물을 채우면 두 막대 중 낮은 막대인 4까지 채울 수밖에 없습니다. 5를 채우면 왼쪽은 넘쳐 흐르기 때문입니다. 인덱스 2에는 높이 1인 막대가 있어서 그만큼은 물을 채울 수 없기에 i번째 막대의 높이는 빼야 합니다.

분석 가장 높은 왼쪽 막대를 찾는 데 O(n), 가장 높은 오른쪽 막대를 찾는 데 O(n), 최종적으로 전체 막대를 순회하며 빗물의 양의 합을 구하는 데 O(n)의 시간이 걸리므로 총 소요 시간은 O(3n)입니다. 빅오의 정의에 따라 카운트 3을 삭제하면 시간 복잡도는 O(n)입니다.

두 번째 해결책 첫 번째 해결책의 단일 반복문에서 왼쪽 최댓값과 오른쪽 최댓값을 함께 계산하면 첫 번째 해결책을 최적화할 수 있습니다.

해결책 5-55-2

```c
int RainWater2(int arr[], int size)
{
    int water = 0;
    int leftMax = 0, rightMax = 0;
    int left = 0;
    int right = size - 1;

    while (left <= right) {
        if (arr[left] < arr[right]) {
            if (arr[left] > leftMax) {
                leftMax = arr[left];
            }
            else {
                water += leftMax - arr[left];
            }
            left += 1;
        }
        else {
            if (arr[right] > rightMax) {
                rightMax = arr[right];
            }
            else {
                water += rightMax - arr[right];
            }
            right -= 1;
        }
    }

    printf("빗물의 양: %d ", water);
}
```

1. 크기 n의 배열에서 첫 번째로 중복되는 원소를 구할 때, 다음 중 유효한 방법은 무엇일까요? 유효한 방법이 있다면 구현해 보세요.

    ① 무차별 대입, 완전 검색

    ② 해시 테이블로 원소 인덱스 추적하기, 두 번째 스캔으로 원소 탐색하기

    ③ 원소 정렬

    ④ 원소의 범위를 알고 있다면 카운트 기법 사용하기

    힌트 입력 원소가 나타나는 순서가 중요하면 정렬을 사용할 수 없습니다.

2. 크기 n의 배열에 서 합이 주어진 값이 되는 세 개의 원소를 찾는 알고리즘을 작성하세요.

    힌트 무차별 대입을 사용하세요. 그런 다음 정렬 접근을 적용해 보세요. 시간 복잡도는 O(n2)입니다.

3. 양수와 음수로 이루어진 배열에서 음수와 양수를 분리해 보세요.

4. 0과 1로 이루어진 배열에서 1과 0을 분리해 보세요.

    힌트 퀵 선택과 카운트

5. 0, 1, 2로 이루어진 배열에서 0, 1, 2를 각각 분리해 보세요.

6. 음수에서 양수로 단조 증가[8]하는 배열이 있습니다. 이 배열에서 양수가 되는 위치를 찾는 알고리즘을 작성하세요.

7. 정렬된 배열에서 지정한 숫자를 찾으세요. 숫자를 발견하면 그 인덱스를 반환하고, 발견하지 못하면 해당 숫자를 배열에 삽입합니다.

---

8 역주 단조 증가란 {−4, −3, −2, 0, 0, 1 ,2}처럼 전 구간에서 감소하지 않는 것, 즉 값이 일정하거나 증가하기만 하는 경우를 의미합니다.

8. 정렬된 회전 배열에서 최댓값을 찾으세요.

9. 정렬된 회전 배열에서 최솟값을 찾으세요.

10. 두 개의 정렬된 배열의 합집합에서 k번째로 작은 원소를 구하세요.

▶연습 문제 풀이는 666쪽에 있습니다.

2부

자료 구조

6^장

연결 리스트

1, 2, 4, 5, 6의 다섯 원소로 이루어진 배열을 가정해 봅시다. 2와 4 사이에 3이라는 새로운 원소를 삽입하려고 합니다. 그런데 배열에서는 이를 쉽게 할 수 없습니다. 현재 값과 3을 넣을 수 있는 크기의 배열을 새로 하나 만든 다음, 이 배열로 원소들을 복사해야 합니다. 이런 복사 작업은 매우 비효율적입니다. 신규 데이터를 추가할 때마다 생기는 이런 비효율성을 피하려면 연결 리스트를 사용하면 됩니다.

6.1 연결 리스트의 기본

연결 리스트(linked list)는 **노드**(node)라고 부르는 아이템의 리스트입니다. 노드는 값(value)과 **연결**(link)이라는 두 부분으로 구성됩니다. 값은 데이터를 저장하는 데 사용하며 정수 같은 기본 자료형이나 구조체 같은 자료형도 될 수 있습니다. 연결은 리스트에서 해당 노드와 연결된 다음 노드의 주소를 저장하는 포인터입니다.

▼ 그림 6-1 연결 리스트

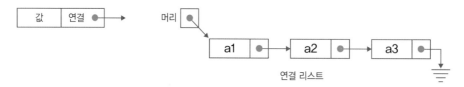

연결 리스트의 구성 요소는 다음과 같습니다.

- **머리**(head) 연결 리스트에서 첫 번째 노드의 주소를 가지는 포인터입니다.
- **노드**(node) 연결 리스트의 아이템을 노드라고 합니다.
- **값**(value) 연결 리스트의 각 노드에 저장된 데이터입니다.
- **연결**(link) 다른 노드의 참조를 저장하는 부분입니다. 이전 노드와 다음 노드의 주소를 저장하기 위해 이전 포인터(prev)와 다음 포인터(next)를 사용합니다.

연결 리스트에서 수행하는 기본 연산은 다음과 같습니다. 이 연산들은 수행하려면 리스트를 순회해야 합니다.

- 리스트에 원소를 삽입합니다(연결 리스트를 만드는 데 사용합니다).

- 리스트에서 원소를 삭제합니다.

- 리스트의 원소를 출력합니다.

- 리스트에서 원소를 검색합니다.

- 리스트를 뒤집습니다.

6.2 연결 리스트의 종류

PROBLEM SOLVING ALGORITHMS

연결 리스트에는 여러 종류가 있는데, 노드가 어떻게 서로 연결되었는가에 따라 구분됩니다. 이 장에서는 단일 연결 리스트, 이중 연결 리스트, 원형 연결 리스트, 이중 원형 연결 리스트를 다룹니다.

6.2.1 단일 연결 리스트

단일 연결 리스트(singly linked list)는 각 노드(마지막 노드 제외)에 다음 노드에 대한 참조가 있습니다. 노드의 연결 부분은 다음 노드의 주소를 가지며, 마지막 노드의 연결 부분은 널(null) 값을 가집니다.

♥ 그림 6-2 단일 연결 리스트

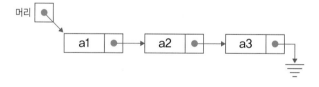

노드를 살펴봅시다. 노드의 값 부분은 정수형이나 구조체 같은 자료형도 될 수 있습니다. 노드의 연결은 다음 그림에서 포인터 부분을 가리킵니다.

♥ 그림 6-3 단일 연결 리스트의 노드

| 값 | 포인터 ●───→ |

예제 6-1 단일 연결 리스트의 노드 구조체

```
typedef struct Node
{
    int value;
    struct Node *next;
} ListNode;
```

단일 연결 리스트 관련 문제를 해결할 때는 리스트가 다음 중 어느 경우에 해당하는지를 항상 확인해야 합니다.

- 원소가 0개인 경우(빈 연결 리스트)
- 원소가 1개인 경우(단일 노드)
- 일반적인 경우

0개 원소와 1개 원소는 경계 사례(boundary case, edge case)[1]를 확인하는 데 사용합니다. 코드를 제출하기 전에 반드시 이 사례들을 확인해야 합니다.

연결 리스트에서는 다음과 같이 원소를 삽입할 수 있습니다.

- 연결 리스트의 시작(머리)에 원소를 삽입합니다.
- 연결 리스트의 끝에 원소를 삽입합니다.
- 연결 리스트의 n번째 위치에 원소를 삽입합니다.
- 연결 리스트에 정렬된 순서로 원소를 삽입합니다.

6.2.2 이중 연결 리스트

이중 연결 리스트(doubly linked list)는 각 노드에 이전(prev)과 다음(next)이라는 두 개 포인터가 있습니다. 이전 포인터는 현재 노드의 이전 노드를 가리키고, 다음 포인터는 현재 노드의 다음 노드를 가리킵니다.

---

1   역주 입력 매개 변수의 값이 최댓값 또는 최솟값일 때 알고리즘이 정상 작동하는지 확인하는 경우를 뜻합니다.

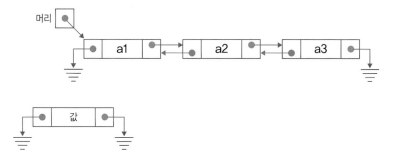

▼ 그림 6-4 이중 연결 리스트

노드를 살펴봅시다. 다음 예제에서 노드의 값(value) 부분은 정수형이나 구조체 같은 다른 자료형도 가능합니다. 두 개의 연결 포인터 prev와 next가 있습니다.

예제 6-2 이중 연결 리스트의 노드 구조체

```
typedef struct listNode
{
    int value;
    struct listNode *next;
    struct listNode *prev;
} Node;
```

이중 연결 리스트에서 검색은 한 방향으로만 수행할 수 있습니다. 리스트의 모든 원소는 다음 원소를 참조하므로 연결 리스트 순회는 선형 시간에 수행됩니다.

이중 연결 리스트 관련 문제를 해결할 때 리스트가 다음 중 어느 경우에 해당하는지를 항상 확인해야 합니다.

- 원소가 0개인 경우(머리를 수정함)
- 원소가 1개인 경우(머리를 수정할 수 있음)
- 첫 번째 원소(머리를 수정할 수 있음)
- 일반적인 경우

> Note ≡   머리 포인터를 변경할 수 있는 프로그램은 머리 포인터를 가리키는 이중 참조로 전달합니다.
>
> func(Node **ptr)

6.2.3 원형 연결 리스트

원형 연결 리스트(circular linked list)는 마지막 노드가 리스트의 첫 번째 노드를 가리킨다는 점을 제외하면 단일 연결 리스트와 비슷합니다. 따라서 마지막 노드의 연결 부분은 첫 번째 노드의 주소를 가지고 있습니다.

❤ 그림 6-5 원형 연결 리스트

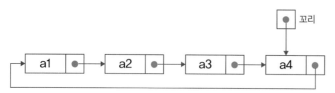

> Note ≡   원형 연결 리스트는 꼬리에서 삽입을 할 수 있고 머리에서 삭제를 할 수 있습니다. 이때 상수 시간이 걸립니다. 이런 작업 효율성 덕분에 큐로 사용하기에 적합합니다.

예제 6-3 원형 연결 리스트의 노드 구조체

```c
typedef struct listNode
{
    int value;
    struct listNode *next;
} Node;
```

6.2.4 이중 원형 연결 리스트

이중 원형 연결 리스트(doubly circular linked list)는 각 노드가 이전과 다음의 두 개 포인터를 갖습니다. 노드의 이전 포인터는 해당 노드의 이전 노드를 가리키고 다음 포인터는 해당 노드의 다음 노드를 가리킵니다. 첫 번째 노드의 이전 노드는 리스트의 마지막 노드를 가리키고 마지막 노드의 다음 포인터는 리스트의 첫 번째 노드를 가리킵니다.

❤ 그림 6-6 이중 원형 연결 리스트

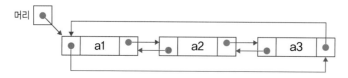

이중 원형 연결 리스트 관련 문제를 해결할 때 다음 중 어느 경우에 해당하는지를 항상 확인해야 합니다.

- 원소가 1개인 경우.
- 원소가 0개인 경우
- 일반적인 경우
- 인생을 더 힘들게 만드는 재귀 해결책을 사용하지 마세요.[2]

예제 6-4 이중 원형 연결 리스트의 노드 구조체

```
typedef struct listNode
{
    int value;
    struct listNode *next;
    struct listNode *prev;
} Node;
```

분석

- 이중 원형 연결 리스트의 노드는 이중 연결 리스트와 같습니다.
- 단, 첫 번째 노드의 이전 포인터가 마지막 노드를 가리키고 마지막 노드의 다음 포인터가 첫 번째 노드를 가리킨다는 점이 다릅니다.

6.3 연결 리스트 문제

PROBLEM SOLVING ALGORITHMS

6.3.1 단일 연결 리스트 시작에 원소 삽입하기

문제 6-1 연결 리스트의 머리에 원소를 삽입하세요.

---

2 **역주** 재귀는 자기 자신을 호출하면 무한 루프에 빠질 수 있습니다. 특히 이중 연결 리스트의 구조상 재귀를 사용하면 종결 조건에 신경 써야 합니다.

해결책

- 함수의 인자로 전달된 값을 사용해 새 노드를 만듭니다.

- 새 노드의 다음 포인터는 연결 리스트의 머리를 가리키고 연결 리스트가 빈 리스트라면 널을 가리킵니다.

- 새 노드가 이제 연결 리스트의 새 머리가 됩니다.

▼ 그림 6-7 연결 리스트 시작에 원소 삽입하기

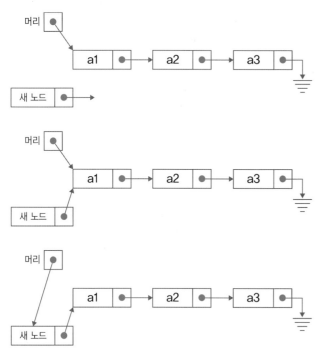

해결책 6-1

```
int insertNode(ListNode **ptrHead, int value)
{
    ListNode *tempNode = (ListNode *)malloc(sizeof(ListNode));
    if (!tempNode) {
        return -1;
    }
    tempNode->value = value;
    tempNode->next = *ptrHead;
    *ptrHead = tempNode;
    return 1;
}
```

분석 시간 복잡도는 O(1)입니다.

6.3.2 단일 연결 리스트 끝에 원소 삽입하기

문제 6-2 연결 리스트의 끝에 원소를 삽입하세요.

해결책

- 새 노드를 생성해 값을 저장하고, 다음 포인터에 널 값을 저장합니다.
- 빈 리스트라면 새 노드가 연결 리스트의 머리가 됩니다.
- 빈 리스트가 아니면 리스트의 끝까지 순회합니다.
- 마지막으로 리스트의 끝에 새 노드를 추가합니다.

해결책 6-2

```c
int insertAtEnd(ListNode **ptrHead, int value)
{
    ListNode *head = *ptrHead;
    ListNode *tempNode = (ListNode*)malloc(sizeof(ListNode));

    if (!tempNode) {
        return -1;
    }
    tempNode->value = value;
    tempNode->next = NULL;

    if (head == NULL) {
        tempNode->next = *ptrHead;
        *ptrHead = tempNode;
        return 1;
    }

    while (head->next != NULL) {
        head = head->next;
    }

    tempNode->next = head->next;
    head->next = tempNode;
    return 1;
}
```

분석 시간 복잡도는 O(n)입니다.

6.3.3 단일 연결 리스트 순회하기

문제 6-3 연결 리스트의 모든 원소를 출력하세요.

해결책 머리가 가리키는 다음 포인터를 따라 리스트를 순회하며 노드에 저장된 값을 출력합니다.

해결책 6-3

```c
void printList(ListNode *head)
{
    printf("리스트 출력: ");
    while (head) {
        printf(" %d ", head->value);
        head = head->next;
    }
    printf("\n");
}
```

분석 시간 복잡도는 O(n)입니다.

6.3.4 단일 리스트 생성 및 출력 코드 작성하기

문제 6-4 연결 리스트를 생성하는 테스트 코드를 작성하세요. 시작에 값을 추가하고 해당 원소를 출력합니다.

해결책

- 연결 리스트의 새 인스턴스를 만듭니다.
- insertNode() 함수로 리스트에 원소를 추가합니다.
- printList() 함수로 리스트의 모든 내용을 화면에 출력합니다.

```
int main()
{
    ListNode *head = NULL;
    insertNode(&head, 1);
    insertNode(&head, 2);
    insertNode(&head, 3);
    printList(head);
}
```

6.3.5 단일 연결 리스트에 정렬된 순서로 원소 삽입하기

문제 6-5 연결 리스트에 정렬된 순서로 원소를 삽입하세요.

해결책

- 연결 리스트에 빈 노드를 새로 만듭니다. 인수 값을 빈 노드의 값으로 저장해 초기화합니다. 노드의 다음 노드는 널을 가리킵니다.

- 리스트가 비어 있거나 첫 번째 노드에 저장된 값이 새로 만든 노드 값보다 크면 새로 만든 노드를 리스트의 시작에 추가하고 머리를 수정합니다.

- 그렇지 않으면 노드를 삽입할 올바른 위치(삽입했을 때 정렬된 리스트가 되는)를 찾을 때까지 리스트를 순회합니다.

- 마지막으로 노드를 리스트에 추가합니다.

▼ 그림 6-8 연결 리스트에 원소 삽입하기

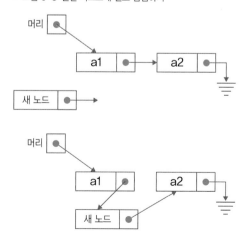

```
int sortedInsert(ListNode **ptrHead, int value)
{
    ListNode *head = *ptrHead;
    ListNode *tempNode = (ListNode*)malloc(sizeof(ListNode));
    printf("입력 원소 %d \n", value);

    if (!tempNode) {
        return -1;
    }

    tempNode->value = value;
    tempNode->next = NULL;
    if (head == NULL || head->value > value) {
        tempNode->next = *ptrHead;
        *ptrHead = tempNode;
        return 1;
    }

    while (head->next != NULL && head->next->value < value) {
        head = head->next;
    }

    tempNode->next = head->next;
    head->next = tempNode;
    return 1;
}
```

분석 시간 복잡도는 O(n)입니다.

6.3.6 단일 연결 리스트의 원소 검색하기

문제 6-6 주어진 머리 포인터와 값을 사용해 연결 리스트에서 원소를 검색하세요. 리스트에서 해당 값을 발견하면 1을 반환하고, 그렇지 않으면 0을 반환합니다.

해결책

- while 반복문으로 리스트를 순회합니다.

- 리스트의 각 원소 값과 주어진 값을 비교합니다.

- 값을 찾으면 1을 반환하며, 값을 찾지 못하면 리스트의 끝에서 0을 반환합니다.

```
int searchList(ListNode *head, int value)
{
    while (head) {
        if (head->value == value) {
            printf("\n값을 찾았습니다.\n");
            return 1;
        }
        head = head->next;
    }
    printf("\n값을 찾지 못했습니다.\n");
    return 0;
}
```

분석 시간 복잡도는 O(n)입니다.

> Note ≡ 단일 연결 리스트에서 검색은 한 방향으로만 수행할 수 있습니다. 리스트의 모든 원소는 리스트의 다음 아이템에 대한 참조를 가지고 있으므로 연결 리스트 순회는 사실상 선형입니다.

6.3.7 단일 연결 리스트의 첫 번째 원소 삭제하기

문제 6-7 연결 리스트의 첫 번째 원소를 삭제하세요.

해결책

- 먼저 빈 리스트인지 확인합니다. 빈 리스트라면 끝냅니다.
- 리스트가 비어 있지 않으면 머리 노드를 임시 변수인 currNode에 저장합니다.
- 리스트의 두 번째 노드를 찾아 nextNode 변수에 저장합니다.
- free() 함수로 연결 리스트 첫 번째 노드의 메모리를 해제합니다.
- nextNode에 저장된 주소를 연결 리스트의 머리로 저장합니다.

▼ 그림 6-9 연결 리스트의 첫 번째 원소 삭제하기

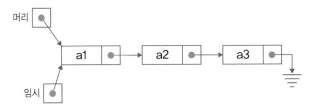

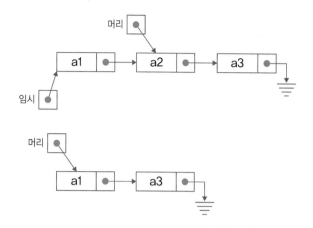

```
void deleteFirstNodes(ListNode **ptrHead)
{
    ListNode *currNode = *ptrHead;
    ListNode *nextNode;

    if (currNode == NULL) {
        return;
    }
    nextNode = currNode->next;
    free(currNode);
    *ptrHead = nextNode;
}
```

분석 시간 복잡도는 O(1)입니다.

6.3.8 단일 연결 리스트에서 특정 값의 노드 삭제하기

문제 6-8 주어진 값과 같은 값을 가진 첫 번째 노드를 삭제하세요.

해결책

- 삭제할 노드가 첫 번째 노드인 경우와 아닌 경우로 나눌 수 있습니다. 삭제할 노드가 첫 번째 노드면 연결 리스트의 머리를 수정합니다. 아닌 경우에는 수정하지 않습니다.

- 먼저 첫 번째 노드가 삭제하려는 값을 가진 노드인지 확인합니다. 찾는 값을 가진 노드라면 첫 번째 노드를 삭제하고 머리 포인터를 수정해 다음 노드를 가리키게 합니다.

- while 반복문에서 연결 리스트를 순회해 삭제할 노드를 찾습니다. 노드를 찾으면 삭제할 노드의 다음 노드를 이전 노드의 다음으로 가리키게 합니다.
- 마지막으로 free( ) 함수로 검색한 값을 가진 노드를 삭제합니다.

❤ 그림 6-10 연결 리스트의 노드 삭제하기

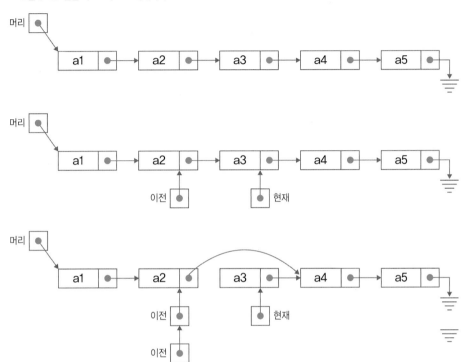

해결책 6-8

```
void deleteNode(ListNode **ptrHead, int delValue)
{
    printf("\n노드 삭제\n");
    ListNode *currNode = *ptrHead;
    ListNode *nextNode;

    if (currNode && currNode->value == delValue) { /* 첫 번째 노드 */
        *ptrHead = currNode->next;
        free(currNode);
        return;
    }

    while (currNode != NULL) {
        nextNode = currNode->next;
```

```
        if (nextNode && nextNode->value == delValue) {
            currNode->next = nextNode->next;
            free(nextNode);
            return;
        }
        else {
            currNode = nextNode;
        }
    }
}
```

분석 시간 복잡도는 O(n)입니다.

6.3.9 단일 연결 리스트에서 특정 값의 모든 노드 삭제하기

문제 6-9 연결 리스트에서 특정 값을 가진 모든 노드를 삭제하세요.

해결책

- 첫 번째 while 반복문에서는 리스트의 앞부분에서 delValue와 같은 값을 갖는 모든 노드를 삭제합니다. 그런 다음 리스트의 머리를 업데이트합니다.

- 두 번째 while 반복문에서는 리스트의 나머지 영역에서 delValue와 같은 값을 갖는 모든 노드를 삭제합니다. 그런 다음 리스트의 끝까지 순회하며 앞으로 돌아가지 않습니다.

해결책 6-9

```
void deleteNodes(ListNode **ptrHead, int delValue)
{
    ListNode *currNode = *ptrHead;
    ListNode *nextNode;
    ListNode *delNode;

    while (currNode != NULL && currNode->value == delValue) { /* 첫 번째 노드 */
        *ptrHead = currNode->next;
        delNode = currNode;
        currNode = currNode->next;
        free(delNode);
    }

    while (currNode != NULL) {
        nextNode = currNode->next;
```

```
        if (nextNode && nextNode->value == delValue) {
            currNode->next = nextNode->next;
            free(nextNode);
        }
        else {
            currNode = nextNode;
        }
    }
}
```

분석 시간 복잡도는 O(n)입니다.

6.3.10 단일 연결 리스트 삭제하기

문제 6-10 연결 리스트의 머리 포인터를 사용해 리스트의 모든 원소를 삭제하세요.

해결책

- 연결 리스트를 순회해야 합니다. 연결 리스트의 다음 노드를 저장하고 free() 함수로 현재 노드의 메모리를 삭제합니다.
- 리스트의 모든 원소를 삭제하면 리스트의 머리를 널로 설정합니다.

해결책 6-10

```
void deleteList(ListNode **ptrHead)
{
    ListNode *deleteMe = *ptrHead;
    ListNode *nextNode;

    while (deleteMe != NULL) {
        nextNode = deleteMe->next;
        free(deleteMe);
        deleteMe = nextNode;
    }
    *ptrHead = NULL;
}
```

분석 시간 복잡도는 O(n)입니다.

6.3.11 단일 연결 리스트를 반복적으로 뒤집기

문제 6–11 세 개의 포인터를 사용해 단일 연결 리스트를 반복적으로 뒤집으세요.

해결책

- 리스트를 반복적으로 순회하며 nextNode를 currNode의 다음 노드로 만듭니다.
- currNode의 다음으로 prevNode를 가리킵니다. 그런 다음 prevNode가 currNode를 가리키게 하고 다시 currNode는 nextNode를 가리키게 해 리스트를 반복적으로 순회합니다.

해결책 6–11

```
void reverseList(ListNode **ptrHead)
{
    ListNode *currNode = *ptrHead;
    ListNode *prevNode;
    ListNode *nextNode;

    if (!currNode) {
        return;
    }
    if (!currNode->next) {
        return;
    }

    prevNode = currNode;
    currNode = currNode->next;
    prevNode->next = NULL;

    while (currNode) {
        nextNode = currNode->next;
        currNode->next = prevNode;
        prevNode = currNode;
        currNode = nextNode;
    }

    *ptrHead = prevNode;
}
```

분석 시간 복잡도는 O(n)입니다.

6.3.12 단일 연결 리스트를 재귀적으로 뒤집기

문제 6-12 재귀를 사용해 연결 리스트를 뒤집으세요.

해결책

- ReverseRecurse 함수는 reverseRecurseUtil 함수를 호출해 리스트를 뒤집으며 reverseRecurseUtil이 반환한 포인터는 뒤집은 리스트의 머리가 됩니다.

- 현재 노드는 원래 리스트의 이전 노드인 nextNode를 가리킵니다.

해결책 6-12

```
void reverseRecurse(ListNode **ptrHead)
{
    *ptrHead = reverseRecurseUtil(*ptrHead, NULL);
}


ListNode *reverseRecurseUtil(ListNode *currentNode, ListNode *nextNode)
{
    ListNode *ret;
    if (!currentNode) {
        return NULL;
    }
    if (!currentNode->next) {
        currentNode->next = nextNode;
        return currentNode;
    }
    ret = reverseRecurseUtil(currentNode->next, currentNode);
    currentNode->next = nextNode;
    return ret;
}
```

분석 시간 복잡도는 O(n)입니다.

> Note ☰ 연결 리스트를 뒤집는 데는 두 가지 해결책이 있습니다. 세 개의 포인터를 사용하는 첫 번째 해결책과 재귀를 사용하는 두 번째 해결책은 둘 다 선형 해결책이지만, 첫 번째 해결책이 더 효율적입니다.

6.3.13 단일 연결 리스트에서 중복 삭제하기

문제 6-13 연결 리스트에서 중복 값을 삭제하세요. 중복 값이 일부 포함되어 있는, 정렬된 연결 리스트에서 중복 값을 삭제해야 합니다. 그리고 sortedInsert( ) 함수로 필요한 연결 리스트를 만들 수 있습니다.

해결책

- 리스트를 순회해 다음 노드의 값과 값이 같은 노드가 있으면 다음 노드의 참조를 임시 변수에 저장하고 현재 노드는 다음 노드의 다음을 가리키게 합니다.
- 그런 다음 임시 변수에 저장한 주소의 노드를 삭제합니다.
- 전체 리스트에 대해 이를 반복 처리하면 중복되는 값들이 삭제됩니다.

해결책 6-13

```
void removeDuplicate(ListNode *head)
{
    ListNode *deleteMe;
    while (head) {
        if ((head->next) && head->value == head->next->value) {
            deleteMe = head->next;
            head->next = deleteMe->next;
            free(deleteMe);
        }
        else {
            head = head->next;
        }
    }
}
```

분석 시간 복잡도는 O(n)입니다.

6.3.14 단일 연결 리스트를 역순으로 복사하기

문제 6-14 연결 리스트의 내용을 역순으로 다른 연결 리스트에 복사하세요. 원본 연결 리스트가 원소 1, 2, 3, 4의 순으로 구성되었다면, 새 리스트는 4, 3, 2, 1의 순으로 구성됩니다.

해결책

- 리스트를 순회하며 새 리스트의 머리에 노드를 추가합니다.

- 리스트를 순방향으로 순회하면서 새 리스트의 머리에 각 노드를 추가하므로 새 리스트는 원본 리스트와는 반대 순서로 만들어집니다.

해결책 6-14

```
void copyListReversed(ListNode *head, ListNode **ptrHead2)
{
    ListNode *tempNode = NULL;
    ListNode *tempNode2 = NULL;
    while (head) {
        tempNode2 = (ListNode*)malloc(sizeof(ListNode));
        tempNode2->value = head->value;
        tempNode2->next = tempNode;
        tempNode = tempNode2;
        head = head->next;
    }
    *ptrHead2 = tempNode;
}
```

분석 시간 복잡도는 O(n)입니다.

6.3.15 단일 연결 리스트를 다른 리스트로 복사하기

문제 6-15 연결 리스트의 내용을 다른 연결 리스트로 복사하세요. 원본 연결 리스트가 원소 1, 2, 3, 4의 순으로 구성된다면, 새 리스트도 1, 2, 3, 4의 순으로 구성됩니다.

해결책

- 리스트를 순회하며 새 리스트에 노드를 추가하는데, 이때 노드를 리스트의 끝에 추가합니다.
- 다른 포인터 tailNode는 리스트의 끝을 추적하는 데 사용합니다.
- 리스트를 순방향으로 순회하면서 새 리스트의 끝에 각 노드를 추가하므로 새 리스트는 원래 리스트와 같은 순서로 만들어집니다.

해결책 6-15

```
void copyList(ListNode *head, ListNode **ptrHead2)
{
    ListNode *headNode = NULL;
    ListNode *tailNode = NULL;
    ListNode *tempNode = NULL;
```

```
    if (head == NULL) {
        return;
    }

    headNode = (ListNode*)malloc(sizeof(ListNode));
    tailNode = headNode;
    headNode->value = head->value;
    headNode->next = NULL;
    head = head->next;

    while (head) {
        tempNode = (ListNode*)malloc(sizeof(ListNode));
        tempNode->value = head->value;
        tempNode->next = NULL;
        tailNode->next = tempNode;
        tailNode = tailNode->next;
        head = head->next;
    }

    *ptrHead2 = headNode;
}
```

분석 시간 복잡도는 O(n)입니다.

6.3.16 단일 연결 리스트 비교하기

문제 6-16 머리 포인터를 사용해 두 연결 리스트를 비교하세요.

첫 번째 해결책 재귀적으로 비교합니다.

- 리스트를 재귀적으로 비교합니다. 리스트의 끝에 도달하면 두 리스트가 모두 널입니다. 두 리스트가 같으므로 1을 반환합니다.

- 리스트를 재귀적으로 비교합니다. 두 리스트 중 하나가 비었거나 해당 노드의 값이 일치하지 않으면 0을 반환합니다.

- 현재 노드의 다음 노드에 대해 리스트 비교 함수를 재귀적으로 호출합니다.

해결책 6-16-1 재귀 해결책

```
int compareList(ListNode *head1, ListNode *head2)
{
    if (head1 == NULL && head2 == NULL) {
```

```
            return 1;
        }
        else if ((head1 == NULL) || (head2 == NULL) || (head1->value != head2->value)) {
            return 0;
        }
        else {
            return compareList(head1->next, head2->next);
        }
    }
```

분석 시간 복잡도는 O(n)입니다.

두 번째 해결책 반복문으로 비교합니다.

- 반복문에서 양쪽 리스트를 순회하며 리스트의 두 노드 값이 다른 지점이 있으면 0을 반환합니다.

- 양쪽 리스트를 모두 순회하면 1을 반환하고, 한쪽에 순회하지 않은 원소가 있으면 0을 반환합니다.

해결책 6-16-2 반복 해결책

```
int compareList2(ListNode *head1, ListNode *head2)
{
    while (head1 == NULL && head2 == NULL) {
        if (head1->value != head2->value) {
            return 0;
        }
        head1 = head1->next;
        head2 = head2->next;
    }
    if (head1 == NULL && head2 == NULL) {
        return 1;
    }
    return 0;
}
```

분석 시간 복잡도는 첫 번째 해결책과 마찬가지로 O(n)입니다. 따라서 두 해결책의 시간 복잡도는 같습니다.

6.3.17 단일 연결 리스트의 길이 구하기

문제 6-17 연결 리스트의 길이를 구하세요.

해결책 리스트의 끝에 도달할 때까지 리스트를 순회하며 원소의 개수를 구합니다. 구한 원소의 개수가 연결 리스트의 길이가 됩니다.

해결책 6-17

```c
int findLength(ListNode *head)
{
    int count = 0;
    while (head) {
        count++;
        head = head->next;
    }
    return count;
}
```

분석 시간 복잡도는 O(n)입니다.

6.3.18 단일 연결 리스트의 시작에서 n번째 노드 찾기

문제 6-18 시작에서 n번째 노드를 찾으세요.

해결책 n번째 노드는 리스트를 n-1번 순회해 찾을 수 있습니다. 리스트에 n번째 원소가 없으면 함수는 널을 반환합니다.

해결책 6-18

```c
ListNode *nthNodeFromBeginning(ListNode *head, int index)
{
    int count = 0;
    while (head && count < index - 1) {
        count++;
        head = head->next;
    }

    if (head) {
        return head;
    }
```

```
    else {
        return NULL;
    }
}
```

분석 시간 복잡도는 시작에서 n번째 노드를 검색한다면 O(n)이 됩니다.

6.3.19 단일 연결 리스트의 끝에서 n번째 노드 찾기

문제 6-19 끝에서 n번째 노드를 찾으세요.

첫 번째 해결책 먼저 리스트 길이를 구합니다. 리스트의 길이를 이용해 끝에서 n번째 노드가 시작에서 몇 번째 노드인지를 구합니다. 그런 다음 시작에서 길이-n+1번째 노드를 찾는 함수를 호출합니다.

해결책 6-19-1

```
ListNode *nthNodeFromEnd1(ListNode *head, int index)
{
    int size = findLength(head);
    int startIndex;
    if (size && size < index) {
        printf("리스트에는 %d 원소가 없습니다.", index);
        return NULL;
    }
    startIndex = size - index + 1;
    return nthNodeFromBeginning(head, index);
}
```

분석 시간 복잡도는 O(n)입니다.

두 번째 해결책 두 개의 포인터를 사용합니다. 리스트의 길이를 k라고 할 때, 시작에서 n번째 위치에서 k-n번 이동하면 끝에 도달합니다. 두 개의 포인터를 사용해 하나의 포인터를 먼저 시작에서 n번째 위치로 이동한 뒤, 여기서부터 머리 포인터도 같이 이동해 머리 포인터가 k-n번 이동하게 되면(즉, 다른 포인터가 끝에 도달하면) 머리 포인터는 끝에서 n번째 노드를 가리키게 됩니다.

```
ListNode *nthNodeFromEnd2(ListNode *head, int index)
{
    int count = 0;
    ListNode *temp = NULL;
    ListNode *curr = head;
    while (curr && count < index - 1) {
        count++;
        curr = curr->next;
    }
    if (!curr) {
        return NULL;
    }
    temp = head;
    while (curr) {
        temp = temp->next;
        curr = curr->next;
    }
    return temp;
}
```

분석

- 두 개의 포인터를 사용합니다. 하나는 초기에 시작에서 n번째 노드를 가리키는 현재 포인터 고, 다른 하나는 현재 포인터가 리스트의 끝에 도달할 때 원하는 노드를 가리키는 임시 포인 터입니다.

- 시간 복잡도는 O(n)입니다.

6.3.20 단일 연결 리스트에서 루프 찾기

문제 6-20 연결 리스트에서 루프(loop)가 있는지 찾으세요. 루프가 있다면 1을 반환하고 없다면 0 을 반환합니다.

연결 리스트에서 루프를 찾는 방법은 여러 가지가 있습니다.

▼ 그림 6-11 루프 찾기

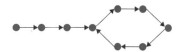

첫 번째 해결책 맵 또는 해시 테이블을 사용합니다.

1. 리스트를 순회합니다.

2. 현재 노드가 해시 테이블에 없으면 해시 테이블에 삽입합니다.

3. 현재 노드가 해시 테이블에 있으면 리스트에 루프가 있습니다.

두 번째 해결책 느린 포인터와 빠른 포인터를 사용한 접근법(SPFP, Slow Pointer and Fast Pointer)입니다. 빠른 포인터는 한 번에 두 칸씩 움직이고, 느린 포인터는 한 번에 한 칸씩 움직입니다. 루프가 있다면 둘은 한 지점에서 만납니다.

▼ 그림 6-12 SPFP

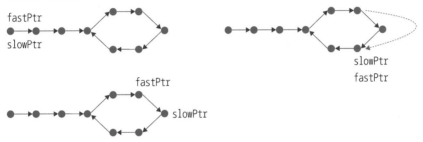

- 두 개의 포인터(느린 포인터와 빠른 포인터)를 사용해 리스트를 순회합니다. 느린 포인터는 항상 한 칸씩, 빠른 포인터는 항상 두 칸씩 움직입니다. 루프가 없으면 while 반복문을 빠져 나오며 0을 반환합니다.

- 루프가 있으면 빠른 포인터와 느린 포인터가 한 지점에서 만나게 됩니다. 만나는 지점이 있으면 리스트에 루프가 존재하므로 1을 반환합니다.

해결책 6-20-1

```
int loopDetect(ListNode *head)
{
    printf("루프 감지");
    ListNode *slowPtr;
    ListNode *fastPtr;
    slowPtr = fastPtr = head;

    while (fastPtr->next && fastPtr->next->next) {
        slowPtr = slowPtr->next;
        fastPtr = fastPtr->next->next;
        if (slowPtr == fastPtr) {
            printf("\n루프를 찾았습니다.\n");
            return 1;
```

```
        }
    }

    printf("\n루프를 찾지 못했습니다.\n");
    return 0;
}
```

분석 시간 복잡도는 O(n)입니다.

세 번째 해결책 리스트를 뒤집어 루프를 찾는 접근법입니다. 연결 리스트에 루프가 있으면 리스트를 뒤집는 함수는 원래 리스트의 머리를 새 리스트의 머리로 제공합니다.

- 임시 변수에 리스트의 머리 포인터를 저장합니다.

- 리스트를 뒤집습니다.

- 뒤집은 리스트의 머리 포인터를 원래 리스트의 머리 포인터와 비교합니다.

- 뒤집은 리스트와 원래 리스트의 머리가 같으면 리스트를 다시 뒤집고 1을 반환합니다.

- 뒤집은 리스트와 원래 리스트의 머리가 다르면 리스트를 다시 뒤집고 0을 반환합니다. 이것은 반복이 없음을 의미합니다.

해결책 6-20-2

```
int reverseListloopDetect(ListNode *head)
{
    ListNode **ptrHead = &head;
    ListNode *head2 = head;
    reverseList(ptrHead);
    if (*ptrHead == head2) {
        reverseList(ptrHead);
        return 1;
    }
    else {
        reverseList(ptrHead);
        return 0;
    }
}
```

분석 시간 복잡도는 O(n)입니다.

Note ≡ SPFP와 반전 리스트 접근법은 선형이지만, 리스트를 수정할 필요가 없어서 SPFP 접근법을 더 선호합니다.

6.3.21 단일 연결 리스트에서 루프 유형 감지하기

문제 6-21 연결 리스트에 루프가 있는지 찾으세요. 루프가 없으면 0을 반환하고, 루프가 있으면 1을 반환합니다. 리스트가 원형이면 2를 반환합니다. SPFP 접근법을 사용하세요.

해결책

- 이 해결책은 원형 리스트를 찾는 부분만 제외하면 루프 찾기 해결책과 같습니다.
- 빠른 포인터와 느린 포인터가 머리에서 동시에 출발해 중간에 만나면 리스트에 루프가 있음을 의미합니다.

해결책 6-21

```c
int loopTypeDetect(ListNode *const head)
{
    ListNode *slowPtr;
    ListNode *fastPtr;
    slowPtr = fastPtr = head;

    while (fastPtr->next && fastPtr->next->next) {
        if (head == fastPtr->next || head == fastPtr->next->next) {
            printf("원형 리스트 발견\n");
            return 2;
        }
        slowPtr = slowPtr->next;
        fastPtr = fastPtr->next->next;
        if (slowPtr == fastPtr) {
            printf("루프 발견\n");
            return 1;
        }
    }

    printf("루프를 찾지 못했습니다.\n");
    return 0;
}
```

분석 시간 복잡도는 O(n)입니다.

6.3.22 단일 연결 리스트에서 루프 삭제하기

문제 6-22 연결 리스트에 루프가 있으면 루프를 삭제하세요.

해결책

- SPFP로 리스트를 순회합니다. 빠른 포인터는 한 번에 두 노드씩 이동하고 느린 포인터는 한 번에 한 노드씩 이동합니다. 이 두 포인터가 만나는 지점은 루프의 한 지점입니다.

- 만나는 지점이 리스트의 머리라면 원형 리스트이므로 리스트를 다시 순회해 머리 포인터를 널로 만들어야 합니다.

- 다른 경우에는 두 개의 포인터 변수를 사용해야 합니다. 하나는 머리에서 시작하고 하나는 만나는 지점에서 시작합니다. 이 둘은 루프의 한 지점에서 만납니다(수학적으로 증명할 수 있습니다).

- 모든 연산이 사실상 선형이므로 시간 복잡도는 O(n)입니다.

해결책 6-22

```
void removeLoop(ListNode **ptrHead)
{
    int loopLength;
    ListNode *slowPtr, *fastPtr, *head;
    slowPtr = fastPtr = head = *ptrHead;
    ListNode *loopNode = NULL;

    while (fastPtr->next && fastPtr->next->next) {
        fastPtr = fastPtr->next->next;
        slowPtr = slowPtr->next;
        if (fastPtr == slowPtr || fastPtr->next == slowPtr) {
            loopNode = slowPtr;
            break;
        }
    }

    if (loopNode) {
        ListNode *temp = loopNode->next;
        loopLength = 1;
        while (temp != loopNode) {
            loopLength++;
            temp = temp->next;
        }
        temp = head;
        ListNode *breakNode = head;
```

```
        for (int i = 1; i < loopLength; i++) {
            breakNode = breakNode->next;
        }
        while (temp != breakNode->next) {
            temp = temp->next;
            breakNode = breakNode->next;
        }
        breakNode->next = NULL;
    }
}
```

분석 모든 연산이 사실상 선형이므로 시간 복잡도는 O(n)입니다.

6.3.23 단일 연결 리스트에서 교차점 찾기

문제 6-23 한 지점에서 만나는 두 연결 리스트의 교차점을 찾으세요.

해결책

- 두 리스트의 길이를 구합니다.

- 두 리스트 길이의 차이를 구합니다.

- 더 긴 리스트를 두 리스트 길이의 차이만큼 이동한 다음, 두 리스트의 노드를 이동하며 교차
  점을 찾습니다.

❤ 그림 6-13 연결 리스트의 교차점

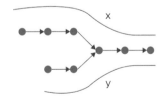

해결책 6-23

```
ListNode *findIntersecton(ListNode *head, ListNode *head2)
{
    int l1 = 0;
    int l2 = 0;
    ListNode *tempHead = head;
    ListNode *tempHead2 = head2;
```

```
    while (tempHead) {
        l1++;
        tempHead = tempHead->next;
    }
    while (tempHead2) {
        l2++;
        tempHead2 = tempHead2->next;
    }

    int diff;
    if (l1 < l2) {
        ListNode *temp = head;
        head = head2;
        head2 = temp;
        diff = l2 - l1;
    }
    else {
        diff = l1 - l2;
    }

    for (; diff > 0; diff--) {
        head = head->next;
    }

    while (head != head2) {
        head = head->next;
        head2 = head2->next;
    }

    return head;
}
```

분석 시간 복잡도는 O(n)입니다.

6.3.24 이중 연결 리스트 머리에 원소 삽입하기

문제 6-24 이중 연결 리스트의 머리에 원소를 삽입하세요.

해결책 이중 연결 리스트에서 삽입은 단일 연결 리스트에서 삽입과 같습니다.

- 이전 포인터가 널 값을 가리키는 노드를 생성합니다.

- 리스트가 비었으면 머리와 꼬리는 새 노드를 가리킵니다.
- 리스트가 비어 있지 않으면 머리의 이전 포인터는 새 노드를 가리키고, 새 노드의 다음 포인터는 이전 머리를 가리킵니다. 머리로 새 노드를 가리키도록 수정합니다.
- 시간 복잡도는 O(1)입니다.

▼ 그림 6-14 이중 연결 리스트 머리에 원소 삽입하기

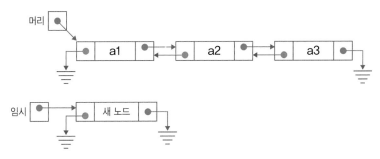

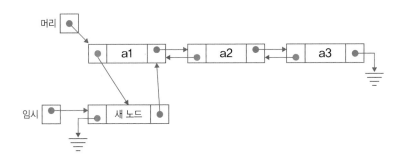

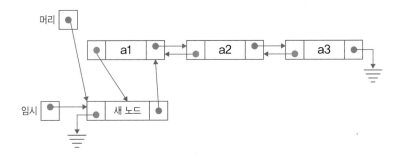

해결책 6-24

```
int insertNode(Node **ptrHead, int value)
{
    Node *temp = (Node *)malloc(sizeof(Node));
    if (!temp) {
        printf("메모리 할당 오류");
```

```
            return 0;
        }

        Node *head = *ptrHead;
        if (!head) {
            temp->value = value;
            temp->next = NULL;
            temp->prev = NULL;
            *ptrHead = temp;
        }
        else {
            temp->value = value;
            temp->prev = NULL;
            temp->next = head;
            head->prev = temp;
            *ptrHead = temp;
        }

        return 1;
    }
```

분석 시간 복잡도는 O(1)입니다.

6.3.25 이중 연결 리스트에 정렬된 순서로 원소 삽입하기

문제 6-25 이중 연결 리스트에 정렬된 순서로 원소를 삽입하세요.

해결책

분석

- 원소가 하나뿐인 경우를 먼저 고려해야 합니다. 이때는 머리와 꼬리를 모두 수정합니다.

- 다음으로 새 노드를 리스트의 시작에 추가할 때 머리가 수정되는 경우를 고려해야 합니다.

- 다음으로 일반적인 경우를 고려해야 합니다.

- 마지막으로 꼬리를 수정하는 경우를 고려해야 합니다.

❤ 그림 6-15 이중 연결 리스트에 정렬된 순서 원소 삽입하기

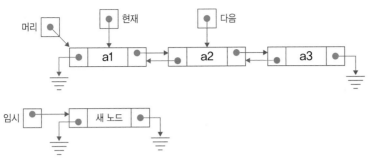

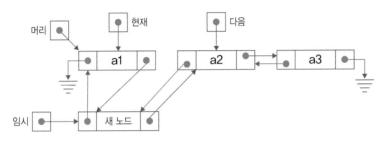

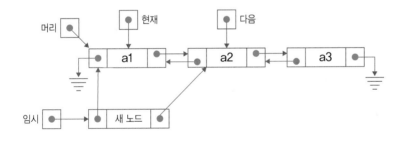

해결책 6-25

```c
int sortedInsert(Node **ptrHead, int value)
{
    Node *temp = (Node *)malloc(sizeof(Node));
    if (!temp) {
        printf("메모리 할당 오류");
        return 0;
    }

    temp->value = value;
    Node *curr = *ptrHead;

    if (!curr) { /* 첫 번째 원소 */
        temp->next = NULL;
        temp->prev = NULL;
```

```
        *ptrHead = temp;
        return 1;
    }

    if (curr->value <= value) { /* 시작에서 */
        temp->next = curr;
        temp->prev = NULL;
        curr->prev = temp;
        *ptrHead = temp;
        return 1;
    }

    while (curr->next && curr->next->value > value) { /* 순회 */
        curr = curr->next;
    }

    if (!curr->next) { /* 끝에서 */
        temp->next = NULL;
        temp->prev = curr;
        curr->next = temp;
    }
    else { /* 나머지 전부 */
        temp->next = curr->next;
        temp->next->prev = temp;
        temp->prev = curr;
        curr->next = temp;
    }

    return 1;
}
```

분석 시간 복잡도는 O(n)입니다.

6.3.26 이중 연결 리스트 머리에서 노드 삭제하기

문제 6-26 이중 연결 리스트에서 머리 노드를 삭제하세요.

해결책

- 빈 리스트에서는 아무것도 하지 않습니다.

- 머리의 포인터를 저장할 임시 변수 deleteMe를 사용합니다

- 머리의 다음 노드를 머리의 포인터로 가리킵니다. 현재 머리가 널이 아니면 이전 포인터는 널을 가리킵니다.
- 머리가 두 번째 노드를 가리키도록 리스트를 업데이트합니다.
- free() 함수로 머리 노드를 삭제합니다.

해결책 6-26

```
void deleteFirstNode(Node **ptrHead)
{
    Node *head = *ptrHead;
    Node *deleteMe;
    if (head == NULL) {
        return;
    }
    deleteMe = head;
    head = head->next;
    *ptrHead = head;
    if (head != NULL) {
        head->prev = NULL;
    }
    free(deleteMe);
}
```

분석 시간 복잡도는 O(1)입니다.

6.3.27 이중 연결 리스트에서 원소 삭제하기

문제 6-27 이중 연결 리스트에서 특정 값의 노드를 삭제하세요.

해결책

- 리스트를 순회해 삭제할 노드를 찾습니다.
- 삭제할 노드를 찾으면 해당 노드를 삭제하고 삭제한 노드 이전 노드의 다음 포인터와 삭제한 노드 다음 노드의 이전 포인터를 수정합니다.

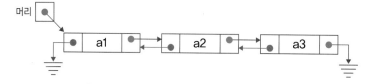

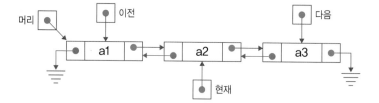

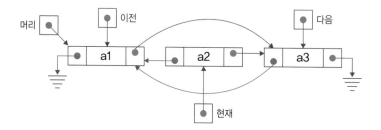

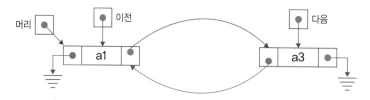

해결책 6-27

```
void deleteNode(Node **ptrHead, int value)
{
    Node *curr = *ptrHead;
    Node *next;
    Node *deleteMe;

    if (curr == NULL) {
        return;
    }

    if (curr->value == value) { /* 첫 번째 노드 */
        deleteMe = curr;
        curr = curr->next;
        if (curr) {
            curr->prev = NULL;
```

```
            }
            *ptrHead = curr;
            free(deleteMe);
            return;
        }

        next = curr->next;
        while (next != NULL) {
            if (next->value == value) {
                curr->next = next->next;
                if (curr->next) {
                    curr->next->prev = curr;
                }
                free(next);
                return;
            }
            curr = next;
            next = next->next;
        }
    }
```

분석 시간 복잡도는 O(n)입니다.

6.3.28 이중 연결 리스트에서 중복 삭제하기

문제 6-28 정렬된 리스트에서 중복 값을 가진 노드를 삭제하세요.

해결책 머리는 수정하면 절대 안 됩니다. 삭제할 노드가 있으면 먼저 포인터를 조정하고 나서 노드를 삭제합니다.

해결책 6-28

```
void removeDuplicates(Node *head)
{
    Node *deleteMe;
    while (head) {
        if ((head->next) && head->value == head->next->value) {
            deleteMe = head->next;
            head->next = deleteMe->next;
            if (head->next) {
                head->next->prev = head;
            }
```

```
        free(deleteMe);
    }
    else {
        head = head->next;
    }
    }
}
```

분석 리스트를 순회하며 삭제할 노드를 찾으므로 시간 복잡도는 O(n)입니다.

6.3.29 이중 연결 리스트를 반복적으로 뒤집기

문제 6-29 이중 연결 리스트의 원소를 재귀를 사용하지 않고 반복적으로 뒤집으세요.

해결책

- 리스트를 순회하며 다음 노드와 이전 노드를 교환합니다.

- 교환하기 전의 다음인 curr->prev로 이동합니다.

- 리스트의 끝에 도달하면 새로운 머리와 꼬리가 정해집니다.

해결책 6-29

```
/* 이중 연결 리스트 반복적으로 뒤집기 */
void reverseList(Node **ptrHead)
{
    Node *curr = *ptrHead;
    Node *tempNode;
    while (curr) {
        tempNode = curr->next;
        curr->next = curr->prev;
        curr->prev = tempNode;
        if (!curr->prev) {
            *ptrHead = curr;
            return;
        }
        curr = curr->prev;
    }
    return;
}
```

분석 시간 복잡도는 O(n)입니다.

6.3.30 이중 연결 리스트를 뒤집어 복사하기

문제 6-30 리스트의 내용을 다른 리스트에 역순으로 복사하세요.

해결책

- 리스트를 순회하며 해당 노드의 값을 가지는 새 노드를 생성해 다른 리스트의 머리에 삽입 합니다.
- 새 노드가 리스트의 머리에 추가되므로 새 리스트는 원래 리스트와 역순으로 바뀝니다.

해결책 6-30

```
Node *copyListReversed(Node *head)
{
    Node *temp = NULL;
    Node *head2 = NULL;
    Node *curr = head;
    while (curr) {
        temp = (Node *)malloc(sizeof(Node));
        temp->value = curr->value;
        temp->next = head2;
        temp->prev = NULL;
        if (head2) {
            head2->prev = temp;
        }
        head2 = temp;
        curr = curr->next;
    }
    return head2;
}
```

분석 시간 복잡도는 O(n)입니다.

6.3.31 이중 연결 리스트 복사하기

문제 6-31 리스트의 내용을 다른 리스트에 같은 순서로 복사하세요.

해결책

- 리스트를 순회하며 해당 노드의 값을 가지는 새 노드를 생성해 다른 리스트의 꼬리에 삽입 합니다.

- 새 노드가 리스트의 꼬리에 추가되므로 새 리스트는 원래 리스트와 같은 순서로 만들어집니다.

해결책 6-31

```
Node *copyList(Node *head)
{
    Node *head2 = NULL;
    Node *tail2 = NULL;
    Node *tempNode = NULL;

    if (!head) {
        return NULL;
    }

    head2 = (Node *)malloc(sizeof(Node));
    tail2 = head2;
    head2->value = head->value;
    head2->next = NULL;
    head2->prev = NULL;
    head = head->next;

    while (head) {
        tempNode = (Node *)malloc(sizeof(Node));
        tempNode->value = head->value;
        tempNode->next = NULL;
        tail2->next = tempNode;
        tempNode->prev = tail2;
        tail2 = tail2->next;
        head = head->next;
    }

    return head2;
}
```

분석 시간 복잡도는 O(n)입니다.

6.3.32 이중 연결 리스트 검색하기

문제 6-32 연결 리스트에서 특정 값을 찾으세요.

해결책 단일 연결 리스트에서 했던 방법으로 리스트를 순회합니다.

6.3.33 이중 연결 리스트 해제하기

문제 6-33 연결 리스트의 모든 원소를 해제하세요.

해결책 리스트를 순회하며 단일 연결 리스트에서 했던 방법으로 노드들을 삭제합니다.

6.3.34 이중 연결 리스트 출력하기

문제 6-34 연결 리스트의 모든 원소를 출력하세요.

해결책 리스트를 순회하며 단일 연결 리스트에서 했던 방법으로 각 노드의 값을 출력합니다.

6.3.35 이중 연결 리스트의 길이 구하기

문제 6-35 연결 리스트의 원소의 개수를 구하세요.

해결책 리스트를 순회하며 단일 연결 리스트에서 했던 방법으로 이중 연결 리스트의 길이를 구합니다.

6.3.36 이중 연결 리스트 비교하기

문제 6-36 두 연결 리스트를 비교하세요.

해결책 리스트를 순회하며 단일 연결 리스트에서 했던 방법으로 이중 연결 리스트에서 비교합니다.

6.3.37 원형 연결 리스트 머리에 원소 삽입하기

문제 6-37 원형 연결 리스트의 머리에 원소를 추가하세요.

해결책

- 주어진 원소로 새 노드를 생성합니다. 이때 노드의 다음은 널을 가리킵니다.
- 리스트가 비어 있으면 리스트의 꼬리는 새 노드를 가리킵니다. 또한 노드의 다음은 자신을 가리킵니다.

- 리스트가 비어 있지 않으면 현재 꼬리 노드의 다음 노드[3]를 새 노드의 다음 노드로 만듭니다. 그런 다음, 꼬리의 다음 노드로 새 노드를 가리킵니다. 따라서 새 노드가 리스트의 머리에 추가됩니다.
- 데모 프로그램은 원형 연결 리스트의 인스턴스를 만들어 값을 추가하고 리스트의 내용을 출력합니다.

▼ 그림 6-17 원형 연결 리스트 머리에 원소 삽입하기

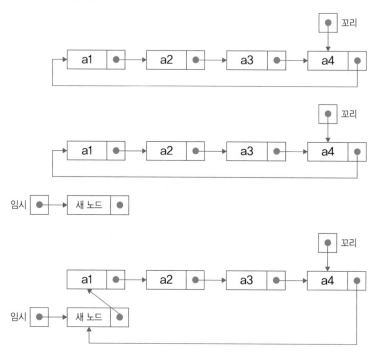

해결책 6-37

```c
int insertAtStart(Node **ptrTail, int value)
{
    Node *temp = (Node *)malloc(sizeof(Node));
    if (!temp) {
        printf("메모리 할당 오류");
        return 0;
    }

    Node *tail = *ptrTail;
    if (!tail) {
```

---

3 역주 원형 리스트의 특징상 꼬리 노드의 다음 노드는 머리 노드입니다.

```
        temp->value = value;
        temp->next = temp;
        *ptrTail = temp;
    }
    else {
        temp->value = value;
        temp->next = tail->next;
        tail->next = temp;
    }
    return 1;
}

int main()
{
    Node *head = NULL;
    Node **ptrHead = &head;
    insertAtStart(ptrHead, 1);
    insertAtStart(ptrHead, 2);
    insertAtStart(ptrHead, 3);
    insertAtStart(ptrHead, 4);
    insertAtStart(ptrHead, 5);
    insertAtStart(ptrHead, 6);
    insertAtStart(ptrHead, 7);
    printList(*ptrHead);
}
```

분석 시간 복잡도는 O(1)입니다.

6.3.38 원형 연결 리스트 꼬리에 원소 삽입하기

문제 6-38 원형 연결 리스트의 꼬리에 원소를 삽입하세요.

해결책 노드를 끝에 추가하는 것은 노드를 시작에 추가하는 것과 같습니다. 머리 포인터 대신에 꼬리 포인터를 수정하면 됩니다.

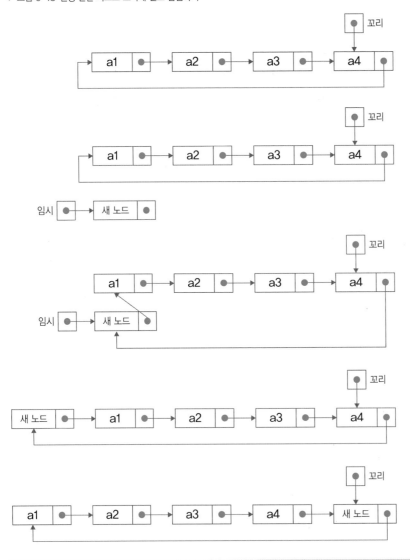

해결책 6-38

```c
int insertAtEnd(Node **ptrTail, int value)
{
    Node *temp = (Node *)malloc(sizeof(Node));
    if (!temp) {
        printf("메모리 할당 오류");
        return 0;
    }

    Node *tail = *ptrTail;
    if (!tail) {
```

```
            temp->value = value;
            temp->next = temp;
            *ptrTail = temp;
        }
        else {
            temp->value = value;
            temp->next = tail->next;
            tail->next = temp;
            *ptrTail = temp;
        }
        return 1;
}
```

분석 시간 복잡도는 O(1)입니다.

6.3.39 원형 연결 리스트 검색하기

문제 6-39 원형 연결 리스트에서 특정 값을 검색하세요.

해결책 리스트를 순회하며 특정한 값이 있는지 찾습니다. 특정 값이 리스트에 있으면 1, 없으면 0을 반환합니다.

해결책 6-39

```
int searchList(Node *tail, int value)
{
    if (!tail) {
        return 0;
    }
    if (tail->value == value) {
        return 1;
    }
    Node *curr = tail->next;
    while (curr != tail) {
        if (curr->value == value) {
            return 1;
        }
        curr = curr->next;
    }
    return 0;
}
```

분석 시간 복잡도는 O(n)입니다.

6.3.40 원형 연결 리스트 출력하기

문제 6-40 원형 연결 리스트의 모든 원소를 출력하세요.

해결책 원형 리스트는 리스트의 끝이 없으므로 널로 확인할 수 없습니다. 널 대신에 꼬리를 사용해 리스트의 끝을 검사합니다.

해결책 6-40

```
void printList(Node *tail)
{
    if (!tail) {
        return;
    }
    Node *head = tail->next;
    printf("\n%d ", head->value);
    Node *currNode = head->next;
    while (currNode != head) {
        printf("%d ", currNode->value);
        currNode = currNode->next;
    }
}
```

분석 시간 복잡도는 O(n)입니다.

6.3.41 원형 연결 리스트의 첫 번째 원소 삭제하기

문제 6-41 연결 리스트의 첫 번째 원소를 삭제하세요.

해결책

- 리스트가 비어 있으면 0을 반환합니다.
- 꼬리의 다음 노드가 꼬리라면 단일 노드와 같습니다. 노드를 삭제하고 꼬리를 널로 표시합니다.
- 리스트의 머리 노드 주소를 지역 변수 deleteMe에 저장합니다.

- 꼬리 노드의 다음으로 머리로부터 두 번째 노드를 가리키게 합니다.

- 마지막으로 첫 번째 노드를 삭제합니다.

해결책 6-41

```c
int deleteHeadNode(Node **ptrTail)
{
    Node *tail = *ptrTail;
    Node *deleteMe;
    if (!tail) {
        return 0;
    }
    if (tail->next == tail) {
        free(tail);
        *ptrTail = NULL;
        return 1;
    }
    deleteMe = tail->next;
    tail->next = deleteMe->next;
    free(deleteMe);
    return 1;
}
```

분석 시간 복잡도는 O(1)입니다.

6.3.42 원형 연결 리스트에서 특정 값의 노드 삭제하기

문제 6-42 원형 연결 리스트에서 특정 값의 노드를 삭제하세요.

해결책

- 리스트를 순회하며 해제할 노드를 찾습니다.

- 리스트를 순회할 때 연결 리스트의 경우와는 달리 널 대신에 꼬리 포인터를 추적합니다.

- 삭제해야 하는 노드가 꼬리 노드가 아니면 꼬리 노드의 포인터는 수정하지 않습니다. 삭제해야 할 노드가 꼬리 노드라면 꼬리 노드의 포인터를 수정합니다.

▼ 그림 6-19 원형 연결 리스트에서 노드 삭제하기

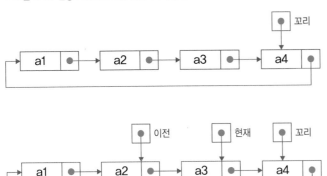

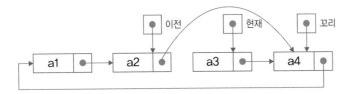

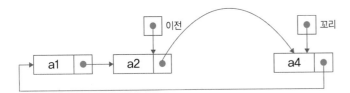

해결책 6-42

```
int deleteNode(Node **ptrTail, int value)
{
    Node *tail = *ptrTail;
    Node *curr = tail;
    Node *prev = NULL;
    Node *deleteMe;

    if (!tail) {
        return 0;
    }
    prev = curr;
    curr = curr->next;
    while (curr != tail) {
        if (curr->value == value) {
            prev->next = curr->next;
            free(curr);
```

```
            return 1;
        }
        prev = curr;
        curr = curr->next;
    }
    if (curr->value == value) {
        prev->next = curr->next;
        free(curr);
        *ptrTail = prev;
        return 1;
    }

    return 0;
}
```

분석 시간 복잡도는 O(n)입니다.

6.3.43 원형 연결 리스트 삭제하기

문제 6-43 원형 연결 리스트를 삭제하세요.

해결책

- 전체 리스트를 순회하며 모든 노드를 삭제합니다.

- 마지막에 꼬리 노드의 포인터를 널로 만듭니다.

해결책 6-43

```
void deleteList(Node **ptrTail)
{
    Node *tail = *ptrTail;
    Node *curr;
    Node *next;
    if (!tail) {
        return;
    }
    curr = tail->next;
    free(tail);
    while (curr != tail) {
        next = curr->next;
        free(curr);
        curr = next;
```

```
        }
    *ptrTail = NULL;
    }
```

분석 시간 복잡도는 O(n)입니다.

6.3.44 이중 원형 연결 리스트 머리에 원소 삽입하기

문제 6-44 이중 원형 연결 리스트의 앞에 주어진 값을 가진 노드를 삽입하세요.

해결책

- 리스트가 비어 있으면 새 노드를 만들고 머리와 꼬리가 새 노드를 가리키게 합니다. 새 노드
  의 다음과 이전은 새 노드를 가리킵니다.
- 리스트가 비어 있지 않으면 리스트의 앞에 새 노드를 추가하고 포인터를 조정합니다. 이때
  는 머리만 변경합니다.
- 리스트의 크기는 1씩 증가합니다.

해결책 6-44

```
int insertAtStart(Node **ptrHead, int value)
{
    Node *temp = (Node *)malloc(sizeof(Node));
    if (!temp) {
        printf("메모리 할당 오류");
        return 0;
    }
    Node *head = *ptrHead;
    if (!head) {
        temp->value = value;
        temp->next = temp;
        temp->prev = temp;
        *ptrHead = temp;
    }
    else {
        temp->value = value;
        temp->prev = head->prev;
        temp->prev->next = temp;
        temp->next = head;
        head->prev = temp;
        *ptrHead = temp;
```

```
    }
    return 1;
}
```

분석 시간 복잡도는 O(1)입니다.

6.3.45 이중 원형 연결 리스트 꼬리에 원소 삽입하기

문제 6-45 이중 원형 연결 리스트의 끝에 특정 값의 노드를 삽입하세요.

해결책

- 리스트가 비었으면 새 노드를 만들고 머리와 꼬리가 새 노드를 가리키게 합니다. 새 노드의 다음과 이전은 새 노드를 가리킵니다.

- 리스트가 비어 있지 않으면 리스트의 끝에 새 노드를 추가하고 포인터를 조정합니다. 이때 는 꼬리만 변경합니다.

- 리스트의 크기는 1씩 증가합니다.

해결책 6-45

```
int insertAtEnd(Node **ptrHead, int value)
{
    Node *temp = (Node *)malloc(sizeof(Node));
    if (!temp) {
        printf("메모리 할당 오류");
        return 0;
    }

    Node *head = *ptrHead;
    if (!head) {
        temp->value = value;
        temp->next = temp;
        temp->prev = temp;
        *ptrHead = temp;
    }
    else {
        temp->value = value;
        temp->prev = head->prev;
        temp->prev->next = temp;
        temp->next = head;
        head->prev = temp;
```

```
    }

    return 1;
}
```

분석 시간 복잡도는 O(1)입니다.

6.3.46 이중 원형 연결 리스트의 머리에서 노드 삭제하기

문제 6-46 이중 원형 연결 리스트의 머리에서 노드를 삭제하세요.

해결책 이중 원형 연결 리스트의 머리에서 노드를 삭제하는 방법은 원형 연결 리스트의 머리에서 노드를 삭제하는 방법과 같습니다. 머리의 다음 노드를 새로운 머리로 만들고 새 머리의 이전 노드를 꼬리가 되게 몇 가지 추가 포인터만 조정하면 됩니다.

해결책 6-46

```
int removeFromStart(Node **ptrHead)
{
    Node *head = *ptrHead;
    if (!head) {
        printf("EmptyListError");
    }
    int value = head->value;
    if (head->next == head) {
        free(head);
        *ptrHead = NULL;
        return value;
    }
    Node *tail = head->prev;
    Node *next = head->next;
    next->prev = tail;
    tail->next = next;
    free(head);
    *ptrHead = next;
    return value;
}
```

분석 시간 복잡도는 O(1)입니다.

6.3.47 이중 원형 연결 리스트의 꼬리에서 노드 삭제하기

문제 6-47 이중 원형 연결 리스트의 꼬리에서 노드를 삭제하세요.

해결책 이중 원형 연결 리스트의 꼬리에서 노드를 삭제하는 방법은 원형 연결 리스트의 꼬리에서 노드를 삭제하는 방법과 같습니다. 꼬리 이전 노드의 다음을 머리로 만들고 꼬리의 이전 노드를 머리의 이전 노드가 되게 몇 가지 추가 포인터만 조정하면 됩니다.

해결책 6-47

```
int removeFromEnd(Node **ptrHead)
{
    Node *head = *ptrHead;
    if (!head) {
        printf("EmptyListError");
    }
    Node *tail = head->prev;
    int value = tail->value;
    if (tail->next == tail) {
        free(tail);
        *ptrHead = NULL;
        return value;
    }
    Node *prev = tail->prev;
    prev->next = head;
    head->prev = prev;
    free(tail);
    return value;
}
```

분석 시간 복잡도는 O(n)입니다.

6.3.48 이중 원형 연결 리스트 삭제하기

문제 6-48 이중 원형 연결 리스트를 삭제하세요.

해결책 전체 리스트를 삭제하는 방법은 원형 연결 리스트와 같습니다.

6.3.49 이중 원형 연결 리스트의 원소 검색하기

문제 6-49 이중 원형 연결 리스트에서 특정 값을 가진 원소를 검색하세요.

해결책 이중 원형 연결 리스트에서 값을 검색하는 방법은 원형 연결 리스트와 같습니다.

6.3.50 이중 원형 연결 리스트 출력하기

문제 6-50 이중 원형 연결 리스트의 모든 원소를 출력하세요.

해결책 이중 원형 연결 리스트의 모든 원소를 출력하는 방법은 원형 연결 리스트와 같습니다.

☑ 연습 문제

1. 연결 리스트의 시작에서 k번째 위치에 원소를 삽입하는 코드를 작성하세요. 성공하면 1을 반환하고, 리스트가 충분히 길지 않으면 −1을 반환합니다.

   힌트 머리 포인터로부터 k만큼 이동해 노드를 삽입하는 코드를 작성하세요.

2. 연결 리스트의 끝에서 k번째 위치에 원소를 삽입하는 코드를 작성하세요. 성공하면 1을 반환하고, 리스트가 충분히 길지 않으면 −1을 반환합니다.

   힌트 머리 포인터로부터 k만큼 이동한 다음, 다른 포인터를 사용해 두 포인터를 동시에 전진해 첫 번째 포인터가 연결 리스트의 끝에 도달할 때 두 번째 포인터의 위치가 노드를 삽입할 위치입니다.

3. 연결 리스트의 중간 노드에 대한 포인터가 주어졌을 때 해당 노드를 삭제하는 코드를 작성하세요. 연결 리스트의 머리는 주어지지 않습니다

   힌트 연결 리스트의 머리를 제공받지 못하므로 리스트를 순회할 수 없습니다. 주어진 노드는 중간 노드이므로 주어진 노드의 다음 노드 값을 현재 노드에 복사하고 다음 노드를 삭제하면 됩니다.

4. 해결책 6–6의 SearchList는 특정 값을 찾으면 1을 반환하는데, 이때 특정 값을 가지는 노드의 수를 세어 같이 반환하도록 수정하세요. 찾는 값이 없으면 기존대로 0을 반환합니다. 예를 들어 value 인자에 4가 주어지고 리스트의 원소가 1, 2, 4, 3, 4이면 프로그램은 2를 반환해야 합니다.

   힌트 SearchList에서 1을 반환하는 대신 카운터를 증가해 그 값을 반환합니다.

5. 두 연결 리스트가 있을 때, 머리 포인터를 사용해 어떤 지점에서 두 리스트가 만나 교차하는지를 알아내는 코드를 작성하세요. 연결 리스트의 양끝은 널 포인터 대신 루프가 있습니다.

6. 루프가 있는 연결 리스트에서 노드의 수를 세는 코드를 작성하세요.

7. 연결 리스트로 다항식을 더하는 완전한 코드를 작성하세요.

   힌트 다음의 두 다항식 A와 B를 더해 그 합인 C를 만듭니다.

   A: $3x^3 + 4x^2 + 5x + 10$

   B: $2x^4 + 3x^2 + 2x + 11$

   C: $2x^4 + 3x^3 + 7^2 + 7x + 21$

8. 두 개의 연결 리스트에서 하나의 리스트가 다른 리스트를 뒤집은 것인지 확인하는 코드를 작성하세요. 추가 공간을 사용하지 않고 연결 리스트를 한 번만 순회해야 합니다.

9. 단일 연결 리스트에서 중간 원소를 찾는 코드를 작성하세요. 그리고 해결책의 복잡도를 설명해 보세요.

   첫 번째 해결책 연결 리스트의 길이를 구한 후에 중간 원소를 찾아서 반환하세요.

   두 번째 해결책 두 개의 포인터를 사용해 하나는 빠르게, 다른 하나는 느리게 이동합니다. 즉, SPFP를 이용합니다. 경계 사례를 올바르게 처리하세요(짝수 길이와 홀수 길이의 연결 리스트일 경우).

10. 리스트를 역순으로 출력하는 코드를 작성하세요.

    힌트 재귀를 사용하세요.

11. 거대한 연결 리스트의 중간 노드에 대한 포인터가 주어졌을 때, 이 노드를 지우는 프로그램을 작성하세요.

    힌트 현재 노드와 다음 노드의 값을 교환한 뒤, 다음 노드를 삭제하세요.

12. 임의의 노드를 가리키는 추가 포인터를 가진 노드로 만들어진 특별한 리스트가 있습니다. 주어진 리스트를 복사해 다른 리스트를 만드세요. 또한 임의의 포인터가 새 리스트의 해당 노드에도 할당되게 하세요.

    힌트 리스트를 순회하면서 리스트에 노드를 추가합니다. 리스트에는 같은 값을 가지지만 널을 가리키는 랜덤 포인터가 있습니다. 다시 수정된 리스트를 순회합니다. 리스트에 이미 있던 노드를 구 노드로, 추가한 노드를 새 노드로 부릅니다. 구 노드의 임의 포인터 노드의 다음을 새 노드의 임의 포인터로 할당합니다. 이 과정을 모든 노드에 적용한 다음 마지막에 구 노드와 새 노드를 분리하세요. 새 노드로 구성된 리스트가 원하는 리스트입니다.

▶연습 문제 풀이는 674쪽에 있습니다.

7장

스택

스택은 후입 선출(LIFO, last-in-first-out) 방식으로 원소를 구성하는 기본 자료 구조로, 마지막에 삽입한 원소를 먼저 꺼냅니다. 스택은 실생활에서 '접시 더미(stack of plate)'에 비유할 수 있습니다. 뷔페 식당에 쌓여 있는 접시를 상상해 보세요. 한 사람이 맨 위에서 접시를 가져가야 다음 사람이 바로 밑의 접시를 가져갈 수 있습니다.

스택은 꼭대기(top) 원소에만 접근할 수 있습니다. 스택의 바닥(bottom)에 있는 원소는 스택에서 가장 오래 머무릅니다.

▼ 그림 7-1 스택

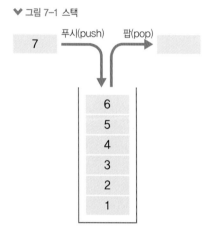

스택의 일반적인 예로 함수 호출 스택이 있습니다. main() 함수는 foo() 함수를 호출하고, foo() 함수는 bar() 함수를 호출합니다. 이 함수 호출은 스택으로 구현됩니다. 꼭대기에 bar()가 있고 그 아래에 foo()가, 바닥에 main()이 위치합니다. 웹 페이지에서 웹 페이지로 이동할 때 웹 페이지의 URL도 스택으로 유지합니다. 뒤로 가기 버튼을 클릭하면 앞에서 거쳐온 URL 항목을 하나씩 꺼냅니다.

7.1 스택의 추상 자료형

스택의 추상 자료형은 원소에 대한 후입 선출을 따르는 구조로 정의되며 다음 연산을 지원합니다.

- Pop() 스택의 꼭대기에서 원소를 하나 삭제하고 삭제한 원소의 값을 호출자 함수에 반환합니다.

- Push( ) 스택의 꼭대기에 원소를 하나 삽입합니다.

- Top( ) 스택에서 꼭대기에 있는 원소의 값을 읽습니다.

- IsEmpty( ) 스택이 비어 있으면 1을 반환합니다.

- Size( ) 스택의 원소 개수를 반환합니다.

▼ 그림 7-2 스택의 푸시와 팝

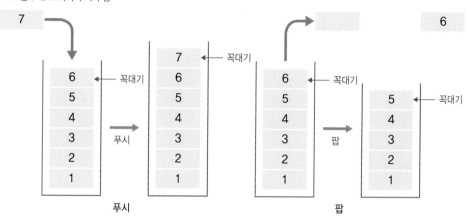

스택은 배열 또는 연결 리스트로 구현할 수 있습니다.

- 연결 리스트로 스택을 구현하면 자동으로 크기를 관리하며 포함할 수 있는 원소의 개수에 제한이 없습니다.

- 연결 리스트로 구현할 때 push( )는 머리에 삽입으로, pop( )은 머리에서 삭제로 구현합니다.

- 배열로 스택을 구현하면 스택의 꼭대기는 top이라는 인덱스 변수로 관리합니다.

PROBLEM SOLVING ALGORITHMS

7.2 시스템 스택과 함수 호출

함수가 호출되면 현재 실행을 멈추고 호출된 함수로 제어가 이동합니다. 호출된 함수가 종료되거나 반환되면 이전에 실행을 멈춘 지점에서 실행을 재개합니다. 실행을 재개하는 정확한 지점을 찾고 싶으면 다음 명령의 주소를 스택에 저장합니다. 함수 호출을 완료하면 스택의 꼭대기 주소를 삭제합니다.

```
void function2()
{
    printf("fun2 line 1\n");
}

void function1()
{
    printf("fun1 line 1\n");
    function2();
    printf("fun1 line 2\n");
}

int main()
{
    printf("main line 1\n");
    function1();
    printf("main line 2\n");
}
```

실행 결과

```
main line 1
fun1 line 1
fun2 line 1
fun1 line 2
main line 2
```

분석

- main() 메서드로 프로그램을 시작합니다.

- main()의 첫 번째 명령문이 실행되며 'main line 1'을 결과로 출력합니다.

- function1()을 호출합니다. 다음 명령인 function1()으로 제어를 넘기기 전에 다음 줄의 주소를 시스템 스택에 저장합니다.

- function1()으로 제어를 넘깁니다.

- function1()의 첫 번째 명령문이 실행되며 'func1 line 1'을 결과로 출력합니다.

- function1()에서 function2()를 호출합니다. 다음 명령인 function2()로 제어를 넘기기 전에 다음 줄의 주소를 시스템 스택에 추가합니다.

- function2()로 제어를 넘깁니다.

- 'fun2 line 1'을 화면에 출력합니다.

- function2()가 종료되며 function1()로 돌아옵니다.
- 프로그램은 스택에서 다음 명령을 읽어서 다음 줄을 실행하고 'fun1 line2'를 화면에 출력합니다.

여기서 기억해야 할 점은 다음과 같습니다.

- 함수는 스택으로 구현합니다.
- 함수가 호출될 때 다음 명령의 주소를 스택에 푸시합니다.
- 함수가 종료될 때 다음 명령의 주소를 스택에서 팝합니다.

PROBLEM SOLVING ALGORITHMS

7.3 배열로 스택 구현하기

고정 길이 배열로 스택을 구현합니다.

예제 7-2

```c
typedef struct stack
{
    int top;
    int data[MAX_CAPACITY];
} Stack;

void StackInitialize(Stack *stk)
{
    stk->top = -1;
}

/* StackIsEmpty() 함수는 스택이 비어 있으면 1을 반환하고, 나머지 경우에는 0을 반환합니다. */
int StackIsEmpty(Stack *stk)
{
    return (stk->top == -1);
}

/* StackSize() 함수는 스택 내 원소의 개수를 반환합니다. */
int StackSize(Stack* stk)
{
```

```
        return (stk->top + 1);
}


/* print() 함수는 배열의 원소를 출력합니다. */
void StackPrint(Stack *stk)
{
    printf("Stack :: ");
    for (int i = stk->top; i >= 0; i--) {
        printf("%d ", stk->data[i]);
    }
    printf("\n");
}


/* StackPush() 함수는 데이터에 값을 덧붙입니다. */
void StackPush(Stack *stk, int value)
{
    if (stk->top < MAX_CAPACITY - 1) {
        stk->top++;
        stk->data[stk->top] = value;
    }
    else {
        printf("stack overflow\n");
    }
}


/*
    StackPop() 함수는 먼저 스택이 비었는지 아닌지를 확인한 다음,
    데이터 배열에서 값을 꺼내 반환합니다.
*/
int StackPop(Stack *stk)
{
    if (stk->top >= 0) {
        int value = stk->data[stk->top];
        stk->top--;
        return value;
    }
    printf("stack empty\n");
    return ERROR_VALUE;
}


/* StackTop() 함수는 스택의 꼭대기 원소에 저장된 값을 반환합니다(값을 삭제하지는 않습니다). */
int StackTop(Stack *stk)
{
```

```
        int value = stk->data[stk->top];
        return value;
    }

    /* 테스트 코드 */
    int main()
    {
        Stack stk;
        StackInitialize(&stk);
        StackPush(&stk, 1);
        StackPush(&stk, 2);
        StackPush(&stk, 3);
        StackPush(&stk, 4);
        StackPush(&stk, 5);
        StackPrint(&stk);
        return 0;
    }
```

분석

- StackInitialize() 함수로 스택을 초기화합니다.

- StackPush()와 StackPop() 함수로 스택에 값을 넣고 뺍니다.

- StackTop() 함수로 꼭대기 원소를 읽습니다.

- StackSize() 함수로 스택의 크기를 구합니다.

- StackIsEmpty() 함수로 스택이 비었는지 확인합니다.

7.3.1 동적 메모리 할당 구현하기

배열로 스택을 구현합니다. 이때 배열의 메모리를 힙에서 가져오거나 동적으로 메모리를 할당해야 합니다.

예제 7-3

```
typedef struct stack
{
    int top;
    int *data;
    int capacity;
    int min;
```

```
} Stack;

void StackInitialize(Stack *stk, int size)
{
    stk->data = (int*)malloc(size * sizeof(int));
    stk->top = -1;
    stk->capacity = size;
    stk->min = size;
}
```

분석

- 스택 구조체에는 네 개의 필드가 있습니다. top은 꼭대기 원소의 인덱스이며, data 포인터는 동적으로 할당된 메모리를 가리킵니다. size는 스택의 크기를 저장하며, capacity는 스택의 용량입니다.

- StackInitialize() 함수는 스택을 초기화하고 데이터 포인터에 메모리를 할당합니다.

> Note ≡ StackPush(), StackPop(), StackIsEmpty(), StackSize(), StackTop() 함수도 동적 할당한 스택 배열에서 잘 작동합니다.

7.3.2 용량 증가 구현하기

앞에서 구현한 동적 메모리 할당을 기반으로 스택 용량을 변수로 만들고 스택이 가득 차면 스택 용량을 두 배로 늘리도록 구현합니다.

예제 7-4
```
void StackPush(Stack *stk, int value)
{
    if (stk->top < stk->capacity - 1) {
        stk->top++;
        stk->data[stk->top] = value;
        printf("value push : %d \n", value);
    }
    else {
        stk->capacity = stk->capacity * 2;
        stk->data = (int*)realloc(stk->data, stk->capacity * sizeof(int));
        printf("스택 크기가 두 배가 되었습니다.\n");
        printf("스택 용량 %d\n", stk->capacity);
```

```
        StackPush(stk, value);
    }
}
```

분석

- 스택의 최대 용량 변수를 두 배로 늘립니다.

- 메모리 크기를 더 큰 값으로 재할당합니다. Realloc() 함수는 할당된 메모리의 크기를 줄이
  거나 늘리는 데 사용합니다. 스택의 모든 데이터는 새 영역으로 복사됩니다.

- 마지막으로 StackPush() 함수를 재귀적으로 호출해 용량이 증가된 스택으로 넣습니다.

7.3.3 용량 감소 구현하기

원소의 수가 최대 크기의 절반으로 줄어들면 동적 배열의 크기를 절반으로 줄이는 프로그램을 작
성합니다. 스택의 크기는 초기에 할당한 크기 미만으로는 줄이지 않습니다. init을 호출할 때 정
의한 최소 길이까지만 스택의 크기를 줄입니다.

예제 7-5

```
int StackPop(Stack *stk)
{
    if (stk->top >= 0) {
        int value = stk->data[stk->top];
        stk->top--;
        if (stk->top < (stk->capacity / 2) && stk->capacity > stk->min) {
            stk->capacity = stk->capacity / 2;
            stk->data = (int*)realloc(stk->data, stk->capacity * sizeof(int));
            printf("스택 크기가 반으로 줄었습니다.\n");
            printf("스택 용량 %d\n", stk->capacity);
        }
        return value;
    }
    printf("스택이 비었습니다.\n");
}
```

분석

- 스택의 크기가 용량의 절반 미만이고 최소 크기보다 큰지 검사합니다.

- 스택의 용량을 반으로 줄이고 절반 크기의 메모리로 재할당합니다.

7.4 연결 리스트로 스택 구현하기

연결 리스트로 스택을 구현합니다. 리스트의 머리에서 원소를 추가하고 삭제합니다.

예제 7-6

```c
typedef struct stackNode_t
{
    int value;
    struct stackNode_t *next;
} StackNode;


void StackPush(StackNode **ptrHead, int value)
{
    StackNode *temp = (StackNode*)malloc(sizeof(StackNode));
    if (!temp) {
        printf("메모리 할당 오류");
        return;
    }
    temp->value = value;
    temp->next = *ptrHead;
    *ptrHead = temp;
}


int StackPop(StackNode **ptrHead) // 반환한 노드의 메모리 해제는 호출부에서 직접 해야 합니다.
{
    StackNode *deleteMe;
    int value;
    if (*ptrHead) {
        deleteMe = *ptrHead;
        *ptrHead = deleteMe->next;
        value = deleteMe->value;
        free(deleteMe);
        return value;
    }
    else {
        printf("스택이 비었습니다. \n");
        return ERROR_VALUE;
    }
}
```

```
int main()
{
    StackNode *head = NULL;
    StackPush(&head, 1);
    StackPush(&head, 2);
    StackPush(&head, 3);
    StackPush(&head, 4);
    StackPush(&head, 5);
    for (int i = 0; i < 5; i++) {
        printf("%d", StackPop(&head));
    }
    return 0;
}
```

분석

- 연결 리스트로 구현한 스택은 단일 연결 리스트의 머리에서 간단히 원소의 삽입과 삭제가 이루어집니다.

- StackPush() 함수는 하나의 노드를 생성해 값을 저장하고 노드를 리스트의 머리에 삽입합니다.

- StackPop() 함수는 연결 리스트의 머리가 두 번째 노드를 가리키게 하며 deleteMe에 저장한 첫 번째 노드를 삭제합니다.

PROBLEM SOLVING ALGORITHMS

7.5 스택 문제

7.5.1 정렬해 삽입하기

문제 7-1 원소가 정렬된 스택에 정렬된 순서로 새 원소를 삽입하는 함수를 작성하세요. 꼭대기에는 가장 큰 값이, 바닥에는 가장 작은 값이 있습니다.

해결책 스택 꼭대기에서 현재 값보다 큰 값을 모두 꺼낸 뒤, 현재 값을 넣고 꺼낸 값을 다시 넣습니다.

```
void sortedInsert(Stack *stk, int element)
{
    int temp;
    if (StackIsEmpty(stk) || element > StackTop(stk)) {
        StackPush(stk, element);
    }
    else {
        temp = StackPop(stk);
        sortedInsert(stk, element);
        StackPush(stk, temp);
    }
}
```

분석 최악의 경우, 스택의 모든 원소를 순회해야 하므로 시간 복잡도는 O(n)입니다.

7.5.2 스택 정렬하기

문제 7-2 가장 큰 값이 꼭대기에 오도록 스택의 원소를 정렬하세요.

첫 번째 해결책 스택 정렬 함수를 재귀적으로 호출합니다. 재귀 내부에서 정렬 삽입 함수로 스택을 정렬합니다.

```
void sortStack(Stack *stk)
{
    int temp;
    if (StackIsEmpty(stk) == 0) {
        temp = StackPop(stk);
        sortStack(stk);
        sortedInsert(stk, temp);
    }
}
```

분석 시간 복잡도 O(n)인 sortedInsert를 n번 호출하므로 시간 복잡도는 $O(n^2)$입니다.

두 번째 해결책 스택 stk2를 추가해 같은 문제를 반복적으로 풀 수 있습니다. stk2는 원소를 항상 정렬된 순서로 저장하는 스택입니다. 원래 입력 스택에서 새 원소를 꺼낼 때마다 새 스택 stk2에 추가합니다.

```
void sortStack2(Stack *stk)
{
    int temp;
    Stack stk2;
    StackInitialize(&stk2);
    while (StackIsEmpty(stk) == 0) {
        temp = StackPop(stk);
        while ((StackIsEmpty(&stk2) == 0) && (StackTop(&stk2) < temp)) {
            StackPush(stk, StackPop(&stk2));
        }
        StackPush(&stk2, temp);
    }
    while (StackIsEmpty(&stk2) == 0) {
        StackPush(stk, StackPop(&stk2));
    }
}
```

분석 시간 복잡도는 $O(n^2)$입니다.

7.5.3 바닥에 삽입하기

문제 7-3 스택의 바닥에 원소를 삽입하는 함수를 작성하세요.

해결책

- 스택이 빌 때까지 재귀적으로 스택에서 원소를 꺼냅니다.

- 스택이 비면 입력 값을 스택에 삽입합니다.

- 꺼낸 값들을 다시 스택에 삽입합니다.

해결책 7-3

```
void bottomInsert(Stack *stk, int element)
{
    int temp;
    if (StackIsEmpty(stk)) {
        StackPush(stk, element);
    }
    else {
        temp = StackPop(stk);
        bottomInsert(stk, element);
```

```
            StackPush(stk, temp);
        }
    }
```

분석 시간 복잡도는 O(n)입니다.

7.5.4 스택 뒤집기

문제 7-4 스택의 원소 순서를 뒤집으세요.

첫 번째 해결책 재귀를 사용합니다. 스택의 원소를 꺼내서 bottomInsert() 함수로 바닥에 추가합니다. 이렇게 하면 모든 스택이 뒤집어집니다.

해결책 7-4-1

```
void reverseStack(Stack *stk)
{
    int temp;
    if (StackIsEmpty(stk) == 0) {
        temp = StackPop(stk);
        reverseStack(stk);
        bottomInsert(stk, temp);
    }
}
```

분석 시간 복잡도는 $O(n^2)$입니다.

두 번째 해결책 큐를 사용합니다.[1] 스택의 모든 원소를 꺼내어 큐에 삽입했다가 다시 큐에서 모든 원소를 꺼내어 스택에 삽입합니다. 이렇게 하면 스택이 뒤집어집니다.

해결책 7-4-2

```
void reverseStack2(Stack *stk)
{
    Queue que;
    QueueInitialize(&que);
    while (StackIsEmpty(stk) == 0) {
        QueueAdd(&que, StackPop(stk));
```

---

1   역주 큐와 구조체에 관한 설명은 8장에 나오니 8장을 참고하세요.

```
        }
    while (QueueIsEmpty(&que) == 0) }
        StackPush(stk, QueueRemove(&que));
    }
  }
```

분석 시간 복잡도는 O(n)입니다.

7.5.5 스택에서 k개 원소 뒤집기

문제 7-5 스택 꼭대기부터 k개 원소의 순서를 뒤집으세요.

해결책

- 큐를 생성합니다.

- 스택에서 k개의 원소를 꺼내 큐에 넣습니다.

- 그다음에 큐에서 원소를 꺼내 다시 스택에 넣습니다.

- 꼭대기부터 k개 원소의 순서가 뒤집어집니다.

해결책 7-5

```
void reverseKElementInStack(Stack *stk, int k)
{
    Queue que;
    QueueInitialize(&que);
    int i = 0;
    while (StackIsEmpty(stk) == 0 && i < k) {
        QueueAdd(&que, StackPop(stk));
        i++;
    }
    while (QueueIsEmpty(&que) == 0) {
        StackPush(stk, QueueRemove(&que));
    }
}
```

분석 시간 복잡도는 O(n)입니다.

7.5.6 큐 뒤집기

문제 7-6 큐의 원소 순서를 뒤집으세요.

해결책

- 큐가 빌 때까지 큐의 모든 원소를 스택에 넣습니다.
- 큐가 비면 스택에서 원소를 꺼내 큐에 넣습니다.
- 큐의 모든 원소 순서가 뒤집힙니다.

해결책 7-6

```c
void reverseQueue(Queue *que)
{
    Stack stk;
    StackInitialize(&stk);
    while (QueueIsEmpty(que) == 0) {
        StackPush(&stk, QueueRemove(que));
    }
    while (StackIsEmpty(&stk) == 0) {
        QueueAdd(que, StackPop(&stk));
    }
}
```

분석 시간 복잡도는 O(n)입니다.

7.5.7 큐에서 k개 원소 뒤집기

문제 7-7 큐의 앞에서부터 k개의 원소를 뒤집으세요.

해결책 앞에서부터 k개의 원소를 큐에서 꺼내 스택에 넣습니다. 그다음에 스택에서 원소를 꺼내 큐에 추가합니다. 이때 k개 원소의 순서는 뒤집히지만 큐의 끝에 추가됩니다. 뒤집어진 원소들을 큐의 앞으로 가져오려면 큐의 앞에 있는 원소들을 꺼내서 다시 큐의 뒤에 삽입합니다.

해결책 7-7

```c
void reverseKElementInQueue(Queue *que, int k)
{
    Stack stk;
    StackInitialize(&stk);
    int i = 0, diff, temp;
```

```
    while (QueueIsEmpty(que) == 0 && i < k) {
        StackPush(&stk, QueueRemove(que));
        i++;
    }

    while (StackIsEmpty(&stk) == 0) {
        QueueAdd(que, StackPop(&stk));
    }

    diff = QueueSize(que) - k;
    while (diff > 0) {
        temp = QueueRemove(que);
        QueueAdd(que, temp);
        diff -= 1;
    }
}
```

분석 시간 복잡도는 O(n)입니다.

7.5.8 하나의 리스트로 스택 두 개 구현하기

문제 7-8 하나의 리스트로 두 개의 스택을 구현하세요.

해결책 덱(dequeue)을 사용합니다. 첫 번째 스택은 덱의 왼쪽에서 원소를 추가하고 삭제합니다. 두 번째 스택은 덱의 오른쪽에서 원소를 추가하고 삭제합니다. 덱은 배열로 구현합니다.

해결책 7-8

```
typedef struct stack
{
    int top1;
    int top2;
    int data[MAX_SIZE];
} Stack;

void StackInitialize(Stack *stk)
{
    stk->top1 = -1;
    stk->top2 = MAX_SIZE;
}
```

```c
void StackPush1(Stack *stk, int data)
{
    if (stk->top1 < stk->top2 - 1) {
        stk->data[++stk->top1] = data;
    }
    else {
        printf("Stack is Full!\n");
    }
}

void StackPush2(Stack *stk, int data)
{
    if (stk->top1 < stk->top2 - 1) {
        stk->data[--stk->top2] = data;
    }
    else {
        printf("Stack is Full!\n");
    }
}

int StackPop1(Stack *stk)
{
    if (stk->top1 >= 0) {
        int value = stk->data[stk->top1--];
        printf("%d is being popped from Stack 1\n", value);
        return value;
    }
    else {
        printf("스택이 비어서 팝 할 수 없습니다.\n");
    }
    return ERROR_VALUE;
}

int StackPop2(Stack *stk)
{
    if (stk->top2 < MAX_SIZE) {
        int value = stk->data[stk->top2++];
        printf("%d is being popped from Stack 2\n", value);
        return value;
    }
    else {
        printf("스택이 비어서 팝 할 수 없습니다.\n");
    }
```

```
        return ERROR_VALUE;
    }

    int main()
    {
        Stack stk;
        StackInitialize(&stk);
        for (int i = 0; i < 20; i++) {
            StackPush1(&stk, i);
            StackPush2(&stk, i + 10);
        }
        for (int i = 0; i < 21; i++) {
            StackPop1(&stk);
            StackPop2(&stk);
        }
    }
```

분석 오버플로나 언더플로 조건을 주의해서 관리해야 합니다. 두 스택에서 삽입과 삭제에 드는 시간 복잡도는 O(1)입니다.

7.5.9 최소 스택

문제 7-9 O(1)의 시간 복잡도로 스택의 가장 작은 값을 가지는 원소를 찾는 스택을 구현하세요.

해결책 두 개의 스택을 사용합니다. 첫 번째 스택은 원소를 유지하는 일반적인 스택이고, 두 번째 스택은 최솟값을 유지합니다.

- **푸시** 스택1의 꼭대기에 원소를 삽입합니다. 스택2의 꼭대기 값과 스택 1에 삽입한 새 값을 비교합니다. 새 값이 더 작으면 스택2에 새 값을 삽입합니다. 그렇지 않으면 스택2의 꼭대기 값을 한 번 더 스택2에 넣습니다.
- **팝** 스택1에서 원소를 꺼내 반환합니다. 스택2 꼭대기에서도 원소를 꺼냅니다.
- **최솟값** 스택2의 꼭대기에서 꺼낸 값이 최솟값이 됩니다.

7.5.10 큐로 스택 구현하기

문제 7-10 큐로 스택을 구현하세요. 스택 연산의 실행 시간을 분석하세요.

해결책 8.4.2 큐로 스택 구현하기를 참고하세요.

7.5.11 균형 괄호 찾기

문제 7-11 {}, (), [] 같은 기호가 짝이 맞는지 확인하는 프로그램을 작성하세요. 닫는 기호는 가장 최근에 본 여는 기호와 일치해야 합니다. 예를 들어 '{()}, {() ([])}'는 짝이 맞는 균형 괄호[2]이고, '{((}, {()}'는 짝이 맞지 않는 불균형 괄호입니다.

해결책

- 여는 괄호를 만나면 입력 문자열을 순회하며 스택에 넣습니다. 닫는 괄호를 만나면 스택에서 괄호를 꺼내 닫는 괄호와 짝이 맞는지 비교합니다.

- 짝이 맞지 않으면 0을 반환합니다.

- 전체를 순회하다가 문자열의 끝에 도달했을 때 스택이 비어 있다면 모든 괄호는 짝이 맞는 균형 괄호입니다.

해결책 7-11

```
int isBalancedParenthesis(char *expn, int size)
{
    Stack stk;
    StackInitialize(&stk);
    char ch;
    for (int i = 0; i < size; i++) {
        ch = expn[i];
        if (ch == '{' || ch == '[' || ch == '(') {
            StackPush(&stk, ch);
        }
        else if (ch == '}') {
            if (StackPop(&stk) != '{') {
                return 0;
            }
        }
        else if (ch == ']') {
            if (StackPop(&stk) != '[') {
                return 0;
            }
```

---

2 **역주** 균형 괄호는 열린 괄호와 같은 수의 닫힌 괄호가 오른쪽에 있어서 괄호를 연 만큼 닫는 것입니다. (()), ()()는 균형 괄호이고, ()는 균형 괄호가 아닙니다.

```
            }
            else if (ch == ')') {
                if (StackPop(&stk) != '(') {
                    return 0;
                }
            }
        }
    }
    return (StackSize(&stk) == 0);
}


int main()
{
    char *expn = "{()}[]";
    int size = strlen(expn);
    int value = isBalancedParenthesis(expn, size);
    printf("Given Expn %s \n", expn);
    printf("Result after isParenthesisMatched: %d \n", value);
    return 0;
}
```

7.5.12 괄호의 최대 깊이 구하기

문제 7-12 균형 괄호에서 괄호의 최대 깊이를 찾으세요. 예를 들어 ()의 최대 깊이는 1이고, '((())()' 의 최대 깊이는 3입니다.

첫 번째 해결책 스택을 생성해 여는 괄호를 만나면 스택에 삽입하고 깊이 카운터를 증가시킵니다. 닫는 괄호를 만나면 여는 괄호를 스택에서 꺼내고 깊이 카운터를 감소시킵니다. 깊이 카운터를 추적해 최대 깊이를 찾습니다.

해결책 7-12-1

```
int maxDepthParenthesis(char *expn, int size)
{
    Stack stk;
    StackInitialize(&stk);
    int maxDepth = 0;
    int depth = 0;
    char ch;
    for (int i = 0; i < size; i++) {
        ch = expn[i];
```

```
            if (ch == '(') {
                StackPush(&stk, ch);
                depth += 1;
            }
            else if (ch == ')') {
                StackPop(&stk);
                depth -= 1;
            }
            if (depth > maxDepth) {
                maxDepth = depth;
            }
        }
    }
    return maxDepth;
}

int main()
{
    char *expn = "((((A)))(((BBB()))))()()()())";
    int size = strlen(expn);
    int value = maxDepthParenthesis(expn, size);
    printf("괄호의 최대 깊이: %d \n", value);
    return 0;
}
```

두 번째 해결책 괄호식의 균형 여부를 확인하지 않아도 되며, 이전 해결책과 달리 스택을 사용하지 않습니다. 여는 괄호를 만나면 depth 변수의 값을 증가시키고 닫는 괄호를 만나면 감소시킵니다. 이때 depth 변수의 값이 maxDepth 변수의 값보다 크면 저장해 최대 깊이를 찾습니다.

해결책 7-12-2

```
int maxDepthParenthesis2(char *expn, int size)
{
    int maxDepth = 0;
    int depth = 0;
    char ch;
    for (int i = 0; i < size; i++) {
        ch = expn[i];
        if (ch == '(') {
            depth += 1;
        }
        else if (ch == ')') {
            depth -= 1;
        }
```

```
            if (depth > maxDepth) {
                maxDepth = depth;
            }
        }
        return maxDepth;
    }
```

7.5.13 가장 긴 연속 균형 괄호 찾기

문제 7-13 여는 괄호와 닫는 괄호의 문자열에서 균형 괄호의 가장 긴 부분 문자열의 길이를 구하
세요.

해결책 7-13

```
int longestContBalParen(char *string, int size)
{
    Stack stk;
    StackInitialize(&stk);
    StackPush(&stk, -1);
    int length = 0;
    for (int i = 0; i < size; i++) {
        if (string[i] == '(') {
            StackPush(&stk, i);
        }
        else { // string[i] == ')'
            StackPop(&stk);
            if (StackSize(&stk) != 0) {
                length = max(length, i - StackTop(&stk));
            }
            else {
                StackPush(&stk, i);
            }
        }
    }
    return length;
}

int main()
{
    char *expn = "())((())(())()(()";
    int size = strlen(expn);
```

```
    int value = longestContBalParen(expn, size);
    printf("가장 긴 균형 괄호의 길이: %d \n", value);
    return 0;
}
```

7.5.14 괄호 뒤집기

문제 7-14 불균형인 괄호를 균형 괄호로 바꾸는 데 몇 번의 뒤집기을 해야 하는지 구하세요.

예시
입력)(()())(((
출력 3
입력)((((
출력 3

해결책

- 이미 균형 잡힌 괄호는 뒤집을 필요가 없으므로 먼저 삭제합니다. 균형 잡힌 괄호를 모두 삭제하면 '···))))((((···' 형태의 괄호가 남습니다.
- 여는 괄호의 개수는 openCount, 닫는 괄호의 개수는 closeCount라고 합시다.
- openCount가 짝수면 closeCount도 짝수입니다. 남은 원소의 절반을 뒤집으면 균형 잡힌 상태가 됩니다.
- openCount가 홀수면 closeCount도 홀수입니다. 이때 한 번 뒤집습니다.
- openCount / 2와 closeCount / 2만큼 뒤집으면 ')('가 남아 두 번 더 뒤집어야 하므로 다음 수식이 도출됩니다.
- 뒤집기 횟수 = math.ceil(OpenCount / 2.0) + math.ceil(CloseCount / 2.0)

해결책 7-14

```
int reverseParenthesis(char *expn, int size)
{
    Stack stk;
    StackInitialize(&stk);
    int openCount = 0;
    int closeCount = 0;
    char ch;
```

```c
    if (size % 2 == 1) {
        printf("Invalid odd length %d\n", size);
        return -1;
    }

    for (int i = 0; i < size; i++) {
        ch = expn[i];
        if (ch == '(') {
            StackPush(&stk, ch);
        }
        else if (ch == ')') {
            if (StackSize(&stk) != 0 && StackTop(&stk) == '(') {
                StackPop(&stk);
            }
            else {
                StackPush(&stk, ')');
            }
        }
    }

    while (StackSize(&stk) != 0) {
        if (StackPop(&stk) == '(') {
            openCount += 1;
        }
        else {
            closeCount += 1;
        }
    }

    int reversal = ceil(openCount / 2.0) + ceil(closeCount / 2.0);
    return reversal;
}

int main()
{
    char *expn = "())((()))(())()(()()()())";
    char *expn2 = ")(())(((";
    int size = strlen(expn2);
    int value = reverseParenthesis(expn2, size);
    printf("주어진 식: %s \n", expn2);
    printf("괄호 뒤집기 횟수: %d \n", value);
    return 0;
}
```

7.5.15 중복 괄호 찾기

문제 7-15 주어진 식에서 중복된 괄호를 찾으세요. 중복 괄호는 표현식의 결과를 바꾸지 않는 괄호입니다.

해결책 괄호가 0 또는 1개의 원소를 포함하면 중복입니다. 알고리즘은 ')'를 제외한 모든 원소를 스택에 넣어 작동합니다. ')'를 만나면 일치하는 짝을 찾아 괄호 사이의 모든 원소를 계산합니다. 이때 원소의 수가 0 또는 1이면 중복 괄호입니다.

해결책 7-15

```c
int findDuplicateParenthesis(char *expn, int size)
{
    Stack stk;
    StackInitialize(&stk);
    char ch;
    int count;

    for (int i = 0; i < size; i++) {
        ch = expn[i];
        if (ch == ')') {
            count = 0;
            while (StackSize(&stk) != 0 && StackTop(&stk) != '(') {
                StackPop(&stk);
                count += 1;
            }
            if (count <= 1) {
                return 1;
            }
        }
        else {
            StackPush(&stk, ch);
        }
    }

    return 0;
}

int main()
{
    char *expn = "(((a + b)) + c)";
    printf("주어진 식: %s \n", expn);
    int size = strlen(expn);
```

300

```
    int value = findDuplicateParenthesis(expn, size);
    printf("중복 괄호: %d", value);
    return 0;
}
```

7.5.16 괄호 번호 출력하기

문제 7-16 주어진 식에서 쌍이 되는 괄호에 차례대로 번호를 매기고 그 번호를 출력하세요.

예시
입력 (((a+(b))+(c+d)))
출력 1, 2, 3, 4, 4, 3, 5, 5, 2, 1

해결책 7-16

```
void printParenthesisNumber(char *expn, int size)
{
    char ch;
    Stack stk;
    StackInitialize(&stk);
    int output[10];
    int outputIndex = 0;
    int count = 1;

    for (int i = 0; i < size; i++) {
        ch = expn[i];
        if (ch == '(') {
            StackPush(&stk, count);
            output[outputIndex++] = count;
            count += 1;
        }
        else if (ch == ')') {
            output[outputIndex++] = StackPop(&stk);
        }
    }
    printf("괄호 번호: ");
    for (int i = 0; i < outputIndex; i++) {
        printf(" %d", output[i]);
    }
}
```

```
int main()
{
    char *expn1 = "(((a+(b))+(c+d)))";
    char *expn2 = "(((a+b))+c)((((";
    int size = strlen(expn1);
    printf("주어진 식1: %s \n", expn1);
    printParenthesisNumber(expn1, size);
    size = strlen(expn2);
    printf("\n주어진 식2: %s \n", expn2);
    printParenthesisNumber(expn2, size);
    return 0;
}
```

7.5.17 중위 표기, 전위 표기, 후위 표기

A + B와 같은 대수식(algebraic expression)이 있을 때, 이 식은 변수 A에 변수 B를 더한다는 의미입니다. 연산자 +가 피연산자 A와 B 사이에 있으므로 이런 표기법을 **중위 표기**(infix)라고 합니다.

다른 중위 표기식인 A + B × C를 봅시다. 이 식에는 +와 ×의 연산 순서에 따른 문제가 있습니다. A와 B를 먼저 더한 다음에 결과를 곱하거나 B와 C를 먼저 곱한 다음에 결과를 A에 더할 수 있습니다. 이런 이유로 식이 모호하게 합니다. 이 모호성을 해결하려면 우선 순위 규칙을 정의하거나 괄호를 사용해 모호성을 없애야 합니다. 따라서 B와 C를 먼저 곱한 결과를 A에 더하려면 A + (B × C)처럼 괄호를 사용해 같은 표현을 명확하게 작성할 수 있습니다. 또한, A와 B를 먼저 더한 합에 C를 곱하려면 (A + B) × C를 사용합니다. 따라서 중위 표기에서 명확하게 표현하려면 괄호가 필요합니다.

- **중위 표기**(infix) 연산자를 피연산자 중간에 배치합니다.
- **전위 표기**(prefix) 연산자를 피연산자의 시작에 배치합니다.
- **후위 표기**(postfix) 연산자를 피연산자의 끝에 배치합니다.

중위 표기	전위 표기	후위 표기
A + B	+ A B	A B +
A + (B × C)	+ A × B C	A B C × +
(A + B) × C	× + A B C	A B + C ×

사용하기에 좋은 중위 표기가 있는데 왜 부자연스러운 전위 표기나 후위 표기가 필요한지 의문을 가질 수 있습니다. 중위 표기는 모호해서 식을 명확하게 하려면 괄호가 필요하기 때문입니다. 하지만 전위 표기나 후위 표기는 어떤 괄호도 필요하지 않습니다.

중위 표기를 후위 표기로 변환하기

문제 7-17 중위 표기를 후위 표기로 변환하는 함수를 작성하세요.

해결책

- 피연산자는 들어오는 순서대로 출력합니다.
- 스택이 비어 있거나 꼭대기에 여는 괄호 '('가 있으면 들어오는 연산자를 스택에 넣습니다.
- 들어오는 기호가 여는 괄호 '('이면 스택에 여는 괄호를 넣습니다.
- 들어오는 기호가 닫는 괄호 '('이면 여는 괄호 '('가 나타날 때까지 스택에서 연산자를 꺼내 출력합니다. 괄호는 모두 버립니다.
- 들어오는 연산자가 스택의 꼭대기에 있는 연산자보다 우선순위가 있으면 스택에 넣습니다.
- 들어오는 연산자와 스택 꼭대기에 있는 연산자의 우선순위가 같으면 연산자를 결합합니다. 결합 방향이 왼쪽에서 오른쪽이면 스택 꼭대기에서 연산자를 꺼내 출력합니다. 그런 다음에 들어오는 연산자를 스택에 넣습니다. 결합 방향이 오른쪽에서 왼쪽이면 들어오는 연산자를 스택에 넣습니다.[3]
- 스택 꼭대기에 있는 연산자가 들어오는 연산자보다 우선순위가 있으면 꼭대기에 있는 연산자를 꺼내 출력합니다. 그런 다음에 다시 들어오는 연산자를 스택 꼭대기에 있는 새 연산자와 비교합니다.
- 식이 끝나면 스택의 모든 연산자를 꺼내 출력합니다.

해결책 7-17

```
int precedence(char x)
{
    if (x == '(') {
        return(0);
    }
    if (x == '+' || x == '-') {
        return(1);
    }
```

---

3   **역주** 사칙 연산에서는 오른쪽에서 왼쪽으로 결합하는 연산자가 없습니다. 예제 코드도 오른쪽에서 왼쪽의 결합 방향에 대한 구현이 없습니다.

```c
    if (x == '*' || x == '/' || x == '%') {
        return(2);
    }
    if (x == '^') {
        return(3);
    }
    return(4);
}


void infixToPostfix(char *expn, char *output)
{
    Stack stk;
    StackInitialize(&stk);
    char ch, op;
    int i = 0;
    int index = 0;
    int digit = 0;

    while ((ch = expn[i++]) != '\0') {
        if (isdigit(ch)) {
            output[index++] = ch;
            digit = 1;
        }
        else {
            if (digit) {
                output[index++] = ' ';
                digit = 0;
            }
            switch (ch) {
            case '+':
            case '-':
            case '*':
            case '/':
            case '%':
            case '^':
                while (!StackIsEmpty(&stk) && precedence(ch) <=
precedence(StackTop(&stk))) {
                    op = StackPop(&stk);
                    output[index++] = op;
                    output[index++] = ' ';
                }
                StackPush(&stk, ch);
                break;
```

```
            case '(':
                StackPush(&stk, ch);
                break;
            case ')':
                while (!StackIsEmpty(&stk) && (op = StackPop(&stk)) != '(') {
                    output[index++] = op;
                    output[index++] = ' ';
                }
                break;
            }
        }
    }

    while (!StackIsEmpty(&stk)) {
        op = StackPop(&stk);
        output[index++] = op;
        output[index++] = ' ';
    }
    output[index++] = '\0';
}

int main()
{
    char expn[] = "10 + ((3)) * 5 / (16 - 4)";
    char out[100];
    infixToPostfix(expn, out);
    printf("중위 표기: %s \n", expn);
    printf("후위 표기: %s \n", out);
}
```

중위 표기를 전위 표기로 변환하기

문제 7-18 중위 표기를 전위 표기로 변환하는 함수를 작성하세요.

해결책

- 중위 표기 식을 뒤집습니다.

- 뒤집은 식에서 ')'를 '('로 '('를 ')'로 바꿉니다.

- 이 식을 앞에서 작성한, 중위 표기를 후위 표기로 변환하는 함수에 적용합니다.

- 생성된 후위 표기 식을 다시 뒤집으면 전위 표기 식이 됩니다.

```c
void reverseString(char *a)
{
    int lower = 0;
    int upper = strlen(a) - 1;
    char tempChar;
    while (lower < upper) {
        tempChar = a[lower];
        a[lower] = a[upper];
        a[upper] = tempChar;
        lower++;
        upper--;
    }
}

void replaceParanthesis(char *a)
{
    int lower = 0;
    int upper = strlen(a) - 1;
    while (lower <= upper) {
        if (a[lower] == '(') {
            a[lower] = ')';
        }
        else if (a[lower] == ')') {
            a[lower] = '(';
        }
        lower++;
    }
}

void infixToPrefix(char *expn, char *output)
{
    reverseString(expn);
    replaceParanthesis(expn);
    infixToPostfix(expn, output);
    reverseString(output);
}

int main()
{
    char expn[] = "10 + ((3)) * 5 / (16 - 4)";
    char out[100];
    printf("중위 표기: %s \n", expn);
```

```
    infixToPrefix(expn, out);
    printf("전위 표기: %s \n", out);
    return 0;
}
```

후위 표기 식 계산하기

문제 7-19 후위 표기 식을 계산하는 함수를 작성하세요. 예를 들어 '1 2 + 3 4 + ×' 식의 결과는
21입니다.

해결책

- 값 또는 피연산자를 저장할 스택을 만듭니다.

- 주어진 식을 스캔해 각 원소에 대해 다음을 수행합니다.

  - 원소가 숫자면 스택에 넣습니다.

  - 원소가 연산자면 스택에서 값을 꺼내어 연산자로 값을 계산하고 그 결과를 스택에 넣습
    니다.

- 식을 완전히 스캔했을 때 스택에 있는 값이 결과입니다.

해결책 7-19

```
int postfixEvaluate(char *postfx)
{
    Stack s;
    StackInitialize(&s);
    int i = 0, op1, op2;
    char ch;
    int digit = 0;
    int value = 0;

    while ((ch = postfx[i++]) != '\0') {
        if (isdigit(ch)) {
            digit = 1;
            value = value * 10 + (ch - '0');
        }
        else if (ch == ' ') {
            if (digit == 1) {
                StackPush(&s, value); /* 피연산자를 넣습니다. */
                digit = 0;
                value = 0;
            }
```

```
        }
        else {
            op2 = StackPop(&s);
            op1 = StackPop(&s);
            switch (ch) {
            case '+':
                StackPush(&s, op1 + op2);
                break;
            case '-':
                StackPush(&s, op1 - op2);
                break;
            case '*':
                StackPush(&s, op1 * op2);
                break;
            case '/':
                StackPush(&s, op1 / op2);
                break;
            }
        }
    }

    return StackTop(&s);
}

int main()
{
    char expn[] = "6 5 2 3 + 8 * + 3 + *";
    int value = postfixEvaluate(expn);
    printf("주어진 후위 표기 식: %s \n", expn);
    printf("계산 결과: %d", value);
}
```

7.5.18 스택 기반 거부

스택 기반 거부(stack based rejection) 기술은 특정 거부 속성[4]의 데이터를 처리하는 데 사용합니다. 일부 인덱스의 값은 그 전에 처리된 다른 값을 거부하는 데 사용합니다. 거부된 값은 나머지 처리에서 중요하지 않은 값입니다. 이와 관련된 몇 가지 예제를 살펴보겠습니다.

---

4   [역주] 문제의 정의에서 데이터가 특정 값 이하면 처리하지 않아도 되는 것을 의미합니다.

주가 스팬 구하기

문제 7-20 배열 A[i]는 일별 주가 목록입니다. 이 배열로 일별 주가 스팬을 구하세요.

주가 스팬(span)이란 주가가 해당 날짜보다 낮은 최대 연속 일수입니다. 막대그래프에서 현재 막대의 왼쪽에서 현재 막대보다 값이 작은 연속된 막대의 수가 주가 스팬입니다.

▼ 그림 7-3 주가 스팬

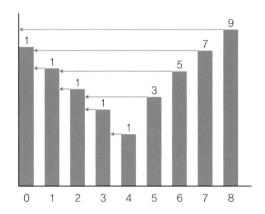

첫 번째 해결책 두 개의 반복문으로 무차별 대입합니다. 외부 반복문은 막대그래프의 원소인 바(막대 번호)를 선택합니다. 내부 반복문은 현재 막대보다 작은 막대가 연속된 수를 찾는 데 사용합니다.

해결책 7-20-1

```
int *StockSpanRange(int arr[], int size)
{
    int *SR = (int*)malloc(sizeof(int) * size);
    SR[0] = 1;
    int i = 1;
    int j;
    while (i < size) {
        SR[i] = 1;
        j = i - 1;
        while ((j >= 0) && (arr[i] >= arr[j])) {
            SR[i] += 1;
            j -= 1;
        }
        i += 1;
    }
    return SR;
}
```

분석 각 막대의 길이를 이전 막대와 비교하므로 시간 복잡도는 O(n^2)입니다.

두 번째 해결책 첫 번째 해결책은 각 막대와 이전 막대의 길이를 비교합니다. 비교하다 보면 현재 막대보다 큰 막대의 인덱스를 얻을 수 있습니다. 큰 막대의 인덱스를 m, 현재 막대의 인덱스를 n이라고 가정하면 스팬의 범위는 (n - m)입니다. 스택을 사용하면 약간의 계산으로 이 인덱스를 구할 수 있습니다.

- 주가 입력 배열을 arr이라고 합니다.
- 인덱스 값을 저장할 스택을 만들고 0의 값을 넣습니다.
- 주가 입력 배열의 값을 탐색합니다.
- 분석 중인 현재 인덱스를 curr, 스택 꼭대기의 인덱스를 top이라고 합니다.
- arr[curr]의 각 값은 arr[top]과 비교합니다.
- arr[curr]의 값이 arr[top]보다 작을 때 curr을 스택에 넣습니다.
- arr[curr] 값이 arr[top] 값 이상이면 arr[curr] < arr[top]이 될 때까지 스택에서 값을 꺼냅니다. 그런 다음에 스택에 curr을 넣습니다.
- 주가 범위를 SR[curr] = curr - top으로 저장합니다.
- 입력 배열의 모든 인덱스에 대해 이 과정을 반복하면 SR 배열이 채워집니다.

해결책 7-20-2

```
int *StockSpanRange2(int *arr, int size)
{
    Stack stk;
    StackInitialize(&stk);
    int *SR = (int*)malloc(sizeof(int) * size);
    StackPush(&stk, 0);
    SR[0] = 1;
    int i = 1;

    while (i < size) {
        while (StackSize(&stk) != 0 && arr[StackTop(&stk)] <= arr[i]) {
            StackPop(&stk);
        }
        if (StackSize(&stk) == 0) {
            SR[i] = i + 1;
        }
        else {
            SR[i] = i - StackTop(&stk);
```

```
        }
        StackPush(&stk, i);
        i += 1;
    }

    return SR;
}
```

분석

- 입력 배열의 각 값에 대해 인덱스는 스택에 한 번만 추가되며 해당 인덱스는 스택에서 한 번만 꺼낼 수 있습니다.

- 각 비교 작업은 스택에 값을 추가하거나 스택에서 값을 가져옵니다. 따라서 배열에 n개의 원소가 있을 때 최대 2n번까지 비교하므로 알고리즘은 선형입니다.

- 시간 복잡도는 O(n)이며, 공간 복잡도는 스택에 대해 O(n)입니다.

최대 면적 직사각형 찾기

문제 7–21 단위 너비의 사각형 막대그래프가 주어질 때 막대그래프에서 최대 면적의 직사각형을 찾고 그 크기를 구하세요.

▼ 그림 7-4 막대 그래프에서 최대 면적 직사각형 찾기

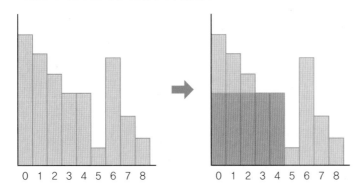

첫 번째 해결책 가장 큰 영역을 찾기 위해 두 개의 반복문으로 무차별 대입 접근법을 사용합니다. 직사각형의 오른쪽 경계를 찾기 위한 외부 반복문과 직사각형의 왼쪽 경계를 찾기 위한 내부 반복문을 사용합니다. 이 접근법의 시간 복잡도는 O(n²)입니다.

```c
int GetMaxArea(int arr[], int size)
{
    int maxArea = -1;
    int minHeight = 0;
    int i = 1;
    int j;
    int currArea;

    while (i < size) {
        minHeight = arr[i];
        j = i - 1;
        while (j >= 0) {
            if (minHeight > arr[j]) {
                minHeight = arr[j];
            }
            currArea = minHeight * (i - j + 1);
            if (maxArea < currArea) {
                maxArea = currArea;
            }
            j -= 1;
        }
        i += 1;
    }

    return maxArea;
}

int main()
{
    int arr[] = { 7, 6, 5, 4, 4, 1, 6, 3, 1 };
    int size = sizeof(arr) / sizeof(int);
    int value = GetMaxArea(arr, size);
    printf("최대 면적: %d ", value);
    return 0;
}
```

두 번째 해결책 인덱스를 포함한 오름차순의 스택을 만듭니다. 현재 인덱스 값이 스택의 꼭대기에 있는 값보다 작으면 현재 인덱스를 스택에 넣습니다. 현재 인덱스 값이 스택 바닥에 있는 값보다 작으면 최상위 값이 현재 인덱스 값보다 작을 때까지 스택에서 꺼냅니다. 스택에서 꺼낸 값은 사각형을 만드는 데 기여합니다. 사각형의 높이는 arr[top]입니다. 너비는 빈 스택일 때 i, 그 외는 (i - stk[-1] - 1)입니다. 이 접근법의 시간 복잡도는 O(n)입니다.

```
int GetMaxArea2(int arr[], int size)
{
    Stack stk;
    StackInitialize(&stk);
    int maxArea = 0;
    int i = 0;
    int top, topArea;

    while (i < size) {
        while ((i < size) && (StackSize(&stk) == 0 || arr[StackTop(&stk)] <= arr[i])) {
            StackPush(&stk, i);
            i += 1;
        }
        while (StackSize(&stk) != 0 && (i == size || arr[StackTop(&stk)] > arr[i])) {
            top = StackTop(&stk);
            StackPop(&stk);
            if (StackSize(&stk) == 0) {
                topArea = arr[top] * i;
            }
            else {
                topArea = arr[top] * (i - StackTop(&stk) - 1);
            }
            if (maxArea < topArea) {
                maxArea = topArea;
            }
        }
    }

    return maxArea;
}
```

주식 분석가 문제

문제 7-22 한 주식 분석가가 여러분에게 접근해 일부 주식에서 주가 상승 지점을 찾는 프로그램을 작성해 달라고 합니다. 주가 상승 지점은 이전 모든 주가보다 높을 때를 의미합니다. 주가는 최근 값부터 먼저 무한 스트림으로 제공됩니다(데이터는 역순으로 제공됩니다). 예를 들어 주가가 [20, 19, 10, 21, 40, 35, 39, 50, 45, 42]이면 주가 상승 지점은 20, 21, 40, 50이지만, 실제 데이터는 역순으로 제공됩니다.

해결책

- 오래된 값부터 새로운 값 순으로 데이터가 제공되면 변수 한 개로 지금까지의 최댓값을 저장해 선형 시간에 수행할 수 있습니다. 그런데 이 문제에서는 데이터가 역순으로 제공됩니다. 한 지점에서 어떤 값을 처리할 때 상승 지점이 될지 알 수 없습니다.

- 스택으로 데이터를 저장합니다.

- 스트림에서 입력을 읽습니다. 스택 꼭대기의 값이 입력 값보다 작으면 입력 값보다 작을 때까지 스택에서 값을 꺼냅니다. 그런 다음에 입력 값을 스택에 넣습니다.

- 스택 꼭대기의 값이 입력 값보다 크면 입력 값을 스택에 넣습니다. 마지막에 스택에 저장된 값들이 주가 상승 지점입니다.

분석 이 해결책의 시간 복잡도는 O(n)입니다.

다음으로 큰 원소 찾기

문제 7-23 배열에서 각 원소의 다음으로 큰 원소를 출력하는 함수를 작성하세요.

첫 번째 해결책 무차별 대입 접근법을 사용합니다. 배열에서 각 인덱스의 오른쪽을 순회하며 더 큰 값을 찾습니다. 이 해결책의 시간 복잡도는 O(n²)입니다.

해결책 7-23-1

```
void nextLargerElement(int arr[], int size)
{
    int *output = (int*)malloc(sizeof(int) * size);
    int outIndex = 0;
    int next;

    for (int i = 0; i < size; i++) {
        next = -1;
        for (int j = i + 1; j < size; j++) {
            if (arr[i] < arr[j]) {
                next = arr[j];
                break;
            }
        }
        output[outIndex++] = next;
    }
    printArray(output, outIndex);
}
```

두 번째 해결책 배열의 원소를 처리하는 과정을 살펴봅시다. i번째 원소보다 작은 원소는 i번째 인덱스의 오른쪽에 큰 원소가 없습니다. 따라서 i번째 원소의 왼쪽에 있으면서 i번째 원소보다 작은 원소는 i보다 큰 인덱스의 원소와 독립적입니다. 따라서 스택 기반 거부 방법이 적용합니다.

- 빈 스택을 만듭니다. 이 스택은 내림차순으로 정렬된 원소의 인덱스를 가집니다.
- 입력 배열을 순회합니다.
- 스택 꼭대기의 원소가 현재 원소보다 작으면 스택에서 원소를 꺼내어 큰 원소임을 현재 인덱스로 표시합니다. 스택 꼭대기의 인덱스 값이 현재 값보다 클 때까지 이 과정을 반복합니다.
- 입력 배열을 처리하면 다음 큰 원소가 있는 인덱스가 채워집니다.
- 스택에 있는 인덱스는 다음 큰 원소가 없으므로 출력 배열에서 해당 인덱스를 –1로 표시합니다.

해결책 7-23-2

```
void nextLargerElement2(int arr[], int size)
{
    Stack stk;
    StackInitialize(&stk);
    int *output = (int*)malloc(sizeof(int) * size);
    int index = 0;
    int curr;

    for (int i = 0; i < size; i++) {
        curr = arr[i];
        // 스택의 데이터는 항상 내림차순입니다.
        while (StackIsEmpty(&stk) == 0 && arr[StackTop(&stk)] <= curr) {
            index = StackPop(&stk);
            output[index] = curr;
        }
        StackPush(&stk, i);
    }

    // 더 큰 값이 없는 인덱스
    while (StackIsEmpty(&stk) == 0) {
        index = StackPop(&stk);
        output[index] = -1;
    }

    printArray(output, size);
}
```

다음으로 작은 원소 찾기

문제 7-24 배열에서 각 원소의 다음으로 작은 원소를 출력하는 함수를 작성하세요.

첫 번째 해결책 무차별 대입 접근법을 사용합니다. 배열에서 각 인덱스의 오른쪽을 순회하며 더 작은 값을 찾습니다. 시간 복잡도는 $O(n^2)$입니다.

두 번째 해결책 배열의 원소를 처리하는 과정을 살펴봅시다. i번째 원소보다 큰 원소는 i번째 인덱스의 오른쪽에 더 작은 원소가 없습니다. 따라서 i번째 원소의 왼쪽에 있으면서 i번째 원소보다 큰 원소는 i보다 큰 인덱스의 원소와 독립적입니다. 따라서 스택 기반 거부 방법이 적용합니다.

해결책 7-24

```
void nextSmallerElement(int arr[], int size)
{
    Stack stk;
    StackInitialize(&stk);
    int *output = (int*)malloc(sizeof(int) * size);
    int curr, index;

    for (int i = 0; i < size; i++) {
        curr = arr[i];
        // 스택의 데이터는 항상 오름차순입니다.
        while (StackIsEmpty(&stk) == 0 && arr[StackTop(&stk)] > curr) {
            index = StackPop(&stk);
            output[index] = curr;
        }
        StackPush(&stk, i);
    }

    // 더 작은 값이 없는 인덱스
    while (StackIsEmpty(&stk) == 0) {
        index = StackPop(&stk);
        output[index] = -1;
    }
    printArray(output, size);
}
```

원형 배열에서 다음으로 큰 원소 찾기

문제 7-25 원형 배열에서 각 원소의 다음으로 큰 원소를 출력하는 함수를 작성하세요.

첫 번째 해결책 무차별 대입 접근법을 사용합니다. 배열의 원소의 수가 n이라고 했을 때 인덱스마다 n-1개 노드를 순회해 큰 값을 찾습니다. 시간 복잡도는 $O(n^2)$입니다.

두 번째 해결책 이 해결책은 **다음으로 큰 원소 찾기** 문제와 유사하며 2n-1개의 원소를 순회하는 점만 다릅니다. 각 노드에 대해 유효한 가장 먼 노드는 최대 n-1 거리에 있습니다. 따라서 총 n+(n-1)개의 노드를 순회합니다. 따라서 시간 복잡도는 $O(n)$입니다.

해결책 7-25

```
void nextLargerElementCircular(int arr[], int size)
{
    Stack stk;
    int curr, index;
    StackInitialize(&stk);
    int *output = (int*)malloc(sizeof(int) * size);

    for (int i = 0; i < (2 * size - 1); i++) {
        curr = arr[i % size];
        // 스택의 데이터는 항상 내림차순입니다.
        while (StackIsEmpty(&stk) == 0 && arr[StackTop(&stk)] <= curr) {
            index = StackPop(&stk);
            output[index] = curr;
        }
        StackPush(&stk, i % size);
    }

    // 더 큰 값이 없는 인덱스
    while (StackIsEmpty(&stk) == 0) {
        index = StackPop(&stk);
        output[index] = -1;
    }

    printArray(output, size);
}

int main()
{
    int arr[] = { 6, 3, 9, 8, 10, 2, 1, 15, 7 };
```

```
    int size = sizeof(arr) / sizeof(int);
    nextLargerElementCircular(arr, size);
    return 0;
}
```

스택을 사용한 깊이 우선 탐색

깊이 우선 탐색에서는 막다른 길에 다다를 때까지 하위 경로를 탐색합니다. 막다른 길에 다다르면 대체 경로를 찾기 위해 스택에서 꺼내 역추적합니다.

1. 스택을 만듭니다.

2. 시작점을 만듭니다.

3. 스택에 시작점을 넣습니다.

4. 찾는 값을 발견하거나 스택이 빌 때까지 반복합니다.

   4-1. 스택에서 꺼냅니다.

   4-2. 방금 시도한 지점 이후의 모든 가능한 지점을 찾습니다.

   4-3. 이 지점들을 스택에 넣습니다.

7.5.19 재귀를 사용하는 격자 기반 문제

격자 기반 문제는 이차원 배열을 일부 순회하는 조건을 제시합니다. 예들 들어 체스판 문제에서 기사(knight)를 시작 위치에서 최종 위치로 이동하는 데 필요한 최소 단계 수를 구하거나 이차원 배열로 표시되는 격자의 일부에 썩은 과일이 놓여 있을 때 모든 과일이 썩는 데 걸리는 일수를 구해야 합니다. 이런 문제는 너비 우선 탐색(BFS) 또는 깊이 우선 탐색(DFS)이 필요하며, 특정 셀이 처리되는지를 추적하는 데 이차원 배열을 사용합니다.

썩은 과일

문제 7-26 이차원 격자에 과일이 있으며 그중에 일부는 썩었습니다. 썩은 과일은 인접한 과일을 하루만에 썩게 합니다. 격자의 모든 과일이 썩게 되는 최대 일수를 구하세요.

해결책 깊이 우선 탐색과 재귀를 사용합니다. 부패를 추적하기 위해 탐색 배열을 만듭니다.

```
void RottenFruitUtil(int arr[][5], int maxCol, int maxRow,
                     int currCol, int currRow, int **traversed, int day)
{
    // 범위 확인
    if (currCol < 0 || currCol >= maxCol || currRow < 0 || currRow >= maxRow) {
        return;
    }

    // 아직 썩지 않았거나 과일이 없으면 반환합니다.
    if (traversed[currCol][currRow] <= day || arr[currCol][currRow] == 0) {
        return;
    }

    // 부패 시간을 업데이트합니다.
    traversed[currCol][currRow] = day;

    // 각 줄은 4방향으로의 이동을 의미합니다.
    RottenFruitUtil(arr, maxCol, maxRow, currCol - 1, currRow, traversed, day + 1);
    RottenFruitUtil(arr, maxCol, maxRow, currCol + 1, currRow, traversed, day + 1);
    RottenFruitUtil(arr, maxCol, maxRow, currCol, currRow + 1, traversed, day + 1);
    RottenFruitUtil(arr, maxCol, maxRow, currCol, currRow - 1, traversed, day + 1);
}

int RottenFruit(int arr[][5], int maxCol, int maxRow)
{
    int **traversed;
    traversed = (int**)malloc(maxCol * sizeof(int*));

    for (int i = 0; i < maxCol; i++) {
        traversed[i] = (int*)malloc(maxRow * sizeof(int));
        for (int j = 0; j < maxRow; j++) {
            traversed[i][j] = infi;
        }
    }

    for (int i = 0; i < maxCol; i++) {
        for (int j = 0; j < maxRow; j++) {
            if (arr[i][j] == 2) {
                RottenFruitUtil(arr, maxCol, maxRow, i, j, traversed, 0);
            }
        }
    }
```

```
        int maxDay = 0;
        for (int i = 0; i < maxCol; i++) {
            for (int j = 0; j < maxRow; j++) {
                if (arr[i][j] == 1) {
                    if (traversed[i][j] == infi) {
                        return -1;
                    }
                    if (maxDay < traversed[i][j]) {
                        maxDay = traversed[i][j];
                    }
                }
            }
        }

        for (int i = 0; i < maxCol; i++) {
            free(traversed[i]);
        }
        free(traversed);
        return maxDay;
}

int main()
{
    int arr[5][5] = {
        {1, 0, 1, 1, 0},
        {2, 1, 0, 1, 0},
        {0, 0, 0, 2, 1},
        {0, 2, 0, 0, 1},
        {1, 1, 0, 0, 1} };

    printf("%d", RottenFruit(arr, 5, 5));
    return 0;
}
```

기사의 이동

문제 7-27 체스판과 기사의 시작 위치가 주어집니다. 시작 위치에서 최종 위치로 기사를 옮길 때
필요한 최소 단계 수를 구하세요.

```
void StepsOfKnightUtil(int size, int currCol, int currRow, int **traversed, int dist)
{
    // 범위 확인
    if (currCol < 0 || currCol >= size || currRow < 0 || currRow >= size) {
        return;
    }

    // 방문했던 곳이 아니면 탐색을 계속합니다.
    if (traversed[currCol][currRow] <= dist) {
        return;
    }

    // 거리 업데이트
    traversed[currCol][currRow] = dist;

    // 각 줄은 8방향으로의 이동을 의미합니다.
    StepsOfKnightUtil(size, currCol - 2, currRow - 1, traversed, dist + 1);
    StepsOfKnightUtil(size, currCol - 2, currRow + 1, traversed, dist + 1);
    StepsOfKnightUtil(size, currCol + 2, currRow - 1, traversed, dist + 1);
    StepsOfKnightUtil(size, currCol + 2, currRow + 1, traversed, dist + 1);
    StepsOfKnightUtil(size, currCol - 1, currRow - 2, traversed, dist + 1);
    StepsOfKnightUtil(size, currCol + 1, currRow - 2, traversed, dist + 1);
    StepsOfKnightUtil(size, currCol - 1, currRow + 2, traversed, dist + 1);
    StepsOfKnightUtil(size, currCol + 1, currRow + 2, traversed, dist + 1);
}

int StepsOfKnight(int size, int srcX, int srcY, int dstX, int dstY)
{
    int **traversed;
    traversed = (int**)malloc(size * sizeof(int*));

    for (int i = 0; i < size; i++) {
        traversed[i] = (int*)malloc(size * sizeof(int));
        for (int j = 0; j < size; j++) {
            traversed[i][j] = infi;
        }
    }

    StepsOfKnightUtil(size, srcX - 1, srcY - 1, traversed, 0);
    int retval = traversed[dstX - 1][dstY - 1];

    for (int i = 0; i < size; i++) {
```

7

정렬

```
            free(traversed[i]);
        }
        free(traversed);

        return retval;
    }

    int main()
    {
        printf(" %d ", StepsOfKnight(20, 10, 10, 20, 20));
        return 0;
    }
```

가장 가까운 거리

문제 7-28 일부 셀은 1로, 나머지 셀은 0으로 채워진 이차원 배열의 행렬이 있습니다. 값이 1인 셀 중 하나와 각 0 원소 사이의 최소 거리를 가지는 이차원 배열을 만드세요.

해결책 7-28

```
void DistNearestFillUtil(int arr[][5], int maxCol, int maxRow,
                         int currCol, int currRow, int **traversed, int dist)
{
    // 범위 확인
    if (currCol < 0 || currCol >= maxCol || currRow < 0 || currRow >= maxRow) {
        return;
    }

    // 더 가까운 거리가 있다면 순회합니다.
    if (traversed[currCol][currRow] <= dist) {
        return;
    }

    // 거리 업데이트
    traversed[currCol][currRow] = dist;

    // 각 줄은 4방향으로의 이동을 의미합니다.
    DistNearestFillUtil(arr, maxCol, maxRow, currCol - 1, currRow, traversed, dist + 1);
    DistNearestFillUtil(arr, maxCol, maxRow, currCol + 1, currRow, traversed, dist + 1);
    DistNearestFillUtil(arr, maxCol, maxRow, currCol, currRow + 1, traversed, dist + 1);
    DistNearestFillUtil(arr, maxCol, maxRow, currCol, currRow - 1, traversed, dist + 1);
}
```

```c
void DistNearestFill(int arr[][5], int maxCol, int maxRow)
{
    int **traversed;
    traversed = (int**)malloc(maxCol * sizeof(int*));

    for (int i = 0; i < maxCol; i++) {
        traversed[i] = (int*)malloc(maxRow * sizeof(int));
        for (int j = 0; j < maxRow; j++) {
            traversed[i][j] = infi;
        }
    }

    for (int i = 0; i < maxCol; i++) {
        for (int j = 0; j < maxRow; j++) {
            if (arr[i][j] == 1) {
                DistNearestFillUtil(arr, maxCol, maxRow, i, j, traversed, 0);
            }
        }
    }

    for (int i = 0; i < maxCol; i++) {
        for (int j = 0; j < maxRow; j++) {
            printf("%d ", traversed[i][j]);
        }
        printf("\n");
    }

    for (int i = 0; i < maxCol; i++) {
        free(traversed[i]);
    }
    free(traversed);
}

int main()
{
    int arr[5][5] = {
        {1, 0, 1, 1, 0},
        {1, 1, 0, 1, 0},
        {0, 0, 0, 0, 1},
        {0, 0, 0, 0, 1},
        {0, 0, 0, 0, 1} };
    DistNearestFill(arr, 5, 5);
    return 0;
}
```

가장 큰 섬

문제 7-29 이차원 배열로 표시된 지도가 있습니다. 1은 땅이고, 0은 물을 나타낼 때 가장 큰 육지를 찾으세요. 가장 큰 육지는 1이 가장 많습니다. 또는, 1을 가장 많이 포함하는 경로를 찾으세요.

```
int findLargestIslandUtil(int arr[][5], int maxCol, int maxRow,
                          int currCol, int currRow, int value, int **traversed)
{
    if (currCol < 0 || currCol >= maxCol || currRow < 0 || currRow >= maxRow)
        return 0;

    if (traversed[currCol][currRow] == 1 || arr[currCol][currRow] != value)
        return 0;

    traversed[currCol][currRow] = 1;
    // 각 호출은 8방향을 의미합니다.
    return 1 +
        findLargestIslandUtil(arr, maxCol, maxRow, currCol - 1, currRow - 1, value,
traversed) +
        findLargestIslandUtil(arr, maxCol, maxRow, currCol - 1, currRow, value,
traversed) +
        findLargestIslandUtil(arr, maxCol, maxRow, currCol - 1, currRow + 1, value,
traversed) +
        findLargestIslandUtil(arr, maxCol, maxRow, currCol, currRow - 1, value,
traversed) +
        findLargestIslandUtil(arr, maxCol, maxRow, currCol, currRow + 1, value,
traversed) +
        findLargestIslandUtil(arr, maxCol, maxRow, currCol + 1, currRow - 1, value,
traversed) +
        findLargestIslandUtil(arr, maxCol, maxRow, currCol + 1, currRow, value,
traversed) +
        findLargestIslandUtil(arr, maxCol, maxRow, currCol + 1, currRow + 1, value,
traversed);
}

int findLargestIsland(int arr[][5], int maxCol, int maxRow)
{
    int maxVal = 0;
    int currVal = 0;
    int **traversed;
    traversed = (int**)malloc(maxCol * sizeof(int*));
```

```c
    for (int i = 0; i < maxCol; i++) {
        traversed[i] = (int*)malloc(maxRow * sizeof(int));
        for (int j = 0; j < maxRow; j++) {
            traversed[i][j] = infi;
        }
    }

    for (int i = 0; i < maxCol; i++) {
        for (int j = 0; j < maxRow; j++) {
            currVal = findLargestIslandUtil(arr, maxCol, maxRow, i, j, arr[i][j],
traversed);
            if (currVal > maxVal) {
                maxVal = currVal;
            }
        }
        break;
    }

    for (int i = 0; i < maxCol; i++) {
        free(traversed[i]);
    }
    free(traversed);
    return maxVal;
}

int main()
{
    int arr[5][5] = {
        {1, 0, 1, 1, 0},
        {1, 0, 0, 1, 0},
        {0, 1, 1, 1, 1},
        {0, 1, 0, 0, 0},
        {1, 1, 0, 0, 1} };
    printf("Largest Island : %d", findLargestIsland(arr, 5, 5));
    return 0;
}
```

섬의 수

문제 7-30 이차원 배열로 표시된 지도가 있습니다. 1은 땅이고, 0은 물입니다. 이 지도에서 섬의
수를 구하세요. 이때 1로 연결된 그룹의 땅이 섬입니다.

해결책 가장 큰 섬 문제의 해결책과 같은 방법으로 풀 수 있습니다.

7.5.20 뱀과 사다리 문제

문제 7-31 1로 시작해 100으로 끝나는 뱀과 사다리 보드게임이 있습니다. 1번 칸에서 출발해 100번 칸에 도착하는 데 필요한 최소한의 주사위 굴림 횟수를 구해야 합니다. 단, 뱀의 좌표 목록과 사다리의 좌표 목록은 주어집니다.

해결책 길이 100의 주사위 카운트 배열을 만듭니다. 각 원소는 1부터 100번 칸의 진행 정보를 담습니다. 각 칸은 뱀과 사다리의 존재에 따라 변하는 6가지 결과를 가집니다. BFS나 DFS를 사용해 목적지까지 도달하세요.

7.5.21 팰린드롬 문자열

문제 7-32 스택을 사용해 주어진 문자열이 팰린드롬(palindrome)인지 아닌지 확인하세요.

회문(回文)이라고도 하는 팰린드롬은 앞에서부터 읽으나 뒤에서부터 읽으나 같은 일련의 문자열을 말합니다. 예를 들어 'AAABBBCCCBBBAAA', 'ABA', 'ABBA'입니다.

해결책 문자열의 절반을 스택에 넣고 스택에서 문자를 하나씩 꺼내어 비교합니다. 홀수 길이와 짝수 길이에 주의하세요.

7.5.22 유명인 찾기

문제 7-33 파티에 유명인이 방문했습니다. 유명인은 파티에 참석한 그 누구도 모르나 파티에 참석한 사람은 모두 유명인을 알고 있습니다. 파티에서 유명인이 누구인지 찾으세요. X에게 Y를 아는지 물어보는 DoYouKnow(X, Y) 질문만 할 수 있습니다. X는 '예' 또는 '아니요'로만 답할 수 있습니다.

첫 번째 해결책 무차별 대입 접근법으로 손님을 한 명씩 탐색하며 다른 손님을 한 명씩 알고 있는지 물어볼 수 있습니다. 어떤 사람을 모르는 손님을 찾으면 유명인 후보자가 됩니다. 본인을 제외한 모든 손님이 알고 있는 손님이 있다면 그 사람은 유명인입니다. 시간 복잡도 $O(n^2)$으로 비효율적인 해결책입니다.

두 번째 해결책 스택을 사용합니다.

- 전체 손님 목록의 인덱스 1부터 n을 스택에 넣습니다.
- 두 개의 인덱스 값을 스택에서 가져와 두 변수 first와 second에 저장합니다.
- first 인덱스에 있는 손님이 second 인덱스에 있는 손님을 안다면 first는 유명인이 아니므로 second를 first로 복사합니다. 그렇지 않고 first 인덱스의 손님이 second 인덱스의 손님을 모른다면 second는 유명인이 아닙니다.
- 두 경우 모두 스택에서 다른 원소를 꺼내 second로 표시합니다.
- 각 비교에서 하나의 값이 거부됩니다.
- 마지막에 first는 유명인 후보자의 인덱스를 가집니다.
- 다른 모든 손님이 유명인 후보자를 알고 있는지 확인합니다.

7
스택

해결책 7-33-1

```
int isKnown(int relation[][5], int a, int b)
{
    if (relation[a][b] == 1) {
        return 1;
    }
    return 0;
}


int findCelebrity(int relation[][5], int count)
{
    Stack stk;
    StackInitialize(&stk);
    int first = 0, second = 0;

    for (int i = 0; i < count; i++) {
        StackPush(&stk, i);
    }

    first = StackPop(&stk);

    while (StackSize(&stk) != 0) {
        second = StackPop(&stk);
        if (isKnown(relation, first, second)) {
            first = second;
        }
    }
```

```
    for (int i = 0; i < count; i++) {
        if (first != i && isKnown(relation, first, i)) {
            return -1;
        }
        if (first != i && isKnown(relation, i, first) == 0) {
            return -1;
        }
    }
    return first;
}
```

세 번째 해결책

- 손님 목록을 [g$_1$, g$_2$, g$_3$, g$_4$ ...]라고 가정해 봅시다.

- first와 second라는 두 개의 인덱스 카운터를 사용합니다.

- first에는 0의 값, second에는 1의 값을 할당합니다.

- first 인덱스의 손님에게 second 인덱스의 손님을 알고 있는지 물어봅니다. 대답이 '예'이면 first = second, second = second + 1을 실행합니다(first 인덱스의 손님은 유명인이 아닙니다). 대답이 '아니요'이면 second = second + 1을 실행합니다(second 인덱스의 손님은 유명인이 아닙니다).

- 다른 모든 손님이 first 인덱스의 손님을 알고 있는지 확인합니다.

해결책 7-33-2

```
int findCelebrity2(int relation[][5], int count)
{
    int first = 0;
    int second = 1;

    for (int i = 0; i < (count - 1); i++) {
        if (isKnown(relation, first, second)) {
            first = second;
        }
        second = second + 1;
    }

    for (int i = 0; i < count; i++) {
        if (first != i && isKnown(relation, first, i)) {
            return -1;
        }
        if (first != i && isKnown(relation, i, first) == 0) {
```

```
            return -1;
        }
    }

    return first;
}

int main()
{
    int arr[][5] = {
        {1, 0, 1, 1, 0},
        {1, 0, 0, 1, 0},
        {0, 0, 1, 1, 1},
        {0, 0, 0, 0, 0},
        {1, 1, 0, 1, 1} };

    printf("유명인: %d \n", findCelebrity(arr, 5));
    printf("유명인: %d \n", findCelebrity2(arr, 5));
    return 0;
}
```

문제 7-34 앞의 문제에서 파티에 다른 손님에게 전혀 알려지지 않은 사람과 손님 중 아는 사람이 전혀 없는 사람이 있을 수 있습니다. 이때 유명인 찾기 함수는 0을 반환해야 합니다. 앞의 해결책을 적절히 수정해 보세요.

7.5.23 그 외 스택 사용

- 스택으로 재귀를 실행할 수도 있습니다(시스템 스택 대신)
- 스택으로 함수 호출을 구현합니다.
- 순서를 뒤집고 싶을 때 스택에 넣었다가 꺼내면 됩니다.
- 스택은 문법 검사, 균형 괄호, 전위 표기를 후위 표기로 변환하기, 후위 표기 식 계산하기 등에서 사용할 수 있습니다.

☑ 연습 문제

1. 스택을 사용해 십진수를 이진수로 변환하세요.

   힌트 나머지 값을 스택에 저장했다가 출력하세요.

2. HTML의 여는 태그와 닫는 태그가 일치하는지 확인하는 프로그램을 작성하세요.

   힌트 괄호 일치

3. 후위 표기를 중위 표기로 변환하는 프로그램을 작성하세요.

4. 전위 표기를 중위 표기로 변환하는 프로그램을 작성하세요.

5. 알파벳과 숫자 이외의 문자를 무시하고 회문 여부를 확인하는 함수를 작성하세요. 예를 들어 "Madam, I'm Adam."은 1을 반환해야 합니다.

6. 리스트로 구현한 감소 스택에서 벡터<> 또는 덱배열<>과 유사하게 작동하는 더 나은 알고리즘을 찾아보세요.

▶연습 문제 풀이는 686쪽에 있습니다.

8^장

큐

큐는 선입 선출(FIFO) 방식으로 원소를 구성하는 기본 자료 구조입니다. 큐에 가장 먼저 삽입된 원소가 가장 먼저 삭제되어 FCFS(First Come First Served, 선착순)라고도 부릅니다.

큐는 실생활에서 이따금씩 하는 줄서기에 비유할 수 있습니다.

- 기차표 판매 창구에서 줄을 서서 기다립니다.
- 식당에서 줄을 서서 기다립니다.
- 고객센터에 전화해 순서대로 연결을 기다립니다.

큐의 앞에 있는 원소가 가장 오랫동안 큐에서 머무른 원소입니다.

▼ 그림 8-1 큐의 구조

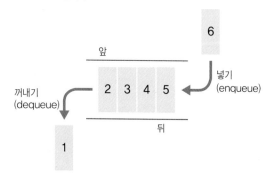

큐의 일반적인 예가 많습니다. 사무실의 각 층에서 하나의 프린터로 인쇄 명령을 내립니다. 각 층에서 보낸 인쇄 작업이 프린터 큐(대기열)에 정렬되고, 맨 처음 내려진 인쇄 명령은 큐의 다음 명령보다 먼저 실행됩니다. 인쇄 큐 외에도 운영 체제에는 프로세스 스케줄을 제어하는 다른 큐가 있습니다. 다양한 스케줄링 알고리즘으로 운영 체제에서 사용되는 처리 큐에 프로세스를 추가합니다.

12장 그래프에서 그래프의 너비 우선 탐색을 다룰 때 큐를 다루는 방법을 배웁니다.

8.1 큐의 추상 자료형

큐의 추상 자료형은 원소에 대한 선입 선출을 따르는 구조로 정의되며, 다음 연산을 지원합니다.

- **Add()** 큐의 뒤에 원소 하나를 넣습니다.
- **Remove()** 큐의 앞에서 원소 하나를 삭제합니다.
- **IsEmpty()** 큐가 비어 있으면 1을 반환합니다.
- **Size()** 큐의 원소 수를 반환합니다.

8.2 배열로 큐 구현하기

배열로 큐를 구현합니다. Add()는 큐의 뒤에 원소 하나를 삽입하고, Remove()는 큐의 앞에 있는 원소 하나를 삭제합니다.

▼ 그림 8-2 배열로 큐 구현하기

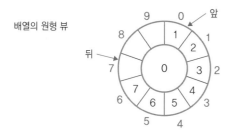

예제 8-1

```
typedef struct Queue_t
{
    int front;
    int back;
    int size;
    int data[MAX_CAPACITY];
} Queue;

void QueueInitialize(Queue *que)
{
    que->back = 0;
```

```c
    que->front = 0;
    que->size = 0;
}


void QueueAdd(Queue *que, int value)
{
    if (que->size >= MAX_CAPACITY) {
        printf("\n큐가 꽉 찼습니다.");
        return;
    }
    else {
        que->size++;
        que->data[que->back] = value;
        que->back = (que->back + 1) % (MAX_CAPACITY - 1);
    }
}


int QueueRemove(Queue *que)
{
    int value;
    if (que->size <= 0) {
        printf("\n큐가 비었습니다.");
        return ERROR_VALUE;
    }
    else {
        que->size--;
        value = que->data[que->front];
        que->front = (que->front + 1) % (MAX_CAPACITY - 1);
    }
    return value;
}


int QueueFront(Queue *que)
{
    return que->data[que->front];
}


int QueueBack(Queue *que)
{
    return que->data[que->back - 1];
}


int QueueRemoveBack(Queue *que)
{
```

```
        int value;
        if (que->size <= 0) {
            printf("\n큐가 비었습니다.");
            return ERROR_VALUE;
        }
        else {
            que->size--;
            value = que->data[que->back - 1];
            que->back = (que->back - 1) % (MAX_CAPACITY - 1);
        }
        return value;
    }

    int QueueIsEmpty(Queue *que)
    {
        return que->size == 0;
    }

    int QueueSize(Queue *que)
    {
        return que->size;
    }
```

8.3 연결 리스트로 큐 구현하기

연결 리스트로도 구현합니다. 그중에서도 원형 연결 리스트를 사용하면 상수 시간에 머리와 꼬리 노드에 접근할 수 있다는 장점이 있습니다. 삽입할 때는 꼬리에 추가하고, 삭제할 때는 리스트의 머리에서 합니다.

예제 8-2

```
typedef struct queueNode_t
{
    int value;
    struct queueNode_t *next;
} QueueNode;
```

```c
void printList(QueueNode *tail)
{
    if (!tail) {
        return;
    }

    QueueNode *head = tail->next;
    printf("\n%d ", head->value);
    QueueNode *currNode = head->next;

    while (currNode != head) {
        printf("%d ", currNode->value);
        currNode = currNode->next;
    }
}
```

8.3.1 삽입하기

새로운 노드는 연결 리스트의 끝에 삽입합니다. 리스트에 새 노드를 삽입하는 방법은 다음 그림과 같습니다. 꼬리는 큐에 새로운 값이 삽입될 때마다 수정됩니다.

▼ 그림 8-3 큐에 노드 삽입하기

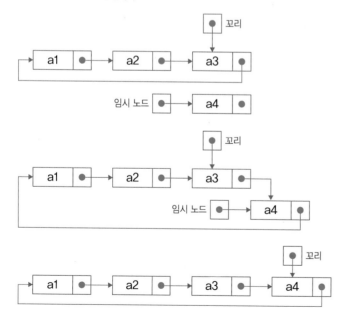

삽입 연산은 큐의 뒤에 원소 하나를 추가합니다.

```
int QueueAdd(QueueNode **ptrTail, int value)
{
    QueueNode *temp = (QueueNode*)malloc(sizeof(QueueNode));

    if (!temp) {
        printf("Memory Allocation Error");
        return 0;
    }

    QueueNode *tail = *ptrTail;

    if (!tail) {
        temp->value = value;
        temp->next = temp;
        *ptrTail = temp;
    }
    else {
        temp->value = value;
        temp->next = tail->next;
        tail->next = temp;
        *ptrTail = temp;
    }
    return 1;
}
```

8.3.2 삭제하기

삭제 연산은 머리 노드를 삭제하며 수행합니다. 꼬리 노드의 다음 노드가 머리 노드이므로 deleteMe 임시 포인터에 머리 노드의 위치를 저장합니다. 꼬리 노드의 다음 노드로 deleteMe 노드의 다음 노드를 가리키게 하고, deleteMe 포인터에 저장된 머리 노드를 삭제합니다.

▼ 그림 8-4 큐에서 노드 삭제하기

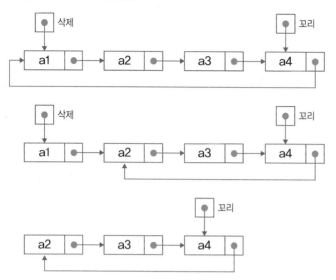

삭제 연산은 큐의 앞에서 첫 번째 노드를 삭제합니다.

예제 8-4

```c
int QueueRemove(QueueNode **ptrTail)
{
    QueueNode *tail = *ptrTail;
    QueueNode *deleteMe;
    int value;

    if (!tail) {
        return ERROR_VALUE;
    }

    if (tail->next == tail) {
        value = tail->value;
        free(tail);
        *ptrTail = NULL;
        return value;
    }
    deleteMe = tail->next;
    value = deleteMe->value;
    tail->next = deleteMe->next;
    free(deleteMe);
    return value;
}
```

```
int main()
{
    QueueNode *tail = NULL;
    QueueAdd(&tail, 1);
    QueueAdd(&tail, 2);
    QueueAdd(&tail, 3);
    for (int i = 0; i < 3; i++) {
        printf("%d ", QueueRemove(&tail));
    }
    return 0;
}
```

8.4 / 큐 문제

8.4.1 스택으로 큐 구현하기

문제 8-1 스택으로 큐를 구현하세요. 여러 개의 스택을 사용해도 됩니다.

해결책 스택 두 개로 큐를 구현합니다.

- **삽입 연산** 첫 번째 스택의 꼭대기에 새 원소를 추가합니다.
- **삭제 연산** 두 번째 스택에서 원소를 꺼냅니다. 두 번째 스택이 비어 있으면 첫 번째 스택의 모든 원소를 하나씩 꺼내 두 번째 스택에 넣습니다.

해결책 8-1

```
typedef struct Queue_t
{
    Stack stk1;
    Stack stk2;
}Queue;

void QueueInitialize(Queue *que)
{
    StackInitialize(&que->stk1);
    StackInitialize(&que->stk2);
}
```

```c
void QueueAdd(Queue *que, int value)
{
    StackPush(&que->stk1, value);
}

int QueueRemove(Queue *que)
{
    int value;
    if (!StackIsEmpty(&que->stk2))
        return StackPop(&que->stk2);

    while (!StackIsEmpty(&que->stk1)) {
        value = StackPop(&que->stk1);
        StackPush(&que->stk2, value);
    }
    return StackPop(&que->stk2);
}

int main()
{
    Queue que;
    QueueInitialize(&que);
    QueueAdd(&que, 1);
    QueueAdd(&que, 2);
    QueueAdd(&que, 3);
    printf("%d  ", QueueRemove(&que));
    printf("%d  ", QueueRemove(&que));
    printf("%d  ", QueueRemove(&que));
}
```

분석

- 모든 Add()는 첫 번째 스택(stk1)에서 발생합니다.

- Remove()가 호출되면 두 번째 스택(stk2)에서 삭제 연산을 수행합니다.

- 두 번째 스택이 비어 있으면 첫 번째 스택에서 원소를 꺼내 두 번째 스택에 넣습니다.

- 첫 번째 스택에서 원소를 꺼내 두 번째 스택에 넣으면 탐색 순서가 뒤집히므로 스택 두 개로 큐 동작을 만들 수 있습니다.[1]

---

1 **역주** 스택은 후입 선출, 큐는 선입 선출이라 스택으로 큐를 구현하려면 탐색 순서를 바꿔줘야 합니다. 스택에 1, 2의 순서로 삽입하면 2가 먼저 나옵니다. 큐에 같은 순서로 삽입하면 1이 먼저 나옵니다. 2, 1 순서의 스택에서 꺼내 다른 스택에 넣으면 먼저 들어간 2가 나중에 나오므로 순서는 1, 2가 됩니다.

- 시간 복잡도는 평균 O(1)이고, 원소는 첫 번째 스택에 한 번만 추가합니다. 첫 번째 스택의 원소를 두 번째 스택으로 한 번만 옮기며 삭제 연산으로 꺼냅니다.

8.4.2 큐로 스택 구현하기

문제 8-2 큐로 스택을 구현하세요.

첫 번째 해결책 큐 두 개를 사용합니다.

- **삽입 연산** 첫 번째 큐에 새 원소를 추가합니다.
- **삭제 연산** 두 번째 큐의 크기가 1보다 클 동안 마지막 원소를 제외한 첫 번째 큐의 모든 원소를 두 번째 큐에 넣습니다. 그다음에 첫 번째 큐와 두 번째 큐의 이름을 바꿉니다. 마지막으로 두 번째 큐에 있는 마지막 원소를 반환합니다.

분석 시간 복잡도는 삽입 연산에서 O(1), 삭제 연산에서 O(n)입니다.

두 번째 해결책 큐를 한 개만 사용합니다.

- **삽입 연산** 큐에 원소를 추가합니다.
- **삭제 연산** 큐의 크기를 구합니다. 크기가 0이면 오류를 반환하고,. 크기가 양수면 큐에서 (크기 - 1)만큼의 원소를 꺼내 같은 큐에 다시 추가합니다. 마지막으로 다음 원소를 꺼내 반환합니다.

분석 시간 복잡도는 삽입 연산에서 O(1), 삭제 연산에서 O(n)입니다.

세 번째 해결책 앞의 해결책에서 삽입은 효율적이지만, 삭제는 비효율적입니다. 삭제를 효율적인 O(1), 삽입을 비효율적인 O(n)으로 만들 수 있습니다.

- 삽입 연산 두 번째 큐에 새 원소를 추가합니다. 그 다음에 첫 번째 큐의 모든 원소를 두 번째 큐에 추가합니다. 마지막으로 첫 번째 큐와 두 번째 큐의 이름을 바꿉니다.
- 삭제 연산 첫 번째 큐에서 원소를 삭제합니다.

8.4.3 스택 뒤집기

문제 8-3 큐를 사용해 스택의 원소 순서를 뒤집으세요.

첫 번째 해결책 해당 구현은 **해결책 7-4-2**를 참고하세요.

1. 스택의 모든 원소를 꺼내 큐에 넣습니다.

2. 그다음에 큐의 모든 원소를 꺼내 스택에 넣습니다.

3. 스택의 모든 원소가 뒤집어집니다.

두 번째 해결책 C 언어에서 스택 구현은 동적 리스트 또는 배열을 사용하므로 배열의 양방향에서 순회해 원소를 맞바꿀 수 있습니다. 스택의 바닥에 원소를 삽입하는 함수를 작성합니다.

8.4.4 큐 뒤집기

문제 8-4 스택을 사용해 큐의 원소 순서를 뒤집으세요.

해결책 해당 구현은 **해결책 7-6**을 참고하세요.

1. 큐의 모든 원소를 꺼내서 스택에 넣습니다(배열에 넣기).

2. 큐가 비면 스택의 모든 원소를 꺼내어 큐에 추가합니다(배열에서 원소 꺼내기).

3. 큐의 원소 순서가 뒤집어집니다.

8.4.5 너비 우선 탐색 구현하기

문제 8-5 너비 우선 탐색을 구현하세요.

해결책 너비 우선 탐색에서는 먼저 모든 가까운 노드를 탐색해 가능한 다음 노드를 모두 찾아 큐에 넣습니다.

1. 큐를 생성합니다.

2. 시작점을 만듭니다.

3. 시작점을 큐에 넣습니다.

4. 찾는 값을 발견하지 못하고 큐가 채워져 있는 동안은 다음을 반복합니다.

　4-1. 큐에서 꺼냅니다.

　4-2. 큐에서 꺼낸 지점에서 가능한 모든 경로를 찾습니다.

　4-3. 찾은 모든 경로를 큐에 넣습니다.

8.4.6 요세푸스(Josephus) 문제

문제 8-6 큐에 처형을 기다리는 사람이 n명 있습니다. 큐의 앞에서부터 사람 수를 세기 시작합니다. 각 단계에서 k명의 사람을 꺼내 다시 한 명씩 큐에 삽입합니다. 이때 k번째 사람을 빼고 큐에 넣습니다. 큐에 다시 삽입되지 않은 사람은 처형되었음을 의미합니다. 자유를 얻는 마지막 사람이 남을 때까지 처형을 진행합니다. 자유를 얻을 수 있는 자리를 찾으세요.

해결책

1. 큐에 1부터 k까지의 정수를 삽입합니다(k명의 사람에 해당합니다).

2. 큐에서 정수를 꺼내 k-1번 추가하고 마지막(이 사람은 죽습니다)을 삭제하는 Kpop( ) 함수를 정의합니다.

3. 큐의 크기가 1이 될 때까지 두 번째 단계를 반복합니다.

4. 마지막으로 남은 원소의 값을 출력하면 이 값이 답입니다.

8.4.7 순환 투어 찾기

문제 8-7 순환 경로에 n개의 휘발유 펌프가 있습니다. 각 휘발유 펌프에는 약간의 휘발유가 들어 있습니다. 각 휘발유 펌프의 휘발유량과 다음 휘발유 펌프와의 거리가 주어질 때 모든 휘발유 펌프를 방문할 수 있는 순환 투어가 있는지 찾으세요. 거리 1을 이동하는 데 휘발유 1을 소모한다고 가정합니다.

첫 번째 해결책 각 휘발유 펌프에서 시작해 가능한 모든 경로를 찾습니다.

1. 각 휘발유 펌프에서 가능한 순 휘발유를 추가합니다(순 휘발유는 다음 휘발유 펌프까지 도달하는 데 필요한 휘발유입니다).

2. 펌프를 방문하는 동안 휘발유 값이 양수인 경로를 찾으면 이것이 찾고 있는 경로입니다.

3. 그렇지 않고 음수라면 시작점을 새로 선택해 다른 경로를 찾습니다.

두 번째 해결책 앞의 해결책은 비효율적인 면이 있습니다. 순 휘발유 계산은 같은 노드에서 반복적으로 수행합니다. i번째 펌프에서 출발해 k번째 펌프를 방문한 이후의 순 휘발유 값이 음수인 경우를 고려해 봅시다. i+1번째 펌프에서 시작해서 k번째 펌프를 방문할 때까지 순 휘발유 값은 i번째 펌프의 휘발유 값을 뺀 상수 시간에 구할 수 있습니다. 따라서 펌프 배열을 탐색할 때 펌프의 인덱스를 배열에 추가합니다. 순 휘발유 값이 양수일 때는 다음 휘발유 펌프를 추가하고 순 휘발

유 값을 추적합니다. 순 휘발유 값이 음수일 때는 시작 펌프를 큐에서 삭제하고 순 휘발유에 대한
계산을 해야 합니다. 한 번 큐에 추가한 값은 다시 계산할 필요 없습니다.

해결책 8-7

```c
int CircularTour(int arr[][2], int n)
{
    Queue que;
    QueueInitialize(&que);
    int nextPump = 0, prevPump;
    int count = 0;
    int petrol = 0;

    while (QueueSize(&que) != n) {
        while (petrol >= 0 && QueueSize(&que) != n) {
            QueueAdd(&que, nextPump);
            petrol += (arr[nextPump][0] - arr[nextPump][1]);
            nextPump = (nextPump + 1) % n;
        }
        while (petrol < 0 && QueueSize(&que) > 0) {
            prevPump = QueueRemove(&que);
            petrol -= (arr[prevPump][0] - arr[prevPump][1]);
        }
        count += 1;
        if (count == n) {
            return -1;
        }
    }

    if (petrol >= 0) {
        return QueueRemove(&que);
    }
    else {
        return -1;
    }
}

// 테스트 코드
int main()
{
    int tour[3][2] = { { 8, 6 },{ 1, 4 },{ 7, 6 } };
    printf("순환 투어: %d ", CircularTour(tour, 3));
    return 0;
}
```

분석 이 해결책은 사실상 선형이며, 시간 복잡도는 O(n)입니다.

8.4.8 XY 변환하기

문제 8-8 X와 Y라는 두 값이 있습니다. 여러 단계를 거쳐 X를 Y로 변환하세요. 한 단계에서 값에 2을 곱하거나 1을 뺄 수 있습니다. 예를 들어 1에서 3로 변환할 때 경로는 [1, 2, 4, 3]이 되고 결과로 3단계를 반환합니다.

해결책 소스 값에서 만들 수 있는 가능한 값들로 너비 우선 탐색을 수행합니다. 생성할 수 있는 다양한 값을 너비 우선 탐색용 큐에 넣습니다. 이미 처리된 값을 추적하기 위해 생성한 값들을 맵에 추가합니다.

해결책 8-8

```
int convertXY(int src, int dst)
{
    Queue que;
    int arr[100];
    int steps = 0;
    int index = 0;
    int value;
    QueueInitialize(&que);
    QueueAdd(&que, src);

    while (QueueSize(&que) != 0) {
        value = QueueRemove(&que);
        arr[index++] = value;
        if (value == dst) {
            printArray(arr, index);
            return steps;
        }
        steps++;
        if (value < dst) {
            QueueAdd(&que, value * 2);
        }
        else {
            QueueAdd(&que, value - 1);
        }
    }
    return -1;
```

```
    }

    int main()
    {
        convertXY(2, 7);
        return 0;
    }
```

분석 각 값은 큐에 한 번만 추가되므로 시간 복잡도는 O(n)입니다.

8.4.9 슬라이딩 윈도의 최댓값 찾기

문제 8-9 정수 배열에서 길이가 k인 슬라이딩 윈도(sliding window)[2]에서 최댓값을 모두 찾으세요.

> 예시
> 입력 11, 2, 75, 92, 59, 90, 55, k = 3
> 출력 75, 92, 92, 92, 90

첫 번째 해결책 무한 대입 접근법을 사용합니다.

1. 배열의 모든 인덱스를 탐색하는 반복문을 실행합니다.

2. 반복문 안에서 길이 k의 다른 반복문을 실행하고, 내부 반복문의 최댓값을 찾아 이를 화면에 표시합니다.

분석 시간 복잡도는 O(nk)입니다.

두 번째 해결책

1. 입력 배열을 순환하며 큐에 값을 추가합니다.

2. 큐에 추가된 인덱스가 범위를 벗어나면 큐에서 삭제합니다.

3. 최댓값을 찾고 있으므로 큐에 있는 값이 현재 인덱스 값보다 작으면 쓸모없으므로 큐에서 꺼냅니다.

---

2 역주 일정한 범위로 이동하면서 데이터를 처리하는 것을 말합니다. 예시의 입력에서 k가 3이므로 슬라이딩 윈도는 {11, 2, 75} → {2, 75, 92} → {75, 92, 59} → ... → {59, 92, 55}로 이동합니다.

4. 윈도의 최댓값은 항상 que[0]에 존재하며, que[0]의 값을 화면에 표시합니다.

해결책 8-9

```c
void maxSlidingWindows(int arr[], int size, int k)
{
    Queue que;
    QueueInitialize(&que);
    for (int i = 0; i < size; i++) {
        // 범위 밖의 원소를 삭제합니다.
        if (QueueSize(&que) && QueueFront(&que) <= i - k) {
            QueueRemove(&que);
        }
        // 현재 인덱스의 왼쪽에서 더 작은 값을 삭제합니다.
        while (QueueSize(&que) && arr[QueueBack(&que)] <= arr[i]) {
            QueueRemoveBack(&que);
        }
        QueueAdd(&que, i);
        // 크기 k인 윈도에서 가장 큰 값은 인덱스 que[0]에 있습니다.
        // 화면에 최댓값을 표시합니다.
        if (i >= (k - 1)) {
            printf(" %d ", arr[QueueFront(&que)]);
        }
    }
}

int main()
{
    int arr[] = { 11, 2, 75, 92, 59, 90, 55 };
    int k = 3;
    maxSlidingWindows(arr, 7, 3);
    return 0;
    // 출력 75, 92, 92, 92, 90
}
```

Note ≡ 슬라이딩 윈도와 관련된 문제는 양방향 큐를 사용하면 효율적으로 해결할 수 있습니다.

8.4.10 슬라이딩 윈도의 최댓값 중 최솟값 찾기

문제 8-10 정수 배열에서 길이 k인 슬라이딩 윈도의 모든 최댓값 중 최솟값을 찾으세요.

예시

입력 11, 2, 75, 92, 59, 90, 55, k = 3

출력 75(슬라이딩 윈도의 최댓값 [75, 92, 92, 92, 90] 중 최솟값)

해결책 슬라이딩 윈도에서 모든 최댓값을 찾는 문제와 같으며, 이 중에서 최솟값을 찾습니다.

해결책 8-10

```c
int minOfMaxSlidingWindows(int arr[], int size, int k)
{
    Queue que;
    QueueInitialize(&que);
    int minVal = 999999;
    for (int i = 0; i < size; i++) {
        // 범위 밖의 원소를 삭제합니다.
        if (QueueSize(&que) && QueueFront(&que) <= i - k) {
            QueueRemove(&que);
        }
        // 현재 인덱스의 왼쪽에서 더 작은 값을 삭제합니다.
        while (QueueSize(&que) && arr[QueueBack(&que)] <= arr[i]) {
            QueueRemove(&que);
        }
        QueueAdd(&que, i);
        // 크기 k의 윈도
        if (i >= (k - 1) && minVal > arr[QueueFront(&que)]) {
            minVal = arr[QueueFront(&que)];
        }
    }
    printf("최댓값 중 최솟값: %d ", minVal);
    return minVal;
}

int main()
{
    int arr[] = { 11, 2, 75, 92, 59, 90, 55 };
    int k = 3;
    minOfMaxSlidingWindows(arr, 7, 3);
    return 0;
    // 출력 75
}
```

8.4.11 슬라이딩 윈도의 최솟값 중 최댓값 찾기

문제 8-11 정수 배열에서 길이가 k인 슬라이딩 윈도의 모든 최솟값 중 최댓값을 찾으세요.

> 예시
> 입력 11, 2, 75, 92, 59, 90, 55, k = 3
> 출력 59(슬라이딩 윈도의 최솟값 [2, 2, 59, 59, 55] 중 최댓값)

해결책 앞의 문제와 같으며, 모든 최댓값에서 최솟값을 찾는 대신 모든 최솟값에서 최댓값을 찾습니다.

해결책 8-11

```c
void maxOfMinSlidingWindows(int arr[], int size, int k)
{
    Queue que;
    QueueInitialize(&que);
    int maxVal = -999999;
    for (int i = 0; i < size; i++) {
        // 범위 밖의 원소를 삭제합니다.
        if (QueueSize(&que) && QueueFront(&que) <= i - k) {
            QueueRemove(&que);
        }
        // 현재 인덱스의 왼쪽에서 더 작은 값을 삭제합니다.
        while (QueueSize(&que) && arr[QueueBack(&que)] >= arr[i]) {
            QueueRemove(&que);
        }
        QueueAdd(&que, i);
        // 크기 k의 윈도
        if (i >= (k - 1) && maxVal < arr[QueueFront(&que)]) {
            maxVal = arr[QueueFront(&que)];
        }
    }
    printf("최솟값 중 최댓값: %d ", maxVal);
}

int main()
{
    int arr[] = { 11, 2, 75, 92, 59, 90, 55 };
    int k = 3;
    maxOfMinSlidingWindows(arr, 7, 3);
    return 0;
```

```
    // 출력 59(슬라이딩 윈도의 최솟값 [2, 2, 59, 59, 55] 중 최댓값)
}
```

8.4.12 슬라이딩 윈도의 첫 번째 음수 찾기

문제 8-12 정수 배열에서 길이가 k인 슬라이딩 윈도의 첫 번째 음수를 모두 찾으세요.

예시
입력 Arr = [13, −2, −6, 10, −14, 50, 14, 21], k = 3
출력 [−2, −2, −6, −14, −14, NAN]

해결책 큐를 생성합니다. 배열에서 음수 값을 갖는 인덱스만 큐에 추가합니다. 윈도의 범위를 벗어나는 값은 큐에서 꺼냅니다.

해결책 8-12

```
void firstNegSlidingWindows(int arr[], int size, int k)
{
    Queue que;
    QueueInitialize(&que);
    for (int i = 0; i < size; i++) {
        // 범위 밖의 원소를 삭제합니다.
        if (QueueSize(&que) && QueueFront(&que) <= i - k) {
            QueueRemove(&que);
        }
        if (arr[i] < 0) {
            QueueAdd(&que, i);
        }
        // 크기 k의 윈도
        if (i >= (k - 1)) {
            if (QueueSize(&que) > 0) {
                printf("%d ", arr[QueueFront(&que)]);
            }
            else {
                printf("NAN");
            }
        }
    }
}
```

```
}

int main()
{
    int arr[] = { 3, -2, -6, 10, -14, 50, 14, 21 };
    int k = 3;
    firstNegSlidingWindows(arr, 8, 3);
    return 0;
    // 출력 [-2, -2, -6, -14, -14, NAN]
}
```

1. 동적으로 메모리를 할당하는 큐를 구현하세요. 구현은 다음 제약 사항을 만족해야 합니다.

   a. malloc 연산자를 사용해 힙에서 메모리를 할당합니다. 이때 큐의 최댓값을 관리해야 합니다.

   b. 앞의 과정을 마치면 큐를 테스트합니다. 그런 다음에 복잡한 코드를 추가합니다. 큐가 가득 찼을 때 Add( ) 함수에서 "큐가 가득 찼습니다"를 표시하는 대신 malloc 연산자로 새로운 공간을 할당합니다.

   c. 두 과정을 마친 뒤, 큐 용량의 절반 이하를 사용하면 Remove( ) 함수에서 큐의 크기를 절반으로 줄이도록 구현합니다. initialization( ) 함수에서 원래 용량을 넘겨 받아 추적하는 min 변수를 추가합니다. 추가로 큐 용량은 initialization( )에서 넘겨준 값 이하로 내려가지 않습니다(이 과정을 풀 수 없다면 예제 7-5를 살펴보세요).

2. 큐에 대해 다음 함수들을 구현하세요.

   a. IsEmpty( ): 큐 크기를 처리하는 변수를 사용합니다. 변수의 값이 0이면 IsEmpty( )는 1을 반환합니다(true). 큐가 비어 있지 않으면 0을 반환합니다(false).

   b. Size( ): 함수 호출에서 size 변수를 사용하세요. Size( ) 함수는 큐에 있는 원소의 수를 반환합니다.

3. 큐로 스택을 구현하는 프로그램을 작성하세요. 하나의 큐만 사용할 수 있습니다.

4. 큐를 사용해 스택을 뒤집는 프로그램을 작성하세요.

5. 스택을 사용해 큐를 뒤집는 프로그램을 작성하세요.

6. 요세푸스 문제를 푸는 프로그램을 작성하세요(알고리즘은 앞에서 이미 다뤘습니다). 큐에 처형을 기다리는 사람이 n명 있습니다. 큐의 앞에서부터 사람 수를 세기 시작합니다. 각 단계에서 k명의 사람을 꺼내 다시 한 명씩 큐에 삽입합니다. 이때 k번째 사람을 빼고 큐에 넣습니다. 큐에 다시 삽입되지 않은 사람은 처형되었음을 의미합니다. 자유를 얻는 마지막 사람이 남을 때까지 처형을 진행합니다. 자유를 얻을 수 있는 자리를 찾으세요.

7. 2개의 스택 포인터를 인자로 스택의 모든 원소가 같으면 1, 그렇지 않으면 0을 반환하는 CompStack( ) 함수를 작성하세요. 두 값을 비교해 같으면 1을 반환하고 다르면 0을 반환하는 isEqual(int, int) 함수가 주어집니다.

▶연습 문제 풀이는 697쪽에 있습니다.

9^장

트리

지금까지 배열, 연결 리스트, 스택, 큐와 같은 선형 자료 구조를 다뤘습니다. 배열과 연결 리스트 모두 원소를 탐색하는 데 선형 시간이 소요된다는 단점이 있습니다.

이와 달리 **트리**(tree)는 비선형 자료 구조로 계층 관계(부모-자식 관계)를 나타내는 데 사용합니다. 각 노드는 다른 노드와 **방향이 있는 간선**(directed edge)으로 연결됩니다.

▼ 그림 9-1 조직도 트리

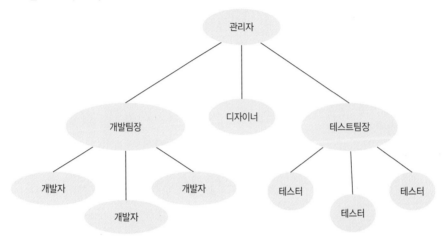

▼ 그림 9-2 파일 시스템 트리

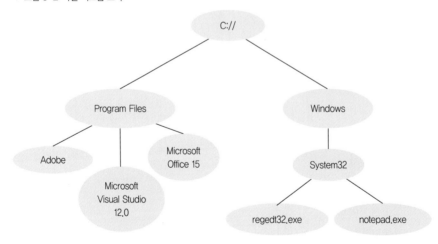

9.1 트리의 기본

트리의 기본 구조와 용어를 알아보겠습니다.

- **루트**(root) 들어오는 간선이 없는 유일한 노드로, 트리의 최상위 노드입니다.
- **노드**(node) 트리의 기본 요소로, 각 노드는 널 값이나 자식을 가리키는 두 개의 포인터와 데이터를 가집니다.
- **간선**(edge) 트리의 기본 요소로, 두 노드를 연결하는 데 사용합니다.
- **경로**(path) 간선으로 연결된 노드의 순서 목록입니다.
- **말단**(leaf)[1] 자식이 없는 노드입니다.
- **높이/깊이**(height/depth) 루트부터 말단까지 가장 긴 경로의 간선 수가 트리의 높이/깊이입니다.

▼ 그림 9-3 트리의 기본 구조

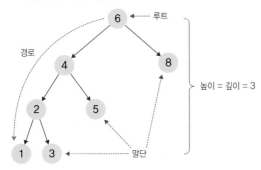

- **자식**(children) 한 노드의 바로 아래로 뻗어 나가는 노드를 해당 노드의 자식 노드라고 합니다.
- **부모**(parent) 자식 노드의 바로 위에 연결된 노드가 부모 노드입니다.
- **형제**(sibling) 부모가 같은 자식 노드를 형제 노드라고 합니다.
- **조상**(ancestor) 자식에서 부모로 이동을 계속해 닿을 수 있는 노드가 조상 노드입니다. 한 노드의 위쪽으로 연결된 모든 노드가 이에 해당합니다.
- **레벨**(level) 루트에서부터 어떤 노드까지의 경로에 있는 간선의 수를 의미합니다.

---

1 역주 잎 노드, 단말 노드 또는 리프 노드라고도 합니다. 말단 노드가 아닌 노드를 내부 노드(internal node)라고 합니다.

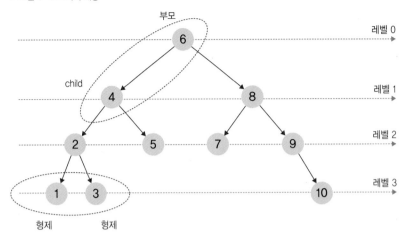

9.2 이진 트리

각 노드에 왼쪽 자식(left child)과 오른쪽 자식(right child)이라는 최대 2개의 자식(자식이 아예 없거나 하나 또는 두 개의 자식)이 있는 트리를 이진 트리(binary tree)라고 합니다. 다음은 'a'를 데이터로 저장하고 왼쪽 자식과 오른쪽 자식 모두 널 값을 가지는 이진 트리의 노드입니다.

▼ 그림 9-5 이진 트리의 노드

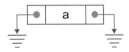

다음은 이진 트리의 노드를 정의한 구조체입니다.

예제 9-1

```
typedef struct tNode
{
    int value;
    struct tNode *lChild;
    struct tNode *rChild;
} treeNode;
```

다음은 1부터 10까지의 데이터를 가지는 노드로 구성된 이진 트리입니다.

▼ 그림 9-6 10개의 노드로 구성된 이진 트리

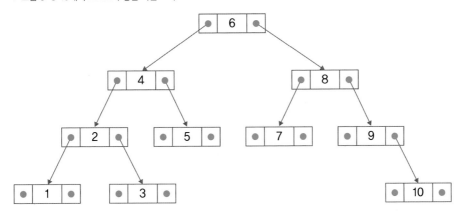

6, 4, 2, 5, 1, 3, 8, 7, 9, 10

이 책에서는 앞으로 이진 트리를 다음과 같이 표현합니다.

▼ 그림 9-7 이 책에서 이진 트리를 표현하는 방법

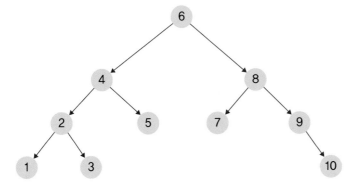

이진 트리의 속성은 다음과 같습니다.

- i >= 1일 때, 이진 트리의 레벨 i에서 최대 노드 수는 2i입니다.
- k >= 1일 때, 높이 또는 깊이 k의 이진 트리에서 최대 노드 수는 2k + 1입니다.
- 루트에서 트리의 모든 노드까지 정확히 하나의 경로만 존재합니다.
- n개 노드를 가진 트리는 노드를 연결하는 간선이 정확히 n - 1개 존재합니다.
- n개 노드를 가진 완전 이진 트리의 높이는 $\log_2 n$입니다.

9.3 이진 트리의 유형

9.3.1 완전 이진 트리

완전 이진 트리(complete binary tree)는 마지막 레벨을 제외한 모든 레벨이 완전히 채워져야 합니다. 왼쪽의 모든 노드가 먼저 채워진 다음에 오른쪽이 채워집니다. 완전 이진 트리의 예로 이진 힙(binary heap)이 있습니다.

❤ 그림 9-8 완전 이진 트리

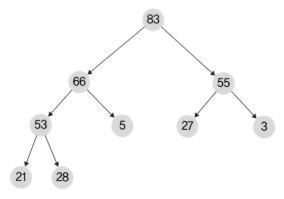

9.3.2 정 이진 트리

정 이진 트리(full binary tree)는 각 노드가 모두 0개 또는 2개의 자식이 있는 이진 트리입니다.

❤ 그림 9-9 정 이진 트리

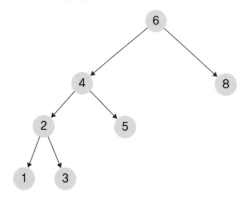

9.3.3 포화 이진 트리

포화 이진 트리(perfect binary tree)는 말단 노드를 제외한 모든 노드(내부 노드)가 정확히 두 개의 자식 노드를 갖는 정 이진 트리의 한 종류입니다. 모든 말단 노드는 경로 길이가 같고, 모든 노드가 채워집니다.

▼ 그림 9-10 포화 이진 트리

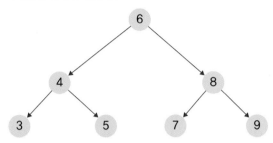

9.3.4 우편향 이진 트리

말단 노드를 제외한 모든 노드가 오른쪽 자식만을 가지는 이진 트리를 **우편향 이진 트리**(right skewed binary tree)라고 합니다.

▼ 그림 9-11 우편향 이진 트리

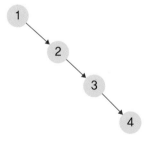

9.3.5 좌편향 이진 트리

말단 노드를 제외한 모든 노드가 왼쪽 자식만을 가지는 이진 트리를 **좌편향 이진 트리**(left skewed binary tree)라고 합니다.

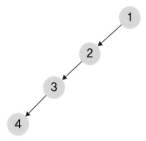

9.3.6 높이 균형 이진 트리

높이 균형 이진 트리(height-balanced binary tree)는 각 노드의 왼쪽과 오른쪽 하위 트리의 높이가 최대 1만큼 차이 나는 이진 트리입니다. 높이 균형 이진 트리의 예로 AVL 트리(9.6.2 AVL 트리 참고), 레드–블랙 트리(9.6.3 레드–블랙 트리 참고)가 있습니다. 또한, 완전 이진 트리도 높이 균형 이진 트리입니다.

▼ 그림 9–13 높이 균형 이진 트리

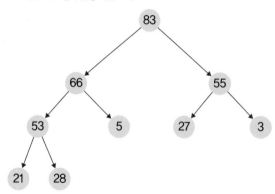

9.4 이진 트리 문제

9.4.1 완전 이진 트리 만들기

문제 9-1 배열의 값으로 완전 이진 트리를 만드세요.

해결책 이진 트리는 순서가 정의되어 있지 않으므로 순서 없이 삽입하면 편향 이진 트리가 될 수 있습니다. 그런데 편향 이진 트리는 비효율적이므로 완전 이진 트리를 만들어야 합니다. 각 노드에서 배열에 저장된 중간값을 노드에 할당합니다. 배열의 왼쪽 부분은 노드의 왼쪽 자식으로 전달해 왼쪽 하위 트리를 만들고, 배열의 오른쪽 부분은 노드의 오른쪽 자식으로 전달해 오른쪽 하위 트리를 만듭니다.

해결책 9-1

```
treeNode *levelOrderBinaryTreeUtil(int arr[], int size, int start)
{
    treeNode *curr = (treeNode *)malloc(sizeof(treeNode));
    curr->value = arr[start];
    curr->lChild = curr->rChild = NULL;
    int left = 2 * start + 1;
    int right = 2 * start + 2;
    if (left < size) {
        curr->lChild = levelOrderBinaryTreeUtil(arr, size, left);
    }
    if (right < size) {
        curr->rChild = levelOrderBinaryTreeUtil(arr, size, right);
    }
    return curr;
}

treeNode *levelOrderBinaryTree(int arr[], int size)
{
    return levelOrderBinaryTreeUtil(arr, size, 0);
}

int main()
{
    int arr[] = { 6, 4, 8, 2, 5, 7, 9, 1, 3 };
    treeNode *t = levelOrderBinaryTree(arr, sizeof(arr) / sizeof(int));
```

```
        return 0;
    }
```

분석 완전 이진 트리를 만드는 효율적인 알고리즘으로 시간 복잡도는 O(n)이며, 공간 복잡도는 O(n)입니다.

9.4.2 전위 순회하기

문제 9-2 이진 트리에서 전위 순회를 수행하세요.

해결책 전위 순회(pre-order traversal)는 부모를 먼저 방문한 다음에 왼쪽 자식의 하위 트리를 순회하고, 그런 다음에 오른쪽 자식의 하위 트리를 순회합니다. 따라서 각 노드에 저장된 값을 출력하고 왼쪽 자식의 하위 트리와 오른쪽 자식의 하위 트리 값을 출력합니다.

▼ 그림 9-14 이진 트리의 전위 순회

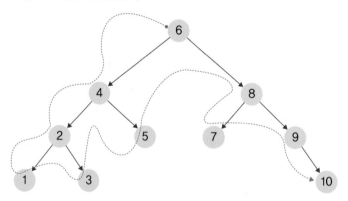

해결책 9-2

```
void printPreOrder(treeNode *root
{
    if (root) {
        printf(" %d ", root->value);
        printPreOrder(root->lChild);
        printPreOrder(root->rChild);
    }
}
```

실행결과

```
6 4 2 1 3 5 8 7 9 10
```

분석 시간 복잡도는 O(n)이며, 공간 복잡도는 O(n)입니다.

> Note ≡   모든 노드를 순회하는 알고리즘의 복잡도는 O(n)보다 작을 수 없습니다. 트리에서 순회하지 않은 노드가 많으면 복잡도는 감소합니다.

9.4.3 후위 순회하기

문제 9-3 이진 트리의 후위 순회를 수행하세요.

해결책 후위 순회(post-order traversal)는 왼쪽 자식을 먼저 방문한 다음에 오른쪽 자식과 부모 노드를 방문합니다. 따라서 각 노드에서 먼저 왼쪽 자식의 하위 트리를 순회한 다음에 오른쪽 자식의 하위 트리를 순회하고 마지막에 현재 노드 값을 화면에 출력합니다.

❤ 그림 9-15 이진 트리의 후위 순회

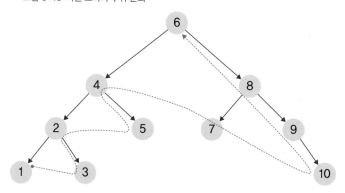

해결책 9-3

```
void printPostOrder(treeNode *root)
{
    if (root) {
        printPostOrder(root->lChild);
        printPostOrder(root->rChild);
        printf(" %d ", root->value);
    }
}
```

실행결과

1 3 2 5 4 7 10 9 8 6

분석 시간 복잡도는 O(n)이며, 공간 복잡도는 O(n)입니다.

9.4.4 중위 순회하기

문제 9-4 이진 트리의 중위 순회를 수행하세요.

해결책 중위 순회(in-order traversal)는 왼쪽 자식의 하위 트리를 순회한 후 현재 노드 값을 출력하고 오른쪽 자식의 하위 트리를 순회합니다. 따라서 왼쪽 자식의 하위 트리, 노드에 저장된 값, 오른쪽 자식의 하위 트리 순으로 값을 출력합니다.

❤ 그림 9-16 이진 트리의 중위 순회

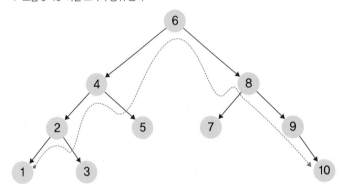

> Note ≡　이진 탐색 트리(BST)를 중위 순회하면 결과는 정렬된 리스트가 됩니다.[2]

해결책 9-4

```
void printInOrder(treeNode *root)
{
    if (root) {
        printInOrder(root->lChild);
        printf(" %d ", root->value);
        printInOrder(root->rChild);
    }
}
```

실행결과

```
1 2 3 4 5 6 7 8 9 10
```

2　역주 이진 탐색 트리(BST)는 9.5절 이진 탐색 트리 문제에서 설명합니다.

분석 시간 복잡도는 O(n)이며, 공간 복잡도는 O(n)입니다.

> Note ≡   전위, 후위, 중위 순회는 모든 이진 트리에 사용할 수 있습니다.

9.4.5 레벨 순서 순회하기

문제 9-5 트리의 레벨 순서 순회를 구현하는 코드를 작성하세요. 깊이가 k인 노드는 깊이가 k + 1인 노드보다 먼저 출력됩니다.

해결책 너비 우선 탐색(breadth first search) 방법인 레벨 순서 순회(level order traversal)는 큐로 구현합니다. 먼저 루트 노드의 포인터를 큐에 추가하고, 큐가 빌 때까지 트리를 순회합니다. 트리를 순회할 때 먼저 큐에서 원소를 제거하고 해당 노드에 저장된 값을 출력한 다음, 왼쪽 자식과 오른쪽 자식을 큐에 추가합니다.

▼ 그림 9-17 이진 트리의 레벨 우선 순회

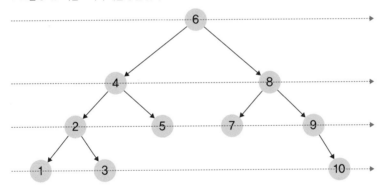

해결책 9-5

```c
void PrintBredthFirst(treeNode *root)
{
    Queue que;
    QueueInitialize(&que);
    treeNode *temp = NULL;
    if (root != NULL) {
        QueueAdd(&que, (int)root);
    }
    while (QueueSize(&que) != 0) {
        temp = (treeNode *)QueueRemove(&que);
        printf("%d ", temp->value);
```

```
        if (temp->lChild != NULL) {
            QueueAdd(&que, (int)temp->lChild);
        }
        if (temp->rChild != NULL) {
            QueueAdd(&que, (int)temp->rChild);
        }
    }
}
```

분석 시간 복잡도는 O(n)이며, 공간 복잡도는 O(n)입니다.

9.4.6 재귀와 시스템 스택을 사용하지 않는 깊이 우선 탐색하기

문제 9-6 재귀를 사용하지 않고 이진 트리의 깊이 우선 탐색을 수행하세요.

해결책 트리의 깊이 우선 탐색은 시스템 스택을 사용한 재귀로 수행합니다. 스택을 사용해 같은 작업을 수행할 수 있습니다. 먼저 루트 노드의 포인터를 스택에 추가하고, 스택이 빌 때까지 전체 트리를 순회합니다. 반복마다 스택에서 원소를 꺼내 해당 값을 화면에 출력합니다. 그런 다음, 노드의 오른쪽 자식과 왼쪽 자식을 스택에 추가합니다.

해결책 9-6

```
void PrintDepthFirst(treeNode *root)
{
    Stack stk;
    StackInitialize(&stk);
    treeNode *temp = NULL;
    if (root != NULL) {
        StackPush(&stk, (int)root);
    }
    while (StackSize(&stk) != 0) {
        temp = (treeNode *)StackPop(&stk);
        printf("%d ", temp->value);
        if (temp->rChild != NULL) {
            StackPush(&stk, (int)temp->rChild);
        }
        if (temp->lChild != NULL)
            StackPush(&stk, (int)temp->lChild);
    }
```

```
        }
    }
```

분석 시간 복잡도는 O(n)이며, 공간 복잡도는 O(n)입니다.

9.4.7 줄 단위로 레벨 순서 순회하기

문제 9-7 같은 레벨의 노드를 같은 줄에 출력하는 이진 트리의 레벨 순서 순회를 수행하세요.

첫 번째 해결책 두 개의 큐를 사용해 레벨 순서 순회를 수행합니다. 큐에서 노드를 꺼내 출력하고 꺼낸 노드의 자식 원소를 다른 큐에 넣습니다. 각 레벨을 처리할 때 결과를 다른 줄에 출력합니다.

해결책 9-7-1

```
void PrintLevelOrderLineByLine(treeNode *root)
{
    Queue que1;
    QueueInitialize(&que1);
    Queue que2;
    QueueInitialize(&que2);
    treeNode *temp = NULL;
    if (root != NULL) {
        QueueAdd(&que1, (int)root);
    }
    while (QueueSize(&que1) != 0 || QueueSize(&que2) != 0) {
        while (QueueSize(&que1) != 0) {
            temp = (treeNode *)QueueRemove(&que1);
            printf("%d ", temp->value);
            if (temp->lChild != NULL) {
                QueueAdd(&que2, (int)temp->lChild);
            }
            if (temp->rChild != NULL) {
                QueueAdd(&que2, (int)temp->rChild);
            }
        }
        printf("\n");
        while (QueueSize(&que2) != 0) {
            temp = (treeNode *)QueueRemove(&que2);
            printf("%d ", temp->value);
            if (temp->lChild != NULL) {
                QueueAdd(&que1, (int)temp->lChild);
```

```
        }
        if (temp->rChild != NULL) {
            QueueAdd(&que1, (int)temp->rChild);
        }
    }
    printf("\n");
    }
}
```

두 번째 해결책 하나의 큐로 문제를 해결할 수 있습니다. 현재 큐에 k번째 레벨의 모든 노드가 있다고 가정합시다. 이 원소들의 수를 알 수 있습니다. 큐에서 원소를 꺼내 출력하고 처리한 원소의 자식을 큐에 추가합니다. 이때 새 줄을 출력합니다. 이 시점에서 큐는 k+1 레벨의 모든 노드가 들어 있습니다. 큐에 첫 번째 레벨인 루트 노드를 추가하면서 시작하고 앞에서 언급한 단계를 순서대로 수행합니다.

해결책 9-7-2

```
void PrintLevelOrderLineByLine2(treeNode *root)
{
    Queue que;
    QueueInitialize(&que);
    treeNode *temp = NULL;
    int count;
    if (root != NULL) {
        QueueAdd(&que, (int)root);
    }
    while (QueueSize(&que) != 0) {
        count = QueueSize(&que);
        while (count > 0) {
            temp = (treeNode *)QueueRemove(&que);
            printf("%d ", temp->value);
            if (temp->lChild != NULL) {
                QueueAdd(&que, (int)temp->lChild);
            }
            if (temp->rChild != NULL) {
                QueueAdd(&que, (int)temp->rChild);
            }
            count -= 1;
        }
        printf("\n");
    }
}
```

9.4.8 나선형으로 트리 출력하기

문제 9-8 이진 트리의 노드를 너비 우선의 나선형으로 출력하세요.

해결책 스택은 후입 선출이므로 각 레벨을 처리하는 데 두 개의 스택을 사용합니다. 노드는 추가된 순서대로 처리되며, 출력은 나선형으로 이뤄집니다.

❤ 그림 9-18 이진 트리의 나선형 순회

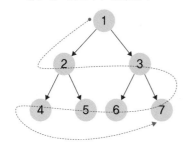

해결책 9-8

```
void PrintSpiralTree(treeNode *root)
{
    Stack stk1;
    StackInitialize(&stk1);
    Stack stk2;
    StackInitialize(&stk2);
    treeNode *temp = NULL;

    if (root != NULL) {
        StackPush(&stk1, (int)root);
    }

    while (StackSize(&stk1) != 0 || StackSize(&stk2) != 0) {
        while (StackSize(&stk1) != 0) {
            temp = (treeNode *)StackPop(&stk1);
            printf("%d ", temp->value);
            if (temp->rChild != NULL) {
                StackPush(&stk2, (int)temp->rChild);
            }
            if (temp->lChild != NULL) {
                StackPush(&stk2, (int)temp->lChild);
            }
        }
        while (StackSize(&stk2) != 0) {
```

```
            temp = (treeNode *)StackPop(&stk2);
            printf("%d ", temp->value);
            if (temp->lChild != NULL) {
                StackPush(&stk1, (int)temp->lChild);
            }
            if (temp->rChild != NULL) {
                StackPush(&stk1, (int)temp->rChild);
            }
        }
    }
}
```

9.4.9 전위 순회의 n번째 노드 출력하기

문제 9-9 이진 트리를 전위 순회할 때 n번째 인덱스의 노드를 출력하세요.

해결책 트리를 전위 순회할 때 n번째 인덱스의 노드를 출력하므로 인덱스를 추적하기 위한 카운터를 유지해야 합니다. 카운터와 인덱스가 같으면 값을 출력하고 n번째 전위 인덱스의 노드를 반환합니다.

해결책 9-9

```
treeNode *NthPreeOrder(treeNode *root, int index)
{
    static int count = 0;
    treeNode *temp = NULL;

    if (root) {
        count++;
        if (count == index) {
            printf(" %d ", root->value);
            return root;
        }
        temp = NthPreeOrder(root->lChild, index);
        if (temp) {
            return temp;
        }
        temp = NthPreeOrder(root->rChild, index);
        if (temp) {
            return temp;
        }
```

```
    }
    return NULL;
}
```

분석 시간 복잡도는 O(n)이며, 공간 복잡도는 O(n)입니다.

9.4.10 후위 순회의 n번째 노드 출력하기

문제 9-10 이진 트리를 후위 순회할 때 n번째 인덱스의 노드를 출력하세요.

해결책 트리를 후위 순회할 때 n번째 인덱스의 노드를 출력하므로 인덱스를 추적하기 위한 카운터를 유지해야 합니다. 단, 여기서는 왼쪽 자식과 오른쪽 자식을 순회한 후에 카운터를 증가시킵니다. 카운터와 인덱스가 같으면 값을 출력하고 n번째 후위 인덱스의 노드를 반환합니다.

해결책 9-10

```
treeNode *NthPostOrder(treeNode *root, int index)
{
    static int count = 0;
    treeNode *temp = NULL;
    if (root) {
        temp = NthPostOrder(root->lChild, index);
        if (temp) {
            return temp;
        }
        temp = NthPostOrder(root->rChild, index);
        if (temp) {
            return temp;
        }
        count++;
        if (count == index) {
            printf(" %d ", root->value);
            return root;
        }
    }
    return NULL;
}
```

분석 시간 복잡도는 O(n)이며, 공간 복잡도는 O(n)입니다.

9.4.11 중위 순회의 n번째 노드 출력하기

문제 9-11 이진 트리를 중위 순회할 때 n번째 인덱스의 노드를 출력하세요.

해결책 트리를 중위 순회할 때 n번째 인덱스의 노드를 출력하므로 인덱스를 추적하기 위한 카운터를 유지해야 합니다. 단, 여기서는 왼쪽 자식을 순회한 후 오른쪽 자식을 순회하기 전에 카운터를 증가합니다. 카운터와 인덱스가 같으면 값을 출력하고 n번째 중위 인덱스의 노드를 반환합니다.

해결책 9-11

```
treeNode *NthInOrder(treeNode *root, int index)
{
    static int count = 0;
    treeNode *temp = NULL;
    if (root) {
        temp = NthInOrder(root->lChild, index);
        if (temp) {
            return temp;
        }
        count++;
        if (count == index) {
            printf(" %d ", root->value);
            return root;
        }
        temp = NthInOrder(root->rChild, index);
        if (temp) {
            return temp;
        }
    }
    return NULL;
}
```

분석 시간 복잡도는 O(n)이며, 공간 복잡도는 O(1)입니다.

9.4.12 모든 경로 출력하기

문제 9-12 주어진 이진 트리의 루트에서부터 단말 노드까지의 모든 경로를 출력하세요.

해결책 노드를 순회할 때마다 해당 노드를 스택에 추가합니다. 단말 노드에 도달하면 전체 목록을 출력합니다. 함수로 진입할 때 스택에 원소를 추가하고, 함수에서 빠져나올 때 추가한 원소를 제거합니다.

```
void printAllPathUtil(treeNode *curr, Stack *stk)
{
    if (curr == NULL) {
        return;
    }
    StackPush(stk, curr->value);
    if (curr->lChild == NULL && curr->rChild == NULL) {
        StackPrint(stk);
        StackPop(stk);
        return;
    }
    printAllPathUtil(curr->rChild, stk);
    printAllPathUtil(curr->lChild, stk);
    StackPop(stk);
}

void printAllPath(treeNode *root)
{
    Stack stk;
    StackInitialize(&stk);
    printAllPathUtil(root, &stk);
}
```

분석 시간 복잡도는 O(n)이며, 공간 복잡도는 O(n)입니다.

9.4.13 노드 수 구하기

문제 9-13 이진 트리에서 전체 노드의 수를 구하세요.

해결책 오른쪽 자식의 노드 수와 왼쪽 자식의 노드 수에 1을 더하면 전체 트리 또는 하위 트리의 총 노드 수를 구할 수 있습니다.

```
int numNodes(treeNode *root)
{
    if (!root) {
        return 0;
    }
    else {
```

```
        return (1 + numNodes(root->rChild) + numNodes(root->lChild));
    }
}
```

분석 시간 복잡도는 O(n)이며, 공간 복잡도는 O(n)입니다.

9.4.14 모든 노드의 합 구하기

문제 9-14 이진 트리에서 모든 노드의 값을 더한 합을 구하세요.

해결책 노드 값의 합을 재귀적으로 구할 수 있습니다. sumAllBT()는 왼쪽 하위 트리와 오른쪽 하위 트리 노드의 합을 구해 반환합니다. 여기에 현재 노드의 값을 더해 최종 합을 반환합니다.

해결책 9-14

```
int sumAllBT(treeNode *root)
{
    if (root == NULL) {
        return 0;
    }
    return root->value + sumAllBT(root->lChild) + sumAllBT(root->rChild);
}
```


9.4.15 단말 노드의 수 구하기

문제 9-15 이진 트리에서 단말 노드의 수를 구하세요.

해결책 왼쪽 자식의 단말 노드 수와 오른쪽 자식의 단말 노드 수를 합하면 트리 또는 하위 트리의 단말 노드 수를 구할 수 있습니다.

해결책 9-15

```
int numLeafs(treeNode *root)
{
    if (!root) {
        return 0;
    }
    if (!root->lChild && !root->rChild) {
        return 1;
```

```
        }
    else {
        return (numLeafs(root->rChild) + numLeafs(root->lChild));
    }
}
```

분석 시간 복잡도는 O(n)이며, 공간 복잡도는 O(n)입니다.

9.4.16 이진 트리에서 자식 노드가 둘인 노드의 수 구하기

문제 9-16 이진 트리에서 왼쪽 자식과 오른쪽 자식 모두 널이 아닌 노드의 수를 구하세요.

해결책 왼쪽 자식과 오른쪽 자식이 모두 있는 부모 노드의 수를 구하면 됩니다. 전체 트리를 재귀적으로 순회하며 자식 노드가 둘인 노드를 찾아 카운트를 증가시킵니다.

해결책 9-16

```
int numFullNodesBT(treeNode *root)
{
    int count = 0;
    int left, right;
    if (root == NULL) {
        return 0;
    }
    left = numFullNodesBT(root->lChild);
    right = numFullNodesBT(root->rChild);
    count = left + right;
    if (root->lChild && root->rChild) { // 이 줄은 다른 문제를 풀기 위해 변경될 수 있습니다.
        count++;
    }
    return count;
}
```

분석 시간 복잡도는 O(n)이며, 공간 복잡도는 O(n)입니다.

9.4.17 특정 값 찾기

문제 9-17 이진 트리에서 특정 값을 찾으세요.

해결책 이진 트리에 어떤 값이 존재하는지 찾으려면 완전 탐색을 사용합니다. 먼저 현재 노드의 값을 찾고 있는 값과 비교합니다. 그런 다음에 왼쪽 자식과 오른쪽 자식의 하위 트리에서 재귀적으로 비교합니다.

해결책 9-17

```c
int searchBT(treeNode *root, int value)
{
    int max;
    int left, right;
    if (root == NULL) {
        return 0;
    }
    if (root->value == value) {
        return 1;
    }
    left = searchBT(root->lChild, value);
    if (left) {
        return 1;
    }
    right = searchBT(root->rChild, value);
    if (right) {
        return 1;
    }
    return 0;
}
```

분석 시간 복잡도는 O(n)이며, 공간 복잡도는 O(n)입니다.

9.4.18 최댓값 찾기

문제 9-18 이진 트리의 최댓값을 구하세요.

해결책 이진 트리의 노드를 재귀적으로 순회합니다. 노드의 왼쪽 및 오른쪽 하위 트리에서 각각 최 댓값을 찾은 다음, 이 값들을 현재 노드의 값과 비교해 세 값 중 가장 큰 값을 반환합니다.

해결책 9-18

```c
int findMaxBT(treeNode *root)
{
    int max;
    int left, right;
```

```
    if (root == NULL) {
        return INT_MIN;
    }
    max = root->value;
    left = findMaxBT(root->lChild);
    right = findMaxBT(root->rChild);
    if (left > max) {
        max = left;
    }
    if (right > max) {
        max = right;
    }
    return max;
}
```

분석 시간 복잡도는 O(n)이며, 공간 복잡도는 O(n)입니다.

9.4.19 트리의 깊이 구하기

문제 9-19 이진 트리의 깊이를 구하세요.

해결책 트리의 깊이는 루트의 왼쪽 자식과 오른쪽 자식을 재귀적으로 순회해 계산합니다. 각 순회 레벨에서 왼쪽 자식과 오른쪽 자식의 깊이를 계산합니다. 왼쪽 자식과 오른쪽 자식 중 더 큰 값을 현재 노드의 깊이에 더해 이 값을 반환합니다.

해결책 9-19

```
int treeDepth(treeNode *root)
{
    if (!root) {
        return 0;
    }
    else {
        int lDepth = treeDepth(root->lChild);
        int rDepth = treeDepth(root->rChild);
        if (lDepth > rDepth) {
            return lDepth + 1;
        }
        else {
            return rDepth + 1;
        }
```

```
        }
    }
```

분석 시간 복잡도는 O(n), 공간 복잡도는 O(n)입니다.

9.4.20 최대 길이의 경로 구하기

문제 9-20 이진 트리의 경로 중 최대 길이의 경로를 구하세요.

해결책 이진 트리의 지름[3]을 구하려면 왼쪽 자식과 오른쪽 자식의 깊이를 구해야 합니다. 두 값을 더하고 하나씩 증가시켜 현재 노드를 포함한 최대 길이 경로(지름 후보)를 얻습니다. 그런 다음에 왼쪽 하위 트리에서 최대 길이의 경로를 구합니다. 오른쪽 하위 트리에서도 같은 방식으로 최대 길이의 경로를 구합니다. 마지막으로 세 값을 비교해 그 중에서 가장 큰 값을 반환합니다. 이 값이 이진 트리의 지름입니다.

해결책 9-20
```
int maxLengthPathBT(treeNode *root) // 지름
{
    int max;
    int leftPath, rightPath;
    int leftMax, rightMax;
    if (root == NULL) {
        return 0;
    }
    leftPath = maxDepthBT(root->lChild);
    rightPath = maxDepthBT(root->rChild);
    max = leftPath + rightPath + 1;
    leftMax = maxLengthPathBT(root->lChild);
    rightMax = maxLengthPathBT(root->rChild);
    if (leftMax > max) {
        max = leftMax;
    }
    if (rightMax > max) {
        max = rightMax;
    }
    return max;
}
```

---

3 [역주] 트리에서 가장 먼 두 정점 사이의 거리를 말합니다.

분석 시간 복잡도는 O(n)이며, 공간 복잡도는 O(n)입니다.

9.4.21 최소 공통 조상 찾기

문제 9-21 이진 트리와 두 개의 노드 포인터가 주어졌을 때, 두 노드의 최소 공통 조상[4]을 찾으세요.

해결책 이진 트리의 노드를 재귀적으로 순회합니다. 공통 조상을 찾는 과정에서 입력 노드 중 하나를 발견하면 해당 노드를 반환합니다. 왼쪽과 오른쪽 노드 모두 널 값이 아닌 유효한 포인터이면 해당 노드를 최소 공통 조상으로 반환합니다.

해결책 9-21

```
treeNode *LcaBT(treeNode *root, treeNode *firstPtr, treeNode *secondPtr)
{
    treeNode *left, *right;
    if (root == NULL) {
        return NULL;
    }
    if (root == firstPtr || root == secondPtr) {
        return root;
    }
    left = LcaBT(root->lChild, firstPtr, secondPtr);
    right = LcaBT(root->rChild, firstPtr, secondPtr);
    if (left && right) {
        return root;
    }
    else if (left) {
        return left;
    }
    else {
        return right;
    }
}
```

분석 시간 복잡도는 O(n)이며, 공간 복잡도는 O(n)입니다.

---

4 **역주** 두 노드의 공통 조상 중 두 노드와 가장 가까운 조상을 의미합니다

9.4.22 같은 트리인지 확인하기

문제 9-22 두 이진 트리가 같은 값을 가지는지 확인하세요.

해결책 각 레벨의 값이 같다면 두 트리의 같은 위치 노드는 같은 값을 가집니다.

해결책 9-22

```c
int isIdentical(treeNode *root1, treeNode *root2)
{
    if (!root1 && !root2) {
        return 1;
    }
    else if (!root1 || !root2) {
        return 0;
    }
    else {
        return (isIdentical(root1->lChild, root2->lChild) &&
                isIdentical(root1->rChild, root2->rChild) &&
                (root1->value == root2->value));
    }
}
```

분석 시간 복잡도는 O(n)이며, 공간 복잡도는 O(n)입니다.

9.4.23 트리 복사하기

문제 9-23 이진 트리의 값을 다른 이진 트리로 복사하세요.

해결책 트리 복사는 트리를 순회할 때 각 레벨에서 입력 트리의 노드를 복사해 수행합니다. 트리를 순회할 때 각 레벨에서 새 노드를 생성해 입력 트리 노드의 값을 복사합니다. 왼쪽 자식 트리를 재귀적으로 복사한 다음, 현재 새 노드의 왼쪽 자식 포인터에 할당합니다. 오른쪽 자식 노드에 대해서도 같은 방식으로 수행하면 모든 트리가 복사됩니다.

해결책 9-23

```c
treeNode *copyTree(treeNode *root)
{
    treeNode *temp;
    if (root != NULL) {
        temp = (treeNode *)malloc(sizeof(treeNode));
```

```
            if (!temp) {
                return NULL;
            }

            temp->value = root->value;
            temp->lChild = copyTree(root->lChild);
            temp->rChild = copyTree(root->rChild);
            return temp;
        }
        else {
            return NULL;
        }
    }
```

분석 시간 복잡도는 O(n)이며, 공간 복잡도는 O(n)입니다.

9.4.24 트리 거울 복사하기

문제 9-24 새로운 트리를 만들어 이진 트리의 값을 거울처럼 좌우가 반전되게 복사하세요.

해결책 트리의 거울 복사는 입력 트리의 자식 순회가 가리키는 트리가 좌우로 반대라는 점을 제외하고는 일반 트리 복사와 같습니다. 이번에는 왼쪽 자식이 입력 트리의 오른쪽 자식을 순회해 형성된 트리를 가리킵니다. 마찬가지로 오른쪽 자식은 입력 트리의 왼쪽 자식을 순회해 형성된 트리를 가리킵니다.

해결책 9-24

```
treeNode *copyMirrorTree(treeNode *root)
{
    treeNode *temp;
    if (root != NULL) {
        temp = (treeNode *)malloc(sizeof(treeNode));
        if (!temp) {
            return NULL;
        }
        temp->value = root->value;
        temp->lChild = copyMirrorTree(root->rChild);
        temp->rChild = copyMirrorTree(root->lChild);
        return temp;
    }
    else {
```

```
        return NULL;
    }
}
```

분석 시간 복잡도는 O(n)이며, 공간 복잡도는 O(n)입니다.

9.4.25 트리 해제하기

문제 9-25 이진 트리의 모든 노드를 해제하세요.

해결책 트리 해제는 왼쪽과 오른쪽 자식 모두에 대해 freeTree() 함수를 재귀적으로 호출해 수행합니다. 왼쪽 자식과 오른쪽 자식이 이미 비어 있으면 현재 노드에서 free() 함수를 호출합니다.

해결책 9-25

```
treeNode *freeTree(treeNode *root)
{
    if (root) {
        root->lChild = freeTree(root->lChild);
        root->rChild = freeTree(root->rChild);
        if (root->lChild == NULL && root->rChild == NULL) {
            free(root);
            return NULL;
        }
    }
    return NULL;
}

void freeTree2(treeNode **rootPtr)
{
    *rootPtr = freeTree(*rootPtr);
}
```

분석 시간 복잡도는 O(1)이며, 공간 복잡도는 O(1)입니다.

9.4.26 완전 이진 트리인지 확인하기

문제 9-26 이진 트리가 완전 이진 트리인지 확인하세요.

첫 번째 해결책 큐로 너비 우선 탐색을 수행합니다. 왼쪽 자식이 없는 노드는 오른쪽 자식도 없습니다. 일반적으로 자식이 없는 노드가 있으면 너비 우선 탐색에서 어떤 다른 노드도 자식을 가질 수 없습니다.

해결책 9-26-1

```c
int isCompleteTree(treeNode *root)
{
    Queue que;
    QueueInitialize(&que);
    treeNode *temp = NULL;
    int noChild = 0;
    if (root != NULL) {
        QueueAdd(&que, (int)root);
    }
    while (QueueSize(&que) != 0) {
        temp = (treeNode *)QueueRemove(&que);
        if (temp->lChild != NULL) {
            if (noChild == 1) {
                return 0;
            }
            QueueAdd(&que, (int)temp->lChild);
        }
        else {
            noChild = 1;
        }
        if (temp->rChild != NULL) {
            if (noChild == 1) {
                return 0;
            }
            QueueAdd(&que, (int)temp->rChild);
        }
        else {
            noChild = 1;
        }
    }
    return 1;
}
```

분석 시간 복잡도는 O(n)이며, 공간 복잡도는 O(n)입니다.

두 번째 해결책 힙처럼 부모를 기준으로 자식의 번호를 매깁니다. 부모의 위치를 index라고 하면 왼쪽 자식의 위치는 (2 * index + 1)이 되고 오른쪽 자식의 위치는 (2 * index + 2)가 됩니다.

```
int isCompleteTreeUtil(treeNode *curr, int index, int count)
{
    if (curr == NULL) {
        return 1;
    }
    if (index > count) {
        return 0;
    }
    return isCompleteTreeUtil(curr->lChild, index * 2 + 1, count) &&
            isCompleteTreeUtil(curr->rChild, index * 2 + 2, count);
}


int isCompleteTree2(treeNode *root)
{
    int count = findCount(root);
    return isCompleteTreeUtil(root, 0, count);
}
```

분석 시간 복잡도는 O(n), 공간 복잡도는 O(n)입니다.

9.4.27 힙인지 확인하기

문제 9-27 이진 트리가 최소 힙을 나타내는지 확인하세요. 트리가 힙이려면 다음 두 가지 조건을 만족해야 합니다.

1. 완전 트리입니다.

2. 부모 노드의 값이 왼쪽, 오른쪽 자식보다 작거나 같습니다.

첫 번째 해결책 먼저 완전 트리인지를 시험하고, 두 번째로 부모-자식 속성을 따르는지 확인합니다. 트리가 완전 트리이고, 트리의 모든 부모 노드가 자식보다 작거나 같으면 최소 힙입니다. isComleteTree()와 isHeapUtil() 함수 호출은 선형 시간이 걸립니다. 먼저 트리에서 총 원소의 수를 구하고, 두 번째에 완전 트리 여부를 확인합니다. 그런 다음에 힙 속성을 테스트합니다.

```
int isHeapUtil(treeNode *curr, int parentValue)
{
    if (curr == NULL) {
```

```
        return 1;
    }
    if (curr->value < parentValue) {
        return 0;
    }
    return (isHeapUtil(curr->lChild, curr->value) &&
            isHeapUtil(curr->rChild, curr->value));
}

int isHeap(treeNode *root)
{
    int infi = -9999999;
    return (isCompleteTree(root) && isHeapUtil(root, infi));
}
```

분석 총 시간 복잡도는 O(n)이며, 전체 트리를 세 번 순회합니다.

두 번째 해결책 isCompleteTree()와 isHeapUtil() 함수를 하나의 함수로 합칩니다.

해결책 9-27-2

```
int isHeapUtil2(treeNode *curr, int index, int count, int parentValue)
{
    if (curr == NULL) {
        return 1;
    }
    if (index > count) {
        return 0;
    }
    if (curr->value < parentValue) {
        return 0;
    }
    return isHeapUtil2(curr->lChild, index * 2 + 1, count, curr->value) &&
            isHeapUtil2(curr->rChild, index * 2 + 2, count, curr->value);
}

int isHeap2(treeNode *root)
{
    int count = findCount(root);
    int parentValue = -9999999;
    return isHeapUtil2(root, 0, count, parentValue);
}
```

분석 시간 복잡도는 O(n)이며, 공간 복잡도는 O(1)입니다.

9.4.28 재귀를 사용하지 않고 전위 순회하기

문제 9-28 재귀를 사용하지 않고 이진 트리의 전위 순회를 수행하세요.

해결책 시스템 스택을 사용한 재귀 대신에 스택 자료 구조를 사용해 트리를 순회합니다.

해결책 9-28

```c
void iterativePreOrder(treeNode *root)
{
    Stack stk;
    StackInitialize(&stk);
    treeNode *curr = NULL;
    if (root != NULL) {
        StackPush(&stk, (int)root);
    }
    while (StackSize(&stk) != 0) {
        curr = (treeNode *)StackPop(&stk);
        printf("%d ", curr->value);
        if (curr->rChild != NULL) {
            StackPush(&stk, (int)curr->rChild);
        }
        if (curr->lChild != NULL) {
            StackPush(&stk, (int)curr->lChild);
        }
    }
}
```

분석 시간 복잡도는 O(n)이며, 공간 복잡도는 O(n)입니다.

9.4.29 재귀를 사용하지 않고 후위 순회하기

문제 9-29 재귀를 사용하지 않고 이진 트리의 후위 순회를 수행하세요.

해결책 시스템 스택을 사용하는 재귀 대신에 스택 자료 구조를 사용해 트리를 순회합니다.

```
void iterativePostOrder(treeNode *root)
{
    Stack stk;
    StackInitialize(&stk);
    Stack visited;
    StackInitialize(&visited);
    treeNode *curr = NULL;
    int vtd;
    if (root != NULL) {
        StackPush(&stk, (int)root);
        StackPush(&visited, 0);
    }
    while (StackSize(&stk) != 0) {
        curr = (treeNode *)StackPop(&stk);
        vtd = StackPop(&visited);
        if (vtd == 1) {
            printf("%d ", curr->value);
        }
        else {
            StackPush(&stk, (int)curr);
            StackPush(&visited, 1);
            if (curr->rChild != NULL) {
                StackPush(&stk, (int)curr->rChild);
                StackPush(&visited, 0);
            }
            if (curr->lChild != NULL) {
                StackPush(&stk, (int)curr->lChild);
                StackPush(&visited, 0);
            }
        }
    }
}
```

분석 시간 복잡도는 O(n)이며, 공간 복잡도는 O(n)입니다.

9.4.30 재귀를 사용하지 않고 중위 순회하기

문제 9-30 재귀를 사용하지 않고 이진 트리의 중위 순회를 수행하세요.

해결책 시스템 스택을 사용하는 재귀 대신에 스택 자료 구조를 사용해 트리를 순회합니다.

```
void iterativeInOrder(treeNode *root)
{
    Stack stk;
    StackInitialize(&stk);
    Stack visited;
    StackInitialize(&visited);
    treeNode *curr = NULL;
    int vtd;
    if (root != NULL) {
        StackPush(&stk, (int)root);
        StackPush(&visited, 0);
    }
    while (StackSize(&stk) != 0) {
        curr = (treeNode *)StackPop(&stk);
        vtd = StackPop(&visited);
        if (vtd == 1) {
            printf("%d ", curr->value);
        }
        else {
            if (curr->rChild != NULL) {
                StackPush(&stk, (int)curr->rChild);
                StackPush(&visited, 0);
            }
            StackPush(&stk, (int)curr);
            StackPush(&visited, 1);
            if (curr->lChild != NULL) {
                StackPush(&stk, (int)curr->lChild);
                StackPush(&visited, 0);
            }
        }
    }
}
```

분석 시간 복잡도는 O(n)이며, 공간 복잡도는 O(n)입니다.

9.4.31 트리를 리스트로 만들기

문제 9-31 이진 트리를 중위 순회하며 이중 연결 리스트를 만드세요.

해결책 재귀적으로 트리를 배열로 만듭니다. 각 노드에서 트리를 리스트로 만드는 함수는 왼쪽 자식에서 오른쪽 자식으로 수행한다고 가정합니다. 그런 다음에 왼쪽 자식과 오른쪽 자식의 순회 결과를 합치고, 왼쪽 리스트와 오른쪽 리스트의 머리와 꼬리 포인터를 현재 노드와 결합합니다. 통합 과정에서 현재 노드를 왼쪽 리스트의 꼬리와 오른쪽 리스트의 머리로 연결합니다. 왼쪽 리스트의 머리는 새로 만든 리스트의 머리가 되고, 오른쪽 리스트의 꼬리는 새로 만든 리스트의 꼬리가 됩니다.

해결책 9-31

```
treeNode *treeToListRec(treeNode *curr)
{
    treeNode *head, *tail, *tempHead;
    if (!curr) {
        return NULL;
    }
    if (curr->lChild == NULL && curr->rChild == NULL) {
        curr->lChild = curr;
        curr->rChild = curr;
        return curr;
    }
    if (curr->lChild) {
        head = treeToListRec(curr->lChild);
        tail = head->lChild;
        curr->lChild = tail;
        tail->rChild = curr;
    }
    else {
        head = curr;
    }
    if (curr->rChild) {
        tempHead = treeToListRec(curr->rChild);
        tail = tempHead->lChild;
        curr->rChild = tempHead;
        tempHead->lChild = curr;
    }
    else {
        tail = curr;
    }
    head->lChild = tail;
    tail->rChild = head;
    return head;
}
```

분석 시간 복잡도는 O(n)이며, 공간 복잡도는 O(n)입니다.

9.5 이진 탐색 트리

이진 탐색 트리(BST, Binary Search Tree)는 노드가 다음 방식으로 정렬되는 이진 트리입니다.

- 왼쪽 하위 트리의 키(key)는 부모 노드의 키보다 작습니다.
- 오른쪽 하위 트리의 키는 부모 노드의 키보다 큽니다.
- 중복 키는 허용되지 않습니다.

▼ 그림 9-19 이진 탐색 트리

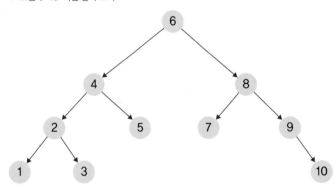

> Note ≣ 트리 노드에는 키(key)와 값(value)이라는 두 개의 서로 다른 영역이 있지만, 단순하게 하기 위해 값을 키로 다룹니다. 이진 탐색 트리의 모든 문제는 노드의 값이 트리의 키라는 가정으로 풉니다.

> Note ≣ 이진 탐색 트리는 이진 트리입니다. 따라서 앞에서 다룬 이진 트리 알고리즘은 이진 탐색 트리에도 적용할 수 있습니다.

9.6 이진 탐색 트리 문제

9.6.1 정렬된 배열로 이진 탐색 트리 생성하기

문제 9-32 원소가 정렬된 배열을 사용해 왼쪽 하위 트리의 노드 값이 현재 노드보다 작고 오른쪽 하위 트리의 노드 값이 현재 노드보다 큰 이진 탐색 트리를 만드세요.

해결책 현재 노드를 생성하고 나머지 배열로 왼쪽 및 오른쪽 하위 트리를 구성할 수 있는 중간 노드를 찾아야 합니다.

해결책 9-32

```
treeNode *CreateBinaryTreeUtil(int arr[], int start, int end)
{
    treeNode *curr;
    if (start > end) {
        return NULL;
    }
    int mid = (start + end) / 2;
    curr = (treeNode*)malloc(sizeof(treeNode));
    curr->value = arr[mid];
    curr->lChild = CreateBinaryTreeUtil(arr, start, mid - 1);
    curr->rChild = CreateBinaryTreeUtil(arr, mid + 1, end);
    return curr;
}

treeNode *CreateBinaryTree(int arr[], int size)
{
    return CreateBinaryTreeUtil(arr, 0, size - 1);
}

int main()
{
    int arr[] = { 1, 2, 3, 4, 5, 6, 7, 8, 9, 10 };
    treeNode *t2 = CreateBinaryTree(arr, 10);
}
```

9.6.2 노드 삽입하기

문제 9-33 다음과 같이 순서대로 노드를 삽입해 트리를 만드세요. 6, 4, 2, 5, 1, 3, 8, 7, 9, 10의 순서로 트리에 키를 삽입합니다.

❤ 그림 9-20 노드 삽입해 이진 탐색 트리 생성하기

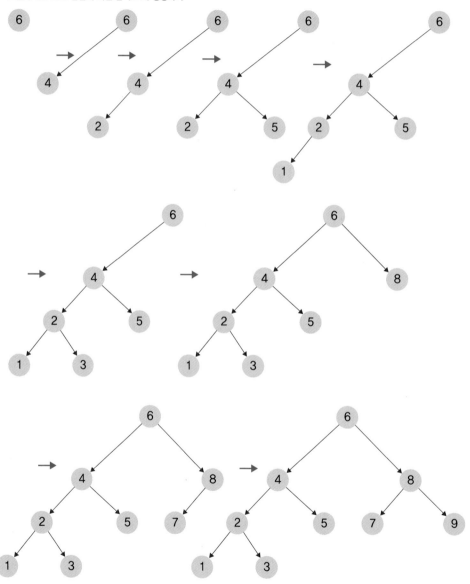

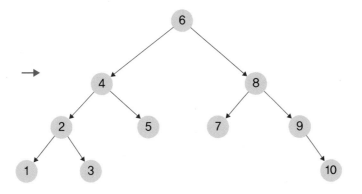

해결책 작은 값은 현재 노드의 왼쪽 자식의 하위 트리에 추가하고, 큰 값은 현재 노드의 오른쪽 자식의 하위 트리에 추가합니다.

해결책 9-33

```c
treeNode *insertNode(treeNode *root, int value)
{
    if (root == NULL) {
        root = (treeNode *)malloc(sizeof(treeNode));
        if (root == NULL) {
            printf("fallen memory shortage ...");
            return root;
        }
        root->value = value;
        root->lChild = root->rChild = NULL;
    }
    else {
        if (root->value >= value) {
            root->lChild = insertNode(root->lChild, value);
        }
        else {
            root->rChild = insertNode(root->rChild, value);
        }
    }
    return root;
}

void insertNode2(treeNode **ptrRoot, int value)
{
    *ptrRoot = insertNode(*ptrRoot, value);
}
```

분석 시간 복잡도는 O(n)이며, 공간 복잡도는 O(n)입니다.

9.6.3 노드 찾기

문제 9-34 주어진 값으로 노드를 찾으세요.

해결책 현재 노드 값보다 큰 값은 오른쪽 자식의 하위 트리에 있고, 작은 값은 왼쪽 자식의 하위 트리에 있습니다. 따라서 왼쪽 또는 오른쪽 하위 트리를 반복적으로 탐색해 값을 찾을 수 있습니다.

해결책 9-34

```
treeNode *findNode(treeNode *root, int value)
{
    if (!root) {
        return NULL;
    }
    if (root->value == value) {
        return root;
    }
    else {
        if (root->value > value) {
            return findNode(root->lChild, value);
        }
        else {
            return findNode(root->rChild, value);
        }
    }
}
```

분석 시간 복잡도는 O(n)이며, 공간 복잡도는 O(1)입니다.

9.6.4 최솟값 노드 찾기

문제 9-35 최솟값을 가지는 노드를 찾으세요.

해결책 트리의 가장 왼쪽에 있는 자식이 최솟값을 가지는 노드입니다.

▼ 그림 9-21 최솟값 노드

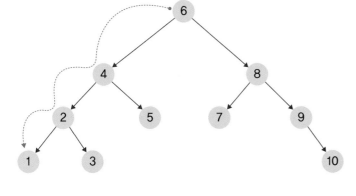

해결책 9-35

```
treeNode *findMinNode(treeNode *root)
{
    if (root) {
        while (root->lChild) {
            root = root->lChild;
        }
    }
    return root;
}

int minValue(treeNode *root)
{
    if (root) {
        while (root->lChild) {
            root = root->lChild;
        }
        return root->value;
    }
    return 99999;
}
```

분석 시간 복잡도는 O(n)이며, 공간 복잡도는 O(1)입니다.

9.6.5 최댓값 노드 찾기

문제 9-36 최댓값을 가지는 노드를 찾으세요.

해결책 트리의 가장 오른쪽에 있는 자식이 최댓값을 가지는 노드입니다.

▼ 그림 9-22 최댓값 노드

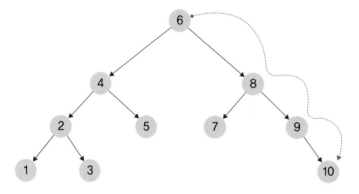

해결책 9-36

```
treeNode *findMax(treeNode *root)
{
    if (root) {
        while (root->rChild) {
            root = root->rChild;
        }
    }
    return root;
}


int maxValue(treeNode *root)
{
    if (root) {
        while (root->rChild) {
            root = root->rChild;
        }
        return root->value;
    }
    return -999;
}
```

분석 시간 복잡도는 O(n)이며, 공간 복잡도는 O(1)입니다.

9.6.6 이진 탐색 트리인지 확인하기

문제 9-37 주어진 트리가 이진 탐색 트리인지 확인하세요.

첫 번째 해결책 각 노드에서 왼쪽 하위 트리의 최댓값이 현재 노드 값보다 작고, 오른쪽 하위 트리의 최솟값이 현재 노드보다 큰지를 확인합니다.

해결책 9-37-1

```
int isBST(treeNode *root)
{
    if (!root) {
        return 1;
    }
    if (root->lChild && maxValue(root->lChild) > root->value) {
        return 0;
    }
    if (root->rChild && minValue(root->rChild) <= root->value) {
        return 0;
    }
    return (isBST(root->lChild) && isBST(root->rChild));
}
```

분석 시간 복잡도는 O(n)이며, 공간 복잡도는 O(n)입니다.

두 번째 해결책 첫 번째 해결책이 맞긴 하지만, 같은 트리 노드를 여러 번 탐색하므로 효율적이지 않습니다. 범위를 좁혀 각 노드를 한 번만 탐색하면 더 나은 해결책이 됩니다. 노드 값의 최대와 최소 범위를 구하는 isBSTUtil() 함수를 사용합니다. min과 max의 초깃값은 정수의 최솟값과 최댓값이어야 합니다. 간단하게 -999999와 999999로 합니다.

해결책 9-37-2

```
int isBST2(treeNode *root)
{
    return isBSTUtil2(root, INT_MIN, INT_MAX);
}

int isBSTUtil2(treeNode *root, int min, int max)
{
    if (!root) {
        return 1;
    }
```

```
    if (root->value < min || root->value > max) {
        return 0;
    }
    return isBSTUtil2(root->lChild, min, root->value) &&
           isBSTUtil2(root->rChild, root->value, max);
}
```

분석 스택에 대해 시간 복잡도는 $O(n)$이며, 공간 복잡도는 $O(n)$입니다.

세 번째 해결책 두 번째 해결책도 정확하고 효율적이지만, 쉬운 방법이 있습니다. 노드를 중위 순회해 엄격하게 증가하는 순서를 얻을 수 있는지 확인합니다.

해결책 9-37-3

```
int isBST3(treeNode *root)
{
    int temp = 0;
    return isBSTUtil3(root, &temp);
}


int isBSTUtil3(treeNode *root, int *value) /* 중위 순회*/
{
    int ret;
    if (root) {
        ret = isBSTUtil3(root->lChild, value);
        if (!ret) {
            return 0;
        }
        if (*value > root->value) {
            return 0;
        }
        *value = root->value;
        ret = isBSTUtil3(root->rChild, value);
        if (!ret) {
            return 0;
        }
    }
    return 1;
}
```

분석 스택에 대해 시간 복잡도는 $O(n)$이며, 공간 복잡도는 $O(n)$입니다.

9.6.7 노드 삭제하기

문제 9-38 이진 탐색 트리에서 노드 x를 제거하고 이진 탐색 트리의 노드를 재구성합니다. 단, 이진 탐색 트리의 특성은 유지해야 합니다.

노드 삭제에는 다음 세 가지 경우가 있습니다. 삭제할 노드를 x라고 하겠습니다.

1. **삭제할 노드에 자식이 없는 경우** 자식이 없는 노드 x는 그냥 삭제합니다(즉, x를 가리키지 않도록 부모 노드를 변경합니다). 노드를 직접 삭제하고 널 값을 반환하면 됩니다.

2. **삭제할 노드에 자식이 하나인 경우** 자식이 하나 있는 노드 x는 x의 부모를 x의 자식에 연결해 x를 분리합니다. 자식을 임시 변수에 저장한 다음에 현재 노드를 삭제하고 마지막으로 자식을 반환합니다.

3. **삭제할 노드에 자식이 둘인 경우** 자식이 둘인 노드 x는 x의 계승자[5]를 분리해 계승자로 x를 대체합니다

▼ 그림 9-23 자식이 하나인 노드 제거하기

1. 노드 9를 제거하려고 합니다. 이 노드는 자식이 하나뿐입니다.

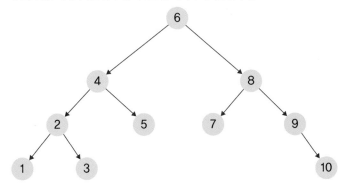

● 계속

---

5 **역주** 삭제한 노드의 위치에 오는 노드를 말합니다.

2. 노드 9의 부모인 노드 8의 오른쪽 자식으로 노드 9의 오른쪽 자식 노드인 10을 가리키게 합니다.

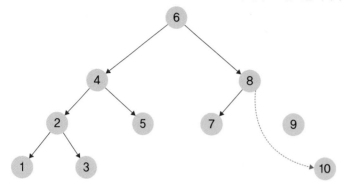

3. 노드 9를 트리에서 제거합니다.

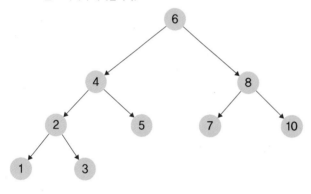

❤ 그림 9-24 자식이 둘인 노드 제거하기

1. 자식이 둘인 노드 6을 삭제하려고 합니다.

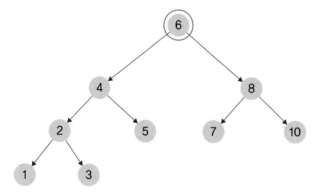

2. 노드 6의 오른쪽 하위 트리의 최솟값을 찾습니다.

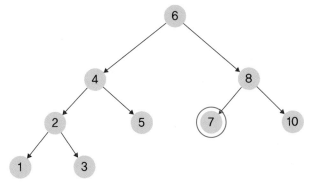

3. 최솟값 7을 노드 6으로 복사합니다.

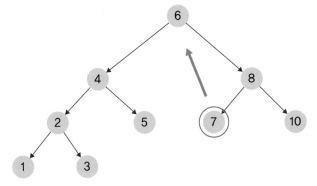

4. 노드의 오른쪽 하위 트리에서 최솟값인 노드 7을 삭제합니다. 노드 6이 트리에서 제거되었습니다.

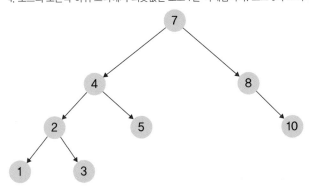

해결책 9-38

```
void deleteNodeWrapper(treeNode **rootPtr, int value)
{
    *rootPtr = deleteNode(*rootPtr, value);
}


treeNode *deleteNode(treeNode *root, int value)
```

```
{
    treeNode *temp = NULL;
    if (root) {
        if (root->value == value) {
            if (root->lChild == NULL && root->rChild == NULL) {
                free(root);
                return NULL;
            }
            else {
                if (root->lChild == NULL) {
                    temp = root->rChild;
                    free(root);
                    return temp;
                }
                if (root->rChild == NULL) {
                    temp = root->lChild;
                    free(root);
                    return temp;
                }
                temp = findMax(root->lChild);
                root->value = temp->value;
                root->lChild = deleteNode(root->lChild, temp->value);
            }
        }
        else {
            if (root->value > value) {
                root->lChild = deleteNode(root->lChild, value);
            }
            else {
                root->rChild = deleteNode(root->rChild, value);
            }
        }
    }
    return root;
}
```

분석 시간 복잡도는 O(n)이며, 공간 복잡도는 O(n)입니다.

9.6.8 최소 공통 조상 찾기

문제 9-39 두 노드와 가장 가까운 공통 조상을 찾으세요.

해결책 트리 T에서 두 노드 n1, n2와 가장 가까운 공통 조상은 n1과 n2을 하위 노드로 가지는 T에서 가장 낮은 노드로 정의됩니다.

해결책 9-39

```
treeNode *LcaBST(treeNode *root, treeNode *firstPtr, treeNode *secondPtr)
{
    if (!firstPtr || !secondPtr || !root) {
        return root;
    }
    if (root->value > firstPtr->value && root->value > secondPtr->value) {
        return LcaBST(root->lChild, firstPtr, secondPtr);
    }
    if (root->value < firstPtr->value && root->value < secondPtr->value) {
        return LcaBST(root->rChild, firstPtr, secondPtr);
    }
    return root;
}
```

분석 시간 복잡도는 O(n)이며, 공간 복잡도는 O(n)입니다.

9.6.9 범위를 벗어난 노드 삭제하기

문제 9-40 이진 탐색 트리와 최소 및 최대 범위가 주어졌을 때 범위를 벗어난 모든 노드를 삭제하세요.

해결책 트리를 탐색하면서 범위를 벗어나는 각 노드를 삭제합니다. 모든 삭제는 내부에서 일어나므로 왼쪽 자식은 항상 작고 오른쪽 자식은 항상 크다는 이진 탐색 트리의 특성상, 노드의 하위 항목이 범위를 벗어나 삭제되었는지 신경 쓰지 않아도 됩니다.

해결책 9-40

```
treeNode *trimOutsideRange(treeNode *root, int min, int max)
{
    treeNode *tempNode;
    if (root == NULL) {
        return NULL;
```

```
    }
    root->rChild = trimOutsideRange(root->rChild, min, max);
    root->lChild = trimOutsideRange(root->lChild, min, max);
    if (root->value < min) {
        tempNode = root->rChild;
        freeTree(root->lChild);
        free(root);
        return tempNode;
    }
    if (root->value > max) {
        tempNode = root->lChild;
        freeTree(root->rChild);
        free(root);
        return tempNode;
    }
    return root;
}
```

분석 시간 복잡도는 O(n)이며, 공간 복잡도는 O(n)입니다.

9.6.10 범위 안의 노드 출력하기

문제 9-41 트리에서 주어진 범위 내의 값을 가지는 노드만 출력하세요.

해결책 일반적인 중위 순회를 하면서 노드의 값이 주어진 범위 안에 있는지 확인하고 해당하면 출력합니다.

해결책 9-41

```
void printInRange(treeNode *root, int min, int max)
{
    if (!root) {
        return;
    }
    printInRange(root->lChild, min, max);
    if (root->value >= min && root->value <= max) {
        printf(" %d ", root->value);
    }
    printInRange(root->rChild, min, max);
}
```

분석 시간 복잡도는 O(n)이며, 공간 복잡도는 O(n)입니다.

9.6.11 주어진 키로 천장과 바닥 값 찾기

문제 9-42 주어진 트리와 값에서 주어진 값보다 작은 바닥 값(floor value)과 주어진 값보다 큰 천장 값(ceil value)을 찾으세요. 단, 주어진 값과 가장 가까운 천장 값과 바닥 값을 찾아야 합니다.

해결책 이진 탐색 트리를 탐색해 천장 값과 바닥 값을 찾으세요. 천장 값을 탐색할 때 주어진 입력보다 큰 값을 찾으면 이 값을 가능한 값으로 저장합니다. 입력 값에 가까운 값을 찾기 위해 탐색 범위를 좁힙니다. 이 알고리즘은 이진 탐색 트리가 균형을 이루면 O(logn) 시간이 걸립니다. 이와 같은 방식으로 바닥 값도 찾을 수 있습니다.

해결책 9-42-1 천장 값 찾기

```
int CeilBST(treeNode *root, int value)
{
    int ceil = 0;
    while (root) {
        if (root->value == value) {
            ceil = root->value;
            break;
        }
        else if (root->value > value) {
            ceil = root->value;
            root = root->lChild;
        }
        else {
            root = root->rChild;
        }
    }
    return ceil;
}
```

해결책 9-42-2 바닥 값 찾기

```
int FloorBST(treeNode *root, int value)
{
    int floor = 0;
    while (root) {
        if (root->value == value) {
            floor = root->value;
```

```
            break;
        }
        else if (root->value > value) {
            root = root->lChild;
        }
        else {
            floor = root->value;
            root = root->rChild;
        }
    }
    return floor;
}
```

분석 시간 복잡도는 O(n)이며, 공간 복잡도는 O(1)입니다.

9.6.12 오른쪽의 작은 원소 수로 배열 만들기

문제 9-43 배열에서 각 원소의 오른쪽에 있는 원소 중 현재 원소보다 작은 원소의 수로 출력 배열을 만드세요.[6]

첫 번째 해결책 무차별 대입. 오른쪽에 있는 모든 원소에 대해 반복해 작은 값의 수를 세는 두 개의 반복문을 사용합니다. 시간 복잡도는 $O(n^2)$입니다.

두 번째 해결책 효율적인 해결책 중 하나가 균형 이진 탐색 트리입니다. 오른쪽에서 왼쪽으로 배열을 탐색해 값을 트리에 넣습니다. 트리의 노드는 왼쪽 자식 또는 해당 노드보다 값이 작은 노드의 수를 추적합니다. 노드를 찾는 데 걸리는 시간은 O(logn)보다 작으며, 모든 노드에 대해 이 과정을 반복합니다. 시간 복잡도는 O(nlogn)입니다.

---

6 역주 입력 {13, 1, 4, 3}
　　　출력 {3, 0, 1, 0}
　　　13의 오른쪽에는 3개의 원소(1, 4, 3)가 있고, 모두 13보다 작으므로 출력 배열의 첫 번째 원소는 3이 됩니다. 그다음 1의 오른쪽에는 2개의 원소(4, 3)이 있지만, 모두 1보다 작으므로 출력 배열의 두 번째 원소는 0이 됩니다.

9.6.13 이진 탐색 트리의 배열인지 확인하기

문제 9-44 정수 배열이 이진 탐색 트리의 전위 순회를 표현한 배열인지 확인하세요.

해결책 전위 순회의 순서는 '루트 → 왼쪽 자식 →오른쪽 자식'입니다. 루트 값보다 큰 값은 오른쪽 자식의 하위 트리에 있습니다. 따라서 루트 다음에 오는 모든 노드는 루트보다 큰 값을 갖습니다.

해결책 9-44

```
int isBSTArray(int preorder[], int size)
{
    Stack stk;
    int value;
    StackInitialize(&stk);
    int root = -999999;
    for (int i = 0; i < size; i++) {
        value = preorder[i];
        // 오른쪽 자식의 값이 루트보다 작은지 확인합니다.
        if (value < root) {
            return 0;
        }
        // 먼저 왼쪽 자식이 제거됩니다.
        // 마지막에 꺼낸 값이 루트가 됩니다.
        while (StackSize(&stk) > 0 && StackTop(&stk) < value) {
            root = StackPop(&stk);
        }
        // 스택에 현재 값을 추가합니다.
        StackPush(&stk, value);
    }
    return 1;
}

int main()
{
    int preorder1[] = {30, 20, 25, 70, 200};
    printf("Is BST Array : %d \n", isBSTArray(preorder1, 5));
}
```

분석 시간 복잡도는 O(n)이며, 공간 복잡도는 O(n)입니다.

9.7 / 이진 트리의 확장

9.7.1 세그먼트 트리

세그먼트 트리(segment tree)는 배열에서 여러 범위를 쿼리하거나 업데이트하는 데 사용하는 이진 트리입니다. 세그먼트 트리를 사용하는 문제는 다음과 같습니다.

- 배열에서 주어진 인덱스 범위 안 모든 원소의 합 구하기
- 배열에서 주어진 인덱스 범위 안 최댓값 구하기
- 배열에서 주어진 인덱스 범위 안 최솟값 구하기(범위 최소 문제라고도 함)

세그먼트 트리는 다음과 같은 속성이 있습니다.

- 세그먼트 트리는 이진 트리입니다.
- 세그먼트 트리의 각 노드는 배열의 간격을 나타냅니다.
- 트리의 루트는 전체 배열을 나타냅니다.
- 각 단말 노드는 하나의 원소를 나타냅니다.

> Note ≡ 세그먼트 트리는 배열의 원소를 스캔하고 업데이트해 선형 시간에 문제를 해결합니다. 세그먼트 트리의 유일한 장점은 선형 해결책보다 효율적인 로그 시간에 업데이트와 쿼리 작업을 수행하는 것입니다.

문제 9-45 n개의 숫자로 이루어진 배열에서 다음과 같은 작업을 수행해야 합니다.

- 배열의 모든 원소 업데이트하기
- 주어진 범위 (i, j)에서 최댓값 찾기

첫 번째 해결책 a[i] = x처럼 배열의 원소를 업데이트합니다. 해당 범위의 배열 원소를 순회하며 범위 (i, j)에서 최댓값을 찾습니다. 시간 복잡도는 업데이트가 $O(1)$이며, 최댓값 찾기가 $O(n)$입니다.

두 번째 해결책 첫 번째 해결책도 좋지만, 찾기 성능을 더 향상할 수 있습니다. 세그먼트 트리를 사용해 크기 n의 배열에서 실제로 $O(\log n)$ 시간에 두 작업을 모두 수행할 수 있습니다.

입력 배열 A = {1, 8, 2, 7, 3, 6, 4, 5}가 주어진다고 해 봅시다. 다음 그림은 입력 배열 A에 대응해 만든 세그먼트 트리입니다.

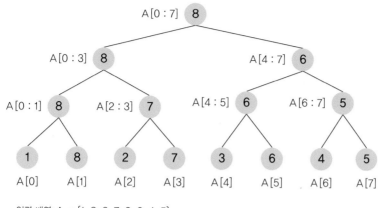

▼ 그림 9-25 입력 배열로 만든 세그먼트 트리

입력 배열: A = {1, 8, 2, 7, 3, 6, 4, 5}

9.7.2 AVL 트리

AVL 트리는 각 노드의 하위 트리 높이가 최대 1만큼 다른 이진 탐색 트리입니다. AVL 트리는 높이 균형 이진 탐색 트리입니다. 따라서 AVL 트리에 노드를 추가하거나 삭제하면 AVL 트리는 불균형해질 수 있습니다. AVL 균형 속성에 대한 이런 위반은 회전(rotation)이라고 하는 한 단계 또는 두 단계의 간단한 과정으로 수정할 수 있습니다.

새 노드를 삽입하면 이전에 균형 잡힌 AVL 트리가 불균형 트리가 된다고 가정해 봅시다. 트리가 균형이었다가 새 노드 하나가 추가되면서 불균형해졌으므로 최대 높이 차이는 2가 됩니다. 따라서 바닥에서 불균형 노드는 다음 네 가지 경우입니다.

1. 새 노드는 현재 노드의 왼쪽 자식의 왼쪽 자식입니다.

2. 새 노드는 현재 노드의 왼쪽 자식의 오른쪽 자식입니다.

3. 새 노드는 현재 노드의 오른쪽 자식의 왼쪽 자식입니다.

4. 새 노드는 현재 노드의 오른쪽 자식의 오른쪽 자식입니다.

1은 오른쪽으로 한 번 회전해 다시 균형을 맞춥니다. 4는 1과 대칭이므로 왼쪽으로 한 번 회전해 다시 균형을 맞춥니다. 2는 이중 회전해 다시 균형을 맞춥니다. 먼저 왼쪽으로 회전한 다음에 오른쪽으로 회전합니다. 3도 역시 이중 회전해 다시 균형을 맞춥니다. 단, 2와 대칭이므로 먼저 오른쪽으로 회전한 다음에 왼쪽으로 회전합니다.

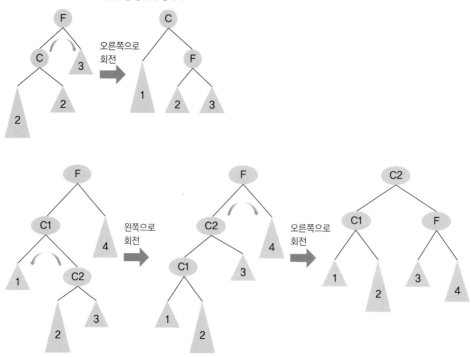

▼ 그림 9-26 AVL 트리의 불균형 상태 수정하기

O(logn) 시간에 새 노드를 삽입할 위치를 찾습니다. 그런 다음, AVL 트리의 균형 속성을 확인해 불균형함을 회전으로 수정합니다. 각 노드에서 회전은 상수 시간에 수행되고 회전하는 노드의 전체 수는 경로의 길이에 비례합니다. 따라서 삽입의 최종 시간 복잡도는 O(logn)입니다.

9.7.3 레드-블랙 트리

레드-블랙 트리(red-black tree)는 다른 이진 트리와 마찬가지로 왼쪽 자식과 오른쪽 자식이 있습니다. 또한, 노드에는 빨간색과 검정색을 나타내는 추가 정보 비트가 있습니다. 레드-블랙 트리에는 널 노드라고 부르는 특별한 유형의 노드가 있는데, 널 노드는 트리의 말단에 존재하는 가짜 노드입니다. 모든 내부 노드에는 자체 데이터가 연결되어 있습니다.

레드-블랙 트리의 속성은 다음과 같습니다.

- 트리의 루트는 검정입니다.
- 각 단말 노드(널 노드)는 검정입니다.
- 빨강 노드는 검정만 자식 노드로 가질 수 있습니다.

- 어떤 노드에서 단말 노드까지의 모든 경로에서 검정 노드의 수는 같습니다.

▼ 그림 9-27 레드-블랙 트리

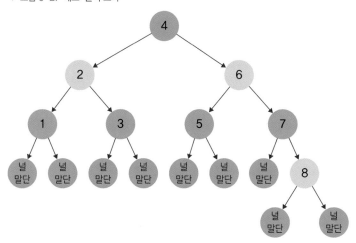

이 그림에서 루트 노드에서 말단 노드(널)까지 검정 노드의 수는 항상 3입니다. AVL 트리와 마찬가지로 레드-블랙 트리는 자가 균형(self-balancing) 이진 탐색 트리입니다. AVL 트리의 균형 속성은 각 노드의 왼쪽과 오른쪽 하위 트리의 높이와 직접 연관이 있습니다. 레드-블랙 트리에서 균형 속성은 앞에서 언급한 네 가지 속성에 의해 관리됩니다. 레드-블랙 트리에서 노드를 추가하거나 삭제하면 레드-블랙 트리의 속성을 위반할 수 있습니다. 레드-블랙 트리의 속성은 색상 변경과 회전을 통해 복원됩니다. 삽입 및 삭제, 검색 연산의 시간 복잡도는 O(logn)입니다.

9.7.4 스플레이 트리

스플레이 트리(splay tree)는 최근에 접근한 원소에 빠르게 다시 접근할 수 있는 추가 속성이 있는 자가 조정(self-adjusting) 이진 탐색 트리입니다. O(logn) 분할 상환 시간(amortized time)[7]에 삽입과 조회, 제거 같은 기본 작업을 수행합니다. 최근에 접근한 원소가 트리의 최상단에 놓이도록 트리의 원소를 재배치합니다. 트리를 검색하면 표준 BST 검색을 사용한 뒤에 트리를 회전해 원소를 맨 위로 가져옵니다. 스플레이 트리는 AVL 트리와 달리 높이 균형을 보장하지 않고, 접근의 총 비용이 낮다는 점만 보장합니다.

---

7 **역주** 낮은 빈도로 발생하는 최악의 경우를 분산시켜 시간을 측정하는 방법으로, Amortized를 앞에 붙여 표기합니다.

복잡도는 다음과 같습니다.

복잡도	평균일 때	최악일 때
공간 복잡도	O(n)	O(n)
검색 시간 복잡도	O(logn)	Amortized O(logn)
삽입 시간 복잡도	O(logn)	Amortized O(logn)
삭제 시간 복잡도	O(logn)	Amortized O(logn)

9.7.5 B-트리

주 메모리에서 데이터의 검색과 삽입 및 삭제를 위한 다양한 유형의 이진 트리를 살펴봤습니다. 그러나 이러한 자료 구조는 주 메모리가 아닌 디스크 등에 저장된 대용량 데이터에는 적합하지 않습니다.

B-트리는 로그 시간에 검색과 삽입 및 삭제를 수행하는 자가 균형 탐색 트리입니다. B-트리는 자가 균형 이진 탐색 트리와 달리 데이터의 전체 블록(페이지)을 읽고 쓰는 시스템에 최적화되어 있으며 디스크에서 읽기/쓰기 작업이 주 메모리보다 매우 느립니다. 따라서 B-트리의 주요 목적은 디스크 접근 횟수를 줄이는 것입니다.

B-트리의 노드는 여러 자식을 가질 수 있습니다. 또한, 자식 노드에 매우 많은 포인터가 있어서 트리의 크기가 줄어듭니다. 디스크에서 데이터에 접근하는 동안 전체 데이터 블록을 읽어 트리의 노드로 저장합니다. B-트리의 노드는 전체 데이터 블록(페이지)에 맞게 설계되었으며, 일반적으로 데이터베이스와 파일 시스템에서 사용합니다.

최소 차수 d의 B-트리는 다음과 같은 속성이 있습니다.

- 모든 단말 노드는 같은 레벨입니다.
- 루트를 제외한 모든 노드에는 최소 d-1개에서 최대 2d-1개의 키가 있습니다. 루트는 최소 1개의 키를 포함할 수 있습니다.
- 루트 노드가 말단 노드가 아니면 최소 2개의 하위 노드가 있습니다.
- n개의 키가 있는 말단이 아닌 노드에는 n+1개의 자식 노드가 있습니다.
- 노드의 모든 키 값은 오름차순입니다.
- 두 키 k1과 k2 사이의 자식 노드에는 k1과 k2 범위의 모든 키가 포함됩니다.

복잡도는 다음과 같습니다.

복잡도	평균일 때	최악일 때
공간 복잡도	O(n)	O(n)
탐색 시간 복잡도	O(logn)	O(logn)
삽입 시간 복잡도	O(logn)	O(logn)
삭제 시간 복잡도	O(logn)	O(logn)

다음은 1부터 7까지의 값을 추가해 B-트리를 만드는 과정을 그림으로 보여줍니다.

▼ 표 9-1

단계	과정	설명	안정 여부
1	1	트리에 1 삽입	안정
2	1 2	트리에 2 삽입	안정
3	1 2 3	트리에 3 삽입	중간 단계
4		새 노드를 만들어 데이터 분배	안정
5		트리에 4 삽입	안정
6		트리에 5 삽입	중간 단계
7		새 노드를 만들어 데이터 분배	안정
8		트리에 6 삽입	안정

◉ 계속

단계	과정	설명	안정 여부
9	2 4 / 1 3 [5 6 7]	트리에 7을 삽입 새 노드를 만들어 데이터 분배	중간 단계
10	[2 4 6] / 1 3 5 7	중간 노드를 재정렬 한 후에도 여전히 다른 중간 노드에 허용하는 최대 키 수보다 많은 키가 있음	중간 단계
11	4 / 2 6 / 1 3 5 7	새 노드를 만들어 데이터 분배 트리의 높이 증가	안정

Note ≡   2-3 트리는 차수 3의 B-트리입니다.

9.7.6 B+ 트리

B+ 트리는 B-트리의 변형으로, 말단 노드에만 레코드를 저장합니다. 내부 노드에는 키를 저장하는데, 이 키는 삽입과 삭제, 탐색에 사용합니다. 노드의 분할 및 병합 규칙은 B-트리와 동일합니다.

복잡도는 다음과 같습니다.

복잡도	평균일 때	최악일 때
공간 복잡도	$O(n)$	$O(n)$
탐색 시간 복잡도	$O(\log b(n))$	$O(\log b(n))$
삽입 시간 복잡도	$O(\log b(n))$	$O(\log b(n))$
삭제 시간 복잡도	$O(\log b(n))$	$O(\log b(n))$

다음은 1부터 5까지의 값을 추가해 B+ 트리를 만드는 과정입니다.

▼ 표 9-2

단계	과정	설명
1	1	말단 노드에 1 삽입
2	1 2	말단 노드에 2 삽입
3		말단 노드에 3 삽입 말단 노드의 수가 최대 노드 수를 초과하므로 말단 노드를 분할하고 중간에 키 노드 생성
4		말단 노드에 추가로 4 삽입 말단 노드 한 번 더 분할
5		말단 노드의 수가 최대 노드 수를 초과하므로 말단 노드에 5를 삽입해 노드 분할 하나 이상의 키를 중간 노드에 추가해 포함할 수 있는 최대 수 전달 노드를 분할해 새 노드 생성

9.7.7 B* 트리

B* 트리는 노드의 분할 및 병합 규칙을 제외하고 B+ 트리와 동일합니다. B* 트리의 노드는 오버플로가 발생했을 때 노드를 두 개로 나누는 대신에 인접한 형제 노드에 레코드의 일부를 줍니다. 형제 노드도 가득 차면 새 노드를 만들고 레코드를 세 개로 분배합니다.

1. 제시된 중위와 전위 순회 문자열을 사용해 트리를 만드세요.
   - 중위 순회 1 2 3 4 5 6 7 8 9 10
   - 전위 순회 6 4 2 1 3 5 8 7 9 10

2. 제시된 중위와 후위 순회 문자열을 사용해 트리를 만드세요.
   - 중위 순회 1 2 3 4 5 6 7 8 9 10
   - 후위 순회 1 3 2 5 4 7 10 9 8 6

3. 이진 트리에서 노드를 삭제하는 함수를 작성하세요.

4. 이진 트리에서 시스템 스택을 사용하지 않고 깊이 우선 탐색으로 출력하는 함수를 작성하세요.

   힌트 트리 노드에 방문 플래그와 같은 다른 원소를 유지할 수 있습니다.

5. 완전 이진 트리인지 확인하는 함수를 작성하세요. 완전 이진 트리에서는 마지막 레벨을 제외한 모든 레벨이 채워집니다. 왼쪽 자식의 모든 노드가 먼저 채워진 다음에 오른쪽 자식이 채워집니다.

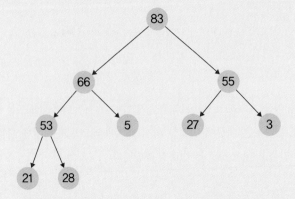

6. 정 이진 트리인지 확인하는 함수를 작성하세요. 정 이진 트리는 각 노드에 자식 노드가 없거나 두 개인 이진 트리입니다.

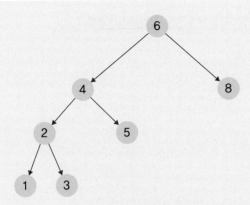

7. 포화 이진 트리인지 확인하는 함수를 작성하세요. 포화 이진 트리는 말단이 아닌 노드가 두 개의 자식 노드를 가지는 정 이진 트리의 한 유형입니다.

8. 높이 균형 트리 여부인지 확인하는 함수를 작성하세요. 높이 균형 트리는 왼쪽과 오른쪽 하위 트리의 높이 차이가 1개 이하인 트리입니다.

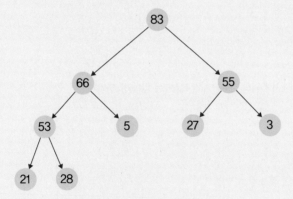

9. 두 트리가 같은 모양이면 동형이라고 하는데, 이때 어떤 값을 가지는지는 중요하지 않습니다. 두 트리가 동형인지 확인하는 프로그램을 작성하세요.

10. 노드가 n개 있는 이진 탐색 트리를 만들 때 최악의 시간 복잡도는 무엇입니까?

① $O(n^2)$

② $O(nlogn)$

③ $O(n)$

④ $O(logn)$

11. 노드가 n개 있는 이진 탐색 트리에서 삽입 연산을 할 때 최악의 시간 복잡도는 무엇입니까?

① $O(n^2)$

② $O(nlogn)$

③ $O(n)$

④ $O(logn)$

12. 노드가 n개 있는 이진 탐색 트리에서 탐색 연산을 할 때 최악의 시간 복잡도는 무엇입니까?

① $O(n^2)$

② $O(nlogn)$

③ $O(n)$

④ $O(logn)$

13. 다음 중 어떤 순회가 이진 탐색 트리에서 정렬된 순서로 원소를 제공합니까?

① 전위 순회

② 중위 순회

③ 중위 순회

④ 모두

14. 노드가 n개 있는 이진 탐색 트리에서 최악의 경우에 시간 복잡도는 얼마입니까?

① $O(nlogn)$

② $O(n)$

③ $O(logn)$

④ $O(1)$

15. 재귀를 사용하지 않고 스택이나 큐를 사용해 깊이 우선 탐색을 하는 연습문제 4번의 해결책을 최적화하세요.

16. 독자들을 위한 열린 연습문제입니다. 재귀(시스템 스택)을 사용하는 모든 알고리즘은 사용자 정의 또는 라이브러리 정의 스택을 사용해 해결할 수 있습니다. 어떤 알고리즘이 재귀를 사용하는지 파악하고, 사용자 정의 스택을 사용해 이 작업을 수행하는 방법을 알아보세요.

17. 이진 트리에서 노드를 지그재그로 출력하세요. 첫 번째 레벨에서는 왼쪽에서 오른쪽으로 노드를 출력합니다. 두 번째 레벨에서는 오른쪽에서 왼쪽으로, 세 번째 레벨에서 왼쪽에서 오른쪽으로 다시 출력합니다.

힌트 두 개의 스택을 사용하세요. 첫 번째 스택에서 꺼내 다른 스택에 넣고, 두 스택을 맞교환합니다.

18. 이진 탐색 트리에서 n번째로 작은 원소를 구하세요.

> **힌트** 이진 트리에서 중위 순회했을 때 n번째 원소입니다.

19. 다음 의사 코드의 시간 복잡도를 구하세요.

```
Function DFS(head)
    curr = head
    count = 0
    while (curr != None && curr.visited == False)
        count++;
        if (curr.lChild != None && curr.lChild.visited == False)
            curr= curr.lChild
        else if (curr.rChild != None && curr.rChild.visited == False)
            curr= curr.rChild
        else
            print curr.value
            curr.visited = 1
            curr = head
    print "count is : ", count
```

▶연습 문제 풀이는 703쪽에 있습니다.

10^장

힙

힙(heap)이라고도 하는 우선순위 큐(priority queue)는 큐의 한 종류입니다. 큐는 시작에서 항목이 제거되지만, 우선순위 큐에서 객체의 논리적 순서는 우선순위에 따라 결정됩니다. 우선순위가 가장 높은 항목은 우선순위 큐의 맨 앞에 있습니다. 우선순위 큐에 항목을 추가하면 우선순위에 따라 새 항목이 적절한 위치에 추가됩니다.

우선순위 큐는 프림(Prim) 알고리즘이나 데이크스트라(Dijkstra) 알고리즘 같은 다양한 그래프 알고리즘과 타이머 구현 등에도 사용합니다.

우선순위 큐는 힙으로 구현하는데, 힙의 자료 구조는 완전 이진 트리로 만들어진 원소의 배열입니다. 다시 말해, 힙은 다음 속성을 만족하는 이진 트리입니다.

- 완전 이진 트리로, n개의 노드가 있는 트리의 높이는 항상 O(logn)입니다.
- 힙 순서 속성(heap ordering property)을 만족합니다. 최대 힙에서 부모의 값은 자식의 값보다 크거나 같습니다. 최소 힙에서 부모의 값은 자식의 값보다 작거나 같습니다.

힙은 정렬된 자료 구조가 아니지만 부분적으로 정렬된 자료 구조로 간주할 수 있습니다. 다음 그림에서 형제 노드 사이에 그 어떤 관계도 없음을 볼 수 있습니다.

▼ 그림 10-1 최대 힙

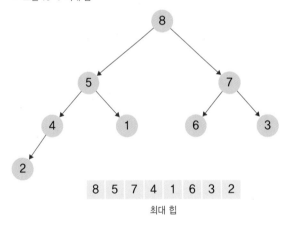

최대 힙

힙은 배열로 구현합니다. 힙은 완전 이진 트리이므로 부모(x에 위치)의 왼쪽 자식 노드는 배열의 (2x + 1) 위치에 존재합니다. 마찬가지로 부모의 오른쪽 자식 노드는 배열의 (2x + 2) 위치에 있습니다. 간단한 나누기로 힙에서 노드의 부모를 찾을 수 있습니다. 인덱스 y의 노드에서 부모 인덱스는 (y - 1) / 2가 됩니다.

10.1 힙의 유형

힙은 원소의 순서에 따라 최소 힙과 최대 힙의 두 가지 유형이 있습니다.

10.1.1 최대 힙

최대 힙은 각 노드의 값이 부모 노드의 값보다 작거나 같고 루트는 가장 큰 값을 갖습니다.

❤ 그림 10-3 최대 힙

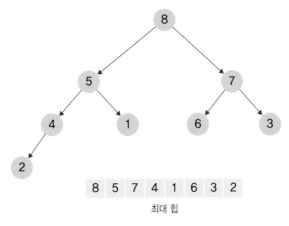

가장 큰 원소에 빠르게 접근해야 할 때는 항상 트리의 루트 또는 배열의 첫 번째 원소가 가장 큰 원소인 최대 힙을 사용합니다. 비록 배열의 나머지가 부분적으로 정렬된 상태이더라도 가장 큰 원소에는 바로 접근할 수 있습니다.

연산	시간 복잡도
삽입(insert)	O(logn)
최댓값 삭제(deleteMax)	O(logn)
제거(remove)	O(logn)
최댓값 찾기(findMax)	O(1)

10.1.2 최소 힙

최소 힙은 각 노드의 값이 부모 노드의 값보다 크거나 같고 루트가 가장 작은 값을 갖습니다.

▼ 그림 10-4 최소 힙

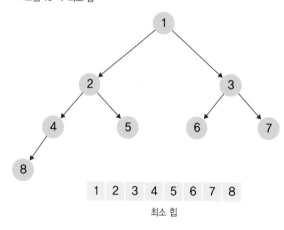

최소 힙

가장 작은 원소에 빠르게 접근해야 할 때는 항상 트리의 루트 또는 배열의 첫 번째 원소가 가장 작은 원소인 최소 힙을 사용합니다. 비록 배열의 나머지가 부분적으로 정렬된 상태이더라도 가장 작은 원소에는 바로 접근할 수 있습니다.

▼ 표 10-2 최소 힙 연산

연산	시간 복잡도
삽입(insert)	O(logn)
최솟값 삭제(deleteMin)	O(logn)
제거(remove)	O(logn)
최솟값 찾기(findMin)	O(1)

10.2 / 힙의 추상 자료형 연산

이진 힙의 ADT 연산은 다음과 같습니다.

▼ 표 10-3 이진 힙의 ADT 연산

연산	설명	시간 복잡도
이진 힙(binary heap)	빈 힙을 새로 만듭니다.	O(1)
삽입(insert)	힙에 새 원소를 추가합니다.	O(logn)
최댓값 삭제(deleteMax)	힙에서 최댓값 원소를 삭제합니다.	O(logn)
최댓값 찾기(findMax)	힙에서 최댓값 원소를 찾습니다.	O(1)
힙이 비었는지 확인(isEmpty)	힙이 비었으면 1을, 그렇지 않으면 0을 반환합니다.	O(1)
크기(Size)	힙의 원소 수를 반환합니다.	O(1)
힙 생성(BuildHeap)	배열에서 새로운 힙을 만듭니다.	O(logn)

10.3 / 힙 연산

힙의 초기화와 원소의 삭제 및 제거를 살펴보기 전에 힙과 관련된 다음의 중요한 연산을 먼저 이해해야 합니다. 두 연산은 단일 원소가 범위 밖일 때 힙의 순서 특성을 복원하는 데 사용합니다.

- 부모 노드가 자식 노드의 힙 특성을 따르지 않는 경우가 있습니다. 이때는 부모 노드 값을 자식 값 중 하나와 맞바꾸어 힙 특성을 재귀적으로 복원하는 percolateDown() 연산으로 문제를 해결합니다.

- 자식 노드가 부모 노드의 힙 특성을 따르지 않는 경우가 있습니다. 이때는 자식 노드 값을 부모 노드와 맞바꾸어 힙 특성을 재귀적으로 복원하는 percolateUp() 또는 bubbleUp() 연산으로 문제를 해결합니다.

percolateUp()과 percolateDown() 연산을 구현하면 다음과 같습니다.

```
void percolateDown(int *a, int position, int size, int isMinHeap)
{
    int lChild = 2 * position + 1;
    int rChild = lChild + 1;

    int small = -1;
    int temp;

    if (lChild < size) {
        small = lChild;
    }

    if (rChild < size && comp(a[lChild], a[rChild], isMinHeap)) {
        small = rChild;
    }

    if (small != -1 && comp(a[position], a[small], isMinHeap)) {
        temp = a[position];
        a[position] = a[small];
        a[small] = temp;
        percolateDown(a, small, size, isMinHeap);
    }
}

void percolateUp(int *a, int position, int isMinHeap)
{
    int parent = (position - 1) / 2;
    int temp;

    if (parent >= 0) {
        if (comp(a[parent], a[position], isMinHeap)) {
            temp = a[position];
            a[position] = a[parent];
            a[parent] = temp;
            percolateUp(a, parent, isMinHeap);
        }
    }

}
```

힙은 구조체로 표현합니다. 힙 구조체의 원소는 다음과 같습니다.

- **array** 힙을 저장하는 데 사용
- **capacity** 배열의 용량
- **size** 배열의 원소 수
- **isMinHeap** 최소 힙일 때 1, 최대 힙일 때 0

예제 10-2

```
typedef struct Heap
{
    int capacity;
    int size;
    int *array;
    int isMinHeap;
} Heap;

int HeapTop(Heap *hp)
{
    return hp->array[0];
}

int Heapsize(Heap *hp)
{
    return hp->size;
}
```

- HeapTop() 함수는 힙에서 우선 순위가 가장 높은 원소를 삭제하지 않고 반환합니다.
- HeapSize() 함수는 힙의 원소 수를 반환합니다.

10.3.1 힙 생성하고 초기화하기

힙화(heapify)는 배열을 힙으로 변환하는 과정으로, 다음 단계를 따라 진행합니다.

1. 배열에 값이 존재합니다.

2. 배열의 중간에서 시작해 배열의 시작 쪽으로 내려갑니다. 각 단계에서 부모 값을 왼쪽 자식 및 오른쪽 자식과 비교합니다. 또한 부모 값을 가장 큰 값을 가지는 자식의 아래로 옮겨 힙 특성을 복원합니다. 부모 값은 항상 왼쪽 자식과 오른쪽 자식보다 큰 값을 가져야 합니다.

3. 배열의 중간에서 배열의 시작까지의 모든 원소를 힙의 말단 노드에 도달할 때까지 비교해 옮깁니다. 힙 생성의 시간 복잡도는 O(n)입니다.

♥ 그림 10-5 배열을 힙으로 만드는 과정

1. 주어진 배열을 입력으로 힙 함수를 만듭니다. 인덱스 i의 값을 인덱스 (i × 2 + 1)과 인덱스 (i × 2 + 2)의 자식 노드 값과 비교합니다.
   배열의 중간인 n/2 지점의 인덱스 3을 인덱스 7과 비교합니다. 자식 노드의 값이 부모 노드의 값보다 크면 맞바꿉니다.

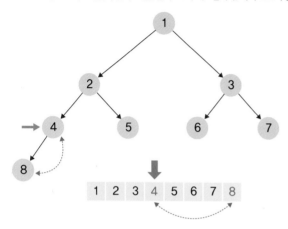

2. 마찬가지로 인덱스 2는 인덱스 5, 6과 비교합니다. 이 값들 중 가장 큰 값은 7이며, 인덱스 2의 값과 맞바꿉니다.

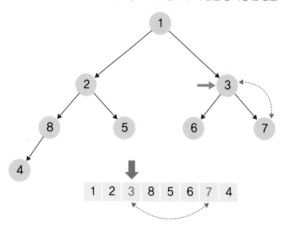

3. 마찬가지로 인덱스 1은 인덱스 3, 4와 비교합니다. 이 값들 중 가장 큰 값은 8이며, 인덱스 1의 값과 맞바꿉니다.

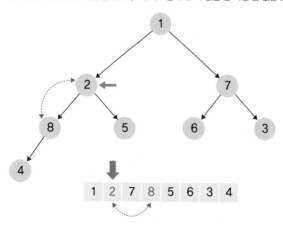

4. `percolatedown( )` 함수는 이전 단계에서 맞바꾼 값을 자식 노드와 비교해 이후에 조정하는 데 사용합니다.

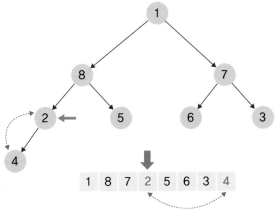

5. 이제 인덱스 0의 값을 인덱스 1, 2와 비교합니다. 8이 가장 큰 값이므로 인덱스 0의 값과 맞바꿉니다.

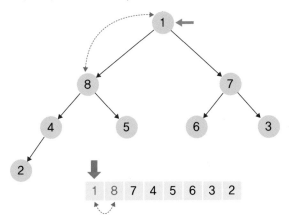

6. 이번에는 인덱스 1의 값을 인덱스 3과 4의 자식 노드 값과 비교합니다.

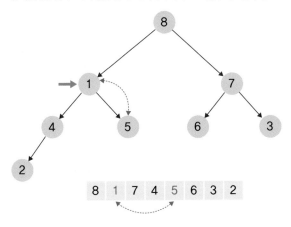

● 계속

7. 드디어 최대 힙을 만들었습니다.

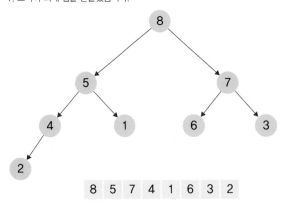

```
8  5  7  4  1  6  3  2
```

배열을 전달해 힙을 초기화할 수 있습니다. 배열에서 heapify() 함수를 호출해 힙을 만듭니다.

예제 10-3 힙 생성하기

```c
void HeapInitialize(Heap *hp, int arr[], int size, int isMinHeap)
{
    hp->size = hp->capacity = size;
    hp->array = arr;
    hp->isMinHeap = isMinHeap;
    heapify(arr, size, isMinHeap);
}


void heapify(int arr[], int size, int isMinHeap)
{
    for (int i = (size) / 2; i >= 0; i--)
        percolateDown(arr, i, size, isMinHeap);
}
```

배열의 크기를 전달해 힙을 초기화할 수 있습니다. 빈 배열이 만들어지므로 heapify() 함수를 호출할 필요가 없습니다.

예제 10-4 힙 초기화하기

```c
void HeapInitialize2(Heap *hp, int size, int isMinHeap)
{
    hp->size = 0;
    hp->capacity = size;
    hp->isMinHeap = isMinHeap;
    hp->array = (int *)malloc((size + 1) * sizeof(int));
}
```

10.3.2 삽입하기

삽입은 다음의 단계를 따라 진행합니다.

1. 배열 끝에 새 원소를 추가합니다. 완전 이진 트리 구조는 유지하지만, 새 원소의 값이 부모의 값보다 클 수도 있어서 더 이상 힙이 아닐 수 있습니다.

2. 새 원소가 부모의 값보다 작을 때까지 부모와 맞바꿉니다.

3. 새 원소가 루트에 도달하거나 부모의 값이 새 원소보다 크거나 같으면 단계 2를 종료합니다.

앞의 예제에서 만든 최대 힙을 다시 봅시다.

▼ 그림 10-6 최대 힙

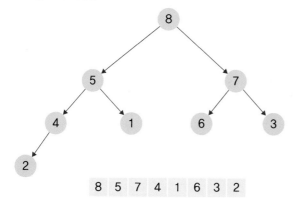

최대 힙에 값이 9인 원소를 삽입해 봅시다. 원소를 힙 목록의 끝에 추가하고 값을 부모의 값과 비교해 위로 올려 보냅니다. 새 원소의 값은 인덱스 8에 추가되고 부모는 (n - 1) / 2 = 3의 인덱스가 됩니다.

1. 값이 9인 원소를 배열의 끝에 추가합니다. 9가 4보다 크므로 서로 바꿉니다.

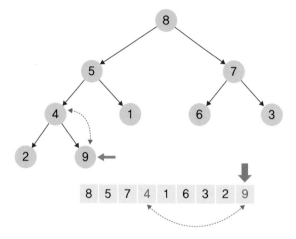

2. percolateUp()으로 힙 속성을 만족할 때까지 값을 위로 올립니다.

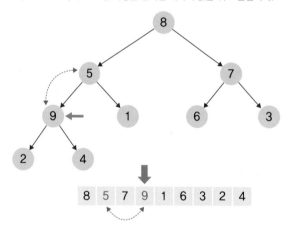

3. 인덱스 1의 값을 인덱스 0과 비교합니다. 힙 속성을 만족하기 위해 추가로 맞바꿉니다.

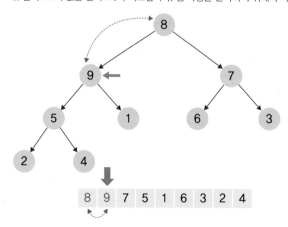

4. 마지막으로 새 노드를 삽입하면 최대 힙이 완성됩니다.

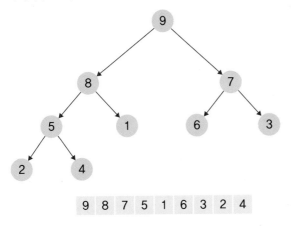

9 8 7 5 1 6 3 2 4

예제 10-5

```c
void HeapAdd(Heap *hp, int value)
{
    if (hp->size == hp->capacity) {
        return;
    }
    hp->size++;
    hp->array[hp->size - 1] = value;
    percolateUp(hp->array, hp->size - 1, hp->isMinHeap);
}
```

10.3.3 삭제하기

삭제는 다음 단계를 따라 진행합니다.

1. 힙의 루트 값을 반환 값 변수에 복사합니다.

2. 힙의 마지막 원소를 루트로 복사한 다음에 힙 크기를 1만큼 줄입니다. 이 원소를 '제자리가 아닌 원소(out-of-place element)'라고 합니다.

3. 제자리가 아닌 원소를 가장 큰 값의 자식과 바꾸어 힙 속성을 복원합니다. 제자리가 아닌 원소가 말단에 도달하거나 모든 자식보다 크거나 같을 때까지 이 과정을 반복합니다.

4. 단계 1에서 저장한 값을 반환합니다.

힙에서 원소를 삭제하기 위해 최상단 값과 힙 목록의 끝 값을 바꾸고 힙 크기를 1만큼 줄입니다.

❤ 그림 10-8 최대 힙에서 원소 삭제하기

1. 힙의 시작 원소와 끝 원소를 맞바꾸고, 힙 크기를 1 줄입니다.

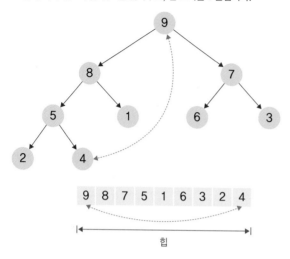

2. 힙 속성이 깨졌으므로 루트를 자식 노드와 비교해 자식보다 값이 작으면 아래로 내려보내 힙 속성을 복원합니다.

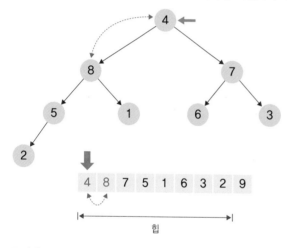

3. 자식 노드와 비교해 부모가 모든 자식보다 값이 크거나 같을 때까지 계속해서 아래로 내려보냅니다.

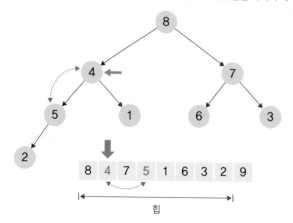

4. percolateDown()으로 힙 속성을 만족할 때까지 값을 아래로 내립니다.

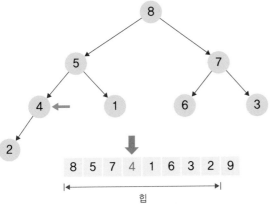

예제 10-6

```
int HeapRemove(Heap *hp)
{
    int value = hp->array[0];
    hp->array[0] = hp->array[hp->size - 1];
    hp->size--;
    percolateDown(hp->array, 0, hp->size, hp->isMinHeap);
    return value;
}

int main()
{
    int a[10] = {4, 5, 3, 2, 6, 7, 10, 8, 9, 1};
    Heap hp;
    HeapInitialize(&hp, a, 10, 1);
    HeapAdd(&hp, 8);
    printf("Value returned from deleteMin %d \n", HeapRemove(&hp));
    return 0;
}
```

10.4 힙 정렬하기

힙은 다음 단계를 따라 정렬합니다.

1. 힙 생성 함수로 원소 목록으로 최대 힙을 만듭니다. 이 작업은 O(n) 시간이 걸립니다.

2. 힙에서 최댓값을 꺼내 이 값을 arr[size – 1] 위치인 배열의 끝 부분에 저장합니다.

2-1. 힙 루트에 있는 값을 배열의 끝에 복사합니다.

2-2. 힙의 마지막 원소를 루트로 복사하고 힙의 크기를 1만큼 줄입니다. 이렇게 복사한 원소를 제자리가 아닌 원소라고 부릅니다.

2-3. 가장 큰 값의 자식과 제자리가 아닌 원소를 바꿔 힙 속성을 복원합니다. 제자리가 아닌 원소가 말단에 도달하거나 부모가 모든 자식 원소보다 크거나 같은 값을 가질 때까지 이 과정을 반복합니다.

3. 힙에 원소가 하나만 남을 때까지 이 과정을 반복합니다.

힙 정렬은 선형 시간에 수행하고, 알고리즘은 주어진 목록의 힙을 만드는 것으로 시작합니다. 그다음으로 각 단계에서 힙의 시작과 끝을 바꾸고 힙 크기를 1만큼 줄입니다. 그런 다음에 percolateDown()으로 힙 속성을 복구합니다. 힙에 하나의 원소만 남을 때까지 반복 수행합니다.

❤ 그림 10-9 힙 정렬하기

1. 입력 배열로 최대 힙을 만듭니다.

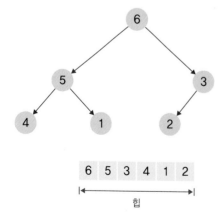

2. 힙 배열의 첫 번째 원소인 최댓값을 배열의 마지막 원소와 맞바꿉니다. 이제 가장 큰 값은 배열의 끝에 있습니다. 힙의 크기를 1만큼 줄입니다.

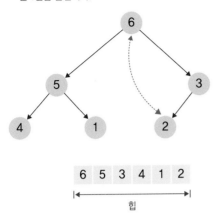

3. 2가 힙의 루트에 있으므로 힙 속성을 잃었습니다. percolateDown()으로 힙 속성을 복구합니다.

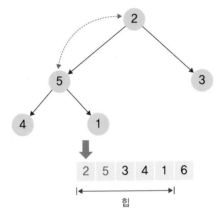

4. percolateDown()을 계속해 힙 속성을 복구합니다.

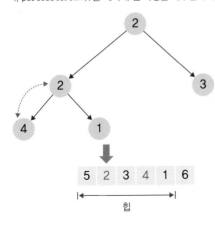 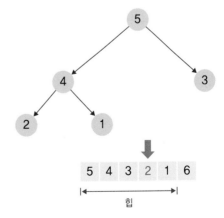

● 계속

5. 힙 배열의 첫 번째 원소를 배열 끝에서 두 번째 위치로 복사합니다. 힙 크기를 하나 더 줄입니다.

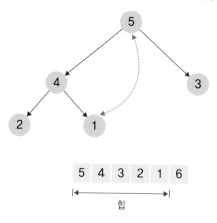

6. 힙 속성을 잃었습니다. percolateDown()을 실행해 힙 속성을 복구합니다.

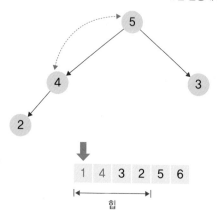

7. percolateDown()을 계속해 힙 속성을 복구합니다.

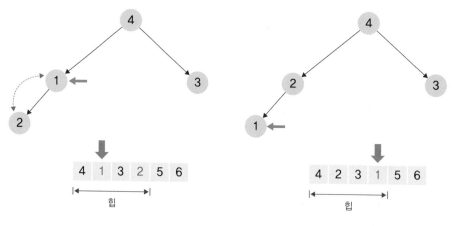

8. 힙 배열의 처음과 끝을 바꾸고 힙 크기를 1 줄입니다.

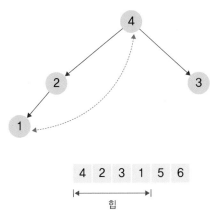

4 2 3 1 5 6

|◄————————►|
힙

9. 힙 속성을 잃었으므로 `percolateDown()`을 실행해 힙 속성을 복구합니다.

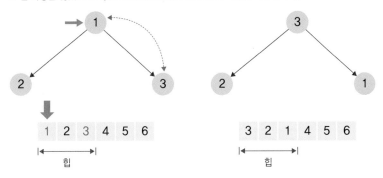

1 2 3 4 5 6

|◄————————►|
힙

3 2 1 4 5 6

|◄————————►|
힙

10. 힙 배열의 처음과 끝을 바꾸고, 힙 크기를 1만큼 줄입니다.

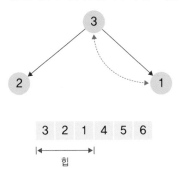

3 2 1 4 5 6

|◄————————►|
힙

🠆 계속

11. 힙 속성을 잃었으므로 percolateDown()을 실행합니다.

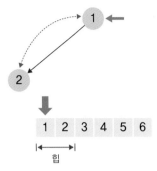

1 2 3 4 5 6

힙

12. 힙 속성이 회복되면 힙 배열의 처음과 끝을 바꾸고 힙 크기를 1만큼 줄입니다.

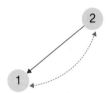

2 1 3 4 5 6

힙

13. 힙이 정렬되었습니다.

1 2 3 4 5 6

예제 10-7

```c
void HeapSort(int arr[], int size, int inc)
{
    Heap hp;
    int *b = (int *)malloc(sizeof(int) * size);
    for (int i = 0; i < size; i++) {
        b[i] = arr[i];
    }
    HeapInitialize(&hp, b, size, inc);
    for (int i = 0; i < size; i++) {
        arr[i] = HeapRemove(&hp);
    }
}


int main()
{
    int b[10] = {4, 5, 3, 2, 6, 7, 10, 8, 9, 1};
```

```
    HeapSort(b, 10, 1);
    Printarray(b, 10);
    HeapSort(b, 10, 0);
    Printarray(b, 10);
    return 0;
}
```

표 10-4 복잡도

자료 구조	복잡도
최악 성능 시간 복잡도	O(nlogn)
최선 성능 시간 복잡도	O(nlogn)
평균 시간 복잡도	O(nlogn)
공간 복잡도	O(1)

> Note ≣ 힙 정렬은 안정 정렬이 아니며 배열을 정렬하는 데 추가 공간을 요구하지 않습니다.

PROBLEM SOLVING ALGORITHMS

10.5 / 힙을 사용하는 곳

- **힙 정렬** 모든 시나리오에 제자리 정렬 방식을 사용해 log(n)의 시간 복잡도를 갖는 최고의 정렬 방법 중 하나입니다.

- **선택 알고리즘** 힙을 사용해 최솟값, 최댓값, 중간값, k번째 큰/작은 원소 등을 선형 시간에 구할 수 있습니다.

- **우선순위 큐** 힙으로 구현한 우선순위 큐는 프림(Prim) 알고리즘이나 데이크스트라(Dijkstra) 알고리즘 같은 그래프 알고리즘에 사용합니다. 또한, 힙은 우선순위가 가장 높은(또는 가장 낮은) 객체를 제거할 때 유용한 자료 구조로, 스케줄러과 타이머 구현에 사용합니다.

- **그래프 알고리즘** 힙을 내부 순회 자료 구조로 사용하면 실행 시간을 다항 시간으로 줄일 수 있습니다. 이런 문제의 예가 프림의 최솟값입니다.

- 힙은 포인터가 없어서 이진 트리보다 빠릅니다. 또한, 이진 트리에서 쉽게 할 수 없는 이항 힙(binomial heap) 같은 좀 더 복잡한 힙을 효율적으로 병합할 수 있습니다.

10.6 / 힙 문제

10.6.1 최소 힙으로 k번째 작은 값 찾기

문제 10-1 정렬되지 않은 배열에서 k번째로 작은 값을 구하세요.

첫 번째 해결책 배열을 정렬해 인덱스 k - 1의 값을 구하면 됩니다. 시간 복잡도는 O(nlogn)입니다.

해결책 10-1-1

```
int KthSmallest(int arr[], int size, int k)
{
    Sort(arr, size, 1);
    return arr[k - 1];
}
```

두 번째 해결책 배열로 최소 힙을 만듭니다. DeleteMin() 연산을 k번 호출해 마지막 연산에서 k번째 작은 값을 구합니다. 시간 복잡도는 O(klogn)입니다.

해결책 10-1-2

```
int KthSmallest2(int arr[], int size, int k)
{
    Heap hp;
    HeapInitialize(&hp, arr, size, 1);
    int i = 0;
    int value = 0;
    while (i < size && i < k) {
        value = HeapRemove(&hp);
        i += 1;
    }
    return value;
}
```

10.6.2 최대 힙으로 k번째 큰 값 찾기

문제 10-2 정렬되지 않은 배열에서 k번째로 큰 값을 구하세요.

해결책 입력 배열로 최대 힙을 만듭니다. 그런 다음에 DeleteMax() 연산을 k번 호출해 마지막 연산에서 k번째 큰 값을 구합니다. 시간 복잡도는 O(klogn)입니다.

10.6.3 무한한 수의 스트림에서 k번째 큰(작은) 값 찾기

문제 10-3 무한한 수의 스트림에서 k번째로 큰 값을 구하세요.

첫 번째 해결책 k번째로 큰 수를 포함하는 정렬된 배열을 유지합니다. 스트림의 각 원소를 배열의 가장 작은 값과 비교합니다. 각 원소가 가장 작은 값보다 더 작으면 무시합니다. 배열의 가장 작은 값보다 크면 기존의 가장 작은 값을 제거하고 스트림의 새 값을 배열의 적절한 위치에 삽입해 배열을 다시 정렬합니다. 작은 값 찾기도 방식이 같습니다.

해결책 10-3

```c
int kthLargestStream(int k)
{
    Heap hp;
    HeapInitialize2(&hp, 100, 1);
    int size = 0;
    int data;

    while (1) {
        printf("데이터: ");
        scanf("%d", &data);
        if (size < k - 1) {
            HeapAdd(&hp, data);
        }
        else {
            if (size == k - 1) {
                HeapAdd(&hp, data);
            }
            else if (HeapTop(&hp) < data) {
                HeapAdd(&hp, data);
                HeapRemove(&hp);
            }
            printf("k번째 큰 원소: ", HeapTop(&hp));
        }
        size += 1;
    }
}
```

분석 비교 및 삽입 작업에 O(k) 시간이 걸립니다.

두 번째 해결책 균형 이진 탐색 트리에서 원소를 유지할 수 있습니다. 먼저 k개 원소를 트리에 추가합니다. O(logk) 시간에 이진 트리의 가장 작은 값을 찾아서 스트림의 새로운 각 원소와 비교합니다. 새로운 원소의 값이 트리의 가장 작은 값보다 작으면 무시합니다. 새로운 값이 가장 작은 값보다 크면 가장 작은 값을 삭제하고 새로운 원소의 값을 삽입합니다. 이 작업은 O(logn) 시간에 수행합니다.

분석 각 비교 및 삽입 작업에 O(logk) 시간이 걸립니다.

10.6.4 스트림에서 100번째 큰 값 찾기

문제 10-4 스트림에서 나오는 수십억 개의 정수가 있습니다. 이때 getInt() 함수가 정수를 하나씩 제공합니다. 가장 큰 100개의 숫자를 찾으세요.

해결책 큰 수 100개(또는 작은 수 100개) 찾기 같은 문제는 힙을 사용하면 쉽게 해결할 수 있습니다. 이때는 최소 힙을 만듭니다.

1. 먼저 100개의 정수로 최소 힙을 만듭니다.

2. 그런 다음에 스트림에서 오는 각 정수를 최소 힙의 루트보다 큰지 비교합니다.

3. 크지 않다면 다음 정수를 비교합니다. 루트보다 크다면 최소 힙에서 루트의 최솟값을 제거하고 새 값을 루트에 삽입합니다. percolateDown()을 사용해 삽입한 새 값을 힙 아래의 적절한 위치로 이동합니다.

4. 매번 가장 큰 100개의 값을 가집니다.

10.6.5 두 힙 합치기

문제 10-5 두 힙을 합쳐 하나의 힙으로 만드세요.

해결책 힙의 크기에 따라 해결책이 다릅니다.

1. 큰 힙의 크기를 n이라고 하고, 작은 힙의 크기를 m이라고 합시다.

2. 두 힙의 크기가 비슷하면 두 햅의 목록을 합친 크기의 목록에 두 힙의 목록을 넣습니다. 또는 배열 중 하나가 충분히 크다면 Θ(n + m) 시간에 수행되는 CreateHeap() 함수를 적용합니다.

3. m이 n보다 훨씬 작으면 add( ) 함수로 크기 m의 힙의 각 원소를 하나씩 크기 n의 힙에 추가합니다. 최악의 경우에 O(mlogn) 시간이 걸리고, 최선의 경우에 O(m) 시간이 걸립니다.

10.6.6 최소 힙인지 확인하기

문제 10-6 주어진 배열이 이진 최소 힙인지 확인하세요.

해결책 최소 힙 속성을 이용합니다. 최소 힙은 부모 인덱스의 값이 항상 자식 인덱스의 값보다 작거나 같습니다.

해결책 10-6

```
int isMinHeap(int arr[], int size)
{
    int lchild, rchild;
    // 마지막 원소의 인덱스는 size - 1입니다.
    for (int parent = 0; parent < (size / 2 + 1); parent++) {
        lchild = parent * 2 + 1;
        rchild = parent * 2 + 2;
        // 힙 속성 확인합니다.
        if (((lchild < size) && (arr[parent] > arr[lchild])) ||
            ((rchild < size) && (arr[parent] > arr[rchild]))) {
            return 0;
        }
    }
    return 1;
}
```

분석 각 부모 값이 자식 값보다 작으면 힙 속성을 만족합니다. 배열의 시작에서 절반까지 순회하며 인덱스 노드의 값을 왼쪽과 오른쪽 자식 노드와 비교합니다.

10.6.7 최대 힙인지 확인하기

문제 10-7 주어진 목록이 이진 최대 힙인지 확인하세요.

해결책 최대 힙 속성을 이용합니다. 부모 인덱스의 값이 항상 자식 인덱스의 값보다 크거나 같은지 확인합니다.

```
int isMaxHeap(int arr[], int size)
{
    int lchild, rchild;
    // 마지막 원소의 인덱스는 size - 1 입니다.
    for (int parent = 0; parent < (size / 2 + 1); parent++) {
        lchild = parent * 2 + 1;
        rchild = lchild + 1;
        // 힙 속성을 확인합니다.
        if (((lchild < size) && (arr[parent] < arr[lchild])) ||
            ((rchild < size) && (arr[parent] < arr[rchild]))) {
            return 0;
        }
    }
    return 1;
}
```

분석 각 부모 값이 자식 값보다 크면 힙 속성을 만족합니다. 배열의 시작에서 절반까지 순회하며 인덱스 노드의 값을 왼쪽과 오른쪽 자식 노드와 비교합니다.

10.6.8 힙 순회하기

힙은 일부 원소를 찾고 순회하기 위해 설계된 것이 아니라 최소 또는 최대 원소를 빠르게 얻도록 만들어졌습니다. 힙을 순회하려면 배열을 순차적으로 순회하면 됩니다. 이 순회는 레벨 순회이며, 선형의 시간 복잡도를 갖습니다.

10.6.9 최소 힙에서 임의 원소 삭제하기

힙은 임의의 원소를 삭제하도록 설계되지 않아서 최소 힙에서 임의 원소를 삭제하려면 힙 목록에서 선형 검색으로 원소를 찾아 힙의 끝에 저장된 값과 바꾸고 힙의 크기를 1만큼 줄입니다. 새로 삽입한 값을 부모 값과 비교해 그 값이 부모 값보다 작으면 위로 올립니다. 그렇지 않고 왼쪽이나 오른쪽 자식보다 크면 아래로 내립니다. 시간 복잡도는 O(logn)입니다.

10.6.10 최소 힙에서 k번째 원소 삭제하기

힙에서 임의의 원소를 삭제하려면 k번째 값을 힙의 끝에 저장된 값과 바꾸고 힙의 크기를 1만큼 줄입니다. 새로 삽입한 값을 부모 값과 비교해 그 값이 부모 값보다 작으면 위로 올립니다. 그렇지 않고 왼쪽이나 오른쪽 자식보다 크다면 아래로 내립니다. 시간 복잡도는 O(logn)입니다.

10.6.11 k개 작은 값 원소의 곱 구하기

문제 10-8 원소가 양수로 이루어진 배열에서 k개의 작은 값 원소의 곱을 구하세요.

첫 번째 해결책 배열을 정렬해 첫 k개 원소의 곱을 구합니다. 정렬에 O(nlogn) 시간이 걸리고 곱을 구하는 데 O(n) 시간이 걸리므로 총 시간 복잡도는 O(nlogn)입니다.

해결책 10-8-1

```
int KSmallestProduct(int arr[], int size, int k)
{
    Sort(arr, size, 1);
    int product = 1;
    for (int i = 0; i < k; i++) {
        product *= arr[i];
    }
    return product;
}
```

두 번째 해결책 배열에서 최소 힙을 만듭니다. 그런 다음에 힙에서 k개의 원소를 꺼내 그 곱을 구합니다. 힙을 만드는 데 O(n) 시간이 걸리고, 힙에서 원소를 꺼내는 데 O(logn) 시간이 걸립니다. k개 원소를 꺼내야 하므로 총 시간 복잡도는 O(klogn)입니다.

해결책 10-8-2

```
int KSmallestProduct2(int arr[], int size, int k)
{
    Heap hp;
    HeapInitialize(&hp, arr, size, 1);
    int i = 0;
    int product = 1;
    while (i < size && i < k) {
        product *= HeapRemove(&hp);
        i += 1;
```

```
    }
    return product;
}
```

세 번째 해결책 첫 번째 k개의 원소로 크기 k인 최대 힙을 만듭니다. 그런 다음에 배열 상단의 값이 현재 순회하는 값보다 크면 나머지 배열을 순회합니다. 힙에서 값을 꺼내고 현재 값을 힙에 추가합니다. 배열의 모든 원소를 순회할 때까지 이 과정을 반복합니다. 마지막에 힙은 k개의 최솟값을 가지게 되므로 그 곱을 구합니다.

네 번째 해결책 배열의 k번째 원소를 찾기 위한 빠른 선택(quick select) 알고리즘을 이용합니다. 빠른 선택 알고리즘을 실행해 배열의 k번째 원소를 찾습니다. k번째 인덱스의 왼쪽 값이 k번째 인덱스 값보다 작습니다. 첫 k개 원소의 곱을 구합니다. 시간 복잡도는 O(n)입니다.

해결책 10-8-3

```
int KSmallestProduct3(int arr[], int size, int k)
{
    QuickSelectUtil(arr, 0, size - 1, k);
    int product = 1;

    for (int i = 0; i < k; i++) {
        product *= arr[i];
    }
    return product;
}

void QuickSelectUtil(int arr[], int lower, int upper, int k)
{
    if (upper <= lower) {
        return;
    }
    int pivot = arr[lower];
    int start = lower;
    int stop = upper;

    while (lower < upper) {
        while (lower < upper && arr[lower] <= pivot) {
            lower++;
        }
        while (lower <= upper && arr[upper] > pivot) {
            upper--;
        }
```

```
            if (lower < upper) {
                swap(arr, upper, lower);
            }
        }

        swap(arr, upper, start); // upper가 피벗의 위치입니다.
        if (k < upper) {
            QuickSelectUtil(arr, start, upper - 1, k); // pivot -1은 왼쪽 하위 배열의 upper입
니다.
        }
        if (k > upper) {
            QuickSelectUtil(arr, upper + 1, stop, k); // pivot + 1은 오른쪽 하위 배열의 lower
입니다.
        }
}
```

10.6.12 배열의 큰 절반 출력하기

문제 10-9 주어진 배열이 정렬될 때 배열의 큰 절반(배열을 둘로 나눴을 때 값이 큰 쪽)을 출력하세요.

첫 번째 해결책 배열을 정렬한 다음, 배열의 큰 절반을 출력합니다. 정렬에는 O(nlogn) 시간이 걸리고 큰 절반을 출력하는 데는 O(n) 시간이 걸리므로 총 시간 복잡도는 O(nlogn)입니다.

해결책 10-9-1

```
void PrintLargerHalf(int arr[], int size)
{
    Sort(arr, size, 1);
    for (int i = size / 2; i < size; i++) {
        printf("%d ", arr[i]);
    }
    printf("\n");
}
```

두 번째 해결책 배열에서 최소 힙을 만듭니다. 그런 다음에 힙에서 처음 n / 2개 원소를 꺼내고 나머지 부분을 출력합니다. 힙을 만드는 데 O(n) 시간이 걸리고, 힙에서 원소를 꺼내는 데 O(logn) 시간이 걸립니다. 힙에서 n/2개의 원소를 꺼냅니다. 따라서 총 시간 복잡도는 O(nlogn)입니다.

```
void PrintLargerHalf2(int arr[], int size)
{
    Heap hp;
    HeapInitialize(&hp, arr, size, 1);
    for (int i = 0; i < size / 2; i++) {
        HeapRemove(&hp);
    }
    Printarray(arr, size / 2);
}
```

세 번째 해결책 배열의 중간 원소를 찾기 위해 빠른 선택 알고리즘을 사용합니다. 배열의 오른쪽 절반은 중간 원소의 값보다 크므로 중간값과 오른쪽 값을 출력하면 됩니다. 이 해결책의 시간 복잡도는 O(n)입니다.

```
void PrintLargerHalf3(int arr[], int size)
{
    QuickSelectUtil(arr, 0, size - 1, size / 2);
    for (int i = size / 2; i < size; i++) {
        printf("%d ", arr[i]);
    }
    printf("\n");
}
```

10.6.13 거의 정렬된 배열

문제 10-10 정렬된 위치에서 최대 k만큼 떨어져 있는 거의 정렬된 배열[1]이 있습니다. 배열을 정렬하세요.

첫 번째 해결책 정렬을 사용하면 O(nlogn) 시간이 걸립니다.

두 번째 해결책 O(nlogn) 시간에 수행할 수 있는 알고리즘이 있습니다.

1. 입력 배열에서 첫 번째 k+1개 원소로 k+1 크기의 최소 힙을 만듭니다.

2. 빈 출력 배열을 만듭니다.

---

1 **역주** 배열의 크기가 100이고 k가 10이면 최소 90개는 정렬되어 있고 최대 k개는 정렬되어 있지 않은 상태를 말합니다

3. 힙에서 원소를 꺼내 출력 배열에 저장합니다.

4. 배열에서 그다음 원소를 힙에 넣습니다.

5. 배열의 모든 원소를 사용하고 힙이 빌 때까지 단계 3과 4를 반복합니다.

6. 배열이 정렬됩니다.

해결책 10-10

```c
void sortK(int arr[], int size, int k)
{
    Heap hp;
    HeapInitialize(&hp, arr, k, 1);
    int *output = (int *)malloc(sizeof(int) * size);
    int index = 0;

    for (int i = k; i < size; i++) {
        output[index++] = HeapRemove(&hp);
        HeapAdd(&hp, arr[i]);
    }

    while (Heapsize(&hp) > 0) {
        output[index++] = HeapRemove(&hp);
    }

    for (int i = k; i < size; i++) {
        arr[i] = output[i];
    }

    Printarray(output, index);
}

// 테스트 코드
int main()
{
    int k = 3;
    int arr[] = {1, 5, 4, 10, 50, 9};
    int size = sizeof(arr) / sizeof(int);
    sortK(arr, size, k);
    return 0;
}
```

10.6.14 영약의 양 구하기

문제 10-11 손자가 할아버지를 찾아갑니다. 할아버지는 손자에게 힘의 영약이 든 몇 개의 컵을 주고 최대 양을 마시게 했습니다. 컵을 비우면 이전 양의 절반을 마법으로 다시 채웁니다. 1분의 시간이 주어지고 손자는 매초 한 컵씩 마시고 컵은 즉시 다시 채워집니다. 이때 손자는 항상 최대 양의 영약을 선택해 마십니다. 손자가 마신 영약의 양이 얼마인지 구하세요.

예시

5컵을 주었을 때

컵에 든 영약의 양: 2, 1, 7, 4, 2 → 7을 선택합니다.

컵에 든 영약의 양: 2, 1, 4, 4, 2 → 4를 2번 선택합니다.

컵에 든 영약의 양: 2, 1, 2, 2, 2 → 2를 4번 선택합니다.

컵에 든 영약의 양: 1, 1, 1, 1, 1 → 모두 1만 남습니다.

마신 영약의 양: 7 + 4 + 4 + 2 + 2 + 2 + 2 = 23컵

첫 번째 해결책 정렬해서 항상 가장 큰 항목이 배열의 시작 부분에 놓이게 합니다. 첫 번째 항목을 반으로 나누고 그 값보다 큰 값이 배열에 있는지 찾습니다. 큰 값을 찾으면 배열의 첫 번째 항목과 바꿉니다. 시간이 0이 될 때까지 이 과정을 반복합니다

해결책 10-11-1

```
int findConsume(int cups[], int size)
{
    int time = 60;
    Sort(cups, size, 0);
    int total = 0;
    int index, temp;

    while (time > 0) {
        total += cups[0];
        cups[0] = ceil(cups[0] / 2.0);
        index = 0;
        temp = cups[0];
        while (index < size - 1 && temp < cups[index + 1]) {
            cups[index] = cups[index + 1];
            index += 1;
        }
        cups[index] = temp;
        time -= 1;
```

```
    }

    printf("Total %d ", total);
    return total;
}

int main()
{
    int cups[] = {2, 1, 7, 4, 2};
    findConsume(cups, sizeof(cups) / sizeof(int));
    return 0;
}
```

분석 배열이 정렬된 상태를 유지하도록 항목을 적절한 위치에 삽입하면 선형 시간이 걸리므로 총 시간 복잡도는 O(n²)입니다.

두 번째 해결책 마신 컵의 수를 저장할 때 힙을 사용해 성능을 높일 수 있습니다.

해결책 10-11-2
```
int findConsume2(int cups[], int size)
{
    int time = 60;
    Heap hp;
    HeapInitialize(&hp, cups, size, 0);
    int total = 0;
    int value;

    while (time > 0) {
        value = HeapRemove(&hp);
        total += value;
        value = ceil(value / 2.0);
        HeapAdd(&hp, value);
        time -= 1;
    }

    printf("Total: %d\n", total);
    return total;
}
```

분석 각 삭제에 logk 시간, 각 삽입에 logk 시간이 걸리므로 총 시간 복잡도는 O(nlogk)입니다.

10.6.15 밧줄 연결하기

문제 10-12 다양한 길이의 밧줄이 n개 있습니다. 이 밧줄을 연결해 하나의 밧줄로 만들어야 합니다. 길이가 x와 y인 두 밧줄을 연결하는 비용은 두 밧줄의 길이를 합한 (x + y)입니다. 모든 밧줄을 연결하는 최소 비용을 구하세요. 밧줄을 연결하는 최소 비용은 가장 짧은 두 밧줄을 연결할 때의 비용입니다

첫 번째 해결책 먼저 밧줄 목록을 정렬합니다. 그러면 배열의 앞에 가장 짧은 두 밧줄이 놓입니다. 처음 두 개를 꺼내 연결한 하고 정렬된 상태로 목록에 삽입합니다. 모든 배열이 연결될 때까지 이 과정을 반복합니다.

해결책 10-12-1

```
int JoinRopes(int ropes[], int size)
{
    Sort(ropes, size, 0);
    Printarray(ropes, size);
    int total = 0;
    int value = 0;
    int temp, index;
    int length = size;
    while (length >= 2) {
        value = ropes[length - 1] + ropes[length - 2];
        total += value;
        index = length - 2;
        while (index > 0 && ropes[index - 1] < value) {
            ropes[index] = ropes[index - 1];
            index -= 1;
        }
        ropes[index] = value;
        length--;
    }
    printf("Total: %d \n", total);
    return total;
}

int main()
{
    int ropes[] = {2, 1, 7, 4, 2};
    JoinRopes(ropes, sizeof(ropes) / sizeof(int));
    return 0;
}
```

분석 배열이 정렬된 상태를 유지하도록 적절한 위치에 삽입하면 선형 시간이 걸리므로 총 시간 복잡도는 $O(n^2)$입니다.

두 번째 해결책 각 밧줄의 길이를 저장하는 데 힙을 사용해 성능을 높일 수 있습니다. 모든 밧줄의 길이로 최소 힙을 만듭니다. 그런 다음에 힙에서 가장 작은 두 값을 제거하고 이 두 값의 합 힙에 삽입합니다.

해결책 10-12-2

```c
int JoinRopes2(int ropes[], int size)
{
    Heap hp;
    HeapInitialize(&hp, ropes, size, 1);
    int total = 0;
    int value = 0;

    while (Heapsize(&hp) > 1) {
        value = HeapRemove(&hp);
        value += HeapRemove(&hp);
        HeapAdd(&hp, value);
        total += value;
    }

    printf("Total : %d ", total);
    return total;
}
```

분석 삭제와 삽입에 $O(\log n)$ 시간이 걸리므로 총 시간 복잡도는 $O(n \log n)$입니다.

10.6.16 중간값 함수

문제 10-13 상수 시간에 주어진 값의 중간값을 제공하는 자료 구조를 만드세요.

해결책 최소 힙과 최대 힙 두 가지를 사용합니다. 최대 힙에는 데이터의 처음 절반을 넣고, 최소 힙에는 나머지 절반의 데이터를 넣습니다. 최대 힙은 데이터 중 작은 수 절반을 가지므로 힙의 꼭대기 값이 중간값 후보가 됩니다. 마찬가지로 최소 힙은 데이터 중 큰 수 절반을 가지며 꼭대기에 있는 가장 작은 값이 중간값 후보가 됩니다. 힙에 값을 삽입할 때마다 두 힙의 크기가 최대 1개 이하로 차이 나는지 확인합니다. 그렇지 않다면 한 힙에서 하나의 원소를 꺼내서 다른 힙에 넣어 균형을 유지합니다.

```c
typedef struct medianHeap
{
    Heap minHeap;
    Heap maxHeap;
} MedianHeap;

void MedianHeapInit(MedianHeap *heap)
{
    HeapInitialize2(&heap->minHeap, 100, 1);
    HeapInitialize2(&heap->maxHeap, 100, 0);
}

void MedianHeapAdd(MedianHeap *heap, int value)
{
    if (Heapsize(&heap->maxHeap) == 0 || HeapTop(&heap->maxHeap) >= value) {
        HeapAdd(&heap->maxHeap, value);
    }
    else {
        HeapAdd(&heap->minHeap, value);
    }
    // 크기의 균형을 맞춥니다.
    if (Heapsize(&heap->maxHeap) > Heapsize(&heap->minHeap) + 1) {
        value = HeapRemove(&heap->maxHeap);
        HeapAdd(&heap->minHeap, value);
    }
    if (Heapsize(&heap->minHeap) > Heapsize(&heap->maxHeap) + 1) {
        value = HeapRemove(&heap->minHeap);
        HeapAdd(&heap->maxHeap, value);
    }
}

int getMedian(MedianHeap *heap)
{
    if (Heapsize(&heap->maxHeap) == 0 && Heapsize(&heap->minHeap) == 0) {
        return ERROR_VALUE;
    }
    if (Heapsize(&heap->maxHeap) == Heapsize(&heap->minHeap)) {
        return (HeapTop(&heap->maxHeap) + HeapTop(&heap->minHeap)) / 2;
    }
    else if (Heapsize(&heap->maxHeap) > Heapsize(&heap->minHeap)) {
        return HeapTop(&heap->maxHeap);
    }
```

```
    else {
        return HeapTop(&heap->minHeap);
    }
}


int main()
{
    int arr[] = {1, 9, 2, 8, 3, 7, 4, 6, 5, 1, 9, 2, 8, 3, 7, 4, 6, 5, 10, 10};
    MedianHeap heap;
    MedianHeapInit(&heap);
    for (int i = 0; i < 20; i++) {
        MedianHeapAdd(&heap, arr[i]);
        printf("%d의 중간값은 %d입니다.\n", arr[i], getMedian(&heap));
    }
    return 0;
}
```

1. 최소 힙에서 가장 작은 원소를 찾을 때 최악의 경우 시간 복잡도는 얼마입니까?

2. 최소 힙에서 최댓값을 찾으세요.

   힌트 전체 목록에서 일반 검색을 합니다. 배열의 중간인 인덱스 n / 2에서 검색을 시작해 최적화할 수 있습니다.

3. 최소 힙에서 가장 큰 항목을 찾을78때 최악의 경우 시간 복잡도는 얼마입니까?

4. 최소 힙에서 deleteMin()의 최악의 경우 시간 복잡도는 얼마입니까?

5. 삽입으로 힙을 만들 때 최악의 경우 시간 복잡도는 얼마입니까?

6. 힙은 정 이진 트리입니까? 아니면 완전 이진 트리입니까?

7. 힙 정렬을 사용해 n개 원소의 배열을 정렬할 때 최악의 경우 시간 복잡도는 얼마입니까?

8. [1, 2, 3, 4, 5, 6, 7, 8, 9]가 주어졌을 때

   a. 숫자를 하나씩 삽입해 이진 최소 힙을 그리세요.

   b. 이 힙에서 Dequeue() 함수를 호출한 후 만들어지는 트리를 그리세요.

9. [1, 2, 3, 4, 5, 6, 7, 8, 9]가 주어졌을 때

   a. 숫자를 하나씩 삽입해 이진 최대 힙을 그리세요.

   b. 이 힙에서 Dequeue() 함수를 호출한 후 만들어지는 트리를 그리세요.

10. [3, 9, 5, 4, 8, 1, 5, 2, 7, 6]이 주어졌을 때 CreateHeap() 함수를 호출해 최소 힙을 만드세요.

11. 앞에서 만든 힙에서 deleteMin() 함수를 호출한 후의 결과 배열을 출력하세요.

12. [3, 9, 5, 4, 8, 1, 5, 2, 7, 6]가 주어졌을 때 최소 힙을 만들어 원소를 내림차순으로 정렬하는 힙을 만드세요.

13. 힙 정렬에서 루트 원소가 제자리에 위치했을 때 다음 삭제 과정에서 구조를 다시 힙화하는 데 시간이 얼마나 걸리나요? 즉, 크기 n의 힙에서 하나의 원소를 삭제할 때 시간 복잡도는 얼마입니까?

14. 힙 정렬의 전체 시간 복잡도는 얼마이며, 왜 그럴까요?

▶연습 문제 풀이는 717쪽에 있습니다.

11^장

해시 테이블

5장 검색에서 다양한 검색 기술을 살펴보았습니다. 이 중에서 배열에서 값을 검색하는 문제를 생각해 봅시다. 배열이 정렬되어 있지 않으면 선택의 여지없이 원소들을 하나씩 살펴봐야 해서 O(n)의 상수 시간에 값을 검색할 수 있습니다. 반면에 배열이 정렬되어 있으면 이진 검색으로 O(logn)의 로그 시간에 값을 검색할 수 있습니다.

상수 시간에 인덱스를 반환하는 마법의 함수로 배열에서 값의 위치와 인덱스를 얻을 수 있다면 어떨까요? 해당 위치로 바로 이동해 O(1) 상수 시간에 찾는 값이 있는지를 확인할 수 있습니다. 해시 함수가 마법 함수는 아니지만 이렇게 작동합니다.

❤ 그림 11-1 해시 테이블

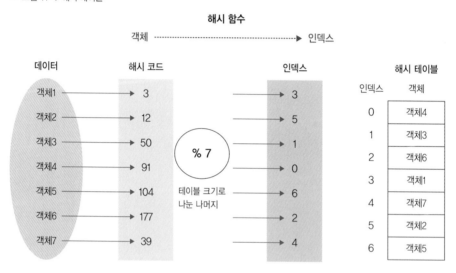

해시 함수로 데이터를 저장하는 과정은 다음과 같습니다.

1. 데이터를 저장할 크기 m인 배열을 만듭니다(이 배열을 해시 테이블이라고 부릅니다).

2. 데이터를 해시 함수에 전달해서 해시 코드를 구합니다.

3. 해시 코드를 해시 테이블의 크기로 나눈 나머지를 구해 데이터가 저장될 테이블의 인덱스로 사용합니다.

4. 데이터를 지정된 인덱스에 저장합니다.

해시 함수로 해시 테이블에서 값을 검색하는 과정은 다음과 같습니다.

1. 해시 함수로 검색하는 키의 해시 코드를 구합니다.

2. 해시 코드를 해시 테이블의 크기로 나눈 나머지를 구합니다. 나머지가 바로 값이 저장된 테이블의 인덱스입니다.

3. 지정된 인덱스에서 값을 검색합니다.

11.1 / 해시 테이블

해시 테이블(hash table)은 키를 값에 매핑하는 자료 구조로, 해시 테이블의 각 위치를 **슬롯**(slot)이라고 합니다. 해시 테이블은 해시 함수를 사용해 배열의 인덱스를 계산합니다. 실제 저장한 키의 수가 가능한 키의 수보다 적을 때 해시 테이블을 사용합니다.

추상 자료형

해시 테이블의 추상 자료형은 다음과 같습니다.

- **Insert(x)** 데이터 세트에 x를 추가합니다.
- **Delete(x)** 데이터 세트에서 x를 삭제합니다.
- **Search(x)** 데이터 세트에서 x를 검색합니다.

해시 함수

해시 함수(hash function)는 주어진 키에 대한 해시 테이블의 인덱스를 생성하는 함수입니다. 모든 키에 대해 고유한 인덱스를 생성하는 이상적인 해시 함수를 **완전 해시 함수**(perfect hash function)라고 부릅니다.

예제 11-1 가장 간단한 해시 함수

```
unsigned int Hash(int key, int size) // 나눗셈 사용
{
    unsigned int hashValue = key;
    return hashValue % size;
}
```

많은 해시 함수가 존재합니다. 앞의 함수는 아주 간단한 해시 함수로, 다양한 해시 생성 로직을 추가해 더 나은 해시를 만들 수 있습니다.

충돌

해시 함수가 둘 이상의 다른 키에 대해 같은 인덱스를 생성하는 문제를 **충돌**(collision)이라고 합니다. 이상적으로 해시 함수는 각 키에 대해 고유한 주소를 반환해야 하지만, 실제로는 불가능합니다.

좋은 해시 함수의 속성

- 균일 분포(uniform distribution)를 따르는 해시 값을 제공해야 합니다. 그렇지 않으면 충돌 횟수와 충돌 해결 비용이 늘어나게 됩니다.
- 빠르게 계산하고 해시 테이블 범위 내의 값을 반환하는 해시 함수를 선택합니다.
- 충돌 발생 시 대체 인덱스를 계산할 수 있는 좋은 충돌 해결책을 가진 해시 함수를 선택합니다.
- 키가 가진 필수 정보를 사용하는 해시 함수를 사용해야 합니다.
- 주어진 키 집합에 대해 높은 부하율을 가져야 합니다.

부하율

부하율(load factor)은 다음과 같이 정의합니다.

부하율 = 해시 테이블의 원소 수 / 해시 테이블 크기

이 정의에 따라 부하율은 해시 함수가 키를 균일하게 분배하는지를 알려주므로 해시 함수의 효율성을 결정하는 데 도움이 됩니다. 또한, 기존 해시 테이블의 항목을 확장하거나 다시 해시할 때 결정 매개 변수로 작용합니다.

11.2 충돌 해결 기법

현실적으로 많은 수의 키를 해시할 때 해시 충돌은 피할 수 없습니다. 해시 테이블에서 대체 위치를 찾는 데 사용하는 기술을 **충돌 해결**(collision resolution)이라고 합니다. 해싱에서 충돌을 다루는 많은 기법이 있는데, 이 중에서 가장 일반적이고 널리 사용하는 다음 두 가지 기법을 알아보겠습니다.

- 개방 주소법
- 개별 체이닝

11.2.1 개방 주소법

충돌을 해결하는 한 가지 방법은 충돌을 일으킨 값을 저장할 다른 여유 슬롯을 해시 테이블에서 찾는 것입니다. 여유 공간을 찾을 때까지 차례대로 한 슬롯에서 다른 슬롯으로 이동하는 단순한 방법입니다. 이 충돌 해결 기법을 **개방 주소법**(open addressing)이라고 부릅니다.

선형 개방 주소법을 사용할 때 해시 테이블은 0에서 (테이블 크기-1) 범위의 인덱스를 가진 1차원 배열로 나타냅니다.

선형 탐사

선형 탐사(Linear Probing)는 해시 테이블의 빈 위치를 순차적으로 검색해 해시 테이블의 인덱스 충돌을 해결합니다. k가 해시 함수에서 계산한 인덱스라고 가정해 봅시다. k번째 인덱스가 이미 채워져 있으면 (k + 1) % M을 찾습니다. 이 인덱스도 채워져 있으면 (k + 2) % M을 찾습니다. 이런 식으로 빈 슬롯을 찾으면 그 슬롯에 데이터를 삽입합니다.

예제 11-2 선형 탐사의 충돌 해결 함수

```
int CollisionFunction(int i)
{
    return i;
}
```

다음은 해시 테이블 구조체와 초기화 함수입니다. 해시 테이블의 구조체는 데이터를 저장하는 데 사용하는 배열과 슬롯의 사용 여부를 추적하는 플래그 배열, 배열의 크기로 구성됩니다.

예제 11-3

```
typedef struct hashTable_t
{
    int size;
    int *array;
    char *flag;
} HashTable;

void HashInit(HashTable *hTable, int size)
{
    hTable->size = size;
    hTable->array = (int *)malloc(hTable->size * sizeof(int));
    hTable->flag = (char *)malloc(hTable->size * sizeof(char));
    for (int i = 0; i < hTable->size; i++) {
        hTable->flag[i] = EMPTY_NODE;
    }
}
```

다음은 해시 코드를 생성하는 함수와 충돌 해결 함수입니다.

예제 11-4

```
unsigned int Hash(int key, int size) // 나눗셈 사용
{
    unsigned int hashValue = key;
    return hashValue % size;
}

int CollisionFunction(int i)
{
    return i;
}
```

해시 인덱스를 이미 다른 원소가 점유하고 있다면 값을 다른 위치에 배치하고 충돌 해결 함수로 새로운 위치를 찾습니다.

HashAdd() 함수는 해시 테이블에 값을 추가할 때 사용합니다. 첫 번째 해시를 계산해 해시 테이블에 해당 값을 배치합니다. 값을 삽입할 빈 노드 또는 지연된 삭제 노드를 찾습니다. 삽입에 실패하면 충돌 해결 함수로 새로운 위치를 찾습니다.

```c
int HashAdd(HashTable *hTable, int value)
{
    int hashValue = Hash(value, hTable->size);
    int i = 0;

    for (i = 0; i < hTable->size; i++) {
        if (hTable->flag[hashValue] == EMPTY_NODE ||
            hTable->flag[hashValue] == DELETED_NODE) {
            hTable->array[hashValue] = value;
            hTable->flag[hashValue] = FILLED_NODE;
            break;
        }
        hashValue += CollisionFunction(i);
        hashValue = hashValue % hTable->size;
    }

    if (i != hTable->size) {
        return 1;
    }
    else {
        return 0; /* 테이블이 가득 참 */
    }
}
```

HashFind() 함수는 해시 테이블에 값을 검색하는 데 사용합니다. 첫 번째 해시를 계산한 다음, 해시 테이블에서 해당 값을 찾습니다. 찾으려는 값을 지나거나 빈 노드를 찾습니다. 찾고 있는 값을 찾으면 해당 값을 반환하고, 찾지 못하면 −1을 반환합니다. 찾는 데 실패하면 충돌 해결 함수로 다음 가능한 인덱스를 찾습니다.

```c
int HashFind(HashTable *hTable, int value)
{
    int hashValue = Hash(value, hTable->size);
    for (int i = 0; i < hTable->size; i++) {
        if ((hTable->flag[hashValue] == FILLED_NODE &&
            hTable->array[hashValue] == value) ||
            hTable->flag[hashValue] == EMPTY_NODE) {
            break;
        }
        hashValue += CollisionFunction(i);
        hashValue = hashValue % hTable->size;
```

```
        }
        if (hTable->flag[hashValue] == FILLED_NODE && hTable->array[hashValue] == value) {
            return 1;
        }
        else {
            return 0;
        }
    }
```

HashRemove( ) 함수는 해시 테이블에서 값을 삭제하는 데 사용합니다. DELETED_NODE로 해당 값을 표시하고 실제로 지우지는 않습니다. 삽입 및 검색과 마찬가지로 충돌 해결 함수로 가능한 키의 다음 위치를 찾습니다.

예제 11-7

```
int HashRemove(HashTable *hTable, int value)
{
    int hashValue = Hash(value, hTable->size);
    for (int i = 0; i < hTable->size; i++) {
        if ((hTable->flag[hashValue] == FILLED_NODE &&
                hTable->array[hashValue] == value) ||
                hTable->flag[hashValue] == EMPTY_NODE) {
            break;
        }
        hashValue += CollisionFunction(i);
        hashValue = hashValue % hTable->size;
    }
    if (hTable->flag[hashValue] == FILLED_NODE && hTable->array[hashValue] == value) {
        hTable->flag[hashValue] = DELETED_NODE;
        return 1;
    }
    else {
        return 0;
    }
}
```

HashPrint( ) 메서드는 해시 테이블의 내용을 출력하고, main( ) 함수는 해시 테이블의 사용 방법을 보여 줍니다.

예제 11-8

```
void HashPrint(HashTable *hTable)
{
```

```c
    for (int i = 0; i < hTable->size; i++) {
        if (hTable->flag[i] == FILLED_NODE) {
            printf(" %d ", hTable->array[i]);
        }
    }
    printf("\n");
}

int main()
{
    HashTable myTable;
    HashInit(&myTable, 10);
    HashAdd(&myTable, 89);
    HashAdd(&myTable, 89);
    HashAdd(&myTable, 18);
    HashAdd(&myTable, 49);
    HashAdd(&myTable, 58);
    HashAdd(&myTable, 69);
    HashPrint(&myTable);
    HashRemove(&myTable, 89);
    HashRemove(&myTable, 89);
    HashPrint(&myTable);
    printf("Find 89: %d\n", HashFind(&myTable, 89));
    printf("Find 18: %d\n", HashFind(&myTable, 18));
    return 0;
}
```

제곱 탐사

제곱 탐사는 빈 위치의 검색 인덱스를 제곱으로 늘려 해시 테이블의 인덱스 충돌을 해결합니다. k가 해시 함수에서 검색된 인덱스라고 가정해 봅시다. k번째 인덱스가 이미 채워져 있으면 $(k + 1^2)$ % m을 찾습니다. 이 인덱스도 채워져 있으면 $(k + 2^2)$ % m을 찾습니다. 이런 식으로 빈 슬롯을 찾으면 빈 슬롯에 데이터를 삽입합니다.

예제 11-9 제곱 탐사의 충돌 해결 함수

```c
int CollisionFunction(int i)
{
    return i * i;
}
```

제곱 탐사는 모든 구현이 선형 탐사와 같으며 충돌 해결 함수만 다릅니다.

예제 11-10

```c
int CollisionFunction(int i)
{
    return i * i;
}
```

11.2.2 개별 체이닝

충돌을 해결하는 다른 방법은 충돌하는 키를 연결 리스트에 넣는 아이디어를 기반으로 하는 개별 체이닝(separate chaining)입니다. 삽입 정렬을 사용하거나 연결 리스트를 정렬된 상태로 유지하면 검색 속도가 높아집니다.

▼ 그림 11-2 개별 체이닝

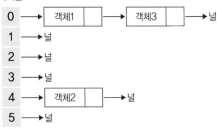

예제 11-11

```c
typedef struct dataNode_t
{
    int value;
    struct dataNode_t *next;
} DataNode;
```

---

1 역주 테이블에서 빈 슬롯을 찾는 과정에서 맨 뒤로 갔다가 다시 앞으로 오는데 테이블 한 바퀴 돌아서 다시 아까 본 채워져 있는 슬롯을 만나는 것을 뜻합니다.

```
typedef struct hashTable_t
{
    int tableSize;
    DataNode **listArray; // 이중 포인터
}HashTable;

unsigned int Hash(int key, int tableSize) // 나눗셈 사용
{
    unsigned int hashValue = 0;
    hashValue = key;
    return hashValue % tableSize;
}

void HashInit(HashTable *hTable, int size)
{
    hTable->tableSize = size;
    hTable->listArray = (DataNode**)malloc(hTable->tableSize * sizeof(DataNode*));
    for (int i = 0; i<hTable->tableSize; i++) {
        hTable->listArray[i] = NULL;
    }
}

void HashPrint(HashTable *hTable)
{
    DataNode *head;
    for (int i = 0; i<hTable->tableSize; i++) {
        head = hTable->listArray[i];
        while (head) {
            printf(" %d ", head->value);
            head = head->next;
        }
    }
    printf("\n");
}

int HashFind(HashTable *hTable, int value)
{
    DataNode *head;
    int index = Hash(value, hTable->tableSize);
    head = hTable->listArray[index];
    while (head) {
        if (head->value == value) {
            return 1;
```

```c
        }
        head = head->next;
    }
    return 0;
}


void HashAdd(HashTable *hTable, int value)
{
    int index = Hash(value, hTable->tableSize);
    DataNode *temp = (DataNode*)malloc(sizeof(DataNode));
    temp->value = value;
    temp->next = hTable->listArray[index];
    hTable->listArray[index] = temp;
}


int HashRemove(HashTable *hTable, int value)
{
    DataNode *currNode;
    DataNode *nextNode;
    int index = Hash(value, hTable->tableSize);
    currNode = hTable->listArray[index];
    if (currNode && currNode->value == value) {
        hTable->listArray[index] = currNode->next;
        free(currNode);
        return 1;
    }

    while (currNode) {
        nextNode = currNode->next;
        if (nextNode && nextNode->value == value) {
            currNode->next = nextNode->next;
            free(nextNode);
            return 1;
        }
        else {
            currNode = nextNode;
        }
    }
    return 0;
}


int main()
{
```

```
HashTable myTable;
HashInit(&myTable, 11);
HashAdd(&myTable, 88);
HashAdd(&myTable, 88);
HashAdd(&myTable, 18);
HashAdd(&myTable, 49);
HashAdd(&myTable, 58);
HashAdd(&myTable, 69);
HashPrint(&myTable);
HashRemove(&myTable, 88);
HashRemove(&myTable, 88);
HashPrint(&myTable);
printf("Find 88: %d\n", HashFind(&myTable, 88));
printf("Find 18: %d\n", HashFind(&myTable, 18));
return 0;
}
```

Note ≡ 테이블의 크기는 궁극적으로 테이블의 모든 슬롯이 사용될 수 있는 크기여야 합니다. 그렇지 않으면 테이블의 일부는 사용되지 않고 남게 됩니다. 그러므로 테이블의 크기는 되도록 소수를 사용하도록 합니다. 예제에서 11을 사용하는 이유가 바로 이 때문입니다.

PROBLEM SOLVING ALGORITHMS

11.3 해싱 문제

11.3.1 애너그램 찾기

문제 11-1 두 문자열이 애너그램인지 확인하세요. 애너그램(anagram)은 한 단어나 구의 문자를 재정렬해 다른 단어나 구를 만드는 것을 말합니다.

해결책 두 단어의 크기가 같고 문자가 같으면 애너그램입니다.

해결책 11-1

```
int isAnagram(char *str1, char *str2)
{
    int size1 = strlen(str1);
```

```
        int size2 = strlen(str2);
        if (size1 != size2) {
            return 0;
        }
        HashTable cm;
        HashInit(&cm);
        for (int i = 0; i < size1; i++) {
            CounterAdd(&cm, str1[i]);
        }
        for (int i = 0; i < size2; i++) {
            if (FindCount(&cm, str2[i]) == 0) {
                return 0;
            }
            else {
                CounterRemove(&cm, str2[i]);
            }
        }
        return 1;
    }
```

11.3.2 중복 제거하기

문제 11-2 숫자 배열에서 중복을 제거하세요.

해결책 출력 배열과 같은 배열 또는 별개의 두 번째 배열을 사용할 수 있습니다. 해시 테이블로 이 문제를 해결합니다.

```
char *removeDuplicate(char *str, int size)
{
    HashTable hs;
    HashInit(&hs);
    char *ret = (char *)malloc(sizeof(char) * size);
    int retIndex = 0;
    for (int i = 0; i < size; i++) {
        if (FindCount(&hs, str[i]) == 0) {
            ret[retIndex] = str[i];
            retIndex += 1;
            CounterAdd(&hs, str[i]);
        }
```

```
    }
    ret[retIndex] = '\0';
    return ret;
}
```

11.3.3 누락된 숫자 찾기

문제 11-3 정수 배열에서 누락된 숫자를 찾으세요.

해결책 배열의 모든 요소를 해시 테이블에 추가합니다. 해시 테이블을 검색해 누락된 원소를 찾고 누락된 값을 반환합니다.

해결책 11-3

```
int findMissing(int arr[], int size, int start, int end)
{
    HashTable cm;
    HashInit(&cm);
    for (int i = 0; i < size; i++) {
        CounterAdd(&cm, arr[i]);
    }
    int curr = start;
    while (curr <= end) {
        if (FindCount(&cm, curr) == 0) {
            return curr;
        }
        curr += 1;
    }
    return -99999;
}
```

11.3.4 반복 숫자 출력하기

문제 11-4 정수 배열에서 반복되는 정수를 출력하세요.

해결책 모든 값을 해시 테이블에 추가합니다. 해시 테이블에 이미 존재하는 값이 있으면 이것이 반복되는 값입니다.

```
void printRepeating(int arr[], int size)
{
    HashTable cm;
    HashInit(&cm);
    int val;
    printf("반복 원소: ");
    for (int i = 0; i < size; i++) {
        val = arr[i];
        if (FindCount(&cm, val)) {
            printf(" %d ", val);
        }
        else {
            CounterAdd(&cm, val);
        }
    }
}
```

11.3.5 첫 번째 반복 숫자 출력하기

문제 11-5 정수 배열에서 반복되는 숫자 중 첫 번째 숫자만 출력하세요. 첫 번째 반복 숫자를 찾도록 주의를 기울여야 합니다. 반환하는 반복 값은 하나의 수입니다. 예를 들어 1, 2, 3, 2, 1이 있을때, 답은 1입니다.

해결책 카운트 맵에 값을 추가해 반복한 만큼의 카운트를 갖습니다. 배열을 다시 탐색해 카운트가 1보다 큰 값을 찾습니다. 이 값이 첫 번째 반복 숫자입니다.

```
int printFirstRepeating(int arr[], int size)
{
    HashTable cm;
    HashInit(&cm);
    int i = 0;
    for (i = 0; i < size; i++) {
        CounterAdd(&cm, arr[i]);
    }
    for (i = 0; i < size; i++) {
        if (FindCount(&cm, arr[i]) > 1) {
            printf("\n첫 번째 반복 숫자: %d", arr[i]);
```

```
            return arr[i];
        }
    }
}
```

11.3.6 순서대로 정렬

문제 11-6 두 개의 배열에서 두 번째 배열에 정의된 순서에 따라 첫 번째 배열을 정렬하세요.

해결책 먼저 입력 배열을 순회하며 해시 테이블을 사용해 값의 빈도를 계산합니다. 순서 배열을 순회하며 해시 테이블에 있는 값을 표시하고 해시 테이블에서 삭제합니다. 그런 다음에 해시 테이블의 나머지 값을 화면에 출력합니다.

해결책 11-6

```
void PrintSortByOrder(int arr[], int size, int arr2[], int size2)
{
    int i, key, count;
    HashTable cm;
    HashInit(&cm);
    for (i = 0; i < size; i++) {
        CounterAdd(&cm, arr[i]);
    }
    for (i = 0; i < size2; i++) {
        key = arr2[i];
        count = FindCount(&cm, key);
        for (int j = 0; j < count; j++) {
            printf("%d ", key);
            CounterRemove(&cm, key);
        }
    }
    for (i = 0; i < size; i++) {
        key = arr[i];
        if (FindCount(&cm, key)) {
            printf("%d ", key);
            CounterRemove(&cm, key);
        }
    }
}
```

// 테스트 코드

```
int main()
{
    int arr[] = { 2, 1, 2, 5, 7, 1, 9, 3, 6, 8, 8 };
    int arr2[] = { 2, 1, 8, 3 };
    PrintSortByOrder(arr, 11, arr2, 4);
}
```

☑ 연습 문제

1. 0~99999999(8자리) 사이의 숫자를 생성하는 숫자(ID) 생성기 시스템을 설계하세요. 이 시스템은 다음 두 함수를 지원해야 합니다.

   a. `int getNumber()` 이 함수는 할당되지 않은 숫자를 찾아서 할당된 것으로 표시하고 해당 숫자를 반환 합니다.

   b. `int requestNumber()` 이 함수는 숫자가 할당되었는지를 확인합니다. 할당되어 있으면 0을 반환하 고, 그렇지 않으면 할당된 것으로 표시하고 1을 반환합니다.

2. 큰 문자열에서 가장 많이 나오는 단어를 찾으세요. 해결책의 시간 복잡도는 얼마입니까?

   힌트

   a. 〈단어, 빈도〉를 추적할 해시 테이블을 만듭니다.

   b. 문자열을 순회하며 단어 빈도를 해시 테이블에 삽입해 추적합니다.

   c. 새 단어가 있으면 해시 테이블에 빈도 1로 삽입합니다. 단어를 반복할 때마다 빈도가 증가합니다.

   d. 빈도가 증가할 때마다 최대 출현 단어를 확인하며 추적합니다.

   e. 문자열의 단어 수를 n이라고 하면 시간 복잡도는 O(n)이며, 문자열의 고유 단어를 m이라고 하면 공간 복잡도는 O(m)입니다.

3. 2번 문제에서 극작가 오스카 와일드(Oscar Wilde)의 전체 작품이 주어지면 어떨까요?

   힌트

   a. 오스카 와일드의 책이 몇 권이나 있는지 누가 알겠습니까? 우선 많이 있다고 가정합시다. 먼저 각 문서 에서 섹션별로 읽을 수 있는 스트리밍 라이브러리가 필요합니다. 그리고 프로그램에 단어를 전달할 토크 나이저(tokenizer)가 필요합니다. 또한 .해시 테이블을 사용하는 일종의 사전이 필요합니다.

   b. 필요한 것

   스트리밍 라이브러리 주어진 단어의 스트림을 찾을 스트리머(steamer)를 사용합니다.

   토크나이저 입력 텍스트로 토큰을 만듭니다.

   해시 맵 메서드 형태소가 분석된 단어가 해시 맵에 있으면 빈도를 늘리고, 그렇지 않으면 빈도 1로 해시 맵에 추가합니다.

   c. 병렬 컴퓨팅으로 성능을 높일 수 있습니다. 이 문제를 해결하기 위해 맵리듀스(map-reduce)를 사용 할 수 있습니다. 여러 노드가 여러 문서를 읽고 처리합니다. 처리가 완료되면 병합해 축소 작업을 수행합 니다.

4. 3번 문제에서 가장 많이 나오는 문구를 어떻게 찾을 수 있을까요?

> **힌트** 〈문구, 빈도〉의 해시 테이블을 유지하고 2번 및 3번 문제와 같은 프로세스를 수행합니다.

5. 문자열 해싱 알고리즘을 작성하세요.

> **힌트** 호너(Horner)의 법칙[2]을 사용하세요.

```
int hornerHash(char key[], int size, int tableSize)
{
    int h = 0;
    int i = 0;
    while (i < size) {
        h = (32 * h + key[i]) % tableSize;
        i += 1;
    }
    return h;
}
```

6. 맵 구현에 사용할 자료 구조 두 개를 고르고, 조회와 삽입, 삭제 연산을 설명하세요. 각각의 시간 복잡도와 공간 복잡도, 장단점을 설명하세요.

> **힌트**

구분	연결 리스트	이진 탐색 트리(RB Tree)
삽입	O(1)	O(logn)
삭제	O(1)	O(logn)
조회	O(1)	O(logn)
최악의 경우	O(n)	O(logn)
장단점	빠른 삽입 및 삭제로 모든 자료형에 사용할 수 있으나 조회가 느림	삽입과 삭제, 조회가 상당히 빠르나 데이터에 정의된 순서가 필요함

---

2 **역주** 호너의 법칙은 다항식을 풀 때 계산량을 줄여 주는 방법입니다.

▶연습 문제 풀이는 719쪽에 있습니다.

12^장

그래프

그래프(graph) 자료 구조는 다음 두 가지 요소로 구성됩니다.

- **정점**(vertex)이라는 유한한 노드 집합
- **간선**(edge)이라는 유한한 정점 쌍의 집합

그래프는 G = (V, E)인 순서 쌍 G로 표시합니다. 여기서 V는 정점 집합이며, E는 간선 집합입니다. 각 간선은 튜플(u, v)이며, u, v ∈ V입니다. 현실 세계에서 그래프는 다음과 같은 예가 있습니다.

- **구글 지도** 각 위치를 그래프의 정점으로 표시하고 위치 사이의 경로는 그래프의 간선으로 표시합니다. 두 위치 사이에서 가장 짧고 빠른 경로를 추천하는 데 그래프 알고리즘을 사용합니다.
- **페이스북 친구 추천** 각 사용자 프로필을 그래프의 정점으로 표시하고 친구 관계는 그래프의 간선으로 표시합니다. 친구 추천에 그래프 알고리즘을 사용합니다.
- **위상 정렬**(topological sort) 서로 다른 이벤트 사이의 의존성을 조사해 작업 완료에 필요한 이벤트의 수행 순서를 찾는 방법입니다. 예를 들어 컴퓨터과학과를 졸업하기 위해 수강해야 하는 일련의 수업이나 일상 업무를 준비하는 일련의 과정 등이 이에 속합니다.
- **운송망** 항공 노선(항로) 지도를 그래프로 표시합니다. 각 공항은 그래프의 노드(정점)로 표시됩니다. 공항 u와 공항 v 사이에 직항 항공편이 있으면 그래프에서 노드 u에서 노드 v로의 간선으로 표시합니다. 그래프 알고리즘으로 가장 짧거나 가장 빠르거나 가장 저렴한 경로를 계산합니다. 한국의 주요 도시 간 항로 연결을 다음 그래프처럼 표현할 수 있습니다. 각 도시는 정점으로 표시하며 도시 간 항로는 간선으로 표시합니다.

▼ 그림 12-1 그래프로 표현한 항로

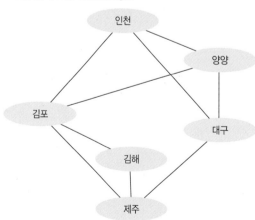

12.1 그래프 용어

무방향 그래프(undirected graph) 방향이 없는 간선을 갖는 그래프입니다. 무방향 그래프의 간선은 방향이 없으므로(양방향) 간선 (x, y)는 간선 (y, x)와 같습니다.

▼ 그림 12-2 무방향 그래프

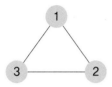

방향 그래프(directed draph, digraph) 방향이 있는 간선을 갖는 그래프입니다. 방향 그래프의 간선은 방향이 있으므로(단방향) 간선 (x, y)는 간선 (y, x)와 다릅니다.

▼ 그림 12-3 방향 그래프

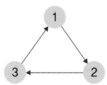

가중치 그래프(weighted graph) 간선이 연관된 값이나 가중치를 가지는 그래프입니다.

▼ 그림 12-4 가중치 그래프

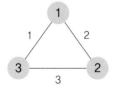

비가중치 그래프(unweighted graph) 간선에 가중치가 없는 그래프입니다.

▼ 그림 12-5 비가중치 그래프

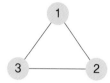

경로 경로는 두 정점 사이를 잇는 간선을 순서대로 나열한 것입니다. 경로의 길이는 경로에 있는 모든 간선 가중치의 합입니다.

단순 경로(simple path) 서로 다른 정점으로 이루어진 경로입니다.

인접 정점(adjacent vertex) 끝점이 u와 v인 간선이 있을 때 두 정점 u와 v는 **인접**(adjacent)합니다.

그림 12-6에서 V와 E는 다음과 같습니다.

$V = \{v_1, v_2, v_3, v_4, v_5, v_6, v_7, v_8, v_9\}$

$E = \{(v_1, v_0, 1), (v_2, v_1, 2), (v_3, v_2, 3), (v_3, v_4, 4), (v_5, v_4, 5), (v_1, v_5, 6), (v_2, v_5, 7), (v_3, v_5, 8), (v_4, v_5, 9)\}$

▼ 그림 12-6 간선과 정점

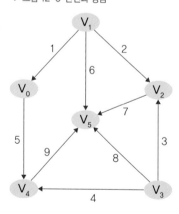

진입 차수(in-degree) indeg(v)로 표시하며 정점 v로 들어오는 간선의 수입니다.

진출 차수(out-degree) outdeg(v)로 표시하며 정점 v에서 나가는 간선의 수입니다.

차수(degree) deg(v)로 표시하며 한 끝점이 v인 간선의 총 수입니다.

$deg(v) = Indeg(v) + outdeg(v)$

그림 12-6에서 indeg(v_4)는 2, outdeg(v_4)는 1, deg(v_4)는 3입니다.

순환(cycle) 같은 정점에서 시작하고 끝나는 경로로, 최소 하나 이상의 정점을 포함합니다. 두 끝점이 일치하는 간선은 **자체 루프**(self-loop)이라 하며 순환의 한 형태입니다.

순환 그래프(cyclic graph) 하나 이상의 순환을 갖는 그래프입니다.

▼ 그림 12-7 순환 그래프

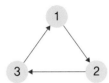

비순환 그래프(acyclic graph) 어떤 순환도 갖지 않는 그래프입니다.

방향 비순환 그래프(DAG, Directed Acyclic Graph) 어떤 순환도 갖지 않는 방향 그래프입니다.

도달 가능성(reachable) u에서 v까지 경로가 있다면 정점 v는 정점 u로부터 **도달 가능**하다고 하거나 u는 v에 도달한다고 말합니다. 무방향 그래프에서 u에서 v로 도달 가능하면 v에서 u로도 도달 가능합니다. 그러나 방향 그래프에서 u에서 v로 도달 가능하면 v에서 u로의 경로는 없습니다.

연결 그래프(connected graph) 두 정점 사이에 경로가 있으면 **연결** 그래프입니다.

강한 연결 그래프(strongly connected graph) 정점 u와 v의 쌍이 u에서 v로의 경로와 v에서 u로의 경로를 가진 방향 그래프라면 이를 강한 연결 그래프라고 합니다.

▼ 그림 12-8 강한 연결 그래프

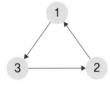

부분 그래프(sub-graph) 그래프 G의 부분 그래프는 그 정점과 간선이 G의 정점과 간선의 부분 집합인 그래프입니다.

강한 연결 요소(strongly connected component) 방향 그래프는 강하게 연결된 부분 그래프를 가질 수 있습니다. 이러한 부분 그래프를 강한 연결 요소라고 합니다.

▼ 그림 12-9 강한 연결 요소

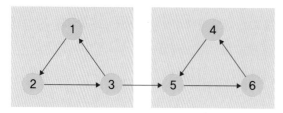

▼ 그림 12-9 강한 연결 요소

약한 연결 그래프(weakly connected graph) 정점 u와 v의 쌍이 u에서 v로의 경로 또는 v에서 u로의 경로를 가지는 방향 그래프라면 약한 연결 그래프라고 합니다.

완전 그래프(complete graph) 그래프의 모든 정점이 다른 정점에 간선으로 연결된 그래프입니다. 완전 그래프는 최대 개수의 간선을 가집니다. n개의 정점이 있는 무방향 그래프라면 총 간선의 수는 n(n-1)/2이고, 방향 그래프라면 총 간선의 수는 n(n-1)입니다.

신장 부분 그래프(spanning sub-graph) 그래프 G의 모든 정점과 연결되는 그래프입니다.

숲(forest) 순환이 없는 그래프입니다.

트리(tree) 순환이 없는 연결 그래프입니다. 두 정점 u와 v 사이에 단 하나의 경로만 존재합니다. 트리의 어떤 간선이든 하나만 제거하면 바로 숲이 됩니다.

▼ 그림 12-10 트리

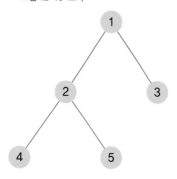

신장 트리(spanning tree) 그래프의 신장 트리는 그래프의 모든 정점이 연결된 트리입니다. 신장 트리는 트리이므로 어떤 순환도 없습니다.

해밀턴 경로(Hamiltonian path) 모든 정점을 반복없이 정확하게 한 번만 방문하는 경로이며, 같은 정점에서 시작하고 끝날 필요는 없습니다.

해밀턴 회로(Hamiltonian circuit) 마지막 정점에서 첫 번째 정점으로 연결된 간선이 있는 해밀턴 경로입니다. 모든 정점을 정확히 한 번만 방문하는 회로이며, 같은 정점에서 시작하고 끝나야 합니다.

오일러 경로(Eulerian path) 그래프에 존재하는 모든 간선을 정확히 한 번만 방문하는 경로입니다.

오일러 회로(Eulerian circuit) 그래프에 존재하는 모든 간선을 정확히 한 번만 방문하고 같은 정점에서 시작하고 끝나는 오일러 경로입니다.

순회 영업 사원 문제(TSP, Traveling Salesman Problem) 영업 사원이 여러 도시를 방문해야 합니다. 그는 각 도시 사이의 거리를 구해 그래프로 표시합니다. 최단 거리를 여행해 마지막에 집에 돌아오려면 어떤 순서로 각 도시를 방문해야 하는지에 관한 문제로, 최저 비용 해밀턴 회로를 찾는 것과 같습니다.

12.2 / 그래프 구현 방법

그래프를 구현하는 가장 일반적인 방법은 다음 두 가지입니다.

- 인접 행렬(adjacency matrix)
- 인접 리스트(adjacency list)

12.2.1 인접 행렬

인접 행렬(adjacency matrix)은 행과 열의 크기가 v인 2차원 행렬입니다. 여기서 v는 그래프에서 정점의 수입니다. 인접 행렬은 크기가 v×v인 2차원 배열로 구현합니다.

배열 adj가 있을 때, 노드 adj[i][j]는 정점 i에서 정점 j까지의 간선에 해당합니다. adj[i][j]가 0이 아니면 정점 i에서 정점 j까지 경로가 있음을 의미합니다. 비가중치 그래프에서 배열의 값은 경로가 없으면 0이고, 경로가 있으면 1입니다. 반면에 가중치 그래프에서는 배열의 값은 정점 i부터 j까지 경로의 비용 또는 가중치를 나타냅니다.

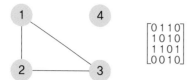

$$\begin{bmatrix} 0 & 1 & 1 & 0 \\ 1 & 0 & 1 & 0 \\ 1 & 1 & 0 & 1 \\ 0 & 0 & 1 & 0 \end{bmatrix}$$

그림 12-11의 그래프는 비가중치 그래프이므로 각 간선의 가중치는 1입니다. 따라서 인접 행렬은 0 또는 1의 값을 가지며(경로가 없으면 0), 각 간선의 가중치가 행렬에 채워집니다.

그래프는 인접 행렬로 다음과 같이 구현됩니다.

- n개 정점을 가진 그래프 생성자에서 크기 n×n인 2차원 배열 adj를 생성합니다.
- AddDirectedEdge 함수는 배열 adj의 adj[출발][도착] 필드를 설정해 출발에서 도착까지의 방향 간선을 추가합니다.
- AddUndirectedEdge 함수는 무방향 간선을 추가합니다. 출발과 도착을 양방향으로 결합하기 위해 AddDirectedEdge 함수를 두 번 호출합니다.

예제 12-1

```
typedef struct graph
{
    int count;
    int **adj;
} Graph;

void graphInit(Graph *gph, int count)
{
    gph->count = count;
    gph->adj = (int**)malloc(count * sizeof(int*));
    for (int i = 0; i < count; i++) {
        gph->adj[i] = (int*)malloc(count * sizeof(int));
        memset(gph->adj[i], 0x0, count * sizeof(int));
    }
}

void addDirectedEdge(Graph *gph, int src, int dst, int cost)
{
    gph->adj[src][dst] = cost;
}

void addUndirectedEdge(Graph *gph, int src, int dst, int cost)
{
```

```
        addDirectedEdge(gph, src, dst, cost);
        addDirectedEdge(gph, dst, src, cost);
    }


    void graphPrint(Graph *gph)
    {
        int count = gph->count;
        for (int i = 0; i < count; i++) {
            for (int j = 0; j < count; j++)
                printf("%d ", gph->adj[i][j]);
            printf("\n");
        }
    }


    int main()
    {
        Graph graph;
        graphInit(&graph, 4);
        addUndirectedEdge(&graph, 0, 1, 1);
        addUndirectedEdge(&graph, 0, 2, 1);
        addUndirectedEdge(&graph, 1, 2, 1);
        addUndirectedEdge(&graph, 2, 3, 1);
        graphPrint(&graph);
        return 0;
    }
```

실행결과

```
0 1 1 0  → 행 0의 1, 2에 연결
1 0 1 0  → 행 1의 0, 2에 연결
1 1 0 1  → 행 2의 0, 1, 3에 연결
0 0 1 0  → 행 3의 2에 연결
```

분석

- 2차원 배열을 생성하므로 인접 행렬 구현의 공간 복잡도는 $O(n^2)$입니다.
- 정점 u에서 정점 v까지의 간선 유무 확인을 상수 시간에 수행하므로 검색의 시간 복잡도는 $O(1)$입니다.

인접 행렬의 장점

- 정점 u에서 정점 v 사이에 간선이 있는지 쿼리하는 데 $O(1)$ 시간이 걸립니다.
- 간선을 제거하는 데 $O(1)$ 시간이 걸립니다.

인접 행렬의 단점

- 공간 복잡도가 $O(n^2)$입니다.

- 간선의 수가 적은 희소 그래프라 해도 공간 복잡도는 같습니다.

- 새로운 정점을 추가하는 데 $O(n^2)$ 시간이 걸립니다.

희소 행렬(sparse matrix)는 아주 큰 그래프에서 각 노드는 일반적인 그래프보다 적은 수의 노드와 연결됩니다. 인접 행렬의 대부분은 공간이 비어 있으며 이러한 행렬을 희소 행렬이라 부릅니다. 대부분의 실전 문제에서 인접 행렬은 희소 그래프 데이터에 적합하지 않습니다.

12.2.2 인접 리스트

인접 리스트(adjacency list)는 공간 낭비를 막으며 효율적으로 그래프를 저장하는 방법입니다. 인접 리스트는 연결 리스트의 배열이며, 각 리스트의 원소는 그래프의 간선에 해당합니다. 배열의 크기는 그래프의 정점 수와 같습니다. 배열 ar[]에 대해 ar[k] 항목은 k번째 정점에 해당하고 정점의 리스트는 k번째 정점에 직접 연결된 다른 정점을 표현합니다. 간선의 가중치는 연결 리스트의 노드에 저장합니다.

▼ 그림 12-12 그래프를 인접 리스트로 표현하기

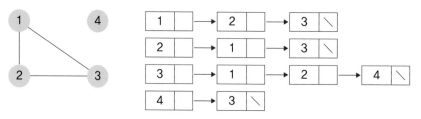

인접 리스트는 희소 그래프를 표현하는 데 좋습니다. 인접 리스트 표현은 하나의 연결 리스트를 스캔해 정점에 직접 연결된 모든 정점을 찾습니다. 이 책에서는 모든 프로그램에 인접 리스트를 사용해 그래프를 저장합니다.

그래프의 인접 리스트로 다음과 같이 구현합니다.

1. n개 정점을 가진 그래프 생성자에서 크기 n인 리스트 배열을 생성합니다.

2. AddDirectedEdge 함수는 해당하는 정점 리스트에 튜플(도착, 비용)을 추가해서 출발에서 도착까지의 방향을 가진 간선을 추가합니다.

3. AddUndirectedEdge 함수는 무방향 간선을 추가합니다. 출발과 도착을 양방향으로 결합하기 위해 AddDirectedEdge 함수를 두 번 호출합니다.

예제 12-2

```
typedef struct graphNode
{
    int cost;
    int dest;
    struct graphNode *next;
} GraphNode;

typedef struct graph
{
    int count;
    GraphNode *adj;
} Graph;

void graphInit(Graph *gph, int count)
{
    gph->count = count;
    gph->adj = (GraphNode *)malloc((count) * sizeof(GraphNode));
    for (int i = 0; i < count; i++)
        gph->adj[i].next = NULL;
}

int addDirectedEdge(Graph *gph, int src, int dst, int cost)
{
    GraphNode *temp = (GraphNode *)malloc(sizeof(GraphNode));
    if (!temp) {
        printf("Memory Allocation Error");
        return 0;
    }
    temp->cost = cost;
    temp->dest = dst;
    temp->next = gph->adj[src].next;
    gph->adj[src].next = temp;
    return 1;
}

int addUndirectedEdge(Graph *gph, int src, int dst, int cost)
{
    return addDirectedEdge(gph, src, dst, cost) && addDirectedEdge(gph, dst, src,
```

```
    cost);
    }

void printGraph(Graph *gph)
{
    GraphNode *head;
    if (!gph) {
        printf("그래프가 비었음");
        return;
    }
    printf("Graph count count : %d \n", gph->count);
    for (int i = 0; i < gph->count; i++) {
        head = gph->adj[i].next;
        printf(" 노드 [ %d ]:", i);
        while (head) {
            printf(" %d(%d) ", head->dest, head->cost);
            head = head->next;
        }
        printf("\n");
    }
}
```

분석

- 인접 리스트의 공간 복잡도는 정점 배열을 만들고 각 정점의 간선을 저장하므로 O(E + V) 입니다.

- 정점 u에서 정점 v까지 간선의 검색 시간 복잡도는 **outdegree(u)**를 수행하는 시간입니다. 정점 u의 이웃 리스트를 순회해야 하므로 최악의 경우 시간 복잡도는 O(E)입니다.

12.3 그래프 순회

순회(traversal)는 모든 간선과 정점을 검사해서 그래프를 탐색하는 과정입니다. 그래프 순회를 사용해 해결하는 문제는 다음과 같습니다.

- 정점 u에서 정점 v까지의 경로를 정하고 해당 경로가 없으면 오류 보고하기

- 정점 s에서 시작해 그래프의 모든 다른 정점까지의 최소 간선 수 찾기
- 그래프 G가 연결되어 있는지 검사하기
- 그래프의 신장 트리 구하기
- 그래프에 순환이 있는지 찾기

깊이 우선 탐색(DFS, Depth First Search)과 **너비 우선 탐색**(BFS, Breadth First Search)은 그래프를 순회하는 데 사용하는 알고리즘입니다. 두 알고리즘으로 그래프에서 노드를 찾고 노드에 도달할 수 있는지 등을 확인할 수 있습니다.

12.3.1 깊이 우선 탐색

출발점에서 DFS 알고리즘을 시작해서 막다른 지점에 도착할 때까지 그래프 깊이 방향으로 이동했다가 다시 부모 노드로 올라갑니다(백트랙). DFS에서는 스택으로 다음 방문할 정점을 얻습니다. 또는 재귀(시스템 스택)로 같은 작업을 수행할 수 있습니다.

그래프의 깊이 우선 탐색은 트리의 깊이 우선 탐색과 유사합니다. 다만 트리는 순환이 없지만, 그래프는 순환을 가질 수 있습니다. 따라서 순회하는 동안 같은 노드를 다시 방문할 수 있습니다. 같은 노드를 다시 방문하는 것을 막기 위해 불 방문 배열(boolean visited array)을 사용합니다.

다음 그림은 다이어그램에서 DFS를 보여줍니다.

❤ 그림 12-13 깊이 우선 탐색

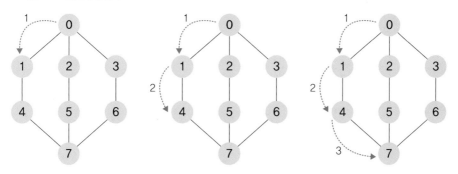

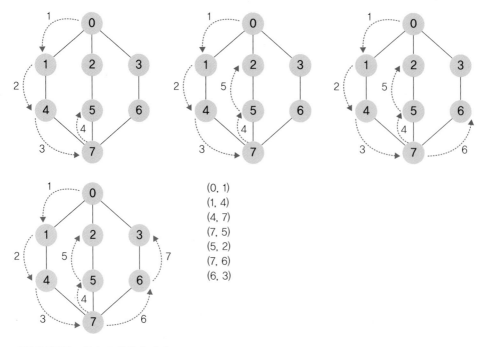

(0, 1)
(1, 4)
(4, 7)
(7, 5)
(5, 2)
(7, 6)
(6, 3)

깊이 우선 탐색 → 0, 1, 4, 7, 5, 2, 6, 3

스택을 사용한 DFS 구현

스택을 사용한 DFS 알고리즘은 다음 단계에 따라 진행됩니다.

1. 스택에 시작 노드를 삽입합니다.

2. 스택에서 노드를 꺼내 현재 노드라고 합니다.

3. 현재 노드에서 출력 등의 작업을 수행합니다.

4. 현재 노드의 모든 자식 노드를 순회해 스택에 넣습니다.

5. 스택이 빌 때까지 단계 2~4를 반복합니다.

예제 12-3 스택을 사용한 DFS 구현

```
int DFSStack(Graph *gph, int source, int target)
{
    int count = gph->count;
    int *visited = (int *)calloc(count, sizeof(int));
    int curr, destination;
    Stack stk;
    StackPush(&stk, source);
```

492

```
        visited[source] = 1;
        while (StackSize(&stk) != 0) {
            curr = StackPop(&stk);
            GraphNode *head = gph->adj[curr].next;
            while (head) {
                destination = head->dest;
                if (visited[destination] == 0) {
                    StackPush(&stk, destination);
                    visited[destination] = 1;
                }
                head = head->next;
            }
        }
        return visited[target];
    }
```

분석

- 그래프의 정점 수를 V, 간선 수를 E라고 할 때 인접 리스트로 그래프를 표현하면 DFS의 시간 복잡도는 $O(V + E)$입니다.

- 인접 행렬로 그래프를 표현하면 알고리즘의 시간 복잡도는 $O(V^2)$입니다. 정점의 인접한 정점을 순회하는 인접 리스트가 더 효율적입니다.

재귀를 사용한 DFS 구현

재귀를 사용한 DFS 알고리즘은 다음 단계에 따라 수행합니다.

1. DFS 함수에서 방문한 노드를 추적할 방문 배열을 생성합니다.

2. DFS 함수에서 DFSRec 재귀 함수의 현재 노드 또는 인덱스 노드로 출발 노드를 전달합니다.

3. 인덱스 노드에서 방문한 모든 노드를 재귀로 DFSRec 함수에 전달합니다.

4. 출발 노드에서 모든 노드를 방문할 때 재귀를 끝내고 DFS 함수로 돌아갑니다. 마지막으로 방문 배열을 살펴보고 목적지 노드의 방문 여부를 확인합니다.

예제 12-4

```
int DFS(Graph *gph, int source, int target)
{
    int count = gph->count;
    int *visited = (int *)calloc(count, sizeof(int));
    DFSRec(gph, source, visited);
```

```
        return visited[target];
}

void DFSRec(Graph *gph, int index, int *visited)
{
    int destination;
    visited[index] = 1;
    GraphNode *head = gph->adj[index].next;
    while (head) {
        destination = head->dest;
        if (visited[destination] == 0) {
            DFSRec(gph, destination, visited);
        }
        head = head->next;
    }
}
```

분석

- 그래프의 정점의 수를 V, 간선의 수를 E라고 할 때 인접 리스트로 그래프를 표현하면 DFS
  의 시간 복잡도는 $O(V + E)$입니다.

- 그래프를 인접 행렬로 표현하면 알고리즘의 시간 복잡도는 $O(V^2)$입니다.

12.3.2 너비 우선 탐색

BFS 알고리즘은 그래프를 레이어별로 순회합니다. 시작점에서 더 가까운 곳을 순회하고, 큐를 사용해 BFS를 구현합니다. 그래프의 너비 우선 탐색은 트리의 너비 우선 탐색과 유사합니다. 유일한 차이점은 트리는 순환이 없지만, 그래프는 순환을 가질 수 있습니다. 따라서 순회하는 동안 동일한 노드를 다시 방문할 수 있습니다. 동일한 노드를 다시 방문하는 것을 막기 위해 불 방문 배열을 사용합니다.

BFS 알고리즘은 다음 단계에 따라 수행됩니다.

1. 큐에 시작 노드를 삽입합니다.

2. 반복문 내에서 큐의 노드를 꺼내 현재 노드라고 합니다.

3. 현재 노드에서 출력 등의 작업을 수행합니다.

4. 현재 노드의 모든 자식 노드를 순회해 큐에 넣습니다.

5. 큐가 빌 때까지 단계 2~4를 반복합니다.

다음 그림은 다이어그램에서 BFS를 보여줍니다.

❤ 그림 12-14 너비 우선 탐색

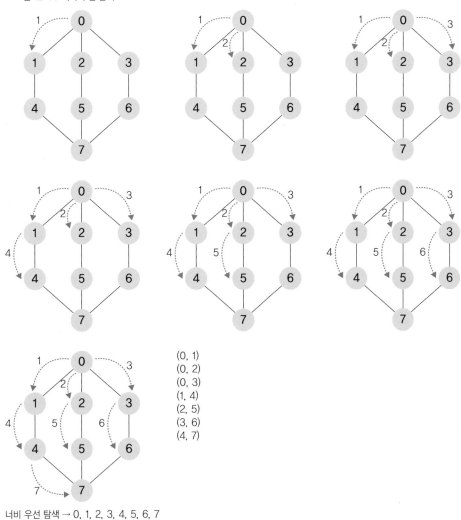

(0, 1)
(0, 2)
(0, 3)
(1, 4)
(2, 5)
(3, 6)
(4, 7)

너비 우선 탐색 → 0, 1, 2, 3, 4, 5, 6, 7

예제 12-5

```c
int BFS(Graph *gph, int source, int target)
{
    int count = gph->count;
    int *visited = (int *)calloc(count, sizeof(int));
    visited[source] = 1;
    int curr, destination;
```

```
    Queue que;
    QueueInitialize(&que);
    QueueAdd(&que, source);
    while (QueueSize(&que) != 0) {
        curr = QueueRemove(&que);
        GraphNode *head = gph->adj[curr].next;
        while (head) {
            destination = head->dest;
            if (visited[destination] == 0) {
                QueueAdd(&que, destination);
                visited[destination] = 1;
            }
            head = head->next;
        }
    }
    return visited[target];
}
```

분석 출발 노드에서 도달 가능한 정점의 수를 V, 그래프의 간선의 수를 E라고 할 때, DFS와 BFS 의 시간 복잡도는 O(V + E)입니다

12.3.3 BFS와 DFS 사용 방법

DFS 또는 BFS로 해결할 수 있는 문제는 다음과 같습니다.

- BFS나 DFS로 두 정점 사이의 경로 찾기
- BFS로 시작 정점 u에서 그래프의 모든 다른 정점에 도달하는 최소 수의 정점 찾기
- BFS나 DFS로 그래프 연결 테스트하기
- DFS로 그래프에 순환이 있는지 아니면 그래프가 트리인지 알아내기
- DFS로 위상 정렬하기
- DFS로 방향 그래프에서 강한 연결 요소나 강한 연결 그래프 찾기

방향 비순환 그래프(DAG, Directed Acyclic Graph)는 순환이 없는 방향 그래프입니다. DAG는 트리 보다 일반적인 관계를 나타냅니다. 다음은 DAG의 예로, 누군가가 외출을 준비하는 과정을 나타 냅니다. 대학 졸업에 필요한 수업 코스 선택과 같은 다양한 실제 사례가 있습니다.

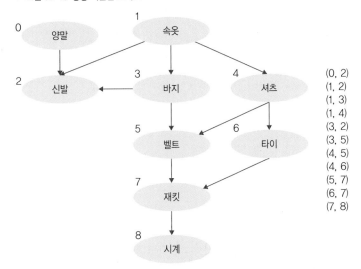

▼ 그림 12-15 방향 비순환 그래프

(0, 2)
(1, 2)
(1, 3)
(1, 4)
(3, 2)
(3, 5)
(4, 5)
(4, 6)
(5, 7)
(6, 7)
(7, 8)

위상 정렬(topological sort)은 노드가 활동을 나타내고 간선이 해당 작업 사이의 의존성을 나타내는 방향 그래프에서 노드를 정렬하는 방법입니다. 위상 정렬은 DAG여야 작동합니다. DFS를 사용해 위상 정렬을 수행해 봅시다.

예제 12-6

```
void TopologicalSortDFS(Graph *gph, int index, int *visited, Stack *stk)
{
    int destination;
    visited[index] = 1;
    GraphNode *head = gph->adj[index].next;
    while (head) {
        destination = head->dest;
        if (visited[destination] == 0) {
            TopologicalSortDFS(gph, destination, visited, stk);
        }
        StackPush(stk, index);
        head = head->next;
    }
}

void TopologicalSort(Graph *gph)
{
    Stack stk;
    StackInit(&stk);
    int count = gph->count;
```

```
    int *visited = (int *)calloc(count, sizeof(int));
    for (int i = 0; i < count; i++) {
        if (visited[i] == 0) {
            TopologicalSortDFS(gph, i, visited, &stk);
        }
    }
    printf("위상 정렬: ");
    while (StackSize(&stk) != 0) {
        printf(" %d ", StackPop(&stk));
    }
    printf("\n");
}
```

위상 정렬은 위상 그래프의 DFS입니다. 먼저 한 노드의 모든 자식을 스택에 추가한 다음에 현재 노드를 추가합니다. 따라서 정렬 순서가 유지됩니다.

12.3.4 최소 신장 트리

그래프 G의 **신장 트리**(spanning tree)는 그래프의 모든 정점을 가지는 트리이며, **최소 신장 트리** (MST, Minimum Spanning Tree)는 간선 길이(가중치)의 합이 최소가 되는 신장 트리입니다. 예를 들어, 도시 간에 통신망을 연결하려고 할 때 가능한 한 적은 양의 회선을 사용하고 싶다면 MST로 네트워크 경로와 회선의 비용 추정치를 찾을 수 있습니다.

▼ 그림 12-16 그래프와 최소 신장 트리

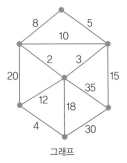
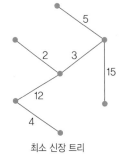

그래프   최소 신장 트리

프림 알고리즘

프림(Prim) 알고리즘은 신장 트리가 될 때까지 한 번에 하나의 간선을 추가해 단일 트리 T를 성장 시킵니다. 간선 없는 단일 노드 U로 트리 T를 초기화합니다. 여기서 T는 신장 트리의 간선 집합이고 U는 신장 트리의 정점 집합입니다. 각 단계에서 프림 알고리즘은 끝점 하나는 U에 있고 다른 점은 U에 있지 않는 간선 중 가장 작은 간선을 추가합니다. 각 간선은 U에 새로운 정점 하나를 추가하므로 n-1번 정점을 추가한 후에는 U는 신장 트리의 모든 정점을 포함하며, T는 신장 트리가 됩니다.

예제 12-7 프림 알고리즘

```
// 프림 알고리즘은 MST를 반환합니다.
// 입력: 가중치 연결 그래프 G = (V, E)
// 출력: MST를 구성하는 간선의 집합

Prim(G)
    T = {}
    G에서 어떤 정점을 r이라고 가정
    U = {r}
    for i = 1 to |V| - 1 do
        e = minimum-weight edge (u, v)
            With u in U and v in V-U
        U = U + {v}
        T = T + {e}
    return T
```

분석 프림 알고리즘은 힙(우선순위 큐)을 사용해 가장 가까운 다음 정점을 얻습니다. MST의 정점과 간선을 각각 V와 E라고 할 때, 시간 복잡도는 O(ElogV)입니다.

예제 12-8 인접 리스트로 구현한 프림 알고리즘

```
void prims(Graph *gph)
{
    int count = gph->count;
    int val, destination, cost;
    GraphNode *head;
    int source = 0;
    TableNode *table = createTable(count);
    table[source].cost = 0;
    PriorityQueue pq;
    PriorityQueueInit(&pq);

    for (int i = 0; i < gph->count; i++) {
        PriorityQueueAdd(&pq, INFINITE, i);
    }
```

```
        PriorityQueueUpdateKey(&pq, 0, source);

    while (PriorityQueueSize(&pq) != 0) {
        source = PriorityQueuePop(&pq);
        table[source].visited = 1;
        head = gph->adj[source].next;
        while (head) {
            destination = head->dest;
            cost = head->cost;
            if (cost < table[destination].cost && table[destination].visited == 0) {
                table[destination].cost = cost;
                table[destination].prev = source;
                PriorityQueueUpdateKey(&pq, cost, destination);
            }
            head = head->next;
        }
    }

    for (int i = 0; i < count; i++) {
        if (table[i].cost == INFINITE) {
            printf("node id %d prev %d cost : Unreachable", i, table[i].prev);
        }
        else {
            printf("node id %d prev %d cost : %d", i, table[i].prev, table[i].cost);
        }
    }
}
```

예제 12-9 인접 행렬로 구현한 프림 알고리즘

```
void Prims(Graph *gph)
{
    int count = gph->count;
    int source = 0;
    int val, alt, dest, cost;
    TableNode *table = createTable(count);
    table[source].cost = 0;
    PriorityQueue pq;
    PriorityQueueInit(&pq);

    for (int i = 0; i < count; i++) {
        PriorityQueueAdd(&pq, INFINITE, i);
    }
```

```
    PriorityQueueUpdateKey(&pq, 0, source);

    while (PriorityQueueSize(&pq) != 0) {
        source = PriorityQueuePop(&pq);
        table[source].visited = 1;
        for (int dest = 0; dest < count; dest++) {
            alt = gph->adj[source][dest];
            if (gph->adj[source][dest] > 0 && alt < table[dest].cost && table[dest].
visited == 0) {
                table[dest].cost = alt;
                table[dest].prev = source;
                PriorityQueueUpdateKey(&pq, alt, dest);
            }
        }
    }

    for (int i = 0; i < count; i++) {
        if (table[i].cost == INFINITE) {
            printf("node id %d prev %d cost : Unreachable", i, table[i].prev);
        }
        else {
            printf("node id %d prev %d cost : %d", i, table[i].prev, table[i].cost);
        }
    }
}
```

크루스칼 알고리즘

크루스칼(Kruskal) 알고리즘은 순환이 없는 가장 작은 가중치의 간선을 반복해서 선택합니다. 비용의 비내림차순으로 간선을 정렬합니다.

$$c(e1) \leq c(e2) \leq \dots \leq c(em)$$

빈 트리 T를 설정합니다. 순환이 없으면 간선을 하나씩 트리에 추가합니다.

예제 12-10 크루스칼 알고리즘

```
// 크루스칼 알고리즘은 MST를 반환합니다.
// 입력: 가중치 연결 그래프 G = (V, E)
// 출력: MST를 구성하는 간선의 집합

Kruskal(G)
```

```
가중치로 간선 E 정렬
T = {}
while |T| + 1 < |V| do
    e = next edge in E
    if T + {e}에 순환이 없을 때
        T = T + {e}
return T
```

분석 크루스칼 알고리즘의 시간 복잡도는 효율적인 순환 탐지를 사용해 O(ElogV)입니다.

12.3.5 그래프에서 최단 경로 알고리즘

단일 출발 최단 경로

그래프 G= (V, E)에 대한 단일 출발 최단 경로 문제는 주어진 출발 정점 s에서 V의 모든 정점까지 최단 경로를 찾는 것입니다. 다음 예제는 모든 정점의 가중치가 동일한 비가중치 그래프에서 단일 출발 최단 경로를 찾습니다.

- 먼저 시작점에서 출발 정점을 큐에 추가합니다.
- 너비 우선 탐색을 수행합니다.
- 출발 노드에 가까운 노드를 먼저 순회하고 처리합니다.

예제 12-11 비가중치 그래프에서 단일 출발 최단 경로 찾기

```c
void shortestPath(Graph *gph, int source)
{
    int count = gph->count;
    int *cost = (int *)calloc(count, sizeof(int));
    int *path = (int *)calloc(count, sizeof(int));
    int curr, destination;

    for (int i = 0; i < count; i++) {
        cost[i] = -1;
        path[i] = -1;
    }

    Queue que;
    QueueInitialize(&que);
```

```
        QueueAdd(&que, source);
        cost[source] = 0;

        while (QueueSize(&que) != 0) {
            curr = QueueRemove(&que);
            GraphNode *head = gph->adj[curr].next;
            while (head) {
                destination = head->dest;
                if (cost[destination] == -1) {
                    cost[destination] = cost[curr] + 1;
                    path[destination] = curr;
                    QueueAdd(&que, destination);
                }
                head = head->next;
            }
        }

        for (int i = 0; i < count; i++) {
            printf("%d to %d cost %d \n", path[i], i, cost[i]);
        }
    }
```

데이크스트라 알고리즘

데이크스트라(Dijkstra) 알고리즘은 음수 가중치가 없는 간선의 단일 출발 최단 경로 문제를 해결하는 데 사용합니다. 가중치 연결 그래프 G에서 출발 정점부터 다른 정점까지의 최단 경로를 찾습니다. 데이크스트라 알고리즘은 프림 알고리즘과 유사하며 최단 경로를 찾은 노드의 집합을 관리합니다.

▼ 그림 12-17 가중치 연결 그래프의 단일 출발 최단 경로

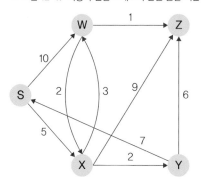
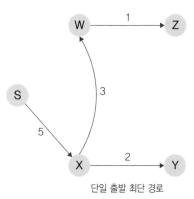

단일 출발 최단 경로

503

알고리즘은 각 노드와 그 부모의 거리를 추적하며 시작합니다. 노드의 실제 경로를 모르고 모든 정점의 부모가 널로 설정되어 있어서 처음에는 모든 거리를 무한대로 설정합니다. 모든 정점을 우선순위 큐(최소 힙)에 추가합니다. 각 단계에서 알고리즘은 우선순위 큐에서 하나의 정점을 가져와(처음에는 출발 정점이 됩니다) 인접한 모든 정점에 대한 거리 리스트를 갱신합니다. 큐가 빌 때 거리와 부모 리스트가 완전히 채워집니다.

예제 12-12 데이크스트라 알고리즘

```
// 데이크스트라 알고리즘으로 단일 출발 최단 경로 문제를 풉니다.
// 입력: 가중치 연결 그래프 G = (V, E)
// 음수 가중치가 없는 출발 정점 v
// 출력: s부터 모든 정점으로의 길이와 경로


Dijkstra(G, s)
    for each v in V do
        D[v] = infinite // 거리 모름
        P[v] = null // 이전 노드 모름
        add v to PQ // 모든 노드를 우선순위 큐에 추가

    D[source] = 0 // 출발 정점에서 출발 정점까지 거리

    while (PQ is not empty)
        u = vertex from PQ with smallest D[u]
        remove u from PQ
        for each v adjacent from u do
            alt = D[u] + length (u, v)
            if alt < D[v] then
                D[v] = alt
                P[v] = u
    return D[] , P[]
```

분석 V가 그래프의 정점 수, E가 그래프의 간선의 수일 때 시간 복잡도는 O(ElogV)입니다.

> Note ≡ 　데이크스트라 알고리즘은 간선 가중치가 음수인 그래프에서는 작동하지 않지만 무방향 그래프와 방향 그래프에는 적용할 수 있습니다.

예제 12-13 인접 리스트 그래프로 구현한 데이크스트라 알고리즘

```
void Dijkstra(Graph *gph, int source)
{
    int count = gph->count;
```

```
    int val, destination, cost;
    GraphNode *head;
    TableNode *table = createTable(count);
    table[source].cost = 0;

    PriorityQueue pq;
    PriorityQueueInit(&pq);

    for (int i = 0; i < gph->count; i++) {
        PriorityQueueAdd(&pq, INFINITE, i);
    }

    PriorityQueueUpdateKey(&pq, 0, source);

    while (PriorityQueueSize(&pq) != 0) {
        source = PriorityQueuePop(&pq);
        table[source].visited = 1;
        head = gph->adj[source].next;
        while (head) {
            destination = head->dest;
            cost = head->cost;
            int alt = cost + table[source].cost;
            if (alt < table[destination].cost && table[destination].visited == 0) {
                table[destination].cost = alt;
                table[destination].prev = source;
                PriorityQueueUpdateKey(&pq, alt, destination);
            }
            head = head->next;
        }
    }

    for (int i = 0; i < count; i++) {
        if (table[i].cost == INFINITE) {
            printf("node id %d prev %d cost : Unreachable", i, table[i].prev);
        }
        else {
            printf("node id %d prev %d cost : %d", i, table[i].prev, table[i].cost);
        }
    }
}
```

```c
void Dijkstra(Graph *gph, int source)
{
    int count = gph->count;
    int val, alt, dest, cost;
    TableNode *table = createTable(count);
    table[source].cost = 0;

    PriorityQueue pq;
    PriorityQueueInit(&pq);

    for (int i = 0; i < count; i++) {
        PriorityQueueAdd(&pq, INFINITE, i);
    }

    PriorityQueueUpdateKey(&pq, 0, source);

    while (PriorityQueueSize(&pq) != 0) {
        source = PriorityQueuePop(&pq);
        table[source].visited = 1;
        for (int dest = 0; dest < count; dest++) {
            alt = gph->adj[source][dest] + table[source].cost;
            if (gph->adj[source][dest] > 0 && alt < table[dest].cost && table[dest].
visited == 0) {
                table[dest].cost = alt;
                table[dest].prev = source;
                PriorityQueueUpdateKey(&pq, alt, dest);
            }
        }
    }

    for (int i = 0; i < count; i++) {
        if (table[i].cost == INFINITE) {
            printf("node id %d prev %d cost : Unreachable", i, table[i].prev);
        }
        else {
            printf("node id %d prev %d cost : %d", i, table[i].prev, table[i].cost);
        }
    }
}
```

벨만 포드의 최단 경로

벨만 포드(Bellman Ford) 알고리즘은 음수 가중치의 간선을 갖지만 음수 순환이 없는 그래프에 사용합니다. 출발 정점부터 다른 모든 정점까지의 단일 출발 최단 경로를 찾습니다. 그래프에 가중치의 합이 음수인 순환이 있으면 작동하지 않습니다.

모든 정점의 거리는 무한대로 할당하고 출발 정점의 거리는 0으로 할당합니다. 이때 모든 간선에 대해 V-1(V는 정점의 총 수)번 수행하고 각 정점에서 목적지까지의 거리를 갱신합니다. 모든 간선을 다시 확인하고, 거리 가중치에 변화가 있다면 음의 가중치 순환을 찾은 것입니다. V-1번 완화(relaxation)[1] 다음에 거리가 변경되었다면 음수 순환이 있다는 의미입니다. 반복에서 거리 추정치가 변하지 않는다면 알고리즘을 멈춥니다. 최단 경로가 V-1보다 작을 때 유용합니다.

V가 그래프의 정점의 수, E가 그래프의 간선의 수일 때 시간 복잡도는 O(VE)입니다.

▼ 그림 12-18

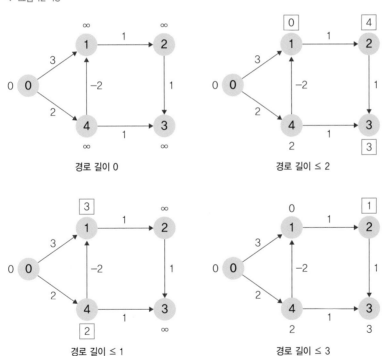

---

1 역주 그래프를 순회하며 각 정점으로의 거리를 좀 더 작은 값으로 줄여가는 과정을 완화라고 합니다.

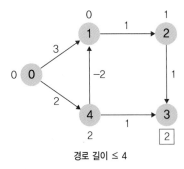

경로 길이 ≤ 4

예제 12-15

```c
void bellmanFordshortestPath(Graph *gph, int source)
{
    int count = gph->count;
    TableNode *table = createTable(count);
    table[source].cost = source;

    /* 외부 루프는 V-1번 실행됩니다.
        내부 for 루프와 while 루프는 간선의 수만큼 실행됩니다.
        총 시간 복잡도는 O(V * E)입니다.
    */
    for (int i = 0; i < count - 1; i++) {
        for (int j = 0; j < count; j++) {
            GraphNode *head = gph->adj[j].next;
            while (head) {
                int newcost = table[j].cost + head->cost;
                int k = head->dest;
                if (table[k].cost > newcost) {
                    table[k].cost = newcost;
                    table[k].prev = j;
                }
                head = head->next;
            }
        }
    }
    printTable(table, count);
}
```

모든 쌍 최단 경로

모든 쌍 최단 경로 문제는 가중치 그래프 G(V, E)에서 정점의 모든 쌍 u, v ∈ V 사이의 최단 경로를 찾는 데 사용합니다. 그래프의 각 정점에 대해 V의 모든 정점까지 최단 경로를 찾는 단일 출발 최단 경로 알고리즘을 실행합니다. 시간 복잡도는 $O(V^3)$입니다.

12.4 / 그래프 문제

12.4.1 u에서 v까지의 경로 찾기

문제 12-1 정점 u에서 정점 v까지의 경로가 있는지 찾으세요. 정점 u에서 정점 v까지의 경로가 있다면 정점 u에서 DFS를 수행해 정점 v를 방문합니다.

해결책 시작 정점 s에서 시작해 그래프의 다른 모든 정점까지 간선의 최소 수를 찾습니다. 비가중치 그래프에서 단일 출발 최단 경로를 찾습니다.

해결책 12-1

```
int pathExist(Graph *gph, int source, int destination)
{
    int count = gph->count;
    int *visited = (int *)calloc(count, sizeof(int));
    DFSRec(gph, source, visited);
    return visited[destination];
}
```

분석 DFS와 시간 복잡도가 같습니다. 인접 리스트로 구현한 그래프는 O(V + E)이며, 인접 행렬로 구현한 그래프는 $O(V^2)$입니다.

12.4.2 그래프에서 순환 찾기

문제 12-2 그래프에 순환이 있는지 찾으세요.

해결책 그래프에 순환이 있는지 확인하려면 각 정점에서 순회해야 하며 단일 순회에서 일부 노드를 두 번 순회하면 순환이 있습니다. DFS로 한 번 순회하고 이때 방문한 노드 번호를 추적하기 위해 어떤 노드를 방문했는지 기록하는 배열을 유지합니다.

해결책 12-2

```c
int isCyclePresentDFS(Graph *graph, int index, int *visited, int *marked)
{
    visited[index] = 1;
    marked[index] = 1;
    GraphNode *head = graph->adj[index].next;
    while (head) {
        int dest = head->dest;
        if (marked[dest] == 1) {
            return 1;
        }
        if (visited[dest] == 0) {
            if (isCyclePresentDFS(graph, dest, visited, marked)) {
                return 1;
            }
        }
        head = head->next;
    }
    marked[index] = 0;
    return 0;
}

int isCyclePresent(Graph *graph)
{
    int count = graph->count;
    int *visited = (int *)calloc(count, sizeof(int));
    int *marked = (int *)calloc(count, sizeof(int));
    for (int index = 0; index < count; index++) {
        if (visited[index] == 0) {
            if (isCyclePresentDFS(graph, index, visited, marked)) {
                return 1;
            }
        }
    }
    return 0;
}
```

분석 DFS와 시간 복잡도가 같습니다. 인접 리스트로 구현한 그래프는 O(V + E)이며, 인접 행렬로 구현한 그래프는 O(V²)입니다.

12.4.3 색깔 메서드로 그래프에서 순환 찾기

문제 12-3 색깔 메서드를 사용해 그래프에 순환이 있는지 찾으세요.

해결책 색깔 메서드는 미방문 노드를 의미하는 '흰색'으로 방문 배열을 초기화합니다. 노드를 방문하면 노드를 '회색'으로 표시합니다. 현재 방문한 경로에 있는 노드는 '회색'으로 유지하고 연결된 모든 노드를 순회하면 '검정'으로 변경합니다. '회색'으로 표시한 노드를 다시 방문하면 경로에 순환이 있습니다.

해결책 12-3

```
int isCyclePresentDFSColor(Graph *graph, int index, int *visited)
{
    visited[index] = 1; // 2 = grey
    int dest;
    GraphNode *head = graph->adj[index].next;
    while (head) {
        dest = head->dest;
        if (visited[dest] == 1) { // 회색
            return 1;
        }
        if (visited[dest] == 0) { // 흰색
            if (isCyclePresentDFSColor(graph, dest, visited)) {
                return 1;
            }
        }
        head = head->next;
    }
    visited[index] = 2; // 검은색
    return 0;
}

int isCyclePresentColor(Graph *graph)
{
    int count = graph->count;
    int *visited = (int *)calloc(count, sizeof(int));
    for (int i = 0; i < count; i++) {
```

```
        if (visited[i] == 0) { // 흰색
            if (isCyclePresentDFSColor(graph, i, visited)) {
                return 1;
            }
        }
    }
    return 0;
}
```

분석 DFS와 시간 복잡도가 같습니다. 인접 리스트로 구현한 그래프는 O(V + E)이며, 인접 행렬로 구현한 그래프는 O(V²)입니다.

12.4.4 무방향 그래프에서 순환 찾기

문제 12-4 무방향 그래프에서 순환이 있는지 찾으세요.

해결책 무방향 그래프에서는 한 번의 DFS로 모든 연결 요소를 순회합니다. 따라서 방문한 정점을 추적하는 것만으로 무방향 그래프에서 순환을 찾을 수 있습니다.

해결책 12-4

```
int isCyclePresentUndirectedDFS(Graph *graph, int index, int parentIndex, int *visited)
{
    visited[index] = 1;
    int dest;
    GraphNode *head = graph->adj[index].next;
    while (head) {
        dest = head->dest;
        if (visited[dest] == 0) {
            if (isCyclePresentUndirectedDFS(graph, dest, index, visited)) {
                return 1;
            }
        }
        else if (parentIndex != dest) {
            return 1;
        }
        head = head->next;
    }
    return 0;
}
```

```
int isCyclePresentUndirected(Graph *graph)
{
    int count = graph->count;
    int *visited = (int *)calloc(count, sizeof(int));
    for (int i = 0; i < count; i++) {
        if (visited[i] == 0) {
            if (isCyclePresentUndirectedDFS(graph, i, -1, visited)) {
                return 1;
            }
        }
    }
    return 0;
}
```

분석 DFS와 시간 복잡도가 같습니다. 인접 리스트로 구현한 그래프는 $O(V + E)$이며, 인접 행렬로 구현한 그래프는 $O(V^2)$입니다.

12.4.5 그래프 뒤집기

문제 12-5 그래프 G를 뒤집어 그래프 G'를 만드세요. 이때 그래프 G'는 그래프 G와 정점은 같고 간선 방향만 반대입니다.

해결책 12-5

```
Graph *TransposeGraph(Graph *gph)
{
    int count = gph->count;
    Graph *gph2 = (Graph *)malloc(sizeof(Graph));
    int destination, cost;
    graphInit(gph2, count);
    for (int i = 0; i < count; i++) {
        GraphNode *head = gph->adj[i].next;
        while (head) {
            destination = head->dest;
            cost = head->cost;
            addDirectedEdge(gph2, destination, i, cost);
            head = head->next;
        }
    }
    return gph2;
}
```

분석 DFS와 시간 복잡도가 같습니다. 인접 리스트로 구현한 그래프는 O(V + E)이며, 인접 행렬로 구현한 그래프는 O(V²)입니다.

12.4.6 무방향 그래프의 연결 확인하기

문제 12-6 무방향 그래프가 연결되었는지 확인하세요.

해결책 무방향 그래프의 아무 정점에서나 시작합니다. DFS 또는 BFS를 사용해 다른 모든 정점을 방문할 수 있으면 그래프는 연결된 것입니다.

해결책 12-6

```
int isConnectedUndirected(Graph *gph)
{
    int count = gph->count;
    int *visited = (int *)calloc(count, sizeof(int));
    DFSRec(gph, 0, visited);
    for (int i = 0; i < count; i++) {
        if (visited[i] == 0) {
            return 0;
        }
    }
    return 1;
}
```

분석 DFS와 시간 복잡도는 같습니다. 인접 리스트로 구현한 그래프는 O(V + E)이며, 인접 행렬로 구현한 그래프는 O(V²)입니다.

12.4.7 방향 그래프의 연결 확인하기

문제 12-7 방향 그래프가 연결되었는지 확인하세요.

해결책 무방향 그래프의 정점 중 차수가 0인 아닌 정점에서 DFS 순회를 시작해 방문한 정점을 기록합니다. 모든 정점을 방문했는지 확인해서 모두 방문했다면 방향 그래프는 연결된 것입니다.

해결책 12-7

```
int isConnected(Graph *gph)
{
```

```
        int count = graph->count;
        int *visited = (int *)calloc(count, sizeof(int));
        GraphNode *head;

        // 차수가 0이 아닌 정점을 찾아 그래프를 DFS 순회합니다.
        for (int i = 0; i < count; i++) {
            head = graph->adj[i].next;
            if (head) {
                DFSUtil(graph, i, visited);
                break;
            }
        }

        // 차수가 0이 아닌 모든 노드를 방문했는지 확인합니다.
        for (int i = 0; i < count; i++) {
            head = graph->adj[i].next;
            if (head) {
                if (visited[i] == 0 && head) {
                    return 0;
                }
            }
        }

        return 1;
    }
```

분석 DFS와 시간 복잡도는 같습니다. 인접 리스트로 구현한 그래프는 $O(V + E)$이며, 인접 행렬로 구현한 그래프는 $O(V^2)$입니다.

12.4.8 강한 연결 그래프인지 확인하기

문제 12-8 그래프가 강한 연결 그래프인지 확인하세요.

해결책 강한 연결 그래프는 정점 u와 v의 각 쌍에 대해 u에서 v로의 경로와 v에서 u로의 경로가 있는 방향 그래프입니다. 그래프가 강한 연결 그래프인지 확인하려면 하나의 정점에 대해 다음 두 가지 조건을 모두 만족해야 합니다.

- 어떤 정점 u에서 모든 정점에 도달할 수 있어야 합니다.
- 정점 u는 다른 모든 정점에서 도달할 수 있어야 합니다.

한 정점 u에서 DFS를 수행해 첫 번째 조건을 확인할 수 있습니다. 정점 u에서 그래프의 모든 정점을 방문했는지 확인합니다. 뒤집기 한 그래프 G'를 생성해 두 번째 조건을 확인할 수 있습니다. 뒤집기 한 그래프 G'의 정점 u에서 DFS를 수행합니다. 그래프 G'의 정점 u에서 다른 모든 정점을 방문하면 정점 u에서 원래 그래프 G의 모든 정점에 도달할 수 있음을 의미합니다.

코사라주(Kosaraju) 알고리즘은 DFS를 사용해 그래프가 연결되어 있는지 확인합니다.

1. 크기 V인 방문 배열을 생성하고 방문 배열의 모든 정점을 False로 초기화합니다.

2. 정점을 선택하고 그래프에서 DFS 순회를 수행합니다. 방문한 모든 정점은 방문 배열에서 값을 True로 설정해 방문한 것으로 표시합니다.

3. 그래프를 DFS 순회했을 때 모든 정점이 True로 표시되지 않으면 0을 반환합니다.

4. 그래프를 뒤집습니다.

5. 뒤집은 그래프에 대해 단계 1~3을 반복합니다.

6. 그래프를 DFS 순회했을 때 모든 정점이 True로 표시되면 1을 반환합니다.

해결책 12-8

```c
int isStronglyConnected(Graph *graph)
{
    int count = graph->count;
    int *visited = (int *)calloc(count, sizeof(int));
    GraphNode *head;
    Graph *gReversed;
    int index;

    // 0이 아닌 정점을 찾습니다.
    for (index = 0; index < count; index++) {
        head = graph->adj[index].next;
        if (head) {
            break;
        }
    }

    // 0이 아닌 정점에서 그래프를 DFS 순회합니다.
    DFSUtil(graph, index, visited);
    for (int i = 0; i < count; i++) {
        head = graph->adj[i].next;
        if (visited[i] == 0 && head) {
            return 0;
```

```
        }
    }
    gReversed = TransposeGraph(graph);
    for (int i = 0; i < count; i++) {
        visited[i] = 0;
    }
    DFSRec(gReversed, index, visited);
    for (int i = 0; i < count; i++) {
        head = graph->adj[i].next;
        if (visited[i] == 0 && head) {
            return 0;
        }
    }

    return 1;
}
```

12.4.9 강한 연결 요소 찾기

문제 12-9 그래프에 강한 연결 요소가 있는지 찾으세요.

해결책 방향 그래프는 강하게 연결된 서로 다른 하위 그래프를 가질 수 있는데, 이 하위 그래프를 **강한 연결 요소**(strongly connected component)라고 합니다. 다음 그래프에서 전체 그래프는 강하게 연결되지 않았지만, 두 개의 하위 그래프는 강한 연결 요소입니다.

▼ 그림 12-19 강한 연결 요소

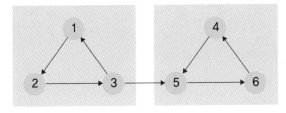

강한 연결 요소를 찾는 알고리즘은 다음과 같습니다.

1. 빈 스택을 만들고 그래프 G에서 DFS 순회를 수행합니다. 인접한 정점에 대해 DFS 함수를 호출해 스택에 넣습니다.

2. 그래프 G를 뒤집어 새 그래프 G'를 만듭니다.

3. 스택 상단에서 정점을 꺼내 그래프 G'에서 DFS 순회를 수행합니다.

4. 강한 연결 요소마다 한 번의 반복으로 순회합니다.

```c
void stronglyConnectedComponent(Graph *gph)
{
    int count = gph->count;
    int index;
    int *visited = (int *)calloc(count, sizeof(int));
    Stack stk;
    for (int i = 0; i < count; i++) {
        if (visited[i] == 0) {
            DFSRec2(gph, i, visited, &stk);
        }
    }

    Graph *gReversed = TransposeGraph(gph);
    for (int i = 0; i < count; i++) {
        visited[i] = 0;
    }

    while (StackSize(&stk) != 0) {
        index = StackPop(&stk);
        if (visited[index] == 0) {
            Stack stk2;
            DFSRec2(gReversed, index, visited, &stk2);
            StackPrint(&stk2);
        }
    }
}

void DFSRec2(Graph *gph, int index, int *visited, Stack *stk)
{
    int destination;
    visited[index] = 1;
    GraphNode *head = gph->adj[index].next;
    while (head) {
        destination = head->dest;
        if (visited[destination] == 0) {
            DFSRec2(gph, destination, visited, stk);
        }
        head = head->next;
```

```
        }

        StackPush(stk, index);
    }
```

12.4.10 루트 정점 찾기

문제 12-10 그래프에서 루트 정점을 찾으세요. **루트 정점**(root vertex)은 그래프의 다른 모든 정점에 경로가 있는 정점입니다. 여러 개의 루트 정점이 있다면 그 중 하나를 반환하세요.

해결책 위상 정렬에서 스택의 최상단 노드를 반환합니다.

해결책 12-10

```
int RootVertex(Graph *gph)
{
    int count = gph->count;
    int *visited = (int *)calloc(count, sizeof(int));
    int retVal = -1;
    for (int i = 0; i < count; i++) {
        if (visited[i] == 0) {
            DFSUtil(gph, i, visited);
            retVal = i;
        }
    }
    printf("루트 정점: %d ", retVal);
    return retVal;
}
```

12.4.11 노드 레벨 구하기

문제 12-11 그래프의 BFS 순회를 수행하고 노드를 따라 출발 정점과의 거리를 출력하세요.

해결책 인접한 노드를 따라 출발 노드까지 거리를 큐에 삽입합니다. BFS 순회를 하면서 큐에 삽입한 거리를 꺼내 차례대로 출력합니다.

```
void BFSLevelNode(Graph *gph, int source)
{
    int count = gph->count;
    int *visited = (int *)calloc(count, sizeof(int));
    int curr, depth;
    int destination;
    visited[source] = 1;
    Queue que;
    QueueInitialize(&que);
    QueueAdd(&que, source);
    QueueAdd(&que, 0);
    printf("\nNode - Level\n");

    while (QueueSize(&que) != 0) {
        curr = QueueRemove(&que);
        depth = QueueRemove(&que);
        printf(" %d  -  %d \n", curr, depth);
        GraphNode *head = gph->adj[curr].next;
        while (head) {
            destination = head->dest;
            if (visited[destination] == 0) {
                QueueAdd(&que, destination);
                QueueAdd(&que, depth + 1);
                visited[destination] = 1;
            }
            head = head->next;
        }
    }
}
```

12.4.12 출발과 목적지 사이 거리 구하기

문제 12-12 BFS 순회로 그래프에서 출발과 목적지 사이의 거리를 구하세요.

해결책 그래프의 출발 정점에서 시작해 BFS 순회를 수행하고 큐에 추가하기 전에 인접한 노드의 거리를 추적합니다. 목적지 정점을 찾으면 출발 정점으로부터의 거리를 반환합니다. 목적지 정점에 도달할 수 없으면 -1을 반환합니다.

```
int BFSDistance(Graph *gph, int source, int dest)
{
    int count = gph->count;
    int *visited = (int *)calloc(count, sizeof(int));
    int curr, depth, destination;
    Queue que;
    QueueInitialize(&que);
    QueueAdd(&que, source);
    QueueAdd(&que, 0);
    visited[source] = 1;

    while (QueueSize(&que) != 0) {
        curr = QueueRemove(&que);
        depth = QueueRemove(&que);
        GraphNode *head = gph->adj[curr].next;
        while (head) {
            destination = head->dest;
            if (destination == dest) {
                return depth + 1;
            }
            if (visited[destination] == 0) {
                QueueAdd(&que, destination);
                QueueAdd(&que, depth + 1);
                visited[destination] = 1;
            }
            head = head->next;
        }
    }

    return -1;
}
```

12.4.13 전이 폐쇄 만들기

문제 12-13 방향 그래프로 전이 폐쇄 행렬(transitive closure matrix) 또는 도달 가능한 행렬(eachability matrix)을 구성하세요. 정점 u에서 v로의 경로가 있으면 정점 u에서 정점 v로 도달할 수 있습니다.

그래프 G의 전이 폐쇄는 G와 동일한 정점 집합을 가지는 그래프 G'입니다. G의 정점 u에서 정점 v까지 경로가 있으면 G'의 u에서 v까지 간선이 있습니다.

해결책 2차원 배열 tc를 만들어 0으로 초기화합니다. 출발 정점 u를 추적해 그래프를 순회하다가 정점 v를 지날 때 tc[u][v]를 도달 가능으로 표시합니다.

해결책 12-13

```c
void transitiveClosureUtil(Graph *gph, int source, int index, int **tc)
{
    if (tc[source][index] == 1) {
        return;
    }
    tc[source][index] = 1;
    GraphNode *head = gph->adj[index].next;

    while (head) {
        transitiveClosureUtil(gph, source, head->dest, tc);
        head = head->next;
    }
}

int **transitiveClosure(Graph *gph)
{
    int count = gph->count;
    int **tc = (int **)calloc(count, sizeof(int *));
    for (int i = 0; i < count; i++) {
        tc[i] = (int *)calloc(count, sizeof(int));
    }
    for (int i = 0; i < count; i++) {
        transitiveClosureUtil(gph, i, i, tc);
    }
    return tc;
}

int main()
{
    Graph myGraph;
    graphInit(&myGraph, 4);
    addDirectedEdge(&myGraph, 0, 1, 1);
    addDirectedEdge(&myGraph, 0, 2, 1);
    addDirectedEdge(&myGraph, 1, 2, 1);
    addDirectedEdge(&myGraph, 2, 0, 1);
    addDirectedEdge(&myGraph, 2, 3, 1);
    addDirectedEdge(&myGraph, 3, 3, 1);
    int **tc = transitiveClosure(&myGraph);
```

```
    for (int i = 0; i < 4; i++) {
        for (int j = 0; j < 4; j++) {
            printf(" %d ", tc[i][j]);
        }
        printf("\n");
    }
    return 0;
}
```

12.4.14 모든 경로 수 세기

문제 12-14 주어진 출발 정점과 목적지 정점이 주어졌을 때 출발에서 목적지까지 가능한 모든 경로의 수를 구하세요.

해결책 그래프를 DFS 순회하며 가능한 경로의 수를 추가합니다.

해결책 12-14

```
int countAllPathDFS(Graph *gph, int *visited, int source, int dest)
{
    if (source == dest) {
        return 1;
    }
    int count = 0;
    int destination;
    visited[source] = 1;
    GraphNode *head = gph->adj[source].next;
    while (head) {
        destination = head->dest;
        if (visited[destination] == 0) {
            count += countAllPathDFS(gph, visited, destination, dest);
        }
        head = head->next;
    }
    visited[source] = 0;
    return count;
}

int countAllPath(Graph *gph, int src, int dest)
{
    int count = gph->count;
```

```
    int *visited = (int *)calloc(count, sizeof(int));
    return countAllPathDFS(gph, visited, src, dest);
}
```

12.4.15 모든 경로 출력하기

문제 12-15 출발 정점에서 목적지 정점까지의 모든 경로를 출력하세요.

해결책 방문한 정점을 추적해 그래프의 DFS 순회를 수행합니다. 목적지를 발견하면 경로를 출력합니다.

해결책 12-15

```
void printAllPathDFS(Graph *gph, int *visited, int source, int dest, Stack *path)
{
    int destination;
    StackPush(path, source);
    if (source == dest) {
        StackPrint(path);
        StackPop(path);
        return;
    }
    visited[source] = 1;
    GraphNode *head = gph->adj[source].next;
    while (head) {
        destination = head->dest;
        if (visited[destination] == 0) {
            printAllPathDFS(gph, visited, destination, dest, path);
        }
        head = head->next;
    }
    visited[source] = 0;
    StackPop(path);
}

void printAllPath(Graph *gph, int src, int dest)
{
    int count = gph->count;
    int *visited = (int *)calloc(count, sizeof(int));
    Stack path;
    StackInit(&path);
```

```
        printAllPathDFS(gph, visited, src, dest, &path);
}
```

12.4.16 해밀턴 경로와 해밀턴 회로 찾기

문제 12-16 그래프에서 해밀턴 경로와 해밀턴 회로를 찾으세요

해결책

해밀턴 경로는 모든 정점을 반복없이 정확하게 한 번만 방문하는 경로이며, 동일한 정점에서 시작하고 끝날 필요는 없습니다. 해밀턴 경로는 **NP-완전 문제**(NP-complete)[2]이므로 정점에서 시작해 모든 인접한 정점을 재귀적으로 백트래킹을 하는 유일한 해결책입니다. 경로를 찾지 못하면 다른 정점을 백트래킹합니다.

해밀턴 회로는 해밀턴 경로이며, 마지막 정점에서 첫 번째 정점으로 연결된 간선이 있습니다. 해밀턴 회로는 모든 정점을 정확히 한 번만 방문하는 회로이며, 같은 정점에서 시작하고 끝나야 합니다. 해밀턴 회로의 해결책도 NP-완전 문제입니다. 단, 해밀턴 경로의 마지막 노드에서 첫 번째 노드로의 경로가 있어야 한다는 것이 기본 조건입니다.

해결책 12-16-1 해밀턴 경로

```c
int HamiltonianPathUtil(Graph *graph, int path[], int pSize, int added[])
{
    // 모든 정점을 방문한 경우입니다.
    if (pSize == graph->count) {
        return 1;
    }
    for (int vertex = 0; vertex < graph->count; vertex++) {
        // 마지막 원소와 다음 정점 사이에 경로가 있습니다.
        // 다음 정점은 아직 경로에 포함되지 않습니다.
        if (pSize == 0 || (graph->adj[path[pSize - 1]][vertex] == 1 && added[vertex] ==
0)) {
            path[pSize++] = vertex;
            added[vertex] = 1;
            if (HamiltonianPathUtil(graph, path, pSize, added)) {
                return 1;
            }
```

---

2   역주 NP-완전 문제는 20장 복잡도 문제에서 설명합니다.

```
            // 백트랙킹
            pSize--;
            added[vertex] = 0;
        }
    }
    return 0;
}


int HamiltonianPath(Graph *graph)
{
    int *path = (int *)calloc(graph->count, sizeof(int));
    int *added = (int *)calloc(graph->count, sizeof(int));
    if (HamiltonianPathUtil(graph, path, 0, added)) {
        printf("해밀턴 경로: ");
        for (int i = 0; i < graph->count; i++) {
            printf("[%d]", path[i]);
        }
        return 1;
    }
    printf("해밀턴 경로를 찾지 못함");
    return 0;
}
```

해결책 12-16-2 해밀턴 회로

```
int HamiltonianCycleUtil(Graph *graph, int path[], int pSize, int added[])
{
    // 모든 정점을 방문한 경우입니다.
    // 마지막에 방문한 정점을 수정해 첫 번째 노드로의 경로를 만듭니다.
    if (pSize == graph->count) {
        if (graph->adj[path[pSize - 1]][path[0]] == 1) {
            path[pSize] = path[0];
            return 1;
        }
        else {
            return 0;
        }
    }
    for (int vertex = 0; vertex < graph->count; vertex++) {
        // 마지막 정점과 다음 정점 사이에 경로가 있습니다.
        if (pSize == 0 || (graph->adj[path[pSize - 1]][vertex] == 1 && added[vertex] ==
0)) {
            path[pSize++] = vertex;
            added[vertex] = 1;
```

```
            if (HamiltonianCycleUtil(graph, path, pSize, added)) {
                return 1;
            }
            // 백트래킹
            pSize--;
            added[vertex] = 0;
        }
    }
    return 0;
}


int HamiltonianCycle(Graph *graph)
{
    int *path = (int *)calloc(graph->count + 1, sizeof(int));
    int *added = (int *)calloc(graph->count, sizeof(int));
    if (HamiltonianCycleUtil(graph, path, 0, added)) {
        printf("해밀턴 회로: ");
        for (int i = 0; i <= graph->count; i++) {
            printf("[%d]", path[i]);
        }
        return 1;
    }
    printf("해밀턴 회로를 찾지 못함");
    return 0;
}


int main()
{
    Graph graph;
    int count = 5;
    int adj[5][5] = {{0, 1, 0, 1, 0},
                     {1, 0, 1, 1, 0},
                     {0, 1, 0, 0, 1},
                     {1, 1, 0, 0, 1},
                     {0, 1, 1, 1, 0}};
    graphInit(&graph, count);
    for (int i = 0; i < count; i++) {
        for (int j = 0; j < count; j++) {
            if (adj[i][j]) {
                addDirectedEdge(&graph, i, j, 1);
            }
        }
    }
```

```
    printf("\nHamiltonianPath : %d \n", HamiltonianPath(&graph));
    printf("\nHamiltonianCycle : %d \n", HamiltonianCycle(&graph));

    Graph graph2;
    int adj2[5][5] = {{0, 1, 0, 1, 0},
                      {1, 0, 1, 1, 0},
                      {0, 1, 0, 0, 1},
                      {1, 1, 0, 0, 0},
                      {0, 1, 1, 0, 0}};
    graphInit(&graph2, count);
    for (int i = 0; i < count; i++) {
        for (int j = 0; j < count; j++) {
            if (adj2[i][j]) {
                addDirectedEdge(&graph2, i, j, 1);
            }
        }
    }
    printf("\nHamiltonianPath: %d \n", HamiltonianPath(&graph2));
    printf("\nHamiltonianCycle: %d \n", HamiltonianCycle(&graph2));
    return 0;
}
```

12.4.17 오일러 경로와 오일러 회로 찾기

오일러 경로는 그래프에 존재하는 모든 간선을 정확히 한 번만 방문하는 경로입니다. **오일러 회로**는 모든 간선을 정확히 한 번 방문하고 같은 정점에서 시작하고 끝나는 오일러 경로입니다. 오일러 회로가 있는 그래프를 **오일러 그래프**라고 합니다. 오일러 경로가 있는 그래프를 **반-오일러 그래프**(Semi-Eulerian graph)라 하고, 그래프에 어떤 오일러 경로도 없는 그래프를 **비-오일러 그래프**(non-Eulerian graph)라 합니다.

모든 간선이 짝수 개의 간선을 가지면 오일러 그래프이고, 홀수 개의 간선을 가진 정점이 정확히 두 개인 경우 반-오일러 그래프입니다. 나머지 경우는 모두 비-오일러 그래프입니다.

문제 12-17 그래프가 오일러 그래프인지 확인하세요.

해결책 이 함수는 다음 중 하나의 값을 반환합니다.

- 비-오일러 그래프면 0
- 오일러 경로가 존재하면 1(반-오일러 그래프)

- 오일러 회로가 존재하면 2(오일러 그래프)

```
int isEulerian(Graph *graph)
{
    int count = graph->count;
    int odd;
    int *inDegree;
    int *outDegree;
    GraphNode *head;
    // 0이 아닌 차수의 모든 노드가 연결되었는지 확인합니다.
    if (isConnected(graph) == 0) {
        printf("오일러 그래프가 아닙니다.");
        return 0;
    }
    else {
        // 홀수 차수를 셉니다.
        odd = 0;
        inDegree = (int *)calloc(count, sizeof(int));
        outDegree = (int *)calloc(count, sizeof(int));
        for (int i = 0; i < count; i++) {
            head = graph->adj[i].next;
            while (head) {
                outDegree[i] += 1;
                inDegree[head->dest] += 1;
                head = head->next;
            }
        }
        for (int i = 0; i < count; i++) {
            if ((inDegree[i] + outDegree[i]) % 2 != 0) {
                odd += 1;
            }
        }
        if (odd > 2) {
            printf("오일러 그래프가 아닙니다.");
            return 0;
        }
        else if (odd == 2) {
            printf("반-오일러 그래프입니다.");
            return 1;
        }
        else if (odd == 0) {
            printf("오일러 그래프입니다.");
```

```
            return 2;
        }
    }
}

int main()
{
    Graph myGraph;
    graphInit(&myGraph, 5);
    addDirectedEdge(&myGraph, 1, 0, 1);
    addDirectedEdge(&myGraph, 0, 2, 1);
    addDirectedEdge(&myGraph, 2, 1, 1);
    addDirectedEdge(&myGraph, 0, 3, 1);
    addDirectedEdge(&myGraph, 3, 4, 1);
    printf(" %d ", isEulerian(&myGraph));
    return 0;
}
```

12.4.18 순회 영업 사원 문제

문제 12-18 순회 영업 사원 문제는 주어진 n개 도시를 정확히 한 번만 방문하고 출발한 도시로 돌아가는 최단 경로를 찾는 문제입니다. 또는 가중치 연결 그래프에서 가장 짧은 해밀턴 회로를 찾는 문제입니다. 그래프의 모든 정점을 한 번씩만 지나갑니다.

- 가능한 총 조합 수 = (n-1)!
- 경로 계산 비용: $\Theta(n)$
- 최단 경로를 찾는 총비용: $\Theta(n!)$

해결책 12-18 TSP 알고리즘

```
TSP
    도시 선택
    최소 여행 비용 = 무한값
    for (도시의 모든 순열) do
        if (한 순열 경로의 길이 < 최소 여행 비용)
            최소 여행 비용 = 경로 길이
```

NP-난해(NP-hard) 문제이므로 해결책을 찾는 효율적인 알고리즘이 없습니다. 일부 해결책이 주어져도 이것이 올바른 해결책인지 검증하기가 어렵습니다. 그러나 근사 알고리즘을 사용해 좋은 해결책을 찾을 수 있습니다. 항상 최고의 해결책을 구할 수는 없지만 좋은 해결책은 구할 수 있습니다.

대략적인 알고리즘은 최소 신장 트리 문제를 기반으로 합니다. 여기서 모든 노드가 그래프의 간선으로 연결되고 모든 간선의 총비용이 최소가 되도록 그래프에서 트리를 구성해야 합니다.

다음 그림과 같은 도시 그룹이 있습니다. 각 도시는 원으로 표시되며 격자선에 위치합니다. 도시 사이의 거리는 실제 거리와 같습니다. 각 도시에서 다른 도시로의 직선 경로가 있습니다.

▼ 그림 12-20

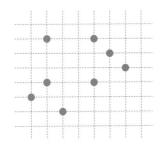

도시 그래프에 대해 최소 신장 트리를 만들었습니다.

▼ 그림 12-21

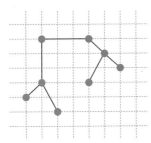

TSP 최단 경로가 항상 MST 길이보다 길다는 것을 증명하려고 합니다. MST에서 모든 노드는 다음 노드에 연결되므로 노드 그룹에서 최소 거리입니다. 따라서 노드를 반복하지 않고 경로를 만들려면 MST를 따르지 않고 한 노드에서 다른 노드로 직접 이동합니다. 이 지점에서 MST를 따르지 않을 때는 MST의 간선보다 큰 간선을 선택합니다. 따라서 TSP 경로는 항상 MST 경로보다 크거나 같습니다.

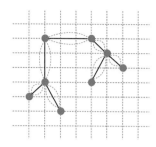

이제 출발 노드에서 경로를 가져와 앞의 방식으로 각 노드를 통과한 다음 출발 노드로 돌아갑니다. 경로의 총비용은 2MST입니다. 유일한 차이점은 여러 노드를 여러 번 방문하는 것입니다.

▼ 그림 12-23

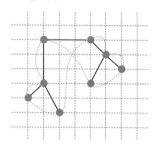

이제 순회에서 TSP가 되도록 순회 알고리즘을 변경하려고 합니다. 이미 방문한 노드를 건너뛰고 방문하지 않은 다음 노드를 방문합니다. 이 알고리즘에서는 짧은 경로로 다음 노드에 도달합니다 (다각형의 모든 간선 길이의 합은 항상 단일 간선보다 큽니다). 궁극적으로 TSP를 얻을 수 있으면 경로 길이는 최적 해결책의 두 배를 넘지 않습니다. 따라서 제안된 알고리즘은 좋은 결과를 만듭니다.

1. 다양한 경로 찾기 알고리즘에서 노드의 부모를 저장하고 전체 경로를 출력하는 경로 배열을 만드세요.

2. 이 장에서는 모든 프로그램은 인접 리스트로 그래프를 표현해 구현했습니다. 한 예제를 선택해 인접 행렬로 그래프를 표현하도록 작성하세요.

3. 주어진 시작 문자열, 끝 문자열, 문자열 집합에서 시작 문자열과 끝 문자열 사이에 경로가 있는지 찾으세요. 한 번에 한 글자만 변경(추가나 제거 없음)해서 시작 문자열에서 끝 문자열까지 갈 수 있다면 경로가 있는 것입니다. 한 문자를 변경해서 생성된 문자열은 문자열 집합에 있어야 합니다.

> 예시
> 시작: "cog" 끝: "bad"
> 집합: ["bag", "cag", "cat", "fag", "con", "rat", "sat", "bad", "fog"]
> 가능한 경로들: "cog" → "fog" → "fag" → "bag" → "bad"
>   "cog" → "cag" → "bag" → "bad"

12

부록

▶연습 문제 풀이는 726쪽에 있습니다.

3부

고급 알고리즘

13^장

문자열 알고리즘

C 언어의 문자열(string)은 문자 배열(array of character)입니다. 복사하기와 붙여넣기, 문자열 교체, 문자열 검색 등을 사용하는 많은 작업에서 문자열 알고리즘을 사용합니다. 예를 들어, 사전 프로그램에서는 문자열 알고리즘을 사용하고, 구글 검색에서는 구글 검색 엔진이 문자열을 변환하고 처리해 정보를 전달합니다.

Note ≡ 이 장에서는 많은 면접 문제를 다루므로 면접을 준비할 때 매우 중요합니다.

13.1 문자열 일치

PROBLEM SOLVING ALGORITHMS

모든 워드 프로세서는 텍스트 파일에서 특정 단어를 찾을 수 있는 검색 기능이 있습니다. 이때 문자열 일치 알고리즘을 사용합니다.

문제 13-1 주어진 텍스트에서 패턴을 검색하세요. 패턴 길이는 m이며, 텍스트 길이는 n입니다. 이때 m < n입니다.

첫 번째 해결책 무차별 대입 검색을 사용합니다. 무차별 대입 검색 알고리즘은 0부터 n-m 범위인 텍스트에서 가능한 모든 i 값에서 패턴을 검사합니다. 문자별로 왼쪽에서 오른쪽으로 패턴을 비교합니다. 불일치하면 한 문자만큼 비교 창(compare window)을 움직여 패턴을 비교합니다.

해결책 13-1-1

```c
int BruteForceSearch(char *text, char *pattern)
{
    const int n = strlen(text);
    const int m = strlen(pattern);
    int j;
    for (int i = 0; i <= n - m; i++) {
        for (j = 0; j < m; j++) {
            if (pattern[j] != text[i + j]) {
                break;
            }
        }
        if (j == m) {
            return (i);
```

```
        }
    }
    return -1;
}
```

분석 이 알고리즘의 최악의 경우 시간 복잡도는 O(mn)으로, 텍스트 끝에서 패턴을 얻거나 패턴을 전혀 얻지 못한 경우입니다.

두 번째 해결책 라빈 카프(Rabin-Karp) 알고리즘을 사용합니다. 라빈 카프 알고리즘은 길이가 m인 텍스트의 각 부분과 패턴을 비교하는 무차별 대입 알고리즘과 유사합니다. 다만, 문자별로 패턴을 비교하는 대신 해시 코드를 비교합니다. 패턴의 해시 코드와 텍스트 창의 해시 코드를 비교하며, 해시 코드를 가능한 한 고유하게 유지합니다. 따라서 해시 코드가 일치하면 텍스트도 일치해야 합니다.

좋은 해시 코드의 조건은 다음 두 가지입니다.

- 충돌이 최대한 적어야 합니다. 해시 코드가 일치하지만 패턴이 일치하지 않으면 충돌이 발생합니다.
- 텍스트의 해시 코드는 상수 시간에 계산되어야 합니다.

이 알고리즘에서 각 창의 해시 코드는 이전 창의 해시 코드로부터 상수 시간에 계산됩니다. 처음에는 길이가 m인 텍스트의 해시 값을 계산해 해시 코드와 패턴 문자열의 해시 코드를 비교합니다. 다음 창의 해시 코드를 구하기 위해 한 문자를 제외하고 다음 문자를 포함합니다. 비교해야 하는 텍스트 부분이 문자 창 영역이 됩니다. 각 창의 해시 계산은 상수 시간에 수행되며 하나의 숫자를 창에서 꺼내고 새 숫자를 창에 넣습니다.

2의 곱셈은 왼쪽 시프트 연산과 같고, $2m-1$의 곱셈은 $m-1$번 왼쪽 시프트 연산한 것과 같습니다. 패턴의 길이가 m인 문자일 때 해시에서 가장 왼쪽 문자를 제거하려면 아스키 값에 $2m-1$을 곱한 값을 뺀 다음, 가장 왼쪽 문자가 제거된 전체 해시 값에 2를 곱해 왼쪽으로 이동합니다. 마지막으로 새 창의 가장 오른쪽 문자의 아스키 값을 더해 해시 값을 계산합니다.

큰 곱셈 연산은 시간이 오래 걸리므로 소수를 사용해 나머지 연산을 합니다.

해결책 13-1-2
```
int RabinKarp(char *text, char *pattern)
{
    const int n = strlen(text);
    const int m = strlen(pattern);
```

```
    int i, j;
    int prime = 101;
    int powm = 1;
    int TextHash = 0, PatternHash = 0;

    if (m == 0 || m > n) {
        return -1;
    }

    for (i = 0; i < m - 1; i++) {
        powm = (powm << 1) % prime;
    }

    for (i = 0; i < m; i++) {
        PatternHash = ((PatternHash << 1) + pattern[i]) % prime;
        TextHash = ((TextHash << 1) + text[i]) % prime;
    }

    for (i = 0; i <= (n - m); i++) {
        if (TextHash == PatternHash) {
            for (j = 0; j < m; j++) {
                if (text[i + j] != pattern[j]) {
                    break;
                }
            }
            if (j == m) {
                return i;
            }
        }
        TextHash = (((TextHash - text[i] * powm) << 1) + text[i + m]) % prime;
        if (TextHash < 0) {
            TextHash = (TextHash + prime);
        }
    }

    return -1;
}
```

분석 최악의 경우 시간 복잡도는 O(n)입니다.

세 번째 해결책 크누스-모리스-프랫(KMP, Knuth-Morris-Pratt) 알고리즘을 사용합니다. 문자열 일치에 무차별 대입 방법을 사용하는 것은 비효율적입니다. 무차별 대입 알고리즘은 패턴을 하나씩 이동한 후에는 이전에 일치한 심볼에 대한 모든 정보를 잊습니다. 따라서 최악의 경우 시간 복잡도는 O(mn)입니다.

크누스-모리스-플랫 알고리즘은 이전 비교에서 계산한 정보를 사용합니다. 전체 텍스트를 다시 비교하지 않으며, 패턴의 전처리를 사용합니다. 전처리는 O(m) 시간이 걸리며, 전체 알고리즘은 O(n) 시간에 수행합니다.

전처리 단계로 패턴의 다른 접두사에서 패턴의 가장자리를 찾습니다.

- **접두사**(prefix) 문자열의 시작 부분에 나오는 문자열입니다.
- **적절한 접두사**(proper prefix) 완전한 문자열이 아닌 접두사로, 문자열의 길이보다 짧습니다.
- **접미사**(suffix) 문자열의 끝부분에 나오는 문자열입니다.
- **적절한 접미사**(proper suffix) 완전한 문자열이 아닌 접미사로, 문자열의 길이보다 짧습니다.
- **가장자리**(border) 적절한 접두사이면서 적절한 접미사인 문자열입니다.[1]

▼ 그림 13-1

해결책 13-1-3

```
void KMPPreprocess(char *pattern, int *ShiftArr)
{
    const int m = strlen(pattern);
    int i = 0, j = -1;
    ShiftArr[i] = -1;
    while (i < m) {
        while (j >= 0 && pattern[i] != pattern[j]) {
            j = ShiftArr[j];
        }
        i++;
        j++;
        ShiftArr[i] = j;
    }
}
```

---

1 **역주** 패턴과 가장자리의 예는 다음과 같습니다. "abacab": "ab", "aba": "a", "aaa": "aaa"

텍스트에서 패턴과 일치하는 부분을 비교할 때 텍스트는 외부 루프를, 패턴은 내부 루프를 반복합니다. 가장 넓은 가장자리를 고려해 텍스트를 이동한 다음, 나머지 패턴에서 일치 여부를 다시 확인합니다. 다시 불일치가 발생하면 다음 불일치[2]를 취합니다.

▼ 그림 13-2

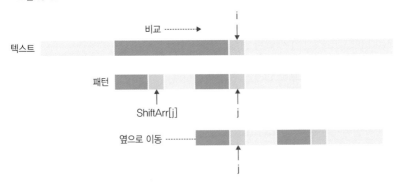

해결책 13-1-4

```
int KMP(char *text, char *pattern)
{
    int i = 0, j = 0, count = 0;
    const int n = strlen(text);
    const int m = strlen(pattern);

    int *ShiftArr = (int *)calloc(m + 1, sizeof(int));
    KMPPreprocess(pattern, ShiftArr);

    while (i < n) {
        while (j >= 0 && text[i] != pattern[j]) {
            j = ShiftArr[j];
        }
        i++;
        j++;
        if (j == m) {
            return (i - m);
        }
    }
    return -1;
```

---

2   역주 불일치가 발생했을 때 일치한 가장자리의 수만큼 뛰어넘은 지점이 다음 불일치입니다. "abdabcab"에서 "abcab"를 찾을 때 가장자리는 ab입니다. 처음에 ab는 일치하고 텍스트의 3번째 문자는 d인데, 패턴의 3번째 문자는 c라서 불일치가 발생합니다. 일치한 가장자리의 수인 2만큼 이동한 후 불일치 영역인 텍스트의 4번째 문자와 비교합니다. 무차별 대입에서는 패턴의 불일치를 발견하면 바로 다음 텍스트에서 다시 비교하므로 KMP보다 느립니다. 이때 텍스트의 2번째 문자인 b부터 패턴과 비교합니다.

```
}

/* 테스트 코드 */
int main()
{
    char *text = "this is a program in c";
    char *pattern = "program";
    printf("무차별 대입 검색: %d \n", BruteForceSearch(text, pattern));
    printf("라빈 카프 알고리즘: %d \n", RabinKarp(text, pattern));
    printf("KMP: %d \n", KMP(text, pattern));
    return 0;
}
```

문제 KMP 알고리즘을 사용해 텍스트에서 패턴 출현 횟수를 구하세요.

해결책 13-1-5

```
int KMPFindCount(char *text, char *pattern)
{
    int i = 0, j = 0, count = 0;
    const int n = strlen(text);
    const int m = strlen(pattern);
    int *ShiftArr = (int *)calloc(m + 1, sizeof(int));
    KMPPreprocess(pattern, ShiftArr);
    while (i < n) {
        while (j >= 0 && text[i] != pattern[j]) {
            j = ShiftArr[j];
        }
        i++;
        j++;
        if (j == m) {
            count++;
            j = ShiftArr[j];
        }
    }
    return count;
}
```

13.2 / 심볼 테이블과 딕셔너리

심볼 테이블(symbol table)은 문자열(키)과 모든 유형의 값 사이의 매핑입니다. 값은 출현 횟수, 단어의 사전적 의미 같은 정수가 될 수 있습니다. **딕셔너리**(dictionary)는 다양한 방법으로 구현할 수 있습니다. 이 절에서 문자열의 이진 탐색 트리, 해시 테이블, 트라이(trie), 3진 검색 트리(TST, Ternary Search Tree)를 살펴봅니다.

13.2.1 문자열의 이진 탐색 트리

이진 탐색 트리(BST)는 심볼 테이블을 구현하는 가장 간단한 방법입니다. 간단한 strcmp() 함수로 문자열을 비교할 수 있습니다. 모든 키가 무작위고 트리가 균형이라면 평균 키 조회를 O(logn) 시간에 수행할 수 있습니다.

▼ 그림 13-3 이진 탐색 트리로 만든 딕셔너리

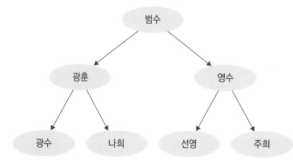

다음은 문자열을 키로 저장하는 이진 탐색 트리의 구현입니다. 텍스트에서 단어의 출현 횟수를 추적합니다.

예제 13-1

```
typedef struct treeNode_t
{
    char *value;
    int count;
    struct treeNode_t *lChild;
    struct treeNode_t *rChild;
```

```
} TreeNode;

void printTree(TreeNode *root) /* 전위 순회 */
{
    if (root) {
        printf("value is: %s " ,root->value);
        printf("count is: %d \n", root->count);
        printTree(root->lChild);
        printTree(root->rChild);
    }
}


TreeNode *insertNodeUtil(char *value, TreeNode *root)
{
    int compare;
    if (root == NULL) {
        root = (TreeNode *)malloc(sizeof(TreeNode));
        if (root == NULL) {
            printf("fallel memory shortage ...");
            return root;
        }
        root->value = (char*)malloc((1 + strlen(value)) * sizeof(char));
        strcpy(root->value, value);
        root->lChild = root->rChild = NULL;
        root->count = 1;
    }
    else {
        compare = strcmp(root->value, value);
        if (compare == 0) {
            root->count++;
        }
        else if (compare == 1) {
            root->lChild = insertNodeUtil(value, root->lChild);
        }
        else {
            root->rChild = insertNodeUtil(value, root->rChild);
        }
    }
    return root;
}

void insertNode(char *value, TreeNode **ptrRoot)
{
```

```c
        *ptrRoot = insertNodeUtil(value, *ptrRoot);
}

TreeNode *freeTreeUtil(TreeNode *root)
{
    if (root) {
        freeTreeUtil(root->lChild);
        freeTreeUtil(root->rChild);
        free(root->value);
        free(root);
    }
    return NULL;
}

void freeTree(TreeNode **rootPtr)
{
    *rootPtr = freeTreeUtil(*rootPtr);
}

TreeNode *findNode(TreeNode *root, char *value)
{
    int compare;
    if (!root) {
        return NULL;
    }
    compare = strcmp(root->value, value);
    if (compare == 0) {
        return root;
    }
    else {
        if (compare == 1) {
            return findNode(root->lChild, value);
        }
        else {
            return findNode(root->rChild, value);
        }
    }
}

int frequency(TreeNode *root, char *value)
{
    int compare;
    if (!root) {
        return 0;
```

```
    }
    compare = strcmp(root->value, value);
    if (compare == 0) {
        return root->count;
    }
    else {
        if (compare == 1) {
            return frequency(root->lChild, value);
        }
        else {
            return frequency(root->rChild, value);
        }
    }
}
```

13.2.2 해시 테이블

해시 테이블은 심볼 테이블 구현에 사용할 수 있는 또 다른 자료 구조입니다. 다음 그림의 해시 테이블은 사람 이름을 키로, 이름의 의미를 검색 값으로 사용합니다. 첫 번째 키는 적절한 해시 함수에 전달해 해시 코드로 변환합니다. 해시 함수 내부에서 해시 테이블의 크기도 전달되어 값을 저장할 실제 인덱스를 찾는 데 사용합니다. 마지막으로 이름의 의미 값을 해시 테이블에 저장하거나 의미를 저장하는 문자열에 대한 참조를 해시 테이블에 저장합니다.

❤ 그림 13-4 해시 테이블로 구현한 딕셔너리

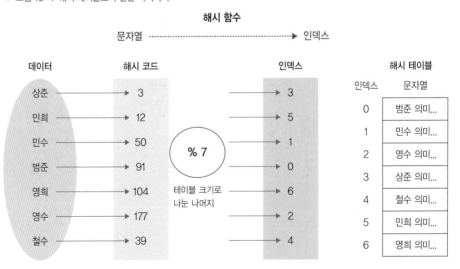

해시 테이블은 O(1)이라는 뛰어난 조회 성능을 가집니다.

구글 검색의 자동 완성 기능을 구현한다고 가정해 봅시다. 구글 검색에서 검색할 문자열을 입력하면 입력을 완료하기 전에 완전한 문자열을 제안합니다. 관련 문자열이 오른쪽이나 왼쪽 하위 트리에 있을 수 있어서 BST로는 문제를 해결할 수 없습니다.

해시 테이블도 이 작업에 적합하지 않습니다. 해시 테이블은 부분 일치나 범위 쿼리를 수행할 수 없습니다. 해시 함수는 문자열을 숫자로 변환합니다. 게다가, 좋은 해시 함수는 부분 문자열에 대한 분산 해시 코드를 제공해 해시 테이블의 두 문자열을 연결 지을 방법이 없습니다.

트라이와 3진 검색 트리는 부분 일치와 범위 쿼리 문제를 효율적으로 해결하는 특별한 종류의 트리입니다.

13.2.3 트라이

트라이(trie)는 각 노드에 하나의 문자만 저장하는 트리입니다. 최종 키-값 쌍은 말단에 저장됩니다. 각 노드는 가능한 문자마다 하나씩 자식이 있습니다. 간단하게 알파벳의 26개 문자 집합에 해당한다고 생각하면 됩니다.

트라이는 효율적인 데이터 구조입니다. 트라이를 사용해 O(M) 시간에 키를 검색할 수 있습니다. 여기서 M은 최대 문자열의 길이입니다. 트라이는 부분 일치와 범위 쿼리 문제를 해결하는 데도 적합합니다.

❤ 그림 13-5 트라이 딕셔너리

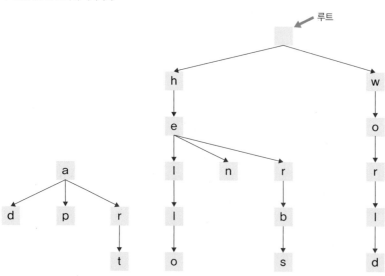

```
typedef struct trieNode_t
{
    int flag;
    char ch;
    struct trieNode_t *child[26];
} TrieNode;

TrieNode *createNode()
{
    TrieNode *temp = (TrieNode *)malloc(sizeof(TrieNode));
    for (int i = 0; i < 26; i++) {
        temp->child[i] = NULL;
    }
    return temp;
}

void toLowerCase(char *str)
{
    int length = strlen(str);
    for (int i = 0; i < length; i++) {
        if (str[i] >= 65 && str[i] <= (65 + 25)) {
            str[i] += 32;
        }
    }
}

void trieInserUtil(TrieNode *root, char *str)
{
    if (*(str + 1) == '\0') {
        if (root->child[*str - 'a'] == NULL) {
            root->child[*str - 'a'] = createNode();
        }
        root->child[*str - 'a']->flag = 1;
        root->child[*str - 'a']->ch = *str;
        return;
    }
    else {
        if (root->child[*str - 'a'] == NULL) {
            root->child[*str - 'a'] = createNode();
            root->child[*str - 'a']->flag = 0;
        }
        root->child[*str - 'a']->ch = *str;
```

```
            trieInserUtil(root->child[*str - 'a'], (str + 1));
    }
}


TrieNode *trieInsert(TrieNode *root, char *str)
{
    toLowerCase(str);
    if (str == NULL || *str == '\0') {
        return root;
    }
    if (root == NULL) {
        root = createNode();
        trieInserUtil(root, str);
    }
    else {
        trieInserUtil(root, str);
    }
    return root;
}


int findNode(TrieNode *root, char *str)
{
    toLowerCase(str);
    if (str == NULL) {
        printf("\n Input string empty.\n");
        return 0;
    }

    if (root == NULL) {
        printf("\n트라이가 비었습니다.\n");
        return 0;
    }

    while (root->child[*str - 'a'] && *(str + 1) != '\0' &&
            root->child[*str - 'a']->ch == *str) {
        root = root->child[*str - 'a'];
        str++;
    }

    // 문자 인덱스의 자식이 존재하지 않거나 문자가 일치하지 않을 때
    if (!root->child[*str - 'a'] || root->child[*str - 'a']->ch != *str) {
        printf("\n노드를 찾지 못했습니다.\n");
        return 0;
```

```
        }

        if (*(str + 1) == '\0') {
            if (root->child[*str - 'a']->ch == *str && root->child[*str - 'a']->flag == 1) {
                printf("\n노드를 찾았습니다.\n");
                return 1;
            }
        }

        printf("\n노드를 찾지 못했습니다.\n");
        return 0;
    }

    /* 테스트 코드 */
    int main()
    {
        TrieNode *root = NULL;
        char a[] = "hemant";
        char b[] = "heman";
        char c[] = "hemantjain";
        char d[] = "jain";
        root = trieInsert(root, a);
        root = trieInsert(root, d);
        printf("%d", findNode(root, a));
        printf("%d", findNode(root, b));
        printf("%d", findNode(root, c));
        printf("%d", findNode(root, d));
    }
```

13.2.4 3진 검색 트라이와 3진 검색 트리

검색 문자열의 최대 크기가 M일 때 트라이의 검색 성능은 O(M)으로 매우 좋습니다. 그러나 트라이는 매우 큰 공간이 필요합니다. 트라이는 모든 노드에서 키의 가능한 문자에 해당하는 여러 노드에 대한 포인터를 가집니다. 이러한 매우 큰 공간 요구를 피하고자 3진 검색 트리(TST)를 사용합니다.

TST는 전통적인 트라이의 큰 공간 요구를 피하면서도 많은 장점을 유지합니다. TST에서 각 노드는 문자, 키 끝 표시기, 세 개의 포인터를 가집니다. 세 개의 포인터는 노드가 가진 현재 문자(같음), 현재 문자보다 작은 문자, 현재 문자보다 큰 문자에 해당합니다.

3진 검색 트리 작업의 시간 복잡도는 삼진 검색 트리의 높이에 비례합니다. 최악의 경우 가장 큰 문자열 크기의 세 배를 순회해야 합니다. 그러나 이런 경우는 드뭅니다. 따라서 TST는 심볼 테이블, 부분 일치, 범위 쿼리를 구현하는 데 매우 좋은 해결책입니다.

▼ 그림 13-6 3진 검색 트리

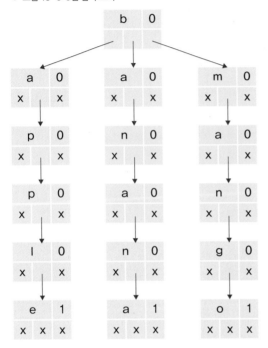

예제 13-3

```
typedef struct tstNode
{
    char data;
    unsigned isLastChar : 1;
    struct tstNode *left, *equal, *right;
} TSTNode;

TSTNode *newNode(char data)
{
    TSTNode *temp = (TSTNode *)malloc(sizeof(TSTNode));
    temp->data = data;
    temp->isLastChar = 0;
    temp->left = temp->equal = temp->right = NULL;
    return temp;
}
```

```
void insertTST(TSTNode **root, char *word)
{
    if (!(*root)) {
        *root = newNode(*word);
    }
    if ((*word) < (*root)->data) {
        insertTST(&((*root)->left), word);
    }
    else if ((*word) > (*root)->data) {
        insertTST(&((*root)->right), word);
    }
    else {
        if (*(word + 1)) {
            insertTST(&((*root)->equal), word + 1);
        }
        else {
            (*root)->isLastChar = 1;
        }
    }
}


int findTSTUtil(TSTNode *root, char *word)
{
    if (!root) {
        return 0;
    }
    if (*word < (root)->data) {
        return findTSTUtil(root->left, word);
    }
    else if (*word > (root)->data) {
        return findTSTUtil(root->right, word);
    }
    else {
        if (*(word + 1) == '\0') {
            return root->isLastChar;
        }
        return findTSTUtil(root->equal, word + 1);
    }
}


int findTST(TSTNode *root, char *word)
{
    int ret = findTSTUtil(root, word);
```

```
        printf("%s: ", word);
        ret ? printf("Found\n") : printf("Not Found\n");
        return ret;
}


/* 테스트 코드 */
int main()
{
        TSTNode *root = NULL;
        insertTST(&root, "banana");
        insertTST(&root, "apple");
        insertTST(&root, "mango");
        printf("\nSearch results for apple, banana, grapes and mango\n");
        findTST(root, "apple");
        findTST(root, "banana");
        findTST(root, "grapes");
        findTST(root, "mango");
        return 0;
}
```

13.3 / 문자열 문제

13.3.1 정규 표현식 일치

문제 13-2 특수 문자 '?'와 '*'를 지원하는 정규 표현식 일치를 구현하세요.

- '?'는 하나의 문자와 일치합니다.

- '*'는 앞의 원소 중 0개 이상이 일치합니다.

해결책 13-2

```
int matchExpUtil(char *exp, char *str, int i, int j)
{
    if (i == strlen(exp) && j == strlen(str)) {
        return 1;
    }
    if ((i == strlen(exp) && j != strlen(str)) || (i != strlen(exp) && j =
```

```
    strlen(str))) {
        return 0;
    }
    if (exp[i] == '?' || exp[i] == str[j]) {
        return matchExpUtil(exp, str, i + 1, j + 1);
    }
    if (exp[i] == '*') {
        return matchExpUtil(exp, str, i + 1, j) ||
                matchExpUtil(exp, str, i, j + 1) ||
                matchExpUtil(exp, str, i + 1, j + 1);
    }
    return 0;
}


int matchExp(char *exp, char *str)
{
    return matchExpUtil(exp, str, 0, 0);
}


/* 테스트 코드 */
int main()
{
    char *exp = "*hello*?world";
    char *text = "hello  world";
    printf("정규 표현식 일치: %d ", matchExp(exp, text));
    return 0;
}
```

분석 문자열 길이가 n일 때 시간 복잡도는 O(n)입니다.

13.3.2 순서 일치

문제 13-3 주어진 텍스트 문자열과 패턴 문자열에서 패턴 문자열의 문자가 텍스트 문자열에서 순서가 같은지 확인하세요.

> 예시
> 텍스트 문자열: ABCDEFGHIJKLMNOPQRSTUVWXYZ
> 패턴 문자열: JOST

```c
int matchPattern(char *text, char *pattern)
{
    int iText = 0;
    int iPattern = 0;
    int textSize = strlen(text);
    int patternSize = strlen(pattern);

    for (iText = 0; iText < textSize; iText++) {
        if (text[iText] == pattern[iPattern]) {
            iPattern++;
        }
        if (iPattern == patternSize) {
            return 1;
        }
    }
    return 0;
}

/* 테스트 코드 */
int main()
{
    char *pattern = "hello";
    char *text = "ah erlulo  world";
    printf("패턴 순서 일치: %d ", matchPattern(text, pattern));
    return 0;
}
```

분석 문자열 길이가 n일 때 시간 복잡도는 O(n)입니다.

13.3.3 정숫값을 표현하는 문자열을 정수로 변환하기

문제 13-4 정수 형태의 아스키(ASCII) 문자열[3]을 정수로 변환하는 함수를 작성하세요.

```c
int myAtoi(const char *str)
{
```

---

3 역주 정수를 표현하는 문자열로, '0~9'와 '-'로 구성됩니다.

```c
    int value = 0;
    while (*str) {
        // (value << 3) + (value << 1)는 value * 10과 같으며 자릿수를 하나 증가시킵니다.
        value = (value << 3) + (value << 1) + (*str - '0');
        str++;
    }
    return value;
}

/* 테스트 코드 */
int main()
{
    char *st = "100";
    printf(" %d ", myAtoi(st));
    return 0;
}
```

분석 문자열 길이가 n일 때 시간 복잡도는 $O(n)$입니다.

13.3.4 유일한 문자

문제 13-5 입력으로 문자열을 취해 모든 문자가 유일하면 1을 반환하고, 그렇지 않으면 0을 반환하는 함수를 작성하세요.

해결책 13-5

```c
int isUniqueChar(char *s)
{
    int bitarr = 0;
    int size = strlen(s);
    for (int i = 0; i < size; i++) {
        char c = s[i];
        if ('A' <= c && 'Z' >= c) {
            c = c - 'A';
        }
        else if ('a' <= c && 'z' >= c) {
            c = c - 'a';
        }
        else {
            printf("Unknown Char.\n");
            return 0;
```

```
        }
        if (bitarr & (1 << c)) {
            printf("\n중복 발견\n");
            return 0;
        }
        bitarr != (1 << c);
    }
    printf("\n중복 없음\n");
    return 1;
}

/* 테스트 코드 */
int main()
{
    char *st = "APLE";
    printf(" %d ", isUniqueChar(st));
    st = "APPLE";
    printf(" %d ", isUniqueChar(st));
    return 0;
}
```

분석 입력 텍스트의 글자수가 n일 때 시간 복잡도는 O(n)입니다.

13.3.5 대문자로 변환하기

문제 13-6 알파벳 소문자를 대문자로 변환하는 함수를 작성하세요.

해결책 13-6

```
char ToUpper(char s)
{
    if (s >= 97 && s <= (97 + 25)) {
        s = s - 32;
    }
    return s;
}
```

분석 시간 복잡도는 O(1)입니다.

13.3.6 소문자로 변환하기

문제 13-7 알파벳의 대문자를 소문자로 변환하는 함수를 작성하세요.

해결책 13-7

```
char ToLower(char s)
{
    if (s >= 65 && s <= (65 + 25)) {
        s = s + 32;
    }
    return s;
}
```

분석 시간 복잡도는 O(1)입니다.

13.3.7 순열 확인하기

문제 13-8 두 문자열이 서로 순열[4]인지 확인하는 함수를 작성하세요.

해결책 13-8

```
int isPermutation(char *s1, char *s2)
{
    int count[256];
    int length = strlen(s1);

    if (strlen(s2) != length) {
        printf("isPermutation return 0\n");
        return 0;
    }

    for (int i = 0; i < 256; i++) {
        count[i] = 0;
    }

    for (int i = 0; i < length; i++) {
        char ch = s1[i];
        count[ch]++;
```

---

4   역주   n개의 문자로 이루어진 문자열과 순서와 상관없이 같은 n개의 문자로 이루어졌다면 순열입니다.

```
            ch = s2[i];
            count[ch]--;
        }

        for (int i = 0; i < 256; i++) {
            if (count[i]) {
                printf("\nisPermutation return false\n");
                return 0;
            }
        }

        printf("\nisPermutation return true\n");
        return 1;
}

/* 테스트 코드 */
int main()
{
    char *st = "HELLO";
    char *st2 = "LLOEH";
    char *st3 = "LLPEH";
    printf("IsPermutation %d ", isPermutation(st, st2));
    printf("IsPermutation %d ", isPermutation(st, st3));
    return 0;
}
```

분석 입력 텍스트의 글자수가 n일 때 시간 복잡도는 $O(n)$입니다.

13.3.8 팰린드롬 확인하기

문제 13-9 문자열의 팰린드롬 여부를 확인하는 함수를 작성하세요.

해결책 13-9

```
int isPalindrome(char *str)
{
    int i = 0, j = strlen(str) - 1;
    while (i < j && str[i] == str[j]) {
        i++;
        j--;
    }
```

```
        if (i < j) {
            printf("문자열은 팰린드롬이 아닙니다.\n");
            return 0;
        }
        else {
            printf("문자열은 팰린드롬입니다.\n");
            return 1;
        }
    }

    /* 테스트 코드 */
    int main()
    {
        char *st = "HELLOLLEH";
        printf("isPalindrome %d \n", isPalindrome(st));
        st = "HELLOOLLEH";
        printf("isPalindrome %d \n", isPalindrome(st));
        st = "HELLOOLLEHA";
        printf("isPalindrome %d \n", isPalindrome(st));
        return 0;
    }
```

분석 시간 복잡도는 O(n)이며, 공간 복잡도는 O(1)입니다.

13.3.9 정수를 문자열로 변환하기

문제 13–10 정수를 아스키 문자열로 변환하는 itoa(integer to alphabet) 함수를 작성하세요.

해결책 13–10

```
void myItoa(char *buffer, int value)
{
    static int index = -1;
    int remender = value % 10;
    value /= 10;
    if (value) {
        myItoa(buffer, value);
    }
    buffer[++index] = '0' + remender;
    buffer[index + 1] = '\0';
}
```

분석 입력 정수의 자릿수가 n일 때 시간 복잡도는 O(n)입니다.

13.3.10 문자열 복사하기

문제 13-11 소스 포인터 위치에서 대상 포인터 위치로 문자열을 복사하는 함수를 작성하세요.

해결책 13-11

```
char *myStrcpy(char *dst, char *src)
{
    char *ptr = dst;
    while (*dst++ = *src++) ;
    return ptr;
}
```

분석 소스 문자열의 글자수가 n일 때 시간 복잡도는 O(n)입니다.

13.3.11 거듭제곱하기

문제 13-12 x와 n을 인자로 받아 x^n을 계산하는 함수를 작성하세요.

해결책 13-12

```
int Pow(int x, int n)
{
    int value;
    if (n == 0) {
        return (1);
    }
    else if (n % 2 == 0) {
        value = Pow(x, n / 2);
        return (value * value);
    }
    else {
        value = Pow(x, n / 2);
        return (x * value * value);
    }
}

/* 테스트 코드 */
```

```
int main()
{
    printf("%d", Pow(10, 4));
    return 0;
}
```

분석 거듭제곱 횟수인 지수가 n일 때 시간 복잡도는 O(logn)입니다.

13.3.12 문자열 비교하기

문제 13-13 두 문자열을 비교하는 함수를 작성하세요. 함수 반환 값은 다음과 같아야 합니다.

- 첫 번째 문자열과 두 번째 문자열이 같으면 0을 반환합니다.
- 첫 번째 문자열이 두 번째 문자열보다 작으면 음수를 반환합니다.
- 첫 번째 문자열이 두 번째 문자열보다 크면 양수를 반환합니다.

해결책 13-13
```
int myStrcmp(char *a, char *b)
{
    while ((*a) == (*b)) {
        if (*a == '\0') {
            return 0;
        }
        a++;
        b++;
    }
    if (*a == '\0') {
        return -1;
    }
    if (*b == '\0') {
        return 1;
    }
    int value = (*a - *b);
    return value;
}

/* 테스트 코드 */
int main()
{
    printf("%d\n", myStrcmp("applaa", "applha"));
```

```
        printf("%d\n", myStrcmp("applqa", "applha"));
        return 0;
    }
```

분석 짧은 문자열의 길이가 n일 때 시간 복잡도는 O(n)입니다.

13.3.13 문자열 복제하기

문제 13–14 입력 문자열을 복제한 새 문자열의 포인터를 반환하는 함수를 작성하세요.

해결책 13–14

```
char *myStrdup(char *src)
{
    char *dst = (char *)malloc((strlen(src) + 1) * sizeof(char));
    char *ptr = dst;
    while (*dst++ = *src++) ;
    return ptr;
}


/* 테스트 코드 */
int main()
{
    printf("%s\n", myStrdup("applebanana"));
    return 0;
}
```

분석 입력 문자열의 글자 수가 n일 때 시간 복잡도는 O(n)입니다.

13.3.14 문자열 뒤집기

문제 13–15 문자열의 모든 문자를 뒤집는 함수를 작성하세요.

해결책 13–15

```
void reverseString(char *a, int lower, int upper)
{
    char tempChar;
    while (lower < upper) {
```

```
            tempChar = a[lower];
            a[lower] = a[upper];
            a[upper] = tempChar;
            lower++;
            upper--;
        }
}

/* 테스트 코드 */
int main()
{
    char ch[100] = "Hello, World!";
    reverseString(ch, 0, 12);
    printf("%s\n", ch);
    return 0;
}
```

분석 입력 문자열의 글자 수가 n일 때 시간 복잡도는 O(n)입니다.

13.3.15 단어 뒤집기

문제 13-16 문장에서 단어의 순서를 뒤집는 함수를 작성하세요.

해결책 13-16

```
void reverseWords(char *a)
{
    int length = strlen(a);
    int lower, upper = -1;
    lower = 0;
    for (int i = 0; i <= length; i++) {
        if (a[i] == ' ' || a[i] == '\0') {
            reverseString(a, lower, upper);
            lower = i + 1;
            upper = i;
        }
        else {
            upper++;
        }
    }
    reverseString(a, 0, length - 1); // '\0'을 뒤집지 않으려고 -1을 넣습니다.
```

```
    }

/* 테스트 코드 */
int main()
{
    char ch[100] = "Hello, World!";
    reverseWords(ch);
    printf("%s\n", ch);
    return 0;
}
```

분석 입력 문자열의 글자 수가 n일 때 시간 복잡도는 O(n)입니다.

13.3.16 애너그램 출력하기

문제 13-17 문자열의 모든 애너그램을 출력하세요.

해결책 13-17

```
void printAnagramUtil(char *a, int max, int n)
{
    if (max == 1) {
        printf(" %s \n", a);
    }

    for (int i = -1; i < max - 1; i++) {
        if (i != -1) {
            a[i] ^= a[max - 1] ^= a[i] ^= a[max - 1];
        }
        printAnagramUtil(a, max - 1, n);
        if (i != -1) {
            a[i] ^= a[max - 1] ^= a[i] ^= a[max - 1];
        }
    }
}

void printAnagram(char *a)
{
    int n = strlen(a);
    printAnagramUtil(a, n, n);
}
```

```
/* 테스트 코드 */
int main()
{
    char ch[] = "Hello";
    printAnagram(ch);
    return 0;
}
```

분석 입력 문자열의 글자 수가 n일 때 시간 복잡도는 O(n!)입니다.

13.3.17 문자열 섞기

문제 13-18 문자열 ABCDE12345를 A1B2C3D4E5로 변환하는 프로그램을 작성하세요.

해결책 13-18

```
void shuffle(char ar[], int n)
{
    int count = 0;
    int k = 1;
    char temp = '\0';

    for (int i = 1; i < n; i = i + 2) {
        temp = ar[i];
        k = i;
        do {
            k = (2 * k) % (2 * n - 1);
            temp ^= ar[k] ^= temp ^= ar[k];
            count++;
        } while (i != k);
        if (count == (2 * n - 2)) {
            break;
        }
    }
}

/* 테스트 코드 */
int main()
{
    char ch[] = "aaaabbbb";
    shuffle(ch, 4);
```

```
    printf("%s\n", ch);
    return 0;
}
```

분석 입력 문자열의 글자 수가 n일 때 시간 복잡도는 $O(n^2)$입니다.

13.3.18 이진 덧셈하기

문제 13-19 두 개의 이진수 문자열이 주어질 때 이진수 문자열의 합을 구하세요.

해결책 13-19

```
char *addBinary(char *first, char *second)
{
    int size1 = strlen(first);
    int size2 = strlen(second);
    int totalIndex;
    char *total;

    if (size1 > size2) {
        total = (char*)malloc((size1 + 2) * sizeof(char));
        totalIndex = size1;
    }
    else {
        total = (char *)malloc((size2 + 2) * sizeof(char));
        totalIndex = size2;
    }

    total[totalIndex + 1] = '\0';
    int carry = 0;
    int curr = 0;
    size1--;
    size2--;

    while (size1 >= 0 || size2 >= 0) {
        int firstValue = (size1 < 0) ? 0 : first[size1] - '0';
        int secondValue = (size2 < 0) ? 0 : second[size2] - '0';
        int sum = firstValue + secondValue + carry;
        carry = sum >> 1;
        sum = sum & 1;
        total[totalIndex] = (sum == 0) ? '0' : '1';
```

```
            totalIndex--;
            size1--;
            size2--;
        }

        total[totalIndex] = (carry == 0) ? '0' : '1';
        return total;
    }
```

분석 입력 문자열 중 긴 문자열의 글자 수가 n일 때 시간 복잡도는 O(n)입니다.

13.3.19 문자열에서 공백 제거하기

문제 13-20 문자열에서 공백을 제거하세요.

해결책 13-20

```
void removeSpaces(char *str)
{
    char *to = str;
    char *from = str;

    if (str == NULL) {
        return;
    }

    while (*from != '\0') {
        if (*from == ' ') {
            from++;
            continue;
        }
        *to = *from;
        from++;
        to++;
    }
    *to = '\0';
}

/* 테스트 코드 */
int main()
{
```

```
    char ch[] = "aa aa bbb b .";
    removeSpaces(ch);
    printf("%s\n", ch);
    return 0;
}
```

분석 입력 문자열의 글자 수가 n일 때 시간 복잡도는 O(n)입니다.

☑ 연습 문제

1. 문자열에서 반복되는 문자가 없는 가장 긴 부분 문자열을 찾으세요.

2. 문자열의 처음부터 n개의 문자에 ch를 복사하는 함수를 작성하세요.

3. 문자열 컬렉션을 하나의 문자열로 직렬화하고, 직렬화된 문자열을 문자열의 컬렉션으로 역직렬화하세요.

4. 사용자 입력을 받아서 단어를 자르지 않고 20자 이내에서 입력하는 스마트 입력 함수를 작성하세요.

> 예시
> 사용자 입력 "Harry Potter must not go"
> 첫 20자 "Harry Potter must no"
> 스마트 입력 "Harry Potter must"

5. 문자열이 팰린드롬이면 1을 반환하는 함수를 작성하세요. 예를 들어 다음 입력일 때 1을 반환합니다.

> 예시
> Stella won no wallets.
> No, it is open on one position.
> Rise to vote, Sir.
> Won't lovers revolt now

6. 정수가 아닌 문자는 무시하고 아스키 값을 정수로 변환하는 함수를 작성하세요. 예를 들어 입력이 12AS5면 125를 반환합니다.

7. 배시(bash) 괄호 확장을 파싱하는 코드를 작성하세요. 예를 들어 '(a, b, c) d, e' 표현식은 'ad, bd, cd, e' 처럼 가능한 모든 문자열을 출력합니다.

8. 문자열에서 유일한 문자로 이루어진 가장 긴 부분 문자열의 크기를 반환하는 함수를 작성하세요.

9. 모든 'a'를 'the'로 바꾸세요.

10. '%20'을 모두 ' '(공백 문자)로 바꾸세요.

> 예시
> 입력 www.Hello%20World.com
> 출력 www.Hello World.com

11. '1..5,8,11..14,18,20,26..30' 같은 입력 문자열을 사용해 '1,2,3,4,5,8,11,12,13,14,18,20,26,27,28,29,30'을 출력하는 확장 함수를 출력하세요.

12. 'Thisisasentence' 같은 문자열을 가정해 단어를 분리하는 함수를 작성하세요. 그리고 공백 문자를 사용해 문장을 출력하세요.

13. 세 개의 문자열 str1, str2, str3이 주어질 때, str2의 모든 문자를 포함하지만 str3의 문자는 포함하지 않는 str1의 가장 작은 부분열(sub-sequence)을 찾는 함수를 작성하세요.

14. 두 개의 문자열 A, B에서 문자열 A의 애너그램이 문자열 B의 부분 문자열인지 찾으세요.

> 예시
> A = xyz이고 B = afdgzyxksldfm일 때 1을 반환합니다.

15. 문자열에서 'bc' 옆에 있는 'a'를 제거하는 알고리즘을 작성하세요. 알고리즘은 제자리(in-place)에서 실행되어야 합니다.

16. '1010101010' 같은 이진수 문자열을 4진수 문자열로 변환하는 알고리즘을 작성하세요. 추가 공간은 사용하지 않습니다.

17. 문자열을 저장하는 이진 탐색 트리에서 delete() 함수를 구현하지 않았습니다. delete() 함수를 구현하세요.

18. delete() 함수를 구현하려면 find() 함수를 변경해야 합니다. find() 함수를 변경하세요.

▶연습 문제 풀이는 733쪽에 있습니다.

14^장

알고리즘 설계 기법

실생활에서 어떤 일을 요청받으면 경험을 바탕으로 그 일을 해결하려고 노력합니다. 마찬가지로 해결해야 할 새로운 문제가 있으면 먼저 해결책을 알고 있는 문제들과 현재 문제의 유사성을 찾습니다. 그런 다음 현재 문제를 해결해 원하는 결과를 얻습니다.

이 방법은 다음과 같은 이점이 있습니다.

- 광범위한 문제를 해결하기 위한 템플릿을 제공합니다.
- 문제에 적합한 자료 구조에 관한 아이디어를 제공합니다.
- 알고리즘의 공간 및 시간 복잡도를 분석하는 데 도움을 줍니다.

13장까지 다양한 알고리즘으로 다양한 종류의 문제를 해결했습니다. 이 장에서는 알고리즘 문제를 해결하는 다양한 기술을 다룹니다. 이 장에서 다루는 알고리즘 설계 기술은 다음과 같습니다.

- 무차별 대입
- 탐욕 알고리즘
- 분할 정복(divide and conquer), 부분 정복(decrease and conquer)
- 동적 계획법(dynamic programming)
- 축소(reduction), 변환 정복(transform and conquer)
- 백트래킹(backtracking)
- 분기 한정(branch and bound)

14.1 무차별 대입 알고리즘

PROBLEM SOLVING ALGORITHMS

무차별 대입 알고리즘(brute force algorithm)은 문제 설명을 바탕으로 문제를 해결하는 직접적인 접근법입니다. 특정 문제를 해결하는 가장 쉬운 방법의 하나로, 작은 크기의 데이터 세트 문제를 푸는 데 유용합니다.

무차별 대입 알고리즘의 예는 다음과 같습니다.

- 버블 정렬
- 선택 정렬

- 배열에서의 순차 검색

- a를 n번 곱해 pow(a, n) 계산하기

- 볼록 껍질(convex hull) 문제

- 문자열 일치

- 완전 탐색: 순회 영업 사원 문제, 배낭(knapsack) 문제, 할당(assignment) 문제

14.2 / 탐욕 알고리즘

탐욕 알고리즘(greedy algorithm)은 일반적으로 최적화 문제를 해결하는 데 사용합니다. 어떤 값(비용/이익/개수 등)을 최소화하거나 최대화하는 해결책을 찾습니다.

탐욕 알고리즘의 해결책은 일련의 단계로 구성됩니다. 각 단계에서 지역적으로 최적인 값을 선택합니다. 이미 처리한 데이터 세트에 따라 다음으로 처리할 최적 데이터를 선택합니다.

탐욕 알고리즘이 항상 최적의 해결책을 제공하는 것은 아니지만, 일부 문제는 탐욕 알고리즘으로 최적의 해결책을 구할 수 있습니다. 탐욕 알고리즘은 빠른 근사(fast approximation)에 유용합니다.

탐욕 알고리즘은 다음과 같은 특성이 있는 최적화 문제에 적합합니다.

- 탐욕적인 선택: 지역 최적을 선택해 전역 최적에 도달할 수 있습니다.

- 최적 하위 구조: 문제의 최적 해결책은 하위 문제의 최적 해결책으로부터 만듭니다.

탐욕 알고리즘의 예는 다음과 같습니다.

1. 최적 해결책

- 최소 신장 트리: 프림 알고리즘, 크루스칼 알고리즘

- 단일 소스 최단 경로 문제의 데이크스트라 알고리즘

- 최적 인코딩을 위한 허프만(Huffman) 트리

- 일정 관리 문제

2. 근사 해결책

- 배낭 문제의 탐욕 알고리즘
- 동전 교환 문제

14.3 분할 정복과 부분 정복

분할 정복(divide and conquer) 알고리즘은 세 단계로 나뉩니다. 첫째, 문제를 둘 이상의 하위 문제로 재귀적으로 나눕니다(분할 단계). 둘째, 하위 문제가 간단해져서 바로 풀 수 있을 때까지 나눕니다(정복 단계). 셋째, 하위 문제의 해결책을 결합해 원래 문제의 해결책을 찾습니다.

1. 문제를 작은 문제로 나누기

2. 하위 문제를 풀어 정복하기

3. 결과 결합하기

▼ 그림 14-1 분할 정복 알고리즘

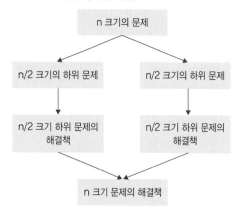

분할 정복은 인자(1/2, 2/3 등)만큼 문제의 크기가 줄어드는 반면, 부분 정복(decrease and conquer)은 문제의 크기가 일정하게 줄어 듭니다.

분할 정복 알고리즘의 예는 다음과 같습니다.

- 병합 정렬 알고리즘(재귀 사용)
- 퀵 정렬 알고리즘(재귀 사용)
- 이진 트리에서 최장 경로 길이 계산(재귀 사용)
- 피보나치 수 계산(재귀 사용)
- 볼록 껍질

부분 정복 알고리즘의 예는 다음과 같습니다.

- pow(a, n/2)을 재귀적으로 계산해 pow(a, n)을 계산하기
- 정렬된 리스트에서 이진 검색(재귀 사용)
- BST에서 검색하기
- 삽입 정렬
- 그래프 순회 알고리즘(DFS, BFS)
- 위상 정렬
- 워셜(Warshall) 알고리즘(재귀 사용)
- 순열: 최소 변경 방식, 존슨-트로터(Johnson-Trotter) 알고리즘
- 가짜 동전 문제(3진 검색)
- 중간값 계산

▼ 표 14-1 x^n을 계산하는 지수 문제 비교

알고리즘	계산
무차별 대입법	n − 1번 곱셈
분할 정복	$T(n) = 2 \times T(n/2) + 1 = n - 1$
1씩 감소하는 부분 정복	$T(n) = T(n - 1) + 1 = n - 1$
상수 크기로 감소하는 부분 정복	$T(n) = T(n/a) + a - 1$ $= (a - 1)n$ $= n$ (a가 2일 때)

14.4 동적 계획법

분할 정복으로 문제를 풀 때 하위 문제가 같은 계산을 여러 번 수행하는 일이 발생할 수 있습니다. 이 문제는 재귀에서 같은 하위 문제가 반복적으로 발생할 때 일어납니다.

동적 계획법(dynamic programming)은 같은 하위 문제를 반복 계산하는 것을 피하고자 사용합니다. 이 방법은 보통 하위 문제의 결과를 테이블에 저장하고 하위 문제를 계산하기 전에 이미 계산한 값인지 찾으려고 하위 테이블을 참조합니다. 동적 계획법은 작은 하위 문제를 먼저 해결하고 그 결과로 큰 하위 문제의 해결책을 찾는 상향식 방법입니다.

동적 계획법은 문제를 해결하는 데 다음 속성을 적용합니다.

1. 최적 하위 구조: 하위 문제의 최적 해결책으로부터 전체 문제의 최적 해결책이 만들어지는 구조입니다.

2. 하위 문제 겹침: 하위 문제의 최적 해결책을 계산하는 동안 같은 계산이 반복됩니다.

동적 계획법이 적용되는지 확인하고 문제를 푸는 과정은 다음과 같습니다.

1. 문제와 하위 문제 사이에 재귀 관계가 있는지 찾습니다(최적 하위 구조).

2. 문제의 재귀 관계를 작성합니다(이 단계에서 하위 문제가 겹치는지 관찰합니다).

3. 하위 문제의 값을 상향식으로 계산해 이 값을 테이블에 저장합니다.

4. 단계 3에서 저장한 값으로 최적 해결책을 만듭니다.

5. 해결책을 얻을 때까지 단계 3과 4를 반복합니다.

동적 계획법의 예는 다음과 같습니다.

- 반복적으로 계산하는 피보나치 수
- 조립 라인 계획
- 연쇄 행렬 곱셈
- 0/1 배낭 문제
- 최장 공통부분 수열
- 최적 이진 트리

- 반복적으로 구현해 전이 폐쇄를 찾는 워셜 알고리즘

- 최단 경로 쌍을 모두 구하는 플로이드(Floyd) 알고리즘

- 최적 다각형 삼각 측량

14.5 변환 정복

변환 정복은 두 단계로 작동합니다. 첫 번째 단계에서 먼저 최적의 해결책을 알고 있는 문제로 변형하고, 두 번째 단계에서는 문제를 해결합니다. 가장 일반적인 변환 유형은 배열의 정렬입니다. 예를 들어 주어진 숫자 목록에서 가장 가까운 두 숫자를 찾는 문제가 있습니다. 무차별 대입 해결책에서는 배열의 각 원소 사이의 거리를 구하고 최소 거리의 쌍을 유지합니다. 이 접근법에서 총 시간 복잡도는 $O(n^2)$입니다.

변환 정복 해결책에서는 먼저 $O(nlogn)$ 시간에 배열을 정렬한 다음, 시간 복잡도 $O(n)$의 다른 단일 패스에서 배열을 스캔해 가장 가까운 수를 찾습니다. 따라서 총 시간 복잡도는 $O(nlogn)$입니다.

변환 정복의 예는 다음과 같습니다.

- 가우시안 제거(Gaussian elimination)

- 힙과 힙 정렬

14.6 백트래킹

누군가가 1에서 9까지의 세 자리 숫자로 된 번호로 여는 자물쇠를 준다고 가정해 봅시다. 자물쇠의 정확한 비밀번호는 모릅니다. 올바른 비밀번호를 찾을 때까지 모든 조합을 확인해 봐야 합니다. '111'로 시작해 '112' 순으로 확인합니다. '999'에 도달하기 전에 키를 얻게 됩니다. 이 과정이 **백트래킹**(backtracking)입니다.

앞의 자물쇠는 정확한 숫자를 선택하면 '딸깍' 소리가 납니다. 자물쇠를 열려면 첫 번째 숫자, 두 번째 숫자, 세 번째 숫자를 찾아야 합니다. 이 문제는 탐욕 알고리즘으로 빠르게 해결책을 찾을 수 있습니다.

이번에는 자물쇠가 오래되어 정확한 숫자뿐만 아니라 다른 숫자에서도 소리가 난다고 가정합시다. 그래서 첫 번째 숫자를 찾을 때 여러 번 소리가 날 수 있습니다. 이 시점에서는 직접 해결책을 찾을 것이 아니라 다양한 상태를 시험하며 해당 상태가 원하는 해결책이 아니면 한 번에 한 단계씩 역추적해 다음 해결책을 찾아야 합니다. 물론 딸각 소리를 인식하는 지능/휴리스틱(heuristic) 방법[1]은 목표를 훨씬 빨리 달성하도록 도와줍니다. 이런 함수를 **가지치기 함수**(pruning function) 또는 **경계 함수**(bounding function)라고 합니다. 백트래킹은 유한한 수의 상태를 완전 탐색해 해결책을 찾는 방법으로 가지치기 함수 또는 경계 함수를 사용해 탐색 범위를 좁힐 수 있습니다.

다른 효율적인 알고리즘이 존재하지 않는 모든 문제(NP 난해 문제 등)에 백트래킹 알고리즘을 사용합니다.

백트래킹 문제는 다음 구성 요소가 있습니다.

- 초기 상태
- 대상/목표 상태
- 중간 상태
- 초기 상태에서 대상/목표 상태로의 경로
- 한 상태에서 다른 상태로 이동
- 가지치기 함수(옵션)

백트래킹 알고리즘의 해결 과정은 노드의 상태를 나타내는 상태 트리의 구성으로 시작합니다. 루트 노드는 초기 상태이며, 하나 이상의 단말 노드가 대상 상태가 됩니다. 트리의 각 가장자리는 일부 작업을 나타냅니다. 해결책은 대상 상태를 찾을 때까지 트리를 검색해 답을 구합니다.

백트래킹은 깊이 우선 탐색을 사용합니다.

1. 초기 상태를 저장합니다.

2. 스택이 비어 있지 않으면 단계 3과4를 반복합니다

3. 스택에서 노드를 읽습니다.

---

1 역주 경험에 근거해 대충 어림짐작하는 방법입니다.

4. 문제의 조건을 만족한다면 다음을 수행합니다.

   a. 연산자를 적용해 자식 노드를 생성합니다.

   b. 자식이 목표 상태면 해결책을 반환합니다.

   c. 신규 상태이고 가지치기 함수가 가지치기를 못 하면 자식 노드를 스택에 넣습니다.

강변에 승려 세 명과 악마 셋이 있습니다. 작은 보트로 모두 강 건너편으로 건너가려고 합니다. 보트는 한 번에 둘만 운반할 수 있습니다. 강변에 함께 있는 악마가 승려보다 많으면 승려는 악마에게 잡아먹힙니다. 어떻게 하면 강 건너편으로 안전하게 건너갈 수 있을까요?

비슷한 문제로 염소, 양배추, 늑대를 가진 농부가 있습니다. 농부가 떠나고 양배추와 염소를 같이 두면 염소가 양배추를 먹습니다. 농부가 염소를 늑대와 같이 내버려 두면 늑대가 염소를 잡아먹습니다. 농부는 어떻게 모두를 강 건너편으로 옮길 수 있을까요?

4갤런과 3갤런 용량의 주전자가 있습니다. 주전자에는 눈금 표시가 없습니다. 4갤런의 주전자에 2갤런의 물을 채우려면 어떻게 해야 할까요?

PROBLEM SOLVING ALGORITHMS

14.7 / 분기 한정

유틸리티 함수로 각 노드를 방문하는 비용을 평가할 때 사용하는 분기 한정(branch and bound) 방법이 있습니다. 각 단계에서 다음으로 진행하는 비용이 가장 낮은 노드를 선택합니다. 우선순위 대기열을 사용해 분기 한정 알고리즘을 구현합니다. 분기 한정 방법에서 노드를 순회하는 방법은 너비 우선입니다.

14.8 A* 알고리즘

A*(스타)는 일종의 정교한 분기 한정입니다. 분기 한정에서는 각 반복마다 지금까지 찾은 최단 경로를 확장한다면, A*는 지금까지 찾은 최단 경로 대신 시작부터 목표까지의 예상 총 길이가 가장 짧은 경로를 선택합니다. 총 길이는 지금까지 순회한 길이에 목표까지 남은 거리의 휴리스틱 추정치를 더해 예상합니다.

분기 한정은 항상 최단 경로가 되는 최적의 해결책을 찾으려 합니다. 휴리스틱이 올바르면 A*는 최적의 해결책을 찾습니다. 따라서 좋은 휴리스틱을 선택하는 것이 A* 알고리즘에서 가장 중요한 부분입니다.

14.9 정리

일반적으로 문제는 여러 방법으로 해결할 수 있습니다. 그러니 처음 생각한 방법에 안주하는 것은 현명하지 않습니다. 일부 방법은 다른 방법보다 훨씬 더 효율적인 해결책을 제공합니다. 예를 들어 피보나치 수는 재귀(부분 정복 접근) 계산하거나 반복(동적 계획법) 계산할 수 있습니다. 재귀 계산일 때는 복잡도가 $O(2^n)$이며, 반복 계산일 때는 복잡도가 $O(n)$입니다.

또 다른 예로 삽입 정렬과 기본 버블 정렬을 비교해 봅시다. 거의 정렬된 파일에서 삽입 정렬은 거의 선형적인 복잡도를 가지지만, 버블 정렬 알고리즘은 2차 복잡도를 가집니다.

가장 중요한 질문은 '가장 좋은 방법을 어떻게 선택하는가'입니다. 먼저, 문제 설명을 이해해야 합니다. 그다음으로, 다양한 문제와 그 해결책을 알아야 합니다.

15^장

무차별 대입 알고리즘

무차별 대입은 문제 설명을 바탕으로 문제를 해결하는 직접적인 접근법입니다. 특정 문제를 해결하기 위한 가장 쉬운 방법 중 하나로, 작은 데이터세트 문제를 푸는 데 유용합니다. 대부분 동일한 문제에서 다른 알고리즘 기법을 사용하면 더 나은 해결책을 얻을 수 있습니다.

15.1 버블 정렬

버블 정렬(bubble sort)에서는 배열의 인접 원소를 비교해 순서에 맞지 않으면 교환합니다.

예제 15-1

```
// 버블 정렬로 배열을 정렬합니다.
// 입력: 정렬 가능한 원소의 배열
// 출력: 오름차순으로 정렬된 배열 A[0 ... n - 1]

BubbleSort(A[0 ... n - 1])
    sorted = false
    while !sorted do
        sorted = true
        for j = 0 to n - 2 do
            if A[j] > A[j + 1] then
                swap A[j] and A[j + 1]
                sorted = false
```

분석 알고리즘의 시간 복잡도는 $O(n^2)$입니다.

15.2 선택 정렬

선택 정렬(selection sort)은 n개 원소의 전체 목록을 순회하며 가장 작은 원소를 찾아 첫 번째 원소와 교환합니다. 그런 다음 배열을 다시 순회하며 두 번째 작은 원소를 찾아 두 번째 원소와 교환합니다. n-1번 순회하면 배열이 완전히 정렬됩니다.

```
// 선택 정렬로 목록을 정렬합니다.
// 입력: 정렬 가능한 원소의 배열 A[0 ... n-1]
// 출력: 오름차순으로 정렬된 리스트 A[0 ... n-1]

SelectionSort(A[0 ... n-1])
    for i = 0 to n - 2 do
        min = i
        for j = i + 1 to n - 1 do
            if A[j] < A[min]
                min = j
        swap A[i] and A[min]
```

분석 알고리즘의 시간 복잡도는 $O(n^2)$입니다.

15.3 순차 검색

순차 검색(sequential search)은 일치하는 것을 찾거나 배열이 끝날 때까지 주어진 검색 키워드와 주어진 목록의 원소를 순차적으로 비교합니다.

```
SequentialSearch(A[0 ... n], K)
    i = 0
    while A [i] ≠ K do
        i = i + 1
    if i < n
        return i
    else
        return -1
```

분석 최악의 경우 시간 복잡도는 $O(n)$입니다.

15.4 pow(a, n) 계산하기

지수 정의를 기반으로 $a^n(a > 0$, n은 음수가 아닌 정수)을 계산합니다. 무차별 대입에서는 n-1번의 곱셈이 필요합니다.

예제 15-4

```
// 입력: 실수 a와 정수 n
// 출력: an

Power(a, n)
    result = 1
    for i = 1 to n do
        result = result * a
    return result
```

분석 알고리즘의 시간 복잡도는 $O(n)$입니다.

15.5 문자열 일치

무차별 대입 문자열 일치 알고리즘은 두 개의 입력을 받습니다. 첫 번째 텍스트는 n개의 문자로 구성되고, 두 번째 패턴은 m(m ≤ n)개의 문자로 구성됩니다. 알고리즘은 패턴을 텍스트의 전반부와 비교하며 시작합니다. 패턴의 각 문자와 텍스트의 해당 문자를 비교합니다. 모든 문자가 일치하거나 하나라도 일치하지 않을 때까지 왼쪽에서 오른쪽으로 이동합니다. 일치하는 것을 찾을 때까지 오른쪽으로 이동하며 같은 과정을 반복합니다.

예제 15-5

```
// 입력: 텍스트를 나타내는 n개 문자의 배열 T[0 ... n-1]
//       패턴을 나타내는 m개 문자의 배열 P[0 ... m-1]
// 출력: 일치하는 첫 번째 텍스트의 첫 번째 문자 위치
// 검색에 성공하면 일치하는 부분 문자열을 반환하고, 그렇지 않으면 -1을 반환합니다.
```

```
BruteForceStringMatch (T[0 ... n-1], P[0 ... m-1])
    for i = 0 to n − m do
        j = 0
    while j < m and P[j] = T[i + j] do
        j = j + 1
    if j = m then
        return i
    return −1
```

분석 최악의 경우 시간 복잡도는 O(mn)입니다.

15.6 가장 가까운 두 점의 무차별 대입 알고리즘

가장 가까운 두 점(closest pair) 문제는 2차원 공간에 있는 n개의 점 집합에서 가장 가까운 두 점을 찾는 문제입니다. 이 문제의 무차별 대입 구현은 모든 점 쌍의 거리를 계산하고 가장 짧은 거리 쌍을 찾습니다.

예제 15-6

```
// 무차별 대입으로 가장 가까운 두 점을 찾습니다.
// 입력: n >= 2인 점의 배열 P
// 출력: 가장 가까운 두 점

BruteForceClosestPair(P)
    dmin = infinite
    for i = 1 to n − 1 do
        for j = i + 1 to n do
            d = (xi − xj)2 + (yi − yj)2
            if d < dmin then
                dmin = d
                imin = i
                jmin = j
    return imin, jmin
```

분석 알고리즘의 시간 복잡도는 $\Theta(n^2)$입니다.

PROBLEM SOLVING ALGORITHMS

15.7 / 볼록 껍질 문제

점 집합의 볼록 껍질은 모든 점을 포함하는 가장 작은 볼록 다각형입니다. 집합의 모든 점은 볼록 껍질 위 또는 안에 있습니다. 점 집합의 볼록 껍질은 주어진 집합에서 점의 부분 집합입니다.

부분 집합은 어떻게 찾을까요?

▼ 그림 15-1 볼록 껍질

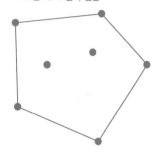

부분 집합의 점은 볼록 껍질의 경계입니다. 경계의 연속된 두 점을 취하면 집합의 나머지 점은 한쪽에 놓입니다. 두 점 (x_1, y_1), (x_2, y_2)는 선 $ax + by = c$를 만듭니다. 여기서 $a = y_2 - y_1$, $b = x_1 - x_2$고, $c = x_1y_2 - y_1x_2$입니다. 그리고 평면을 $ax + by - c < 0$과 $ax + by - c > 0$으로 나누고, 나머지 점에 대해 $ax + by - c$를 확인해야 합니다.

집합의 모든 점이 선의 한쪽에 있고 $ax + by - c < 0$이거나 $ax + by - c > 0$인 경우 볼록 껍질 점 집합에 이 점들을 추가합니다.

$n(n-1)/2$ 쌍의 개별 점 각각에 대해 다른 $n-2$개의 점 각각에서 $ax + by - c$의 부호를 찾아야 합니다.

예제 15-7

```
ConvexHull
    for i = 0 to n - 1
        for j = 0 to n - 1
```

```
if (xi,yi) != (xj,yj)
    (xi,yi)에서 (xj,yj)까지 선을 긋습니다
    for k = 0 to n - 1
        if (i != k and j! = k)
            if (모든 점이 (xi,yi)와 (xj,yj) 선과 같은 편에 놓임)
                then (xi,yi)에서 (xj,yj)를 볼록 껍질 집합에 추가합니다
```

분석 알고리즘의 최악의 경우 시간 복잡도는 $O(n^3)$입니다.

15.8 완전 탐색

완전 탐색(exhaustive search)은 조합 문제에 적용하는 무차별 대입 접근법입니다. 완전 탐색에서는 가능한 모든 조합을 생성하고, 각 단계에서 조합이 문제의 제약 조건을 만족하는지 확인합니다. 문제의 제약 조건을 만족하는 해결책을 얻거나 해결책이 없을 수도 있습니다.

완전 탐색의 예는 다음과 같습니다.

- 순회 영업 사원 문제
- 배낭 문제
- 할당 문제

15.8.1 순회 영업 사원 문제

순회 영업 사원 문제(TSP, Traveling Salesman Problem)에서 영업 사원이 출발한 도시로 돌아가기 전에 n개 도시를 정확히 한 번씩만 방문하는 최단 여행 경로를 찾아야 합니다. 또는 가중 연결 그래프에서 최단 해밀턴 회로를 찾습니다. 해밀턴 회로는 그래프의 모든 정점을 정확히 한 번만 통과하는 주기입니다.

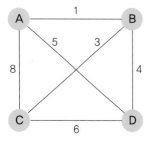
▼ 그림 15-2 TSP

A에서 출발하는 경로	비용
A→B→C→D→A	1 + 3 + 6 + 5 = 15
A→B→D→C→A	1 + 4 + 6 + 8 = 19
A→C→B→D→A	8 + 3 + 4 + 5 = 20
A→C→D→B→A	8 + 6 + 4 + 1 = 19
A→D→B→C→A	5 + 4 + 3 + 8 = 20
A→D→C→B→A	5 + 6 + 3 + 1 = 15

예제 15-8

TSP
```
도시 선택
최소 여행 비용 = 무한대
for ( 모든 도시의 순열 ) do
    if ( 단일 순열의 경로 길이 < 최소 여행 비용 )
        최소 여행 비용 = 경로 길이
```

- 가능한 총 조합의 수: $(n-1)!$
- 경로 계산 비용: $\Theta(n)$
- 최단 경로를 찾는 데 드는 총비용: $\Theta(n!)$

15.8.2 배낭 문제

비용 C_1, C_2 ... C_n과 용량 V_1, V_2 ... V_n인 물품과 V_{max} 용량의 배낭이 주어졌을 때 비용의 합이 최대($\max \sum C_i$)가 되도록 배낭($\sum V_i \leq V_{max}$)에 물품을 채우는 문제입니다. 해결책은 한 번에 1에서 n개의 물품을 취하는 하위 집합 중 하나이므로 시간 복잡도는 $O(2n)$입니다.

```
KnapsackBruteForce
    최대 이익 = 0
    for (물품의 모든 순열) do
        현재 이익 = 선택한 물품의 합
        if (최대 이익 < 현재 이익)
            최대 이익 = 현재 이익
            선택한 물품의 현재 집합을 저장합니다
```

PROBLEM SOLVING ALGORITHMS

15.9 정리

무차별 대입은 어떤 문제를 만났을 때 가장 먼저 떠올리는 알고리즘입니다. 이해가 매우 쉬운 가장 간단한 알고리즘이기 때문입니다. 그러나 이 알고리즘은 최적의 해결책이 아닌 경우가 대부분입니다. 많은 경우에 무차별 대입보다 효과적인 알고리즘이 존재합니다.

15

무차별 대입 알고리즘

16^장

탐욕 알고리즘

탐욕 알고리즘은 일반적으로 최적화 문제를 해결하는 데 사용합니다. 어떤 값을 최소화하거나 최대화하는 해결책을 찾습니다.

16.1 동전 교환 문제

액면가 $D = \{d_1 \dots d_n\}$의 동전으로 금액 N을 만들 때, 가장 적은 수의 동전으로 구성하는 방법은 무엇일까요? 예를 들어 동전 액면가가 {5, 10, 20, 25, 50, 100}라고 할 때 40원을 만든다고 해봅시다. 현재 금액보다 적거나 같게 동전을 반복적으로 선택해 금액을 만듭니다. 탐욕 알고리즘에서는 항상 총금액을 초과하지 않는 가장 큰 동전 값을 선택합니다. 따라서 {25, 10, 5}가 되겠지만, 최적 해결책은 {20, 20}입니다. 탐욕 알고리즘은 최적의 해결책을 아니지만 적당한 근사치를 제공합니다.

예제 16-1

```
MAKE-CHANGE(N)
    D = {5, 20, 25, 50, 100} // 상수 값 액면가
    S = {} // 해결책 집합을 저장할 집합
    Value = N
    while Value != 0
        x = 집합 D에서 x < Value인 가장 큰 항목
            if 조건에 만족하는 항목이 없음 then
                return "해결책 없음"
        S = S + x Value = Value - x
    return S
```

16.2 최소 신장 트리

연결 그래프의 신장 트리는 모든 정점을 포함하는 트리이며, 가중치 그래프의 최소 신장 트리는 간선 가중치의 최소합을 가지는 신장 트리입니다.

▼ 그림 16-1 그래프와 최소 신장 트리

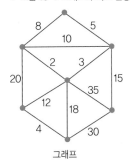 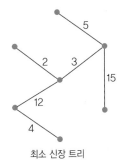

그래프   최소 신장 트리

16.2.1 프림 알고리즘

프림(Prim) 알고리즘은 신장 트리가 될 때까지 한 번에 하나의 간선을 추가해 단일 트리 T를 성장시킵니다. 간선이 없는 T와 단일 노드 U로 초기화하는데, 여기서 T는 신장 트리의 간선 집합이며, U는 신장 트리의 정점 집합입니다.

각 단계에서 프림 알고리즘은 하나의 끝점만 U에 있고, 다른 점은 U에 있지 않은 간선 중 가장 작은 간선을 추가합니다. U에 각 간선을 하나의 새로운 정점으로 추가하므로 n-1번 추가한 후에 U는 신장 트리의 모든 정점을 포함하며, T는 신장 트리가 됩니다.

예제 16-2

```
// 프림 알고리즘으로 MST(최소 신장 트리)를 반환합니다.
// 입력: 가중치 연결 그래프 G = (V, E)
// 출력: MST를 구성하는 간선의 집합

Prim(G)
    T = {}
    G에서 어떤 꼭지점을 r로 정함
    U = {r}
```

```
    for i = 1 to |V| - 1 do
        e = 최소 가중치 간선(u, v), U에서 u를, V-U에서 v를 선택
        U = U + {v}
        T = T + {e}
    return T
```

분석 프림 알고리즘은 최소 힙(우선순위 큐)을 사용해 가중치가 가장 작은 정점을 선택합니다. MST의 정점이 n이고 간선이 m일 때, 시간 복잡도는 $O(m\log n)$입니다.

16.2.2 크루스칼 알고리즘

크루스칼(Kruskal) 알고리즘은 최소 신장 트리를 생성하는 데 사용합니다. 순환이 없는 가장 작은 간선을 선택해 신장 트리를 만들고, 원래 집합의 모든 간선을 다 처리할 때까지 이 과정을 반복합니다.

간선은 비용의 **비내림차순**(non-decreasing order)으로 정렬합니다.

$$c(e1) \leq c(e2) \leq \ldots \leq c(em)$$

T를 빈 트리로 설정합니다. 순환을 만들지 않으면 트리에 간선을 하나씩 추가합니다(새 간선의 형태가 순환이면 해당 간선을 무시합니다).

예제 16-3

```
// 크루스칼 알고리즘으로 MST를 반환합니다.
// 입력: 가중치 연결 그래프 G = (V, E)
// 출력: MST를 구성하는 간선의 집합

Kruskal(G)
    가중치로 E 정렬
    T = {}
    while |T| + 1 < |V| do
        e = E에 있는 다음 간선
        if T + {e}가 순환이 아니면 then
            T = T + {e}
    return T
```

분석 효율적인 순환 감지를 사용하면 크루스칼 알고리즘의 시간 복잡도는 $O(E\log V)$입니다.

16.3 단일 출발 최단 경로의 데이크스트라 알고리즘

데이크스트라(Dijkstra) 알고리즘으로 음수가 없는 가중치 간선의 단일 출발 최단 경로 문제를 풉니다. 출발 노드로부터 다른 노드까지의 최단 경로 길이를 결정합니다. 가중 연결 그래프 G에서 출발 정점 s로부터 다른 정점까지의 최단 경로를 찾습니다.

▼ 그림 16-2 그래프의 단일 출발 최단 경로

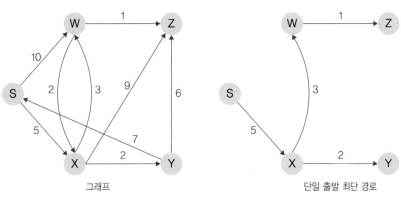

각 노드와 그 부모의 거리를 추적하며 알고리즘을 시작합니다. 노드의 실제 경로를 모르고 모든 정점의 부모가 널로 설정되어 있어서 처음에는 모든 거리를 무한대로 설정합니다. 우선순위 큐(최소 힙)에 추가합니다.

각 단계에서 알고리즘은 우선순위 큐에서 하나의 정점을 가져옵니다(처음에는 출발 정점이 됩니다). 그런 다음에 인접한 모든 정점에 대한 거리 목록을 갱신합니다. 큐가 빌 때 거리와 부모 목록이 완전히 채워집니다.

예제 16-4

```
// 데이크스트라 알고리즘으로 단일 출발 최단 경로 문제를 풉니다.
// 입력: 음수 가중치가 없는 가중치 연결 그래프 G = (V, E)
// 출발 정점: v
// 출력: s로부터 모든 정점까지의 길이와 경로

Dijkstra(G, s)
    for each v in V do
```

```
            D[v] = infinite // 거리 모름
            P[v] = null // 이전 노드 모름
            add v to PQ // 모든 노드를 우선순위 큐에 추가하기

    D[source] = 0 // 출발에서 출발까지의 거리
    while (PQ가 비어 있지 않음)
        u = PQ에서 최단 거리 D[u]인 정점
        PQ에서 u 제거
        for u에 인접한 정점 v do
            alt = D[u] + length(u, v)
            if alt < D[v] then
                D[v] = alt
                P[v] = u
    return D[], P[]
```

분석 시간 복잡도는 O(ElogV)입니다.

> Note ≡   데이크스트라 알고리즘은 간선 가중치가 음수인 그래프에서는 작동하지 않으며, 무방향 그래프와 방향 그래프 모두에 적용할 수 있습니다.

PROBLEM SOLVING ALGORITHMS

16.4 최적 인코딩을 위한 허프만 트리

인코딩은 알파벳 문자의 비트 문자열 할당으로, 다음 두 종류가 있습니다.

* 고정 길이 인코딩(예, ASCII)
* 가변 길이 인코딩(예, 허프만 코드)

가변 길이 인코딩은 유일 접두어 인코딩(prefix free encoding)에서만 작동합니다. 이는 어떤 문자 코드도 다른 문자 코드의 접두어가 되지 않음을 의미합니다.

허프만 코드는 가장 좋은 유일 접두어 인코딩입니다. 0과 1의 간선을 가진 이진 트리는 접두사 없는 문자 코드를 생성해 말단 노드에 할당합니다.

허프만 알고리즘은 코드가 할당된 말단 값으로 이진 트리를 구성하며, 전체 텍스트를 압축하는 데 최적입니다. 예를 들어 가장 빈도가 높은 단어를 가장 작은 코드로 만들어 최종 인코딩 텍스트를 압축합니다.

1. 단어로 n개의 단일 노드 트리를 초기화하고, 빈도로 가중치를 초기화합니다.

2. 가장 작은 가중치의 이진 트리 두 개를 하나로 합치고, 작은 두 트리의 가중치 합을 새로 만든 트리의 가중치로 만듭니다.

3. 과정 1~2를 n-1번 반복하다가 큰 트리 하나만 남으면 완료합니다.

단어	빈도
Apple	30
Banana	25
Mango	21
Orange	14
Pineapple	10

왼쪽과 오른쪽 하위 트리로 이어지는 간선을 각각 0과 1로 표시합니다.

▼ 그림 16-3 허프만 트리

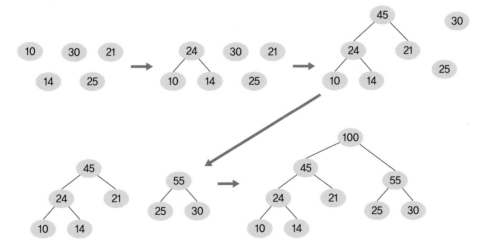

단어	값	코드
Apple	30	11
Banana	25	10
Mango	21	01
Orange	14	001
Pineapple	10	000

빈도가 많은 단어일수록 허프만 코드를 작게 만듭니다.

예제 16-5

```
// 최적의 접두어 코드를 계산합니다.
// 입력: 문자 확률 목록 W
// 출력: 허프만 트리


Huffman(C[0 ... n - 1], W[0 ... n - 1])
    PQ = {} // 우선순위 큐
    for i = 0 to n - 1 do
        T.char = C[i]
        T.weight = W[i]
        add T to PQ // 우선순위 큐 PQ에 T를 넣습니다.

    for i = 0 to n - 2 do
        L = PQ에서 min 값 꺼내기
        R = PQ에서 min 값 꺼내기
        T = 자식 L과 R로 만든 노드
        T.weight = L.weight + R.weight
        add T to PQ // 우선순위 큐 PQ에 T를 넣습니다.
    return T
```

분석 시간 복잡도는 $O(n\log n)$입니다.

16.5 작업 선택 문제

공통 자원을 독점적으로 사용하는 작업이 있고 가능한 한 많은 작업 계획을 잡으려고 한다고 가정해 봅시다. $S = \{a_1 \ldots a_n\}$을 n개 작업의 집합이라고 할 때, 각각의 작업 a_i는 s_i에서 시작해 f_i 전에 끝나는 기간 $[s_i, f_i)$ 동안 자원이 필요합니다. 최적화 문제는 S에서 겹치지 않는 가장 큰 작업 집합을 선택하는 것입니다.

작업 $S = \{a_1 \ldots a_n\}$은 종료 시간 $f_1 \leq f_2 \leq \ldots f_{n-1} \leq f_n$으로 정렬되었다고 가정할 때($O(n \log n)$ 시간 안에 수행될 수 있음) 작업은 다음과 같습니다.

i	1	2	3	4	5	6	7	8	9	10	11
S[i]	1	3	0	5	3	5	6	8	8	2	11
F[i]	4	5	6	7	8	9	10	11	12	13	14

그래프로 표현하면 다음과 같습니다.

▼ 그림 16-4 작업 계획

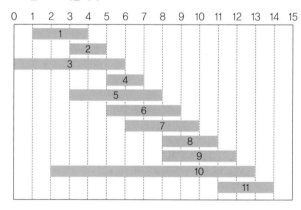

시작하는 작업을 먼저 선택한 다음, 이 작업을 완료한 후 시작하는 다음 작업을 찾습니다. 결과는 $\{a_4, a_7, a_8\}$이 되지만, 최적의 해결책은 아닙니다. 최적의 해결책은 계획한 작업의 수를 최대화하는 것이 목표이므로 $\{a_1, a_3, a_6, a_8\}$입니다. 또 다른 최적의 해결책은 $\{a_2, a_5, a_7, a_9\}$입니다(최적 해결책이 반드시 유일하지는 않습니다).

이런 최적의 해결책을 어떻게 찾을까요? 동적 계획법 문제로 생각하고 작업 수를 최적화합니다. 탐욕 알고리즘으로는 다음과 같이 풀 수 있습니다.

- 작업 실행 후 남은 시간을 사용해서 후속 작업을 실행할 수 있습니다.

- 첫 번째 작업을 완료하도록 선택하면 더 많은 시간이 남게 됩니다.

- 작업은 완료 시간별로 정렬되므로 항상 a1부터 시작합니다.

- 남은 시간 동안 작업 일정 관리 문제의 단일 하위 문제를 풀 수 있습니다.

예제 16-6

```
ActivitySelection(S[], F[], N)
    S[]와 F[]는 완료 시간의 오름차순으로 정렬되어 있습니다.
    A = {a1}
    K = 1
    for m = 2 to N do
        if S[m] >= F[k]
            A = A + {am}
            K = m
    return A
```

16.6 / 배낭 문제

한 도둑이 상점에 들어와 가격과 무게가 적힌 여러 물건을 살펴봅니다. 도둑의 가방에는 최대 무게만큼만 담을 수 있습니다. 이익을 극대화하려면 무엇을 훔쳐야 할까요?

16.6.1 분할 가능한 배낭 문제

도둑은 물건을 나누어 일부만 가져갈 수도 있습니다(금가루처럼 나눌 수 있는 물건).

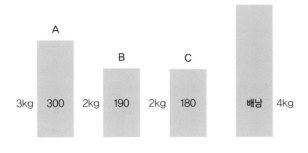

▼ 그림 16-5 배낭과 물건들

물건	A	B	C
비용	300	190	180
무게	3	2	2
비용/무게	100	95	90

분할 가능한 배낭 문제에는 먼저 무게 대비 비용의 밀도 측면에서 물건을 정렬하는 탐욕 알고리즘 해결책이 있습니다. 가장 값나가는 물건으로 담을 수 있을 만큼 배낭을 채웁니다. 그런 다음 최대 무게에 도달할 때까지 그다음으로 비싼 물건으로 담을 수 있을 만큼 채우기를 계속합니다.

4kg 용량의 배낭일 때 최적의 해결책은 A를 3kg, B를 1kg 담는 것입니다.

예제 16-7

```
FractionalKnapsack(W[], C[], Wk)
    for i = 1 to n do
        X[i] = 0
    Weight = 0
    // 최대 힙 사용
    H = BuildMaxHeap(C/W)
    while Weight < Wk do
        i = H.GetMax()
        if (Weight + W[i] <= Wk) do
            X[i] = 1
            Weight = Weight + W[i]
        else
            X[i] = (Wk - Weight)/W[i]
            Weight = Wk
    return X
```

16.6.2 0/1 배낭 문제

도둑은 물건을 가져가거나 두고 갈 수만 있습니다. 물건을 나눌 수는 없습니다.

앞에서와 같은 탐욕 전략으로는 빈 곳이 생겨 배낭의 전체 비용 밀도를 줄일 수도 있습니다. 앞의 예에서 물건 A를 선택하면 B나 C를 넣을 공간이 없습니다. 따라서 1kg의 공간이 남아서 탐욕 해결책은 최적의 결과가 아닙니다. 물건 B와 C를 가져갈 때 최적의 결과가 됩니다. 이 문제는 다음 장에서 볼 동적 계획법으로 해결할 수 있습니다.

17^장

분할 정복과
부분 정복

분할 정복 알고리즘은 크게 세 단계로 나뉩니다. 첫째, 문제를 여러 개의 작은 하위 문제로 나눕니다. 둘째, 각 하위 문제를 풉니다. 마지막으로 하위 문제들의 결과를 합쳐 원하는 결과를 만듭니다.

분할 정복은 인자(1/2, 2/3 등)만큼 문제의 크기가 줄어들지만, 부분 정복은 문제의 크기가 일정하게 줄어듭니다.

17.1 일반 분할 정복의 반복

$T(n) = aT(n/b) + f(n)$

- $a \geq 1$, $b > 1$일 때
- n은 문제의 크기입니다.
- a는 재귀에서 하위 문제의 수입니다.
- n/b는 각 하위 문제의 크기입니다.
- $f(n)$은 문제를 하위 문제로 나누거나 하위 문제의 결과를 합쳐 최종 결과를 얻는 비용입니다.

17.2 / 병합 정렬

❤ 그림 17-1 병합 정렬

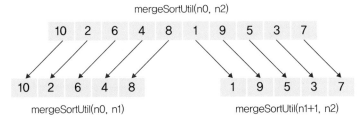

예제 17-1

```
// 병합 정렬로 배열을 정렬합니다.
// 입력: 정렬 가능한 배열
// 출력: 오름차순의 배열 A[0 ... n − 1]

Mergesort(A[0 ... n − 1])
    if n ≤ 1 then
        return
    copy A[0 ... ⌊n/2⌋ − 1] to B[0 ... ⌊n/2⌋ − 1]
    copy A[⌊n/2⌋ ... n − 1] to C[0 ... ⌊n/2⌋ − 1]
    Mergesort(B)
    Mergesort(C)
    Merge(B, C, A)
```

예제 17-2

```
// 두 정렬된 배열을 하나의 배열로 합칩니다.
// 입력: 정렬된 배열 B, C
// 출력: 정렬된 배열 A

Merge(B[0 ... p − 1], C[0 ... q − 1], A[0 ... p + q − 1])
```

```
i = 0
j = 0
for k = 0 to p + q - 1 do
    if i < p and (j = q or B[i] ≤ C[j]) then
        A[k] = B[i]
        i = i + 1
    else
        A[k] = C[j]
        j = j + 1
```

분석

- 시간 복잡도는 O(nlogn)이며, 공간 복잡도는 O(n)입니다. 병합 정렬은 항상 배열을 반으로 나누고 선형 시간에 두 반쪽을 합치므로 시간 복잡도는 모든 경우(최악, 평균, 최선)에서 O(nlogn)입니다.

- 정렬되지 않은 배열과 같은 크기의 추가 공간이 필요합니다. 따라서 정렬되지 않은 큰 배열을 검색할 때는 맞지 않습니다.

17.3 퀵 정렬

▼ 그림 17-2 퀵 정렬

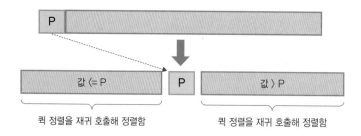

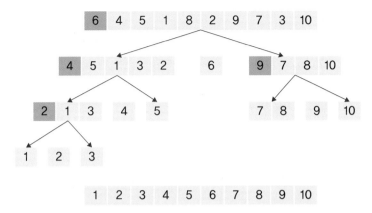

예제 17-3

```
// 퀵 정렬을 사용해서 하위 배열을 정렬합니다.
// 입력: A의 하위 배열
// 출력: 오름차순의 목록 A[l ... r]

Quicksort(A[l ... r])
    if l < r then
        p ← Partition(A[l..r]) // p는 피벗 인덱스입니다.
        Quicksort(A[l..p − 1])
        Quicksort(A[p + 1..r])
```

예제 17-4

```
// A[]를 피벗을 사용해서 하위 배열로 나눕니다.
// 입력: A의 하위 배열
// 출력: 피벗의 마지막 위치

Partition(A[], left, right)
    pivot = A[left]
    lower = left upper= right
    while lower < upper
        while A[lower] <= pivot
            lower = lower + 1
        while A[upper] > pivot
            upper = upper - 1
        if lower < upper then
            swap A[lower] and A[upper]
    swap A[lower] and A[upper] // upper가 피벗 위치입니다.
    return upper
```

분석

- 최악의 경우 시간 복잡도는 $O(n^2)$이며, 평균 시간 복잡도는 $O(n\log n)$입니다.

- 공간 복잡도는 $O(n\log n)$입니다. 퀵 정렬에 필요한 공간은 매우 적어서 오직 $O(n\log n)$의 추가 공간만 필요합니다. 퀵 정렬은 안정 정렬 기법이 아니므로 정렬하는 동안 배열에서 두 개의 비슷한 원소의 위치를 변경할 수 있습니다

17.4 외부 정렬

분할 정복 알고리즘을 사용해 외부 정렬을 수행합니다.

▼ 그림 17-3 외부 정렬

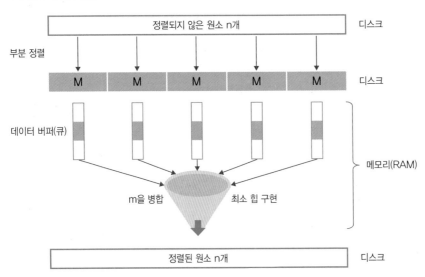

17.5 / 이진 검색

정렬된 배열에서 중간 지점을 가져와 원하는 값과 비교합니다. 이진 검색을 하려면 배열이 정렬되어 있어야 합니다. 그렇지 않으면 이진 검색을 사용할 수 없습니다.

예제 17-5 반복 해결책

```
// 이진 검색으로 정렬된 배열에서 값을 검색합니다.
// 입력: 정렬된 배열 A와 키 K
// 출력: K의 인덱스 또는 -1

BinarySearch(A[0 ... N - 1], N, K)
    low = 0
    high = N - 1
    while low <= high do
        mid = ⌊(low + high) / 2⌋ n/2
        if K = A[mid] then
            return mid
        else if A[mid] < K
            low = mid + 1
        else
            high = mid - 1
    return -1
```

예제 17-6 재귀 해결책

```
// 이진 검색으로 정렬된 배열에서 값을 검색합니다.
// 입력: 정렬된 배열 A와 키 K
// 출력: K의 인덱스 또는 -1

BinarySearch(A[], low, high, K)
    if low > high
        return -1
    mid = ⌊(low + high) / 2⌋
    if K = A[mid] then
        return mid
    else if A[mid] < K
        return BinarySearch(A[], mid + 1, high, K)
    else
        return BinarySearch(A[], low, mid - 1, K)
```

17

정렬 정보와 부분 정보

분석

- 시간 복잡도는 $O(\log n)$입니다. 이 알고리즘을 보면 항상 반을 입력으로 사용하고 나머지 반은 버리는 것을 유념해야 합니다. 따라서 이진 검색의 반복 관계는 $T(n) = T(n/2) + c$이 므로 분할 정복 마스터 정리를 이용해 $T(n) = O(\log n)$를 얻습니다.

- 공간 복잡도는 $O(1)$입니다.

17.6 / 제곱 함수

예제 17-7

```
// 재귀적으로 분할 정복을 사용해 X의 N승을 계산합니다.
// 입력: 값 X와 지수 N
// 출력: X의 N승

Power(X, N)
    if N = 0
        return 1
    else if N % 2 == 0
        Value = Power(X, N/2)
        return Value * Value
    else
        Value = Power(X, N/2)
        return Value * Value * X
```

17.7 / 볼록 껍질

X 좌표로 점을 정렬한 후 점들을 같은 크기의 A와 B로 나눕니다. HA와 HB를 재귀적으로 계산한 후 HA와 HB를 병합해서 볼록 껍질을 얻습니다.

▼ 그림 17-4 볼록 껍질

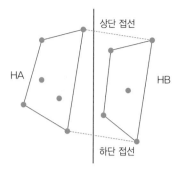

예제 17-8

```
LowerTangent(HA, HB)
    A = HA의 최우측 점
    B = HB의 최좌측 점
    while ab가 HA와 HB에 대한 하단 접선이 아닌 do
        while ab가 HA에 대한 하단 접선이 아닌 do
            a = a - 1(시계 방향으로 이동)
        while ab가 HB에 대한 하단 접선이 아닌 do
            b = b + 1(반시계 방향으로 이동)
    return ab
```

마찬가지로 상단 접선을 찾아 두 껍질을 결합합니다.

▼ 그림 17-5

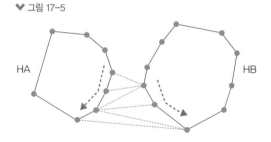

분석 초기 정렬에는 O(nlogn) 시간이 걸립니다. 점화식은 T(n) = 2T(n/2) + O(n)인데, 여기서 O(n)은 병합 단계 내의 접선 계산에 걸리는 시간입니다. 따라서 최종 시간 복잡도는 T(n) = O(nlogn)입니다.

17
분할 정복과 부분 정복

611

17.8 가장 가까운 두 점

2차원 평면에서 n개의 점이 주어질 때 거리가 가장 가까운 두 점을 찾는 문제입니다.

▼ 그림 17-6

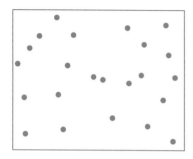

무차별 대입 알고리즘은 모든 점을 취한 후 평면의 다른 모든 점과의 거리를 찾습니다. 그리고 최소 거리에 있는 점과 최소 거리를 추적합니다. $O(n^2)$ 시간에 가장 가까운 두 점을 찾습니다.

그래프를 두 부분(왼쪽과 오른쪽 부분)으로 나누는 수직선이 있다고 가정합니다. 무차별 대입 알고리즘에서는 왼쪽 절반의 모든 점과 오른쪽 절반의 점을 비교합니다. 이때 추가 작업을 수행합니다.

▼ 그림 17-7

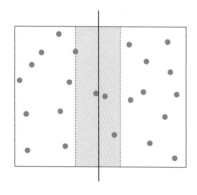

최솟값을 찾을 때 다음 세 가지만 고려하면 됩니다.

- 오른쪽 절반에서 가장 가까운 두 점
- 왼쪽 절반에서 가장 가까운 두 점
- 두 반쪽의 경계 영역에서 가장 가까운 두 점(회색)

매번 공간 S를 수직선으로 S_1과 S_2의 두 부분으로 나눕니다. S_1과 S_2에서 재귀적으로 가장 가까운 두 점을 계산합니다. 공간 S_1의 최소 거리를 δ_1로, 공간 S_2의 최소 거리를 δ_2라고 하고 $\delta = \min(\delta_1, \delta_2)$를 찾습니다.

다음으로 경계 영역에서 가장 가까운 두 점을 찾습니다. 양쪽의 δ 너비의 경계 범위에서 S1과 S2로부터 각각 한 점을 선택합니다. p ∈ S1이고 q ∈ S2일 때, 후보인 두 점을(p, q)라고 합니다.

▼ 그림 17-8

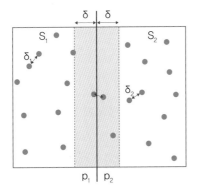

모든 점을 스캔해 모든 점이 경계 영역에 있음을 발견함으로써 선형 시간 O(n)에 이 지역에 있는 점을 찾을 수 있습니다. 이제 O(nlogn) 시간에 경계 지역에 있는 점들의 거리를 Y축에서 오름차순으로 정렬할 수 있습니다. 그런 다음 경계 지역의 점들을 스캔하고 하나의 선형 패스로 최솟값을 얻습니다. 가장 가까운 두 점은 서로 멀리 떨어져 있을 수 없습니다.

다음 그림을 살펴보겠습니다.

▼ 그림 17-9

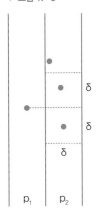

다음으로 할 질문은 얼마나 많은 점을 비교해야 하는가입니다. Y축으로 정렬된 점을 δ 범위에서만 비교해야 하므로 점의 수는 6개로 줄어듭니다.

▼ 그림 17-10

이렇게 함으로써 다음과 같은 방정식을 얻습니다.

$$T(n) = 2T(n/2) + n + n\log n + 6n = O(n(\log n)^2)$$

방정식을 더 최적화할 수 있을까요? 물론입니다. 초기에 X 좌표로 점을 정렬할 때 Y 좌표로도 정렬합니다. 문제를 나눌 때 Y 좌표 목록도 탐색하고 S1과 S2 모두에 해당하는 Y 좌표 목록을 구성합니다. 그리고 이 목록을 함수에 전달합니다. Y 좌표 목록이 함수에 전달되기 때문에 δ 영역의 점은 Y 좌표에서 O(n) 시간에 단일 패스로 정렬됩니다.

$$T(n) = 2T(n/2) + n + n + 6n = O(n\log n)$$

예제 17-9

```
// 가장 가까운 두 점을 찾습니다.
// 입력: 좌표로 정렬된 n개 점의 집합
// 출력: 가장 가까운 두 점 사이의 거리

ClosestPair(P)
    if n < 2 then r
        return ∞
    else if n = 2 then
        return 두 점의 거리
    else
        m = x 좌표의 중간값
        δ1 = ClosestPair(x < m인 점들)
        δ2 = ClosestPair(points with x > m인 점들)
        δ = min(δ1, δ2)
        δ3 = m −δ < x < m + δ인 점들을 처리
        return min(δ, δ3)
```

먼저 점들을 X와 Y 좌표로 정렬해 전처리합니다. 두 개의 별도 목록을 사용해 정렬된 점을 유지합니다. 하위 문제를 재귀적으로 해결하기 전에 해당 하위 문제의 정렬된 목록을 전달합니다.

18^장

동적 계획법

동적 계획법은 동일한 하위 문제의 반복 계산을 피하려고 사용합니다. 이 방법에서는 하위 문제의 결과를 테이블 같은 일부 자료 구조에 저장하고 하위 문제를 다시 계산하기 전에 이미 계산했는지 확인합니다.

18.1 피보나치 수

예제 18-1

```c
int fibonacci(int n)
{
    if (n <= 1) {
        return n;
    }
    return fibonacci(n - 1) + fibonacci(n - 2);
}
```

분할 정복을 사용하면 같은 하위 문제를 반복해서 풀기 때문에 알고리즘 성능이 저하됩니다. 이 알고리즘은 지수 시간 복잡도를 가지지만, 하위 문제의 결과를 정렬하면 피보나치 같은 문제를 선형 시간에 풀 수 있습니다.

▼ 그림 18-1

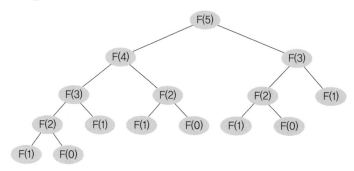

```
int fibonacci(int n)
{
    int first = 0;
    int second = 1;
    int i, temp = 0;

    if (n == 0) {
        return first;
    }
    else if (n == 1) {
        return second;
    }

    i = 2;
    while (i <= n) {
        temp = first + second;
        first = second;
        second = temp;
        i += 1;
    }

    return temp;
}
```

분석 이 알고리즘을 사용하면 피보나치 수를 선형 시간 복잡도와 상수 공간 복잡도에 구합니다.

18

동적 계획법

PROBLEM SOLVING ALGORITHMS

18.2 / 조립 라인 계획

그림과 같이 두 개의 조립 라인이 있는 생산 체인을 사용해 자동차를 만드는 데 필요한 최소 시간을 계산하는 문제를 생각해 봅니다.

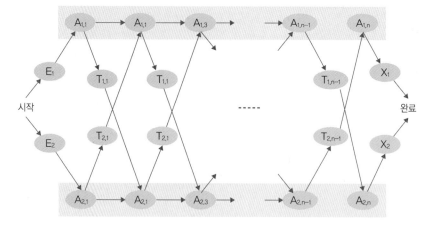

문제의 변수는 다음과 같습니다.

- e[i] 조립 라인 i의 진입 시간
- x[i] 조립 라인 i의 종료 시간
- a[i, j] 스테이션 S[i, j](조립 라인 i, 단계 j)에서 필요한 시간
- t[i, j] 스테이션 S[i, j]에서 다른 조립 라인으로 이동하는 데 필요한 시간

프로그램은 다음을 계산해야 합니다.

- 자동차 한 대 생산에 필요한 최소 시간
- 가능한 한 빨리 차를 조립하기 위해 순회해야 할 스테이션 배열

생산 체인에서 스테이션은 50개를 넘지 않습니다. 무차별 대입 방법으로 이 문제를 해결하면 총 2^n개의 서로 다른 조합이 있으므로 시간 복잡도는 $O(2^n)$입니다.

1단계 최적 해결책의 구조 특성화

가장 빠른 조립 시간을 계산하려면 $S1_n$까지 가장 빠른 시간, $S2_n$까지 가장 빠른 시간과 n번째 부품의 조립 시간만 알면 됩니다. 추가 시간 x1과 x2를 고려해서 두 개의 출구 중 하나를 선택합니다. 그다음 $S1_n$까지 가장 빠른 시간을 계산하려면 $S1_{n-1}$과 $S2_{n-1}$까지 가장 빠른 시간만 알면 됩니다. 역시 두 가지 중 하나만 선택하면 됩니다.

2단계 계산 값의 재귀적 정의

$$f1[j]=\begin{cases} e1+a1,\ 1 & j가\ 1이라면, \\ \min(f1[j-1]+a1,\ j,\ f2[j-1]+t2,\ j-1+a1,\ j) & j가\ 2보다\ 크거나\ 같다면, \end{cases}$$

$$f2[j]=\begin{cases} j가\ 1이라면,\ e2+a2 \\ j가\ 2보다\ 크거나\ 같다면,\ \min(f2[j-1]+a2,\ j,\ f1[j-1]+t1,\ j-1+a2,\ j) \end{cases}$$

3단계 마지막으로 f^*의 가장 빠른 시간을 계산합니다.

4단계 $fi[j]$에 대한 선택을 $li[j]$로 계산해서(첫 번째 또는 두 번째 항의 최솟값 여부) 가장 빠른 경로를 계산합니다. 또한 f^*에 대한 선택을 1^*로 계산합니다.

예제 18-3

```
FASTEST-WAY(a, t, e, x, n)
    f1[1] ← e1 + a1,1
    f2[1] ← e2 + a2,1
    for j ← 2 to n do
        if f1[j - 1] + a1, j ≤ f2[j - 1] + t2, j - 1 + a1, j then
            f1[j] ← f1[j - 1] + a1, j
            l1[j] ← 1
        else f1[j] ← f2[j - 1] + t2, j - 1 + a1, j
                l1[j] ← 2
        if f2[j - 1] + a2, j ≤ f1[j - 1] + t1, j - 1 + a2, j then
            f2[j] ← f2[j - 1] + a2, j
            l2[j] ← 2
        else f2[j] ∞ f1[j - 1] + t1, j - 1 + a2, j
                l2[j] ← 1
    if f1[n] + x1 ≤ f2[n] + x2 then
        f* = f1[n] + x1
        l* = 1
    else f* = f2[n] + x2
        l* = 2
```

18.3 최장 증가 부분 수열

PROBLEM SOLVING ALGORITHMS

정수 배열에서 오름차순으로 가장 큰 부분 수열을 찾습니다. 상대적인 순서가 변하지 않도록 배열에서 원소를 선택해 최장 증가 수열을 찾아야 합니다. 예를 들어 입력이 [10, 12, 9, 23, 25, 55, 49, 70]이면 출력은 [10, 12, 23, 25, 49, 70]에 해당하는 6개 원소입니다. V를 입력 배열이라고

하면 i번째 최적의 하위 구조는 j < k이고 V[j] < V[k]인 j와 k에 대해 LIS(k) = max(LIS(j)) + 1이 됩니다.

예제 18-4

```
LIS(v[], n)
    for i ← 1 to n do
        length[i] ← 1
    for j ← 0 to i do
        if v[i] < v[j] and length[i] < length[j] + 1 then
            length[i] ← length[i] + 1
    return max (length[i] where 1 ≤ i ≤ n)
```

분석 시간 복잡도는 $O(n^2)$이며, 공간 복잡도는 $O(n)$입니다.

18.4 최장 바이토닉 부분 수열

배열에서 최장 바이토닉 부분 수열[1]의 길이를 구합니다.

예제 18-5

```
int LBS(int arr[], int size)
{
    int maxValue = 0;
    int* lis = (int*)malloc(sizeof(int) * size);
    int* lds = (int*)malloc(sizeof(int) * size);
    memset(lis, 0x0, sizeof(int) * size);
    memset(lds, 0x0, sizeof(int) * size);

    for (int i = 0; i < size; i++) {
        for (int j = 0; j < i; j++) {
            if (arr[j] < arr[i] && lis[i] < lis[j] + 1) {
                lis[i] = lis[j] + 1;
            }
```

---

1 [역주] 최장 증가 부분 수열 + 최장 감소 부분 수열을 합치면 최대 길이인 수열입니다.

```
        }
    }

    for (int i = size - 1; i >= 0; i--) {
        for (int j = size - 1; j >= i; j--) {
            if (arr[j] < arr[i] && lds[i] < lds[j] + 1) {
                lds[i] = lds[j] + 1;
            }
        }
    }

    for (int i = 0; i < size; i++) {
        if ((lis[i] + lds[i] + 1) > maxValue) {
            maxValue = (lis[i] + lds[i] + 1);
        }
    }
    return maxValue;
}

int main()
{
    int arr[] = { 1, 6, 3, 11, 1, 9, 5, 12, 3, 14, 6, 17, 3, 19, 2, 19 };
    int ans = LBS(arr, 16);
    printf("result %d\n", ans);
    return 1;
}
```

18.5 연쇄 행렬 곱셈

연쇄 행렬 곱셈(matrix chain multiplication) 문제는 **연쇄 행렬 순서**(matrix chain ordering) 문제 또는 행렬 문제의 **최적 괄호 묶기**(optimal parenthesization)라고도 합니다. 일련의 행렬 M = M1 … Mn 이 있을 때 이 문제의 목표는 이 행렬을 가장 효율적으로 곱하는 방법을 찾는 것입니다. 문제는 실제로 곱하는 것이 아니라 곱하는 순서를 결정해서 최소 연산으로 결과를 계산하는 것입니다.

pXq와 qXr 차원의 두 행렬 곱을 계산하려면 pqr번의 연산이 필요합니다. 행렬 곱셈에서는 결합법칙이 성립하므로 행렬 곱셈을 여러 방법으로 수행할 수 있습니다. 예를 들어 행렬 M_1, M_2, M_3, M_4는 다음과 같은 조합의 괄호로 묶을 수 있습니다.

$$(M_1 \cdot (M_2 \cdot (M_3 \cdot M_4)))$$
$$(M_1 \cdot ((M_2 \cdot M_3) \cdot M_4))$$
$$((M_1 \cdot M_2) \cdot (M_3 \cdot M_4))$$
$$(((M_1 \cdot M_2) \cdot M_3) \cdot M_4)$$
$$((M_1 \cdot M_2 \cdot M_3) \cdot M_4)$$

M_1의 차원이 10×100, M_2의 차원이 100×10, M_3의 차원이 10×50이라고 하면 곱셈 횟수는 다음과 같습니다.

$$((M_1 \cdot M_2) \cdot M_3) = (10 \times 100 \times 10) + (10 \times 10 \times 50) = 15000$$
$$(M_1 \cdot (M_2 \cdot M_3)) = (100 \times 10 \times 50) + (10 \times 100 \times 50) = 100000$$

따라서 이 문제에서 곱셈 비용을 최소화하려면 연쇄 행렬을 괄호로 묶어야 합니다.

M_1, M_2 ... M_n이라는 n개의 행렬이 있고, 이 행렬의 차원은 p_0, p_1, p_2 ... p_n입니다. 여기서 행렬 Ai의 차원은 $1 \leq i \leq n$일 때 $p_{i-1} \times p_i$입니다. 총 곱셈 횟수를 최소화하는 곱셈의 순서를 결정하세요.

무차별 대입으로 이 문제를 풀면 가능한 모든 괄호로 묶는 조합을 찾은 후 곱셈 비용을 계산합니다. 그런 다음 최상의 해결책을 선택합니다. 본질적으로 이 접근법의 수행 시간은 지수적으로 증가합니다.

무차별 대입 접근법에는 부족한 점이 있습니다. M_1, M_2 ... M_n의 예를 봅시다. $((M_1 \cdot M_2) \cdot M_3)$이 $(M_1 \cdot (M_2 \cdot M_3))$보다 낮다고 계산했으므로 $(M_1 \cdot (M_2 \cdot M_3))$와 $(M_4, M_5 ... M_n)$의 조합은 계산할 필요가 없습니다.

18.5.1 최적 하위 구조

$M(1, n)$이 $M_1 ... M_n$의 최적 곱셈 비용이라고 가정합니다. 배열 p[ ]에 행렬의 차원을 기록합니다. $1 \leq i \leq n$일 때 p[0]은 M_1의 행이 되고 p[i] = M_i의 열이 됩니다.

어떤 k에 대해 M(1, n) = M(1, k) + M(k+1, n) + $p_0 \times p_k \times p_n$라고 할 때, M(1, n)이 최소면 M(1, k)와 M(k+1, n) 둘 다 최소입니다. 그렇지 않고 M(1, k)보다 작은 비용의 M'(1, k)가 있으면 M(1, n)은 최소가 아니며 다른 최적의 해결책이 있습니다.

지금까지 내용을 i와 j로 일반화하면 M(i, j) = M(i, k) + M(k+1, j) + (pi-1) × pk × pj가 됩니다.

점화식(관계식)

$$M(i, j) = \begin{cases} i = j \text{ 라면,} & e2 + a2 \\ i \leq k < j \text{라면,} & \min\{M(i, k) + M(k, J) + (p_i\text{-}1) \times p_k \times p_j\} \end{cases}$$

18.5.2 하위 문제 겹침

❤ 그림 18-3

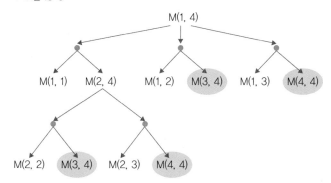

1. 재귀 함수를 직접 호출하면 같은 하위 문제를 여러 번 계산합니다.

예제 18-6

```
MatrixChainMultiplication(p[])
    for i = 1 to n
        M[i, i] = 0
        for l = 2 to n // l은 움직이는 선입니다.
            for i = 1 to n - l + 1
                j = i + l - 1
                M[i, j] = min {M(i, k) + M(k, j) + pi - 1 - pk - pj }, i ≤ k < j
```

분석 최적의 괄호 해결책을 구성해서 시간 복잡도는 $O(n^3)$입니다.

2. 다른 테이블 s[1 ... n, 1 ... n]을 사용합니다. Mi, M_{i+1} ... M_j에서 M_k와 M_{k+1}로 나눈 곱셈이 최적의 괄호 묶기가 되는 k 값을 s[i, j]에 기록합니다.

예제 18-7

```
MatrixChainMultiplication(p[])
    for i = 1 to n
        M[i, i] = 0
    for l = 2 to n // l은 움직이는 선입니다
        for i = 1 to n − l + 1
            j = i + l − 1
            M[i, j] = min {M(i, k) + M(k, j) + pi − 1 − pk − pj}, i ≤ k < j
            S[i, j] = k for min {M(i, k) + M(k, j) + pi − 1 − pk − pj}, i ≤ k < j
```

예제 18-8

```
MatrixChainMultiplication(p[])
    for i = 1 to n
        M[i, i] = 0
    for l = 2 to n // l은 움직이는 선입니다
        for i = 1 to n − l + 1
            j = i + l − 1
            for k = i to j
                if ((M(i, k) + M(k, j) + pi − 1 − pk − pj) < M[i, j]
                    M[i, j] = (M(i, k) + M(k, j) + pi − 1 − pk − pj)
                    S[i, j] = k
```

예제 18-9

```
PrintOptimalParenthesis(s[], i, j)
    if i = j
        print Ai
    else
        print "("
        PrintOptimalParenthesis(s[], i, s[i, j])
        PrintOptimalParenthesis(s[], s[i, j], j)
        print ")"
```

18.6 / 최장 공통 부분 수열

$X = \{x_1, x_2 \dots x_m\}$는 문자 수열이고, $Y = \{y_1, y_2 \dots y_n\}$는 다른 수열이라고 합시다. Z는 X의 일부 원소를 제거한 X의 부분 수열이며, Y의 일부 원소를 제거한 Y의 부분 수열입니다. Z는 X와 Y의 부분 수열로 최장 공통 부분 수열(LCS, Longest Common Subsequence)입니다. 모든 공통 부분 수열은 Z보다 작습니다.

18.6.1 최적 하위 구조

두 수열 $X = \{x_1, x_2 \dots x_m\}$와 $Y = \{y_1, y_2 \dots y_n\}$에 대해 $Z = \{z_1, z_2 \dots z_k\}$를 X와 Y의 최장 공통 부분 수열이라고 합시다.

- 만약 $x_m = y_n$이라면, $z_k = x_m = y_n$이므로 Z_{k-1}는 X_{m-1}과 Y_{n-1}의 최장 공통 부분 수열입니다.
- 만약 $x_m\ != y_n$이라면
    - $z_k\ != x_m$이므로 Z는 X_{m-1}과 Y의 최장 공통 부분 수열입니다.
    - $z_k\ != y_n$이므로 Z는 X와 Y_{n-1}의 최장 공통 부분 수열입니다.

점화식(관계식)

만약 c[i, j]가 $X = \{x_1, x_2 \dots x_i\}$와 $Y = \{y_1, y_2 \dots y_j\}$의 공통 부분 수열의 길이라고 하면, c[n, m]은 X와 Y의 최장 공통 부분 수열의 길이입니다.

$$c[i, j] = \begin{cases} i = 0 \text{ 또는 } j = 0\text{이면,} & 0 \\ j > 0\text{이고, } x_i = y_i\text{이면,} & c[i-1, j-1] + 1 \\ \text{그렇지 않으면,} & \max(c[i-1, j], c[i, j-1]) \end{cases}$$

예제 18-10

```
LCS(X[], m, Y[], n)
    for i = 1 to m
        c[i, 0] = 0
    for j = 1 to n
        c[0, j] = 0
    for i = 1 to m
```

```
    for j = 1 to n
        if X[i] == Y[j]
            c[i, j] = c[i-1, j-1] + 1
            b[i, j] = ↖
        else
            if c[i-1, j] ≥ c[i, j-1]
                c[i, j] = c[i-1, j]
                b[i, j] = ↑
            else
                c[i, j] = c[i, j-1]
                b[i, j] = ←
```

예제 18-11

```
PrintLCS(b[],X[], i, j)
    if i = 0
        return
    if j = 0
        return
    if b[i, j] = ↖
        PrintLCS(b[], X[], i - 1, j - 1)
        print X[i]
    else if b[i, j] = ↑
        PrintLCS(b[], X[], i - 1, j)
    else
        PrintLCS(b[], X[], i, j - 1)
```

18.7 / 동전 교환 문제

액면가 $D = \{d_1 \dots d_n\}$의 동전으로 금액 n을 만들 때 가장 적은 수의 동전으로 구성하는 방법에서 탐욕 알고리즘은 항상 총금액을 초과하지 않는 가장 큰 동전 값을 선택했습니다. 예를 들어 동전 액면가가 {5, 10, 20, 25, 50,100}일 때 40원을 만든다면 {25, 10, 5}가 됩니다. 이는 문제의 최적 해결책은 아닙니다. 최적 해결책은 {20, 20}입니다.

1단계 동전 교환 문제의 해결책 구조를 특징화합니다. $C[j]$를 j원 구성하는 데 필요한 최소 동전 수라고 정의합니다. j원을 구성할 때 액면가 d_i의 동전을 사용한 최적 해결책을 안다면 다음 식이 성립합니다.

$$C[j] = 1 + C[j - di]$$

2단계 최적 해결책의 값을 재귀적으로 정의합니다.

3단계 상향식으로 값을 계산합니다.

예제 18-12

```
CoinExchange(n, d[], k)
    C[0] = 0
    for j = 1 to n do
        C[j] = infinite
    for i = 1 to k do
        if j < di and 1 + C[j - di] < C[j] then
            C[j] = 1 + C[j - di]
    return C
```

분석 시간 복잡도는 $O(nk)$입니다.

4단계 최적 해결책을 구성합니다. 추가 목록 Deno[1 ... n]을 사용합니다. 여기서 Deno[j]는 최적 해결책에서 사용한 동전의 액면가입니다.

예제 18-13

```
CoinExchange(n, d[], k)
    C[0] = 0
    for j = 1 to n do
        C[j] = infinite
    for i = 1 to k do
        if j < di and 1 + C[j - di] < C[j] then
            C[j] = 1 + C[j - di]
            Deno[j] = di
    return C
```

예제 18-14

```
PrintCoins(Deno[], j)
    if j > 0
        PrintCoins(Deno, j - Deno[j])
    print Deno[j]
```

19^장

백트래킹

누군가가 1에서 9까지의 세 자리 숫자로 된 번호로 여는 자물쇠를 준다고 가정해 봅시다. 자물쇠의 정확한 비밀번호는 모릅니다. 올바른 비밀번호를 찾을 때까지 모든 조합을 확인해 봐야 합니다. '111'로 시작해 '112' 순으로 확인합니다. '999'에 도달하기 전에 키를 얻게 됩니다. 이 과정이 **백트래킹**(backtracking)입니다.

19.1 N 여왕 말 문제

N×N 체스판에 N개의 여왕 말을 서로 공격하지 않도록 배치해야 합니다.

예제 19-1

```c
int Feasible(int *Q, int k)
{
    for (int i = 0; i < k; i++) {
        if (Q[k] == Q[i] || abs(Q[i] - Q[k]) == abs(i - k)) {
            return 0;
        }
    return 1;
}

void NQueens(int *Q, int k, int n)
{
    if (k == n) {
        print(Q, n);
        return;
    }
    for (int i = 0; i < n; i++) {
        Q[k] = i;
        if (Feasible(Q, k)) {
            NQueens(Q, k + 1, n);
        }
    }
}

int main()
{
```

```
    int Q[8];
    NQueens(Q, 0, 8);
    return 0;
}
```

19.2 하노이의 탑

하노이의 탑(tower of Hanoi)은 프로그래밍 세계에서 유명한 문제로, 원반을 한 막대에서 다른 막대로 옮길 때 큰 원반 위에 작은 원반을 놓지 못하는 문제입니다. 기원은 인도로 거슬러 올라갑니다. 인도의 한 사원에는 64개의 황금 원반으로 둘러싸인 세 개의 오래된 기둥이 있습니다. 고대 힌두교 예언을 수행하는 브라만 사제들은 우주의 창조자인 브라마의 불변의 법칙에 따라 이 원반을 태초부터 옮겨 왔습니다. 그래서 이 문제는 '브라마의 탑'이라고도 알려져 있습니다. 예언에 따르면 마지막 동작을 완성할 때 세상이 끝납니다.

❤ 19-1 하노이의 탑

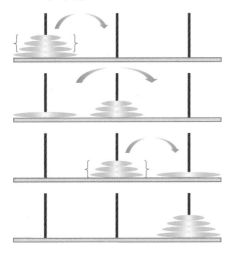

```
void towers(int num, char from, char to, char temp)
{
    if (num < 1) {
        return;
    }
    towers(num - 1, from, temp, to);
    printf("\n디스크 %d을(를) 막대 %c에서 막대 %c로 옮겨라", num, from, to);
    towers(num - 1, temp, to, from);
}

int main()
{
    int num=10;
    printf("하노이의 탑에서 이동은 다음과 같습니다.\n");
    towers(num, 'A', 'C', 'B');
    return 0;
}
```

20장

복잡도 이론

계산 복잡도는 문제를 푸는 데 필요한 자원의 양입니다. 자원은 다음 두 가지 유형이 있습니다.

- **시간** 문제 해결에 필요한 단계의 수
- **공간** 문제 해결에 필요한 메모리의 양

20.1 결정 문제

복잡도 이론 대부분은 **결정 문제**(decision problem)를 다룹니다. 결정 문제는 항상 '예' 또는 '아니요' 의 답이 있습니다. 많은 문제를 결정 문제로 변환할 수 있는데, 예를 들면 다음과 같습니다.

1. 검색: '배열에 특정 숫자가 있는지 찾습니까?'라고 묻는다면 원소를 검색하는 문제를 결정 문제 로 변환할 수 있습니다.

2. 배열을 정렬하고 정렬되어 있는지 확인하면 '배열이 오름차순으로 정렬되어 있습니까?'라는 결 정 문제로 만들 수 있습니다.

3. 그래프 색칠 알고리즘: 이 알고리즘은 'X개의 색을 사용해 그래프를 칠할 수 있습니까?'라는 결 정 문제로 변환할 수 있습니다.

4. 해밀턴 순환: '모든 노드에서 경로가 있습니까? 각 노드를 정확히 한 번 방문하고 멈추지 않고 시작 노드로 돌아옵니까?'라는 결정 문제로 변환할 수 있습니다.

20.2 복잡도 클래스

문제는 난이도 또는 주어진 해결책이 맞는지를 확인하는 것이 얼마나 어려운가에 따라 여러 클래 스로 나뉩니다.

20.2.1 P 클래스 문제

P 클래스는 다항 시간에 풀 수 있는 일련의 문제로 구성됩니다. n이 입력 크기이고 k가 상수(n에 종속적이지 않음)일 때, P 문제의 복잡도는 $O(n^k)$입니다.

정의 P 클래스는 다항식 함수에 의해 한정된 유한한 수의 단계에서 튜링 기계 알고리즘이 '예/아니오'로 답할 수 있는 모든 결정 문제를 포함합니다. 예를 들면 수열 a_1, a_2, a_3 ... a_n에서 숫자 X가 있는지 찾는데, 선형 시간(다항 시간)에 숫자 X를 검색할 수 있습니다. 또 다른 예로, 수열 a_1, a_2, a_3 ... a_n을 정렬해야 하면 버블 정렬을 사용해서 다항 시간으로 정렬하고 배열할 수 있습니다. 버블 정렬은 선형 시간이기도 합니다.

> Note ≡ O(logn)도 다항식입니다. O(nk)보다 복잡도가 낮은 알고리즘은 다항식입니다.

P 클래스의 문제는 다음과 같습니다.

- 최단 거리
- 최소 신장 트리
- 최대화 문제
- 최대 유량 그래프 문제
- 볼록 껍질

20.2.2 NP 클래스 문제

다항 시간 검사 알고리즘이 있는 문제 집합입니다. 다항 시간에 해당 해결책이 맞는지 확인할 수 있다면 NP 문제입니다.

정의 NP 클래스는 주어진 해결책이 올바른 '예/아니요' 답변인지 다항식 시간에 검증할 수 있는 '증명' 또는 '인증'이 있는 모든 결정 문제를 포함합니다.

> Note ≡ 다항 시간 안에 이 문제를 해결할 수 있다는 보장은 없습니다. 그러나 문제가 NP 문제이면 다항 시간에 답변을 검증할 수 있습니다.

NP는 '비다항식(non-polynomial)'을 의미하지 않습니다. 실제로 '비결정적 다항식(non-deterministic polynomial)' 유형의 문제로, 비결정적 튜링 기계로 다항식 시간에 해결할 수 있는 문제입니다. 각 시점에서 모든 가능성을 병렬로 실행합니다. 가능한 선택이 n개 있다면 n개의 경우가 모두 병렬로 실행됩니다. 비결정적 컴퓨터는 없습니다. 병렬 컴퓨팅에서는 CPU 수가 제한되어 있으니 병렬 컴퓨팅과 혼동하지 마세요. 16 코어 또는 32 코어일 수 있지만, N-코어일 수는 없습니다.

간단히 말해 NP 문제는 해결책이 제공되면 다항 시간에 해결책이 올바른지 아닌지를 검증할 수 있는 문제입니다.

불 충족 가능성 문제

불(bool) 공식은 값 0과 1이 변수에 할당되어 1로 평가되면 충족합니다.

$$(A_1 \lor A_2 \dots) \land (A_2 \lor A_4 \dots) \dots \land (\dots \lor A_n)$$

총 n개의 다른 불 변수 A_1, A_2 … A_n과 m개의 괄호가 있습니다. 각 괄호에는 k개 변수가 들어 있습니다. n개 변수가 있으므로 해결책의 수는 2n입니다. 그리고 해결책이 실제로 방정식을 1로 평가하는지 검증하려면 총 (2n × km) 단계가 걸립니다. 이 문제의 해결책으로 공식이 km 단계를 만족하는지 여부를 확인할 수 있습니다.

해밀턴 순환

해밀턴 순환(hamiltonian cycle)은 그래프의 모든 노드로부터의 경로로, 각 노드를 정확히 한 번 방문하고 중단 없이 시작 노드로 돌아옵니다.

이것은 NP 문제이며, 해결책이 있다면 모든 노드가 경로에 있고 시작한 곳으로 돌아오는지를 확인해야 합니다. 확인은 선형 시간으로 완료됩니다. 방향 그래프에 해밀턴 순환이 있는지 여부를 결정하는 다항 시간 알고리즘은 없습니다. 그러나 누군가 정점 수열을 제공하면 수열이 해밀턴 순환을 형성하는지 결정하는 것은 다항 시간(선형 시간)에 수행할 수 있습니다.

클릭 문제

주어진 그래프에서 크기가 k 이상인 클릭이 있는지 확인합니다. 클릭(clique)은 모든 노드가 완전하게 연결된 부분 그래프입니다. 이 문제는 NP 문제로, 주어진 노드 집합에서 클릭 여부를 쉽게 확인할 수 있습니다.

예를 들면 다음과 같습니다.

▼ 그림 20-2 클릭

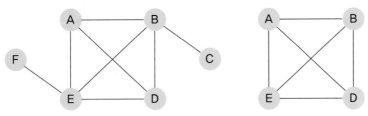

소수 찾기

소수 찾기는 NP 문제입니다. 해결책이 주어지면 다항 시간에 소수 여부를 쉽게 확인할 수 있습니다. 소수는 암호화에 많이 사용되어 소수 찾기는 중요합니다.

예제 20-1

```c
int isPrime(int n)
{
    int answer = (n>1)? 1: 0;
    for (int i = 2; i * i <= n; ++i) {
        if (n % i == 0) {
            answer = 1;
            break;
        }
    }
    return answer;
}
```

숫자의 제곱근까지 확인하므로 시간 복잡도는 $O(\sqrt{n})$입니다. 따라서 소수 찾기는 다항 시간 내에 해결책을 검증할 수 있으므로 NP 문제입니다.

그래프 이론은 다음과 같은 놀라운 문제 집합을 가지고 있습니다.

- 최단 경로 알고리즘입니까?
- 최장 경로는 NP 완전입니다.
- 오일러 투어(Eulerian tour)는 다항 시간 문제입니다.
- 해밀턴 투어(Hamiltonian tour)는 NP 완전입니다.

20.2.3 co-NP 클래스

co-NP 클래스는 다항 시간 검사 알고리즘이 있는 문제의 집합입니다. 다항 시간 내에 주어진 해결책이 틀렸음을 확인할 수 있다면 co-NP 문제입니다.

정의 co-NP 클래스는 올바른 '예/아니요' 답변이 없는지 다항 시간에 증명할 수 있는 모든 결정 문제를 포함합니다.

▼ 그림 20-3 P와 NP, co-NP의 관계

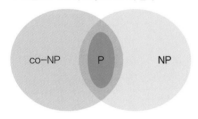

P 클래스는 NP 클래스의 부분 집합

모든 P 문제는 NP 문제입니다($P \subseteq NP$). 즉, P 문제 집합은 NP 문제의 부분 집합입니다.

검색

숫자 수열 a_1, a_2, a_3 … a_n이 있을 때, 이 목록 안에서 숫자 X를 찾는 것이 P 문제라는 것을 알고 있습니다. 따라서 숫자 X가 이 수열 안에 있다면 모든 항목을 다시 조사해서 다항 시간(선형 시간)에 답이 올바른지 확인할 수 있습니다.

정렬

배열 b_1, b_2, b_3 ... b_n이 정렬되어 있다면 주어진 목록을 반복해서 다항 시간(선형 시간)에 배열이 정말 정렬되어 있는지 확인할 수 있습니다.

20.2.4 NP-난해

모든 NP 문제를 다항 시간으로 줄일 수 있다면 문제는 NP-난해(NP-hard)입니다.

▼ 그림 20-4 NP-난해

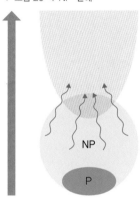

20.2.5 NP-완전

NP 문제면서 NP-난해 문제면 NP-완전입니다. NP-완전은 다음 두 속성을 모두 따라야 합니다.

- 다항 시간에 해결책을 검증할 수 있습니다.
- 다항 시간에 모든 NP 문제가 NP-완전 문제로 환원됩니다.

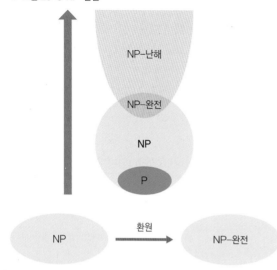

❤ 그림 20-5 NP-완전

모든 NP 문제는 다항 시간에 NP-완전 문제로 환원할 수 있습니다. 다항 시간에 NP-완전 문제의 해결책을 찾을 수 있다면 다항 시간에 모든 NP 문제를 해결할 수 있습니다. 그러나 지금까지 아무도 다항 시간 내에 NP-완전 문제의 해결책을 찾지 못했습니다.

$P \neq NP$

20.2.6 환원

한 문제를 다른 문제로 바꾸는 과정을 환원(reduction)라고 합니다. 변환 시간은 다항 시간이어야 합니다. 만약 A 문제를 B 문제로 변형하고 다항 시간에 B의 해결책을 찾는다면 A도 다항 시간에 해결할 수 있습니다.

예제 $ax^2 + bx + c = 0$라는 방정식을 해결하는 이차 방정식 해법기가 있으면 입력 a, b, c로 출력 r_1, r_2를 생성합니다. 선형 방정식 $2x + 4 = 0$을 풀어봅시다. 두 번째 방정식을 환원해 첫 번째 방정식으로 변환할 수 있습니다.

$2x + 4 = 0$ ---- ❶

$X^2 + 2x + 4 = 0$ ---- ❷

지도책을 색칠하는데, 각 나라를 같은 색이 되지 않도록 색칠해야 합니다. 다음 그림처럼 다양한 나라가 있다고 가정해 보겠습니다. 그림에서 다른 패턴은 다른 색을 나타냅니다.

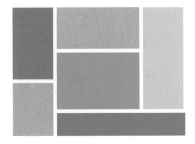

지도 색칠 문제는 그래프 색칠 문제로 환원할 수 있습니다. 그래프 색칠 문제의 해결책을 안다면 같은 해결책을 지도 색칠 문제에도 사용할 수 있습니다. 그래프의 각 노드는 한 나라를 나타내며, 인접 나라의 관계는 노드 사이의 간선으로 나타냅니다.

▼ 그림 20-7 지도 색칠 문제의 환원

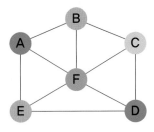

정렬 문제를 볼록 껍질 문제로 환원합니다.

SAT를 3SAT로 줄입니다.

PROBLEM SOLVING ALGORITHMS

20.3 / 정리

NP-완전 문제를 해결할 수 있는 다항 시간 알고리즘을 만든 사람은 없지만, 많은 중요한 알고리즘이 여기에 의존합니다. 그러나 동시에 다항 시간 알고리즘이 불가능함을 아무도 증명하지 못했습니다. 다항 시간에 NP-완전 문제를 해결하는 사람은 백만 달러의 상금을 받을 수 있습니다(클레이 수학연구소의 밀레니엄 문제). 대부분 은행이 공개키 암호화에 의존하므로 P = NP 해결책을 찾는다면 전 세계 경제에 문제가 생길 수 있습니다.

시간 복잡도

구분	내용	시간 복잡도
알고리즘	n개 원소의 정렬된 배열에서 이진 검색하기	$O(\log n)$
	n개 원소의 문자열 반전하기	$O(n)$
	n개 원소의 정렬되지 않은 배열에서 선형 검색하기	$O(n)$
	길이 L1, L2인 두 문자열의 비교하기	$O(\min(L1, L2))$
	동적 계획법으로 n번째 피보나치 수 계산하기	$O(n)$
	n개 문자열이 팰린드롬인지 확인하기	$O(n)$
	아호-코라식(Aho-Corasick) 알고리즘으로 다른 문자열에서 문자열 찾기	$O(n)$
	병합 정렬/퀵 정렬/힙 정렬로 n개 원소의 배열 정렬하기	$O(n\log n)$
	버블 정렬로 n개 원소의 배열 정렬하기	$O(n^2)$
	1에서 n까지 2개의 중첩 반복문	$O(n^2)$
	n개 원소와 용량 m의 배낭 문제	$O(n \times m)$
	다른 문자열에서 문자열 찾기(단순한 접근법)	$O(L1 \times L2)$
	1에서 n까지 3개의 중첩 반복문	$O(n^3)$
	28개의 중첩 반복문	$O(n^{28})$
스택	스택 상단에 값 추가하가	$O(1)$
	스택 상단에서 값 제거하기	$O(1)$
	스택 반전하기	$O(n)$
큐	큐의 끝에 값 추가하기	$O(1)$
	큐의 앞에서 값 제거하기	$O(1)$
	큐 반전하기	$O(n)$
힙	힙에 값 추가하기	$O(\log n)$
	힙 상단에서 값 제거하기	$O(\log n)$
해시	해시에 값 추가하기	$O(1)$
	해시에 값이 있는지 확인하기	$O(1)$

1장

1. a. 참, 빅오 표기법은 최고차항의 차수로 표현하고 계수와 낮은 차수의 항은 무시합니다. 5n은 낮은 차수의 항이고 10은 계수이므로 이 둘은 무시하고 최고차항의 차수인 2제곱만 유의미합니다.

   b. 거짓, $n\log n + 4n = O(n\log n)$

   c. 참, $\log(n^2) = 2\log(n)$이므로 $4\log(\log n)$을 낮은 차수의 항이라 무시하면 $O(\log n)$이 됩니다.

   d. 거짓, 12와 3은 각각 계수와 상수로 무시합니다. $n^{1/2}$는 n의 제곱근으로 $O(\sqrt{n})$이 됩니다.

   e. 거짓, 높은 차수 순으로 표시하면 $3^n > n^{20} > n^2$ 순이므로 $O(3^n)$이 됩니다.

2. $O(1)$, 첫 번째 검색에서 바로 찾는 원소를 발견할 때가 최선의 시간 복잡도입니다.

3. $O(n)$, 실제 시간은 n/2에 가까우며 점근적 상한의 빅오 방법으로 계산하면 $O(n)$이 됩니다.

4. 인덱스 i에서 i를 선택하지 않고 배제한다면 그 합은 i−1을 선택하든 선택하지 않든 인접 원소를 선택하지 않는다는 조건을 만족합니다. i는 1부터 n−1까지 반복하면서 i를 포함했을 때와 아닐 때의 합을 업데이트합니다. 마지막에 마지막 원소를 포함한 것과 포함하지 않은 것 중에서 큰 것을 반환하면 됩니다.

```
int FindMaxSum(int arr[], int n)
{
    int incl = arr[0];   /* 포함값 */
    int excl_prev = 0;   /* 이전 제외 값 */
    int excl;            /* 현재 제외 값 */
    for (int i = 1; i < n; i++) {
        /* i를 배제한 현재 최댓값: i - 1을 포함한 합과 i - 1을 제외한 합 중 큰 값 */
        excl = (incl > excl_prev) ? incl : excl_prev;
        /* i를 포함한 현재 최댓값 */
        incl = excl_prev + arr[i];
        /* 이전 제외 값 업데이트 */
        excl_prev = excl;
    }
    /* 최댓값 반환 */
    return ((incl > excl) ? incl : excl);
}
```

4장

1.

```
#define TABLE_LEN 10 // 테이블 크기 제한
#define WORD_LEN 8 // NULL을 제외한 단어의 크기

typedef struct node_t
{
    char key[WORD_LEN + 1];
    int count;
} Node;

void swap(Node arr[], int lhs, int rhs)
{
    Node temp;
    memcpy(&temp, &arr[lhs], sizeof(Node));
    memcpy(&arr[lhs], &arr[rhs], sizeof(Node));
    memcpy(&arr[rhs], &temp, sizeof(Node));
}

// 첫 번째 해결책: 퀵 정렬
void QSort(Node arr[], int lower, int upper)
{
    if (upper <= lower) {
        return;
    }
    int pivot = arr[lower].count;
    int start = lower;
    int stop = upper;

    while (lower < upper) {
        while (arr[lower].count <= pivot) {
            lower++;
        }
        while (arr[upper].count > pivot) {
            upper--;
        }
        if (lower < upper) {
```

```
            swap(arr, upper, lower);
        }
    }

    swap(arr, upper, start); // upper는 pivot의 위치입니다.
    QSort(arr, start, upper - 1); // pivot -1은 왼쪽 부분 배열의 상위 인덱스입니다.
    QSort(arr, upper + 1, stop); // pivot + 1은 오른쪽 부분 배열의 하위 인덱스입니다.
}

// 두 번째 해결책: 퀵 선택
void QSelect(Node arr[], int lower, int upper, int k)
{
    if (upper <= lower) {
        return;
    }
    int pivot = arr[lower].count;
    int start = lower;
    int stop = upper;

    while (lower < upper) {
        while (lower < upper && arr[lower].count <= pivot) {
            lower++;
        }
        while (lower <= upper && arr[upper].count > pivot) {
            upper--;
        }
        if (lower < upper) {
            swap(arr, upper, lower);
        }
    }

    swap(arr, upper, start); // upper는 pivot의 위치입니다.
    if (k < upper) {
        QSelect(arr, start, upper - 1, k); // pivot -1은 왼쪽 부분 배열의 상위 인덱스
    }
    if (k > upper) {
        QSelect(arr, upper + 1, stop, k);  // pivot + 1은 오른쪽 부분 배열의 하위 인덱스
    }
```

```
}

/* 테스트 코드 */
int main()
{
    /* test.txt 파일을 읽기 모드로 열기 */
    FILE *fp = fopen("test.txt", "r");

    /* 파일 끝으로 이동해 파일 크기를 구함 */
    fseek(fp, 0, SEEK_END);
    int size = ftell(fp);

    char* buffer = (char*)malloc(size + 1);
    memset(buffer, 0, size + 1);

    fseek(fp, 0, SEEK_SET);
    fread(buffer, size, 1, fp);
    fclose(fp);
    Node countTable[TABLE_LEN];

    /* 단어별 카운트 */
    int keyCount = 0;
    char tempWord[WORD_LEN + 1] = { 0, };

    int j = 0; // 단어를 파싱하기 위한 인덱스
    for (int i = 0; i < size; i++) {
        /* 단어를 파싱했다면 */
        if (buffer[i] == ' ' || buffer[i] == '\n') {
            bool bFound = false;
            /* 여기서는 단순한 반복문으로 키를 찾도록 구현합니다.
               효율적인 코드를 작성하려면 해시 테이블을 사용합니다. */
            for (int k = 0; k < keyCount; k++) {
                // 카운트 테이블에서 단어를 발견하면
                if (strcmp(countTable[k].key, tempWord) == 0) {
                    countTable[k].count++;
                    bFound = true;
                    break;
                }
```

```
    }
    // 테이블에서 단어를 발견하지 못하면 카운트 테이블에 추가합니다.
    if (!bFound) {
        strcpy(countTable[keyCount].key, tempWord);
        countTable[keyCount].count = 1;
        keyCount++;
    }
    // tempword 초기화
    memset(tempWord, 0x0, WORD_LEN);
    j = 0;
    }
    else {
        tempWord[j++] = buffer[i];
    }
}

// 두 해결책을 실행하기 위해 카운트 테이블 복사
Node countTableCopy[TABLE_LEN];
memcpy(&countTableCopy, &countTable, sizeof(Node)* TABLE_LEN);

///////////////////////////////////
// k를 임의의 수로 정의
int k = 2;
//////////////////////////////////////////////
// 퀵 정렬을 사용한 첫 번째 해결책
QSort(countTable, 0, keyCount - 1);
printf("%d th element: %s, %d\n", k, countTable[k].key, countTable[k].count);
//////////////////////////////////////////////
// 퀵 선택을 사용한 두 번째 해결책
QSelect(countTable, 0, keyCount - 1, k);
printf("%d th element: %s, %d\n", k, countTableCopy[k].key, countTableCopy[k].count);
//////////////////////////////////////////////
free(buffer);
return 0;
}
```

2. _____

```
#define MAX_SIZE 100

typedef struct node_T
{
    int id;
    int value;
} Node;

typedef struct PQ
{
    // 최대 힙
    Node heap[MAX_SIZE];
    int size;
    const Node END = { -1, -1 };

    PQ() {
        size = 0;
    }

    void swap(Node* lhs, Node *rhs) {
        Node tmp = *lhs;
        *lhs = *rhs;
        *rhs = tmp;
    }

    int insert(Node element) {
        if (size + 1 > MAX_SIZE) {
            return 0;
        }

        heap[size] = element;
        int cur = size;
        int parent = (size - 1) / 2;

        while (cur > 0 && heap[cur].value > heap[parent].value) {
            swap(&heap[cur], &heap[parent]);
            cur = parent;
            parent = (parent - 1) / 2;
```

```
    }
    size++;
    return 1;
}

Node top() {
    if (size <= 0) {
        return END;
    }
    return heap[0];
}

void pop()
{
    if (size <= 0) {
        return;
    }
    size--;
    heap[0] = heap[size];
    int cur = 0;
    int left = cur * 2 + 1;
    int right = cur * 2 + 2;
    int maxNode = cur;

    while (left < size) {
        if (heap[maxNode].value < heap[left].value) {
            maxNode = left;
        }
        if (right < size && heap[maxNode].value < heap[right].value) {
            maxNode = right;
        }
        if (maxNode == cur) {
            break;
        }
        else {
            swap(&heap[cur], &heap[maxNode]);
            cur = maxNode;
            left = cur * 2 + 1;
```

```
                        right = cur * 2 + 2;
                }
            }
        }

        bool empty()
        {
            if (size == 0) {
                return true;
            }
            return false;
        }
}PQ;

PQ g_pq; // 우선순위 큐를 전역으로 선언합니다.

void ReadNumber(int arr[], int i, int id)
{
    g_pq.insert({id, arr[i]});
}


Node WriteNumber()
{
    Node ret = g_pq.top();
    g_pq.pop();
    return ret;
}


int main()
{
    // 2개의 입력 스트림
    int inputA[] = { 1, 4, 8 };
    int inputB[] = { 3, 2 };

    // 각 스트림의 크기
    int lenA = sizeof(inputA) / sizeof(int);
    int lenB = sizeof(inputB) / sizeof(int);
```

```
// 각 스트림의 현재 인덱스
int iA = 0;
int iB = 0;

ReadNumber(inputA, iA++, 0);
ReadNumber(inputB, iB++, 1);

while (!g_pq.empty()) {
    Node n = WriteNumber();
    if (n.id == 0 && iA< lenA) {
        ReadNumber(inputA, iA++, 0);
    }
    else if (n.id == 1 && iB< lenB) {
        ReadNumber(inputA, iB++, 1);
    }
    printf("id: %d, value: %d\n", n.id, n.value);
}

return 0;
}
```

3.
```
struct ListNode* mergeLists(struct ListNode** lists, int M, int K)
{
    Heap pq;
    HeapInitialize(&pq, lists, K, 1);
    for (int i = 0; i < K; i++) {
        /* 각 연결 리스트의 헤드를 우선순위 큐에 삽입합니다. */
        HeapAdd(&pq, lists[i]);
    }

    if (Heapsize(&pq) == 0) {
        return NULL;
    }

    ListNode *ret = HeapRemove(&pq);

    if (ret->next) {
```

```
        HeapAdd(&pq, ret->next);
    }
    ListNode* temp = ret;

    /* 다음 노드를 우선순위 큐 내부에서 정렬합니다. */
    while (Heapsize(&pq) != 0) {
        temp->next = HeapRemove(&pq);
        temp = temp->next;
        if (temp->next) {
            HeapAdd(&pq, temp->next);
        }
    }
    free(pq.array);
    return ret;
}
```

4. 1PB는 전체를 메모리에 올려서 정렬하기에는 너무 큰 데이터이므로 외부 정렬을 사용해 정렬해야 합니다.

5. 입력 크기를 N, 메모리 크기를 M이라고 하면 시간 복잡도는 $O(\log(N/M))$입니다.

6. 연결 리스트를 8개의 그룹으로 나눠 각 CPU에서 병합한 후 마지막에 8개의 병합된 연결 리스트를 병합합니다.

7.

```
// 퀵 정렬 예제 4-7에 나온 QuickSortUtil() 함수를 사용해 구현합니다.
// void QuickSortUtil(int arr[], int lower, int upper);

int findMin(int arr[], int arrSize)
{
    if (arrSize == 0)
        return 0;
    return arr[0];
}

int findMax(int arr[], int arrSize)
{
    if (arrSize == 0 {
        return 0;
```

```
    }
    return arr[arrSize - 1];
}

int findMedian(int arr[], int arrSize)
{
    if (arrSize == 0) {
        return 0;
    }

    int mid = arrSize / 2;
    // 홀수면 중간값을, 짝수면 두 개의 중간값 평균을 반환합니다.
    if (arrSize % 2 == 0) { // 짝수
        return (arr[mid - 1] + arr[mid]);
    }
    return arr[mid];
}

/* 테스트 코드 */
int main()
{
    int arr[ARR_SIZE] = {4, 1, 5, 100}; // 정렬되지 않은 배열
    QuickSortUtil(arr, 0, ARR_SIZE - 1);
    int Min = findMin(arr, ARR_SIZE);
    int Max = findMax(arr, ARR_SIZE);
    int Median = findMedian(arr, ARR_SIZE);
    return 0;
}
```

8.
```
typedef struct patient_t
{
    int id;
    int order; /* 0: high, 1: mid, 2: low */
}Patient;

typedef struct node_t
{
```

```
    Patient file;
    struct node_t* next;
}Node;

void BucketSort(Patient array[], int arrSize)
{
    Node* patients[3];
    memset(patients, 0x0, sizeof(Node*) * 3);

    for (int i = 0; i < arrSize; i++) {
        Node *node = (Node*)malloc(sizeof(Node));
        node->file = array[i];;
        node->next = patients[array[i].order];
        patients[array[i].order] = node; // 새로 만든 노드를 헤드로 변경합니다.
    }

    // 버킷에 저장한 값들을 다시 array로 복사합니다.
    int j = 0;
    for (int i = 0; i < 3; i++) {
        Node* node = patients[i];
        while (node) {
            array[j++] = node->file;
            Node* temp = node;
            node = node->next;
            free(temp);
        }
    }
}
```

9.

정렬 유형	장점	단점
힙 정렬	최악의 경우에도 성능이 나쁘지 않아서 O(nlogn)의 속도를 보장합니다. O(1)의 공간 복잡도로 적은 메모리를 사용합니다.	불안정 정렬입니다.
병합 정렬	안정 정렬이며, 데이터의 상태에 영향을 받지 않고 O(nlogn)의 속도를 안정적으로 보장합니다.	O(n)의 메모리를 추가로 사용합니다. 일반적으로 퀵 정렬보다 느립니다.

정렬 유형	장점	단점
퀵 정렬	최악의 경우만 제외하면 O(nlogn)의 빠른 속도를 보이며, 범용적인 데이터에서 실제로 가장 빠른 정렬 알고리즘입니다. O(logn)의 적은 메모리 공간을 추가로 요구합니다.	불안정 정렬이며, 최악의 경우(거의 정렬되어 있는 데이터 등)에는 O(n2)의 나쁜 성능을 보여줍니다.

10. 이 해결책의 시간 복잡도는 O(logn), 공간 복잡도는 O(1)입니다.

```
int search(int* nums, int numsSize, int target)
{
    if (numsSize == 0) {
        return -1;
    }
    int start = 0;
    int end = numsSize - 1;

    while (start < end) {
        int mid = (start + end) / 2;
        if (nums[mid] == target) {
            return mid;
        }
        // 시작값이 중간값보다 작거나 같으면 가장 작은 값(회전 전 0 인덱스)이 오른쪽에 있습니다.
        if (nums[start] <= nums[mid]) {
            if (target < nums[mid] &&  target >= nums[start]) {
                // 타깃 값이 왼쪽에 있습니다.
                end = mid - 1;
            }
            else {
                // 타깃 값이 오른쪽에 있습니다.
                start = mid + 1;
            }
        }
        else { // 시작값이 중간값보다 크면 회전 전의 가장 작은 값이 왼쪽에 있습니다.
            if (target > nums[mid] && target <= nums[end]) {
                // 타깃 값이 오른쪽에 있습니다.
                start = mid + 1;
            }
```

```
        else {
            // 타깃 값이 왼쪽에 있습니다.
            end = mid - 1;
        }
        }
    }
    return nums[start] == target ? start: -1;
}

/* 테스트 코드 */
int main()
{
    int arr[] = { 4, 5, 6, 7, 0, 1, 2 };
    int ret = search(arr, 7, 0);
    return 0;
}
```

11. 중복이 허용되면 O(logn) 시간에 검색하는 것은 불가능합니다. {3, 4, 4, 0, 0, 1, 1, 1, 1} 같은 데이터에서 왼쪽과 오른쪽 중 무엇을 선택할지 결정할 수 없습니다.

12.

```
typedef struct node_t
{
    int value;
    struct node_t* next;
}Node;

Node* MergeList(Node* node1, Node* node2)
{
    Node head;
    Node* temp = &head;
    while (node1 != NULL && node2 != NULL) {
        // 작은 값을 가진 노드 연결
        if (node1->value < node2->value) {
            temp->next = node1;
            node1 = node1->next;
        }
        else {
```

```
            temp->next = node2;
            node2 = node2->next;
        }
        temp = temp->next;
    }

    // while문에서 처리되지 않은 나머지 노드에 대한 처리
    if (node1 != NULL) {
        temp->next = node1;
    }
    else if (node2 != NULL) {
        temp->next = node2;
    }
    return head.next;
}

/* 테스트 코드 */
int main()
{
    Node node1 = { 100, NULL };
    Node node2 = { 50, &node1 };
    Node node3= { 80, NULL };
    Node node4 = { 20, &node3 };
    Node* ret = MergeList(&node2, &node4);
    return 0;
}
```

13.
```
#define NUM_CHAR 26 // 알파벳의 개수

typedef struct trieNode_t
{
    bool bEnd; // 단어의 끝에 도달했는지 확인
    struct trieNode_t* child[NUM_CHAR];
} TrieNode;

void insertTrie(TrieNode** root, char* word, int index)
{
```

```
        if (*root == NULL) {
            *root = (TrieNode*)malloc(sizeof(TrieNode));
            (*root)->bEnd = false;
            memset((*root)->child, 0x0, NUM_CHAR * sizeof(TrieNode*));
        }

        if (*word != '\0') { // 단어의 끝이 아니라면
            insertTrie(&((*root)->child[tolower(*word) - 'a']), word + 1, index);
        }
        else { // 단어의 끝에 도달
            (*root)->bEnd = true;
        }
}


/* 출력과 동시에 메모리를 해제합니다. */
void printStrings(char** wordArr, TrieNode* root, char ch, char* buffer, int iBuf)
{
    if (root == NULL) {
        return;
    }
    buffer[iBuf] = ch;
    if (root->bEnd == true) {
        memset(buffer + iBuf + 1, 0, (32 - iBuf - 1) * sizeof(char));
        printf("%s, ", buffer);
    }
    for (int i = 0; i < NUM_CHAR; i++) {
        printStrings(wordArr, root->child[i], 'a'+ i, buffer, iBuf + 1);
    }
    free(root);
}


void sortStrings(char** wordArr, int N)
{
    TrieNode* root = NULL;
    for (int i = 0; i < N; i++) {
        int size = strlen(wordArr[i]);
        char* buffer = (char*)malloc(size + 1);
        strcpy(buffer, wordArr[i]);
```

```
            insertTrie(&root, buffer, i);
        }
        char buffer[32] = { 0, };
        for (int i = 0; i < NUM_CHAR; i++) {
            printStrings(wordArr, root->child[i], 'a' + i, buffer, 0);
        }

    }


    /* 테스트 코드 */
    int main()
    {
        char* wordArr[] = { "ape\0", "good\0", "lives\0", "pea\0", "god\0", "elvis\0" };
        int size = sizeof(wordArr) / sizeof(wordArr[0]);
        sortStrings(wordArr, size);
        return 0;
    }
```

14.
```
typedef struct indexNode_t
{
    int index;
    struct indexNode_t* next;

} IndexNode;

#define NUM_CHAR 26 // 알파벳의 개수
typedef struct trieNode_t
{
    IndexNode* indices; // 인덱스 리스트의 헤드
    struct trieNode_t* child[NUM_CHAR];

} TrieNode;

void insertTrie(TrieNode** root, char* word, int index)
{
    if (*root == NULL) {
        *root = (TrieNode*)malloc(sizeof(TrieNode));
```

```
            (*root)->indices = NULL;
            memset((*root)->child, 0x0, NUM_CHAR * sizeof(TrieNode*));
        }
        if (*word != '\0') { // 단어의 끝이 아니라면
            insertTrie(&((*root)->child[tolower(*word) - 'a']), word + 1, index);
        }
        else { // 단어의 끝에 도달
            IndexNode* iNode = (IndexNode*)malloc(sizeof(IndexNode));
            iNode->index = index;
            iNode->next = (*root)->indices;
            (*root)->indices = iNode;
        }
    }


    int compare(const void *param1, const void *param2)
    {
        return *(char *)param1 - *(char *)param2;
    }


    /* 출력과 동시에 메모리를 해제합니다. */
    void printAnagram(char** wordArr, TrieNode* root)
    {
        if (root == NULL) {
            return;
        }
        if (root->indices != NULL) {
            IndexNode* node = root->indices;
            while (node != NULL) {
                printf("%s, ", wordArr[node->index]);
                IndexNode* temp = node;
                node = node->next;
                free(temp);
            }
        }
        for (int i = 0; i < NUM_CHAR; i++) {
            printAnagram(wordArr, root->child[i]);
        }
        free(root);
```

```c
}

void sortAnagram(char** wordArr, int N)
{
    TrieNode* root = NULL;
    for (int i = 0; i < N; i++) {
        int size = strlen(wordArr[i]);
        char* buffer = (char*)malloc(size + 1);
        strcpy(buffer, wordArr[i]);
        qsort((void*)buffer, size, sizeof(char), compare);
        insertTrie(&root, buffer, i);
    }
    printAnagram(wordArr, root);
}

/* 테스트 코드 */
int main()
{
    char* wordArr[] = { "ape\0", "good\0", "lives\0", "pea\0", "god\0", "elvis\0" };
    int size = sizeof(wordArr) / sizeof(wordArr[0]);
    sortAnagram(wordArr, size);
    return 0;
}
```

15. 정수를 원소로 하는 배열을 푼다고 가정합니다.

```c
#define TABLE_SIZE 32

typedef struct node_t
{
    int key;
    int count;
    struct node_t* next;
} Node;

int hash_function(int key)
{
    return key % TABLE_SIZE;
```

```
    }

    int compare(const void *param1, const void *param2)
    {
        Node* node1 = (Node*)param1;
        Node* node2 = (Node*)param2;

        if (node1->count > node2->count) {
            return -1;
        }
        else if (node1->count == node2->count && node1->key > node2->key) {
            return -1;
        }
        return 1;
    }

    void frequencySort(int* arr, int size)
    {
        /* 해시 테이블 만들기*/
        Node* hash_table[TABLE_SIZE];
        memset(hash_table, 0x0, sizeof(Node*)*TABLE_SIZE);

        /* 생성한 노드의 수, 해시 테이블을 배열로 옮겨 정렬하는 데 필요합니다. */
        int countNode = 0;

        for (int i = 0; i < size; i++) {
            int key = arr[i];
            int hash = hash_function(key);
            Node* node = hash_table[hash];
            /* 해시 테이블에 해당 키와 매칭되는 값이 있는지 체인을 따라가며 찾습니다. */
            while (node != NULL) {
                if (node->key == key) {
                    node->count++;
                    break;
                }
                node = node->next;
            }
            if (node == NULL) {
```

```c
            countNode++;
            node = (Node*)malloc(sizeof(Node));
            node->key = key;
            node->count = 1;
            node->next = hash_table[hash];;
            hash_table[hash] = node;
        }
    }

    Node* merge = (Node*)malloc(sizeof(Node) * countNode);
    int node_i = 0;
    /* 해시 테이블의 노드를 하나의 배열로 합칩니다. */
    for (int i = 0; i < TABLE_SIZE; i++) {
        Node* hashNode = hash_table[i];
        while (hashNode) {
            merge[node_i++] = *hashNode;
            Node* temp = hashNode;
            hashNode = hashNode->next;
            free(temp);
        }
    }

    qsort((void*)merge, countNode, sizeof(Node), compare);
    for (int i = 0; i < countNode; i++) {
        printf("freq: %d, val: %d\n", merge[i].count, merge[i].key);
    }
    free(merge);
}

int main()
{
    int arr[] = { 100, 10, 100, 5, 95, 10, 22 };
    int size = sizeof(arr) / sizeof(arr[0]);
    frequencySort(arr, size);
    return 0;
}
```

5장

1. ① 무차별 대입 접근법 구현 방법은 해결책 5-1에 나와 있습니다.

    ② 해시 테이블 접근법

```
int FirstRepeated(int data[], int size)
{
    HashTable hs;
    HashInit(&hs, size);
    for (int i = 0; i < size; i++) {
        if (HashFind(hs, data[i])) {
            return data[i];
        }
        else {
            HashAdd(hs, data[i]);
        }
    }
    return 0;
}
```

   ③ 정렬 접근법

```
int FirstRepeated(int data[], int size)
{
    sort(data, size);
    for (int i = 0; i < size; i++) {
        if (data[i] == data[i - 1]) {
            return data[i];
        }
    }
    return 0;
}
```

   ④ 카운트 접근법

```
int FirstRepeated(int data[], int size)
{
```

```
    int *count = (int *)malloc(sizeof(int) * size);
    memset(count, 0x0, sizeof(int) * size);

    int ret = 0;
    sort(data, size);
    for (int i = 0; i < size; i++) {
        if (count[data[i]] == 1) {
            ret = data[i];
            break;
        }
        else {
            count[data[i]]++;
        }
    }

    free(count);
    return ret;
}
```

2. 구현 방법은 해결책 5-19-2에 나와 있습니다.

3.
```
void separateNumbers(int data[], int size)
{
    /* n: 음수 인덱스 */
    int n = size - 1;

    /* O(n) 시간에 실행합니다. */
    for (int i = 0; i<size; i++) {
        if (data[i] > 0) {
            while (data[n] > 0 && i< n) {
                n--;
            }
            if (i == n) {
                break;
            }
            swap(data[i], data[n]);
        }
```

```
    }
}
```

4.

```
void separate10(int data[], int size)
{
    int value, n = size;

    /* O(n) 시간에 실행합니다 */
    for (int i = 0; i<size; i++) {
        value = data[i];
        if (value == 0) {
            continue;
        }
        while (value != 0 && i< n) {
            n--;
        }
        if (i == n) {
            break;
        }
        swap(data[i], data[n]);
    }
}
```

5.

```
void separate012(int data[] int size)
{
    int l = 0, m = 0, r = size -1;
    while (m <= r) {
        switch(data[m]) {
        case 0:
            if (l != m) {
                swap(data[l], data[m]);
                l++;
            }
            m++;
            break;
        case 1:
            m++;
```

```
            break;
        case 2:
            swap(data[m], data[r--]);
            break;
        }
    }
}
```

6. 이진 검색으로 첫 번째 양수를 찾습니다. O(logn) 시간에 수행합니다.

```
int binarySearch(int data[], int low, int high)
{
    /* m이 결과입니다 */
    int m = (high + low) / 2;

    if (data[m] > 0) {
        if (m == 0) {
            return m;
        }
        else {
            if (data[m - 1] <= 0) {
                return m;
            }
            else {
                return binarySearch(data, low, m-1);
            }
        }
    }
    else {
        return binarySearch(data, m + 1, high);
    }
    return m;
}

int findFirstPos(int data[], int size)
{
    return binarySearch(data, 0, size-1);
}
```

7.

```
int binarySearch(int data[], int value, int low, int high)
{
    int m = (high + low) / 2;
    if (data[m] == value) {
        return m;
    }

    if (data[m] > value) {
        m++; /* m은 제외해야 합니다. */
        /* 일정 크기(3) 이하면 직접 data를 확인합니다. */
        if (high - (m) < 3) {
            /*
            값을 찾지 못하면 삽입을 위한 인덱스를 찾아야 합니다.
            값을 발견하지 못하면 음수 값을 반환합니다.
            */
            int ret = 0;
            for (int i = m; i < high; i++) {
                if (data[i] == value) {
                    return i;
                }
                else if (data[i] < value) {
                    ret = -i;
                }
                else {
                    return ret;
                }
            }
            return ret;
        }
        else {
            return binarySearch(data, value, m, high);
        }
    }
    else {
        m--; /* m은 제외해야 합니다. */
        /* 일정 크기(3) 이하면 직접 data를 확인합니다. */
        if (high - (m) < 3) {
            /*
```

```
        값을 찾지 못하면 삽입을 위한 인덱스를 찾아야 합니다.
        값을 발견하지 못하면 음수 값을 반환합니다.
        */
        int ret = 0;
        for (int i = low; i < m; i++) {
            if (data[i] == value) {
                return i;
            }
            else if (data[i] < value) {
                ret = -i;
            }
            else {
                return ret;
            }
        }
        return ret;
    }
    else {
        return binarySearch(data, value, low, m);
    }
}

return m;
}

int findData(int data[], int size, int value)
{
    int pos = binarySearch(data, value, 0, size - 1);
    /*
    pos가 음수면 값을 발견하지 못한 겁니다.
    data는 값을 삽입할 수 있도록 충분히 크다고 가정합니다.
    */
    if (pos < 0) {
        pos *= -1;
        for (int i = size; i > pos; i--) {
            data[i] = data[i - 1];
        }
        data[pos] = value;
```

```
        }

        return pos;
    }
```

8.

```
int findMaxInSortRotate(int data[], int size)
{
    int s = 0;
    int e = size - 1;
    int ret = INT_MIN;

    while (s <= e) {
        int temp = INT_MIN;
        if (data[s] < data[e]) {
            temp = data[e];
            e--;
        }
        else {
            temp = data[s];
            s++;
        }
        if (ret > temp) {
            break;
        }
        else {
            ret = temp;
        }
    }

    return ret;
}
```

9.

```
int findMinSortRotate(int data[], int size)
{
    int s = 0;
    int e = size - 1;
```

```
        int ret = INT_MAX;

        while (s <= e)  {
            int temp = INT_MAX;
            if (data[s] < data[e]) {
                temp = data[s];
                s++;
            }
            else {
                temp = data[e];
                e--;
            }
            if (ret < temp) {
                 break;
            }
            else {
                ret = temp;
            }
        }

        return ret;
    }
```

10.
```
int findKthElement(int dataFirst[], int sizeFirst, int dataSecond[], int sizeSecond,
int k)
{
    int i = 0, j = 0;
    int count = 0;

    /* k가 마지막 원소면 바로 값을 반환합니다. */
    if (sizeFirst + sizeSecond == k) {
        int firstEnd = dataFirst[sizeFirst - 1];
        int secondEnd = dataSecond[sizeSecond - 1];
        if (firstEnd > secondEnd) {
            return firstEnd;

        }
```

```
        else {
            return secondEnd;
         }
    }

    while (count < k - 1) {
        if (i < sizeFirst - 1 && dataFirst[i] < dataSecond[j]) {
            i++;
        }
        else {
            j++;
        }
        count++;
    }

    if (dataFirst[i] < dataSecond[j]) {
        return dataFirst[i];
    }
    else {
        return dataSecond[j];
    }
}
```

6장

1.

```
/*
첫 번째 노드는 머리입니다.
리스트의 크기가 n일 때, k > n + 1이면 -1을 반환합니다.
*/
int insertNodeKthFromBeginning(ListNode **ptrHead, int value, int k)
{
    /* k = 1이 첫 번째 원소입니다. */
    if (k < 1)
        return -1;

    int count = k - 1;
```

```
    ListNode *cur = (*ptrHead), *prev;
    while (cur && count > 0) {
        count--;
        prev = cur;
        cur = cur->next;
    }

    /* 적합한 위치를 찾지 못했을 때 */
    if (count > 0)
        return -1;

    ListNode *newNode = (ListNode *)malloc(sizeof(ListNode));
    if (!newNode)
        return -1;

    newNode->value = value;
    newNode->next = cur;

    /* k가 1일 때만 머리 포인터를 바꿉니다. */
    if (k == 1)
        *ptrHead = newNode;
    else
        prev->next = newNode;

    return 1;
}
```

2.

```
int insertNodeKthFromEnd(ListNode **ptrHead, int value, int k)
{
    int count = k - 1;
    ListNode *first = (*ptrHead), *prev = NULL;
    while (first && count > 0) {
        count--;
        first = first->next;
    }

    /* 적합한 위치를 찾지 못했을 때 */
```

```
    if (count > 0)
        return -1;

    ListNode *temp = (*ptrHead);
    while (first) {
        prev = temp;
        temp = temp->next;
        first = first->next;
    }

    ListNode *newNode = (ListNode *)malloc(sizeof(ListNode));
    if (!newNode)
        return -1;

    newNode->value = value;
    newNode->next = temp;

    /* prev가 NULL일 때 머리 포인터를 바꿉니다. */
    if (prev == NULL)
        *ptrHead = newNode;
    else
        prev->next = newNode;

    return 1;
}
```

3.

```
void deleteNode(ListNode *curr)
{
    if (curr == NULL || curr->next == NULL)
        return;

    /* 현재 포인터의 다음 포인터를 삭제합니다 */
    ListNode *deleteMe = curr->next;
    curr->value = deleteMe->value;

    free(deleteMe);
}
```

4.

```c
int searchList(ListNode *head, int value)
{
    int count = 0;
    while (head) {
        if (head->value == value) {
            count++;
        }
        head = head->next;
    }

    return count;
}
```

5. 교차점을 찾으려면 두 리스트의 길이를 구해야 하는데, 루프가 있을 때는 해결책 6–27로는 길이를 구할 수 없습니다. 하나의 리스트에서 루프가 있는지 찾고, 두 리스트에 대해 빠른 포인터와 느린 포인터가 만나는 지점까지의 거리를 구합니다. 나머지는 기존의 교차점 찾기와 유사합니다.

```c
/* 반복이 없으면 널을 반환합니다. */
ListNode *loopDetect(ListNode *head)
{
    printf("\n루프 감지\n");
    ListNode *slowPtr;
    ListNode *fastPtr;
    slowPtr = fastPtr = head;

    while (fastPtr->next && fastPtr->next->next) {
        slowPtr = slowPtr->next;
        fastPtr = fastPtr->next->next;
        if (slowPtr == fastPtr) {
            printf("\n루프를 찾았습니다.\n");
            return slowPtr;
        }
    }
    printf("\n루프를 찾았습니다.\n");
    return NULL;
}

ListNode *findIntersecton(ListNode *head, ListNode *head2)
```

```
{
    int l1 = 0;
    int l2 = 0;
    ListNode *tempHead = head;
    ListNode *tempHead2 = head2;

    /* SPFP로 반복을 찾습니다. */
    ListNode *loop = loopDetect(head);

    while (tempHead != loop) {
        l1++;
        tempHead = tempHead->next;
    }
    while (tempHead2!= loop) {
        l2++;
        tempHead2 = tempHead2->next;
    }

    int diff;
    if (l1 < l2) {
        ListNode *temp = head;
        head = head2;
        head2 = temp;
        diff = l2 - l1;
    }
    else {
        diff = l1 - l2;
    }

    for (; diff > 0; diff--) {
        head = head->next;
    }
    while (head != head2) {
        head = head->next;
        head2 = head2->next;
    }
    return head;
}
```

6. SPFP로 루프를 찾습니다. 루프를 찾은 다음에 루프 부분의 길이와 나머지 부분의 길이를 구합니다. 루프 부분의
   길이는 느린 포인터와 빠른 포인터가 만난 지점에서 포인터를 전진해 출발점까지 오는 길이를 잽니다. 나머지 부분
   의 길이는 머리 포인터와 느린 포인터를 동시에 출발하게 했을 때 한 칸씩 전진해 만나는 지점까지의 거리입니다.

```
int countNodesSub(ListNode *head, ListNode *joint)
{
    int count = 1;
    ListNode *curr = joint;
    while (curr->next != joint) {
        count++;
        curr = curr->next;
    }

    while (head != joint) {
        count++;
        head = head->next;
        joint = joint->next;
    }

    return count;
}

int countNodes(ListNode *head)
{
    ListNode *slowPtr;
    ListNode *fastPtr;
    slowPtr = fastPtr = head;

    while (fastPtr->next && fastPtr->next->next) {
        slowPtr = slowPtr->next;
        fastPtr = fastPtr->next->next;
        if (slowPtr == fastPtr) {
            return countNodesSub(head, slowPtr);
        }
    }

    return 0;
}
```

7. 기존에 선언한 노드 구조체에서 값 대신 계수와 차수 정보를 사용합니다. 다항식의 차수를 비교해 차수가 같으면 각 항을 더합니다.

```c
typedef struct Node
{
    int coef; /* 계수 */
    int exp;  /* 차수 */
    struct Node *next;
} ListNode;

void polyAdd(ListNode *poly1, ListNode *poly2, ListNode *polySum)
{
    /* 두 다항식이 겹치는 부분의 처리*/
    while (poly1 && poly2) {
        polySum->coef = 0;
        int poly1exp = poly1->exp;
        /* 다항식의 차수가 같으면 계수를 더합니다 */
        if (poly1->exp >= poly2->exp) {
            polySum->coef += poly1->coef;
            polySum->exp = poly1->exp;
            poly1 = poly1->next;
        }
        if (poly1->exp <= poly2->exp) {
            polySum->coef += poly2->coef;
            polySum->exp = poly2->exp;
            poly2 = poly2->next;
        }
        if (poly1 || poly2) {
            polySum->next = (ListNode *)malloc(sizeof(ListNode));
            if (!polySum->next) {
                return;
            }
            polySum = polySum->next;
            polySum->next = NULL;
        }
    }

    /* 남은 다항식 부분 처리 */
    while (poly1 || poly2) {
```

```c
        if (poly1) {
            polySum->coef = poly1->coef;
            polySum->exp = poly1->exp;
            poly1 = poly1->next;
        }
        if (poly2) {
            polySum->coef = poly2->coef;
            polySum->exp = poly2->exp;
            poly2 = poly2->next;
        }
        if (poly1 || poly2) {
            polySum->next = (ListNode *)malloc(sizeof(ListNode));
            if (!polySum->next) {
                return;
            }
            polySum = polySum->next;
            polySum->next = NULL;
        }
    }
}
```

8. 하나의 연결 리스트를 뒤집어서 원래 리스트와 비교하면서 다시 뒤집습니다.

```c
/* 하나의 리스트가 다른 리스트의 반전이라면 1을 반환합니다. */
int checkReverse(ListNode *head1, ListNode *head2)
{
    ListNode *currNode = head1;
    ListNode *prevNode;
    ListNode *nextNode;

    if (!currNode || !currNode->next) {
        return 0;
    }

    prevNode = currNode;
    currNode = currNode->next;
    prevNode->next = NULL;
```

```
    while (currNode) {
        nextNode = currNode->next;
        currNode->next = prevNode;
        prevNode = currNode;
        currNode = nextNode;
    }

    int ret = 1;
    /* head1의 반전된 머리는 prev입니다. */
    if (prev->value != head2->value) {
        ret &= 0;
    }

    currNode = prevNode->next;
    prevNode->next = NULL;
    ListNode *currNode2 = head2->next;

    while (currNode && currNode2)) {
        if (currNode->value != currNode2->value) {
            ret &= 0;
        }
        currNode = currNode->next;
        currNode2 = currNode2->next;
    }

    if (currNode != NULL || currNode2 != NULL) {
        ret &= 0;
    }

    return ret;
}
```

9. SPFP로 구현합니다. 빠른 포인터가 리스트 전체를 순회할 동안 느린 포인터는 절반만 이동합니다. 따라서 느린 포인터의 마지막 위치가 구하는 값입니다.

```
ListNode *findMiddle(ListNode *head)
{
```

```
    ListNode *fast = head;
    ListNode *slow = head;

    if (!head)
        return head;

    while (fast && fast->next) {
        /* 빠른 포인터는 느린 포인터보다 두 배 빠르게 리스트의 끝에 도달합니다. */
        fast = fast->next->next;
        slow = slow->next;
    }

    return slow;
}
```

10. 리스트를 먼저 뒤집습니다. 끝에서부터 원소를 출력하면서 동시에 리스트를 다시 원래대로 뒤집습니다.

```
ListNode *reverseRecurseUtil(ListNode *currentNode, ListNode *nextNode)
{
    ListNode *ret;
    if (!currentNode)
        return NULL;

    if (!currentNode->next) {
        printf("%d ", currentNode->value);
        currentNode->next = nextNode;
        return currentNode;
    }

    ret = reverseRecurseUtil(currentNode->next, currentNode);
    printf("%d ", currentNode->value);
    currentNode->next = nextNode;
    return ret;
}

void reverseRecurse(ListNode **ptrHead)
{
```

```
    *ptrHead = reverseRecurseUtil(*ptrHead, NULL);
}
```

11. 현재 노드의 값과 다음 포인터를 다음 포인터의 값과 다음 포인터로 바꾼 후, 다음 노드를 삭제합니다.

```
void deleteNode(ListNode *node)
{
    ListNode *deleteNode = node->next;
    node->value = deleteNode->value;
    node->next = deleteNode->next;

    free(deleteNode);
}
```

12. A–>B–>C가 원래 리스트라면 복사한 리스트가 A'–>B'–>C'라고 하고, A–>A'–>B–>B'–>C–>C'를 가리키는 상태가 되게 만듭니다. 여기서 cur–>next(현재 노드의 다음)는 복사한 리스트의 같은 위치 노드입니다. 현재 노드의 임의 포인터의 다음은 복사 리스트의 같은 위치 임의 포인터입니다.

A의 임의 포인터가 C라면 (A–>next = A')–>random = (C–>next = C'), A'–>random = C'가 되게 만듭니다.

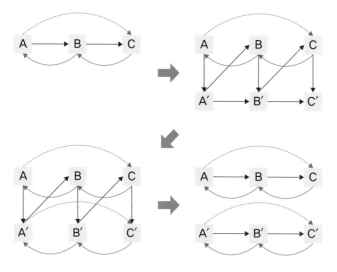
```
684
```

```
ListNode *copyRandomList(ListNode *head)
{
    if (!head)
        return NULL;
    ListNode *cur = head;

    while (cur) {
        /* 새 노드를 생성해 모든 노드를 복사합니다. */
        ListNode *copy = (ListNode *)malloc(sizeof(ListNode));
        copy->next = cur->next;
        cur->next = copy;
        cur = copy->next;
    }

    cur = head;
    while (cur) {
        if (cur->random)
            /* 새 노드의 랜덤에 이전 노드 랜덤의 다음을 할당합니다. */
            cur->next->random = cur->random->next;
        /*
        구 노드->새 노드->구 노드->새 노드의 순으로 구성된 리스트에서
        다음 새 노드를 cur에 할당하기 위해 next->next를 사용합니다.
        */
        cur = cur->next->next;
    }

    cur = head;
    ListNode *newHead  = head->next;
    /* 구 노드와 새 노드를 분리합니다. */
    while (cur)
    {
        ListNode *temp = cur->next;
        /* 구 노드끼리 연결합니다. */
        cur->next = temp->next;
        if (temp->next)
            /* 새 노드끼리 연결합니다. */
            temp->next = temp->next->next;
```

```
        cur = cur->next;
    }

    return newHead;
}
```

7장

1.
```
void Dec2Bin(int dec)
{
    Stack stk;
    StackInitialize(&stk);

    while (dec > 0) {
        int remainders = dec % 2;
        dec = dec / 2;
        StackPush(&stk, remainders);
    }
    while (!StackIsEmpty(&stk)) {
        int bin = StackTop(&stk);
        StackPop(&stk);
        printf("%1d", bin);
    }
    printf("\n");
}

int main(int argc, const char * argv[])
{
    int number = 324;
    Dec2Bin(number);
    return 0;
}
```

2.

```
int isBalancedHTMLTag(char *html, int size)
{
    Stack stk;
    StackInitialize(&stk);
    char ch;

    for (int i = 0; i < size; i++) { //입력 스트링 처리
        ch = html[i];
        if (ch == '<') {
            StackPush(&stk, ch);
        }
        else if (ch == '>') {
            if (StackPop(&stk) != '<') {
                return 0;
            }
        }
    }

    return (StackSize(&stk) == 0);
}

int main()
{
    char html[] = "<head></head><body></body>";
    printf("result %d\n", isBalancedHTMLTag(html, strlen(html)));
    return 0;
}
```

3. 스택 구조체 data의 자료형을 int에서 스트링으로 바꾸어 구현합니다.

```
#define MAX_CAPACITY 1024
#define ERROR_VALUE -999
#define DATA_SIZE 100
typedef struct stack
{
    int top;
    char data[MAX_CAPACITY][DATA_SIZE];
```

```c
}
Stack;

void StackInitialize(Stack *stk)
{
    stk->top = -1;
    memset((void*)stk->data, 0x0, MAX_CAPACITY * DATA_SIZE * sizeof(char));
}

int StackIsEmpty(Stack *stk)
{
    return (stk->top == -1);
}

int StackSize(Stack *stk)
{
    return (stk->top + 1);
}

void StackPush(Stack *stk, char *value)
{
    if (stk->top < MAX_CAPACITY - 1) {
        stk->top++;
        strcpy(stk->data[stk->top], value);
    }
    else {
        printf("stack overflow\n");
    }
}

char *StackPop(Stack *stk)
{
    if (stk->top >= 0) {
        char *value = stk->data[stk->top];
        stk->top--;
        return value;
    }
    printf("stack empty\n");
```

```c
    return NULL;
}

char *StackTop(Stack *stk)
{
    char *value = stk->data[stk->top];
    return value;
}

int isOperator(char ch)
{
    switch (ch) {
    case '+':
    case '-':
    case '*':
    case '/':
    case '^':
        return 1;
    }
    return 0;
}

const int BUFSIZE = 10;

void postfixToInfix(char *expn, char *output)
{
    Stack stk;
    StackInitialize(&stk);

    char ch;
    int i = 0;
    int digit = 0;

    / *스트링을 숫자로 변환하기 위한 버퍼 */
    char buffer[BUFSIZE];
    memset(buffer, 0x0, BUFSIZE * sizeof(char));
    int buffer_i = 0;
```

```
        while ((ch = expn[i++]) != '\0') {
            if (isdigit(ch)) {
                buffer[buffer_i++] = ch;
                digit = 1;
            }
            else  {
                if (digit) {
                    StackPush(&stk, buffer);
                    /* 숫자 버퍼를 초기화합니다.*/
                    memset(buffer, 0x0, BUFSIZE * sizeof(char));
                    buffer_i = 0;
                    digit = 0;
                }
                else if (isOperator(ch)) {
                    char *opnd2 = StackPop(&stk);
                    char *opnd1 = StackPop(&stk);
                    sprintf(output, "( %s %c %s )", opnd1, ch, opnd2);
                    StackPush(&stk, output);
                }
            }
        }
    }

    int main()
    {
        char expn[] = "10 12 * 20 3 / 15 13 + * -";
        char out[DATA_SIZE];
        memset(out, 0x0, DATA_SIZE *sizeof(char));
        postfixToInfix(expn, out);
        printf("후위 표기: %s \n", expn);
        printf("중위 표기: %s \n", out);
    }
```

4. 3번 문제의 스택 구조체와 함수들을 사용해 구현합니다.

```
#define SWAP(A,B){ char T = A; A = B; B = T;}

void ReverseString(char *src)
```

```c
{
    int len = strlen(src);
    for (int i = 0, j = len - 1; i < len / 2; i++, j--) {
        SWAP(src[i], src[j]);
    }
}

void prefixToInfix(char *expn, char *output)
{
    Stack stk;
    StackInitialize(&stk);

    char ch;
    int i = strlen(expn);
    int digit = 0;

    /* 스트링을 숫자로 변환하기 위한 버퍼 */
    char buffer[BUFSIZE];
    memset(buffer, 0x0, BUFSIZE * sizeof(char));
    int buffer_i = 0;

    /*
    후위 표기를 중위 표기로 바꾸는 방법과 유사합니다.
    다만, 식을 뒤에서부터 읽는 점이 다릅니다.
    */
    while (i-- > 0) {
        ch = expn[i];
        if (isdigit(ch)) {
            buffer[buffer_i++] = ch;
            digit = 1;
        }
        else {
            if (digit) {
                ReverseString(buffer);
                StackPush(&stk, buffer);
                /* 숫자 버퍼를 초기화합니다.*/
                memset(buffer, 0x0, BUFSIZE * sizeof(char));
                buffer_i = 0;
```

```
                    digit = 0;
                }
                else if (isOperator(ch)) {
                    char *opnd1 = StackPop(&stk);
                    char *opnd2 = StackPop(&stk);
                    sprintf(output, "( %s %c %s )", opnd1, ch, opnd2);
                    StackPush(&stk, output);
                }
            }
        }
    }
}

int main()
{
    // char expn[] = "* + 10 12 3 ";
    // char expn[] = "- / 10 12 * 20 3 ";
    char expn[] = "- * 10 12 * / 20 3 + 15 13";
    char out[DATA_SIZE];
    memset(out, 0x0, DATA_SIZE * sizeof(char));
    prefixToInfix(expn, out);
    printf("전위 표기: %s \n", expn);
    printf("중위 표기: %s \n", out);
}
```

5.
```
/* 스택으로 다음처럼 풀 수 있습니다. */
int isPalindrome(const char *s)
{
    int len = strlen(s);
    if (len <= 1) {
        return 1;
    }

    Stack stk;
    StackInitialize(&stk);

    for (int i = 0; i < len; i++) {
        int ch = s[i];
```

```
        if (isalnum(ch)) {
            StackPush(&stk, tolower(ch));
        }
    }

    /* 스택의 절반만 확인하면 됩니다. */
    int half = (StackSize(&stk) / 2);
    for (int i = 0; i < half; i++) {
        int ch = s[i];
        if (isalnum(ch)) {
            if (tolower(ch) != StackPop(&stk)) {
                return 0;
            }
        }
    }

    return 1;
}

/* 스택을 사용하지 않고 다음처럼 풀 수도 있습니다.
bool isPalindrome(char *s)
{
    int len = strlen(s);
    if (len <= 1) {
        return true;
    }

    for (int i = 0, j = len - 1; i < j; i++, j--) {
        while (i < j && !isalnum(s[i])) {
            i++;
        }
        while (i < j && !isalnum(s[j])) {
            j--;
        }
        if (i < j && tolower(s[i]) != tolower(s[j])) {
        }
            return false;
    }
```

```
        return true;
    }
    */

    int main()
    {
        int chk;
        chk = isPalindrome("Madam, I'm Adam.");
        return 0;
    }
```

6. 일반적인 스택은 꼭대기에 값을 넣고 꼭대기에서 꺼내는데, 스택의 바닥에서도 값을 꺼내도록 스택 구조체에 꼬리를 추가합니다. 스택 push, pop 함수를 front와 back이란 이름을 붙여 각각 만듭니다.

```
#define ERROR_VALUE -99999

typedef struct stackNode_t
{
    int value;
    struct stackNode_t *next;
    struct stackNode_t *prev;
} StackNode;

typedef struct stack
{
    StackNode *head;
    StackNode *tail;
}Stack;

void StackInitialize(Stack *stk)
{
    stk->head = NULL;
    stk->tail = NULL;
}

void StackPushBack(Stack *stk, int value)
{
```

```c
    StackNode *temp = (StackNode*)malloc(sizeof(StackNode));
    if (!temp) {
        printf("Memory allocation error");
        return;
    }
    temp->value = value;
    temp->prev = stk->tail;
    temp->next = NULL;

    stk->tail = temp;
    if (stk->tail->prev) {
        stk->tail->prev->next = stk->tail;
    }
    else {
        stk->head = stk->tail;   /* 머리와 꼬리가 같습니다. */
        stk->tail->next = NULL;
        stk->head->prev = NULL;
    }
}

void StackPushFront(Stack *stk, int value)
{
    StackNode *temp = (StackNode*)malloc(sizeof(StackNode));
    if (!temp) {
        printf("Memory allocation error");
        return;
    }
    temp->value = value;
    temp->next = stk->head;
    temp->prev = NULL;

    stk->head = temp;
    if (stk->head->next) {
        stk->head->next->prev = stk->head;
    }
    else {
        stk->tail = stk->head; /* 머리와 꼬리가 같습니다. */
        stk->tail->next = NULL;
```

```
            stk->head->prev = NULL;
        }
    }

int StackPopBack(Stack *stk)
{
    StackNode *deleteMe;
    int value;

    if (stk->tail) {
        deleteMe = stk->tail;
        stk->tail = deleteMe->prev;
        if (stk->tail)
            stk->tail->next = NULL;
        value = deleteMe->value;
        free(deleteMe);
        return value;
    }
    else {
        printf("Stack is empty \n");
        return ERROR_VALUE;
    }
}

int StackPopFront(Stack *stk)
{
    StackNode *deleteMe;
    int value;

    if (stk->head) {
        deleteMe = stk->head;
        stk->head = deleteMe->next;
        if (stk->head) {
            stk->head->prev = NULL;
        }
        value = deleteMe->value;
        free(deleteMe);
        return value;
```

```
        }
        else {
            printf("Stack is empty \n");
            return ERROR_VALUE;
        }
    }

    int main()
    {
        Stack stk;
        StackInitialize(&stk);
        StackPushBack(&stk, 10);
        StackPushFront(&stk, 1);
        StackPushFront(&stk, 3);
        StackPushBack(&stk, 9);
        StackPushFront(&stk, 11);
        StackPushFront(&stk, 14);
        for (int i = 0; i < 6; i++) {
            printf("%d ", StackPopFront(&stk));
        }
        return 0;
    }
```

8장

1.

```
#include "stdio.h"
#include "stdlib.h"

#define MIN 20
#define ERROR_VALUE -999

typedef struct Queue_t
{
    int front;
    int back;
```

```
    int size;
    int capacity;
    int *data;
} Queue;

void QueueInitialize(Queue *que)
{
    que->back = 0;
    que->front = 0;
    que->size = 0;
    que->data = malloc(sizeof(int)* MIN);
    memset((void*)que->data, 0x0, sizeof(int)* MIN);
    que->capacity = MIN;


}

void QueueUninitialize(Queue *que)
{
    free(que->data);
}

void QueueAdd(Queue *que, int value)
{
    if (que->size >= que->capacity) {
        que->data = realloc(que->data, que->capacity + MIN);
        if (que->data) { // 메모리 할당이 제대로 되었다면 용량을 업데이트합니다.
            que->capacity += MIN;
        }
        else {
            printf("\n memory allocation failed");
            return;
        }
    }
    else {
        que->size++;
        que->data[que->back] = value;
        que->back = (que->back + 1) % (que->capacity - 1);
    }
```

```c
    }

    int QueueRemove(Queue *que)
    {
        int value;
        if (que->size <= 0) {
            printf("\n큐가 비었습니다.");
            return ERROR_VALUE;
        }
        else {
            que->size--;
            value = que->data[que->front];
            que->front = (que->front + 1) % (que->capacity - 1);
            // 큐 사이즈가 용량의 절반 이하일 때 용량을 줄입니다.
            if (que->size < (que->capacity /2) && que->capacity > MIN) {
                // 절반 용량의 데이터를 새로 할당합니다.
                int *newData = malloc(sizeof(int)*que->capacity / 2);
                // 기존 데이터를 새 데이터로 복사합니다.
                for (int i=0; i<que->size; i++) {
                    newData[i] = que->data[(que->front + i) % (que->capacity -1)];
                }
                que->capacity = que->capacity / 2;
                free(que->data);
                que->data = newData;
            }
        }
        return value;
    }

    int main()
    {
        Queue que;
        QueueInitialize(&que);
        for (int i = 0; i < 40; i++) {
            QueueAdd(&que, i);
        }
        for (int i = 0; i < 40; i++) {
            printf(" %d ", QueueRemove(&que));
```

```
    }
    QueueUninitialize(&que);
    return 0;
}
```

2.

```
int QueueIsEmpty(Queue *que)
{
    if (que->size <= 0) {
        return 1;
    }
    return 0;
}

int QueueSize(Queue *que)
{
    return que->size;
}
```

3.

```
/*
push(x): x를 큐에 넣고, 큐의 아이템을 하나씩 꺼내 다시 넣습니다.
pop(x): 기존의 pop과 동일합니다.

1번 문제에서 사용한 큐로 구현합니다.

기존 큐 데이터가 3, 2, 1일 때 push(4)를 하는 경우
3 2 1 4 <- 4를 뒤에 삽입
2 1 4 3 <- 3을 꺼내 삽입
1 4 3 2 <- 2를 꺼내 삽입
4 3 2 1 <- 1을 꺼내 삽입
*/

void StackAdd(Queue *que, int value)
{
    const int ORG_SIZE = que->size;
    QueueAdd(que, value);
    for (int i = 0; i < ORG_SIZE; i++) {
```

```
        int temp = QueueRemove(que);
        QueueAdd(que, temp);
    }
}
```

4.
```
/*
큐에 넣었다 빼면 됩니다.

현재 스택
s: 3 2 1
스택에서 하나씩 꺼내 q에 삽입
q: 3 2 1
다시 스택에 삽입
s: 1 2 3
*/
void ReverseStack(Stack *stk)
{
    Queue que;
    QueueInitialize(&que);
    while (!StackIsEmpty(stk)) {
        QueueAdd(&que, StackPop(stk));
    }

    while (!QueueIsEmpty(&que)) {
        StackPush(stk, QueueRemove(&que));
    }
    QueueUninitialize(&que);
}
```

5.
```
/* 스택에 한 번 넣었다가 빼면 됩니다. */
void ReverseQueue(Queue *que)
{
    Stack stk;
    StackInitialize(&stk);
    while (!QueueIsEmpty(que)) {
        StackPush(&stk, QueueRemove(que));
```

```
    }

    while (!StackIsEmpty(&stk)) {
        QueueAdd(que, StackPop(&stk));
    }
}
```

6.
```
int JosephusProblem(int n, int k)
{
    Queue que;
    QueueInitialize(&que);
    int ans = 0;

    for (int i = 0; i < n; i++) {
        QueueAdd(&que, i + 1);
    }

    while (!QueueIsEmpty(&que)) {
        for (int i = 1; i < k; i++) {
            QueueAdd(&que, QueueRemove(&que));
        }
        ans = QueueRemove(&que);
    }
    return ans;
}
```

7.
```
int CompStack(Stack *stk1, Stack *stk2)
{
    if (StackSize(stk1) != StackSize(stk2)) {
        return 0;
    }

    while (!StackIsEmpty(stk1)) {
        if (!Equal(StackPop(stk1), StackPop(stk2))) {
            return 0;
        }
```

```
    }

    return 1;
```

9장

1. 중위 순회 1 2 3 4 5 6 7 8 9 10

    전위 순회 6 4 2 1 3 5 8 7 9 10

    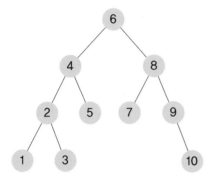

2. 중위 순회 1 2 3 4 5 6 7 8 9 10

    후위 순회 1 3 2 5 4 7 10 9 8 6

    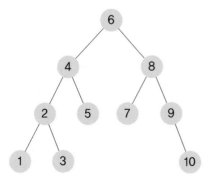

```
/*
트리에서 노드를 삭제할 때 다음 3가지 경우를 고려해야 합니다.
    1. 루트일 때
    2. 중간 노드일 때
    3. 말단 노드일 때
*/
treeNode *deleteNode(treeNode *root, int value)
{
    if (root == NULL) {
        return NULL;
    }

    treeNode *cur = root;
    treeNode *target = NULL; // value와 일치하는 노드의 포인터
    treeNode *parent = NULL;

    if (root->value == value) {
        target = root;
    }
    else {
        Stack stk;
        StackInitialize(&stk);
        StackPush(&stk, (int)cur);
        while (StackSize(&stk) > 0) {
            cur = (treeNode*)StackPop(&stk);
            treeNode *left = cur->lChild;
            treeNode *right = cur->rChild;
            parent = cur;
            if (left) {
                if (left->value == value) {
                    target = left;
                    break;
                }
                StackPush(&stk, (int)left);
            }
            if (right) {
                if (right->value == value) {
```

```
                target = left;
                break;
            }
            StackPush(&stk, (int)right);
        }
    }
}

if (target) {
    // 타깃 아래에 있는 말단 노드를 찾아 삭제하려는 노드로 대치하고
    // 말단 노드를 삭제합니다.
    cur = target;
    treeNode *leaf = NULL;
    Stack stk;
    StackInitialize(&stk);
    StackPush(&stk, (int)cur);
    treeNode *left = cur->lChild;
    treeNode *right = cur->rChild;
    // 타깃이 말단이면
    if (!left && !right) {
        // 타깃이 동시에 루트라면 NULL 값을 반환해야 합니다.
        if (target == root) {
            root = NULL;
        }
        if (target == parent->lChild) {
            free(parent->lChild);
            parent->lChild = NULL;
        }
        else {
            free(parent->rChild);
            parent->rChild = NULL;
        }
        return root;
    }
    while (StackSize(&stk) > 0) {
        cur = (treeNode*)StackPop(&stk);
        left = cur->lChild;
```

```
            right = cur->rChild;
            if (left) {
                if (!left->lChild && !left->rChild) {
                    leaf = left;
                    // 왼쪽 자식을 잘라냅니다.
                    cur->lChild = NULL;
                    break;
                }
                StackPush(&stk, (int)left);
            }
            if (right) {
                if (!right->lChild && !right->rChild) {
                    leaf = right;
                    // 오른쪽 자식을 잘라냅니다.
                    cur->rChild = NULL;
                    break;
                }
                StackPush(&stk, (int)right);
            }
        }
        // 타깃의 값을 말단 노드의 값으로 대치합니다.
        target->value = leaf->value;
        free(leaf);
    }

    return root;
}
```

4. 힌트의 해결책은 노드에 방문 플래그를 설정하고, 말단에 도착하면 루트로 돌아가 반복하는 방법입니다. 이 해결책의 의사 코드는 연습문제 19번을 참고하세요.

이 알고리즘은 다음 순서로 동작합니다. 트리를 변경하긴 하지만 더 효율적입니다.

1. 전위 순회로 탐색합니다.

2. 현재 노드를 출력합니다.

3. 현재 노드가 오른쪽 하위 트리를 가지면 오른쪽 하위 트리를 현재 노드의 왼쪽 하위 트리에서 가장 오른쪽 노드의 왼쪽 자식으로 만듭니다.

현재 노드가 6일 때 현재 노드의 왼쪽 하위 트리와 오른쪽 하위 트리가 모두 존재합니다. 왼쪽 하위 트리의 가장 오른쪽 노드는 5입니다.

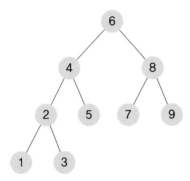

6의 오른쪽 하위 트리를 5의 왼쪽 자식으로 만들었습니다. 현재 노드인 4에서 왼쪽 하위 트리의 가장 오른쪽 노드는 3입니다.

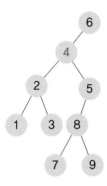

현재 노드 2의 왼쪽 하위 트리의 가장 오른쪽 노드는 1입니다.

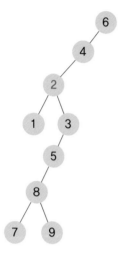

1의 왼쪽 자식을 3으로 만들고, 7의 왼쪽 자식을 9로 만듭니다.

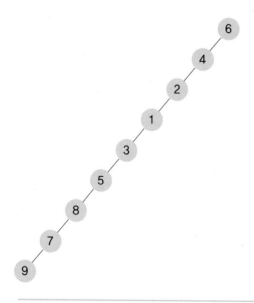

```
void printDepthFirst(treeNode *root)
{
    if (root == NULL) {
        return;
```

```
        }

        treeNode *cur = root;

        while (cur) {
            printf("%d", cur->value);
            if (cur->lChild) {
                if (cur->rChild) {
                    treeNode *rightBottomMost = cur->lChild;
                    while (rightBottomMost->rChild || rightBottomMost->lChild) {
                        if (rightBottomMost->rChild) {
                            rightBottomMost = rightBottomMost->rChild;
                        }
                        else {
                            rightBottomMost = rightBottomMost->lChild;
                        }
                    }
                    /*
                    현재 노드의 오른쪽 하위 트리를 오른쪽 아래에 있는 노드의 왼쪽 자식으로 만듭니다.
                    */
                    rightBottomMost->lChild = cur->rChild;
                }
                cur = cur->lChild;;
            }
            else {
                cur = cur->rChild;
            }
        }
    }
```

5.

```
int isCompleteBT(treeNode *root)
{
    if (root == NULL) {
        return 1;
    }
```

```c
Queue que;
QueueInitialize(&que);
treeNode *cur = root;
QueueAdd(&que, (int)cur);

// 가득 차지 않는 노드를 만났는지 체크하는 변수
int visitNotFull = 0;

while (!QueueIsEmpty(&que)) {
    cur = (treeNode*)QueueRemove(&que);
    if (cur->lChild) {
        // 가득 차지 않은 노드를 이미 만났는데 또 만난다면 완전 트리가 아닙니다.
        if (visitNotFull) {
            return 0;
        }
        QueueAdd(&que, (int)cur->lChild);
    }
    else {
        visitNotFull = 1;
    }
    if (cur->rChild) {
        // 가득 차지 않은 노드를 이미 만났는데 또 만났다면 완전 트리가 아닙니다.
        if (visitNotFull) {
            return 0;
        }
        QueueAdd(&que, (int)cur->rChild);
    }
    else {
        visitNotFull = 1;
    }
}

return 1;
}
```

6.

```
int isFullBT(treeNode *root)
{
    if (root == NULL) {
        return 1;
    }

    Queue que;
    QueueInitialize(&que);
    treeNode *cur = root;
    QueueAdd(&que, (int)cur);

    while (!QueueIsEmpty(&que)) {
        cur = (treeNode*)QueueRemove(&que);
        treeNode *left = cur->lChild;
        treeNode *right = cur->rChild;
        if (!left && !right) {
            continue;
        }
        // 하나의 노드만을 가지면 정 이진 트리가 아닙니다.
        if ((!left && right) || (left && !right)) {
            return 0;
        }
        QueueAdd(&que, (int)left);
        QueueAdd(&que, (int)right);
    }

    return 1;
}
```

7.

```
int isPerfectBT(treeNode *root)
{
    if (root == NULL) {
        return 1;
    }

    Queue que;
    QueueInitialize(&que);
```

```c
    treeNode *cur = root;
    QueueAdd(&que, (int)cur);

    // 가득 차지 않는 노드를 만났는지 체크하는 변수
    int visitNotFull = 0;

    while (!QueueIsEmpty(&que)) {
        cur = (treeNode*)QueueRemove(&que);
        treeNode *left = cur->lChild;
        treeNode *right = cur->rChild;
        // 하나의 노드만을 가지면 정 이진 트리가 아닙니다.
        if ((!left && right) || (left && !right)) {
            return 0;
        }
        if (left) {
            // 가득 차지 않은 노드를 이미 만났는데 또 만났다면 완전 트리가 아닙니다.
            if (visitNotFull) {
                return 0;
            }
            QueueAdd(&que, (int)left);
        }
        else {
            visitNotFull = 1;
        }
        if (right) {
            // 가득 차지 않은 노드를 이미 만났는데 또 만났다면 완전 트리가 아닙니다.
            if (visitNotFull) {
                return 0;
            }
            QueueAdd(&que, (int)right);
        }
        else {
            visitNotFull = 1;
        }
    }

    return 1;
}
```

8.

```
int isHeightBal(treeNode *root)
{
    if (root == NULL) {
        return 1;
    }

    // 해결책 9-19의 트리의 깊이를 구하는 함수를 사용합니다.
    int hL = treeDepth(root->lChild);
    int hR = treeDepth(root->rChild);
    if (abs(hL - hR) <= 1 && isHeightBal(root->lChild) && isHeightBal(root->rChild)) {
        return 1;
    }

    return 0;
}
```

9.

```
int isIsomorphic(treeNode *t1, treeNode *t2)
{
    // 둘 다 널이면 동형
    if (!t1 && !t2) {
        return 1;
    }

    // 하나만 널이면 이형
    if (!t1 || !t2) {
        return 0;
    }

    return isIsomorphic(t1->lChild, t2->lChild) && isIsomorphic(t1->rChild, t2->rChild);
}
```

10. $O(n^2)$입니다. 노드 한 개를 삽입할 때 최악의 시간 복잡도는 $O(n)$입니다. 모든 노드의 삽입을 최악 시간 복잡도에 수행한다고 하면 전체 수행 시간은 $n \times O(n)$으로 $O(n^2)$이 됩니다. 정렬된 순서의 데이터로 트리를 만들면 편향 이진 트리가 되며 최악의 성능입니다.

11. 새 노드를 삽입하기 위해 모든 원소를 살펴봐야 하는 경우로, O(n)입니다.

12. 모든 노드를 탐색해 대상을 발견하는 경우로, O(n)입니다.

13. 왼쪽 → 부모 → 오른쪽 순으로 순회하는 중위 순회입니다.

14. 최악의 경우 편향 트리가 만들어지고 높이가 n이 되므로 O(n)이 됩니다.

15.

```
/*
스택을 사용해 깊이 우선 탐색을 구현합니다.
전위 순회로 탐색합니다.
*/
void printDepthFirstStack(treeNode *root)
{
    if (root == NULL) {
        return;
    }

    Stack stk;
    StackInitialize(&stk);
    treeNode *cur = root;
    StackPush(&stk, (int)cur);

    while (StackSize(&stk) > 0) {
        cur = (treeNode*)StackPop(&stk);
        printf("%d\n", cur->value);

        if (cur->rChild) {
            StackPush(&stk, (int)cur->rChild);
        }
        if (cur->lChild) {
            StackPush(&stk, (int)cur->lChild);
        }
    }

}
```

16. 재귀 문제 중에서 주로 깊이 우선 탐색 문제를 스택을 사용해 풀 수 있습니다. 그리고 너비 우선 탐색 문제는 큐를 사용해 풀면 됩니다.

17.

```c
void printZigzag(treeNode *root)
{
    if (!root) {
        return;
    }

    Stack *cur = malloc(sizeof(Stack));
    Stack *next = malloc(sizeof(Stack));

    StackInitialize(cur);
    StackInitialize(next);
    StackPush(cur, (int)root);

    // way가 1이면 왼쪽에서 오른쪽, 0이면 오른쪽에서 왼쪽
    int way = 1;
    while (!StackIsEmpty(cur)) {
        treeNode *node = (treeNode*)StackPop(cur);
        if (node) {
            printf("%d\n", node->value);
            if (way) {
                if (node->lChild) {
                    StackPush(next, (int)node->lChild);
                }
                if (node->rChild) {
                    StackPush(next, (int)node->rChild);
                }
            }
            else {
                if (node->rChild) {
                    StackPush(next, (int)node->rChild);
                }
                if (node->lChild) {
                    StackPush(next, (int)node->lChild);
                }
```

```
            }
        }
        if (StackIsEmpty(cur)) {
            way = !way // 방향을 바꿉니다.
            Stack *temp = cur;
            cur = next;
            next = temp;
        }
    }

    free(cur);
    free(next);
}
```

18.
```
int counter = 0;

treeNode *findNthSmall(treeNode *root, int n)
{
    if (!root) {
        return NULL;
    }
    treeNode *left = findNthSmall(root->lChild, n);
    if (left) {
        return left;
    }
    if (++counter == n) {
        return root;
    }
    return findNthSmall(root->rChild, n);
}
```

19. 편향 이진 트리를 순회할 때 최악의 성능을 보여줍니다. n개의 노드가 있는 트리를 가정하면 루트에서 말단 노드인 n번째 노드까지 n번의 순회를 하고, 그다음 n−1번째 노드를 n−1번 순회해 찾습니다. n, n−1, n−2 … 1 순으로 n번 반복합니다. 계산하기 쉽게 n, n−1, n−2 … 1과 그 역순인 1, 2, 3 … n−1, n을 더해 n+1, n+1 … n+1을 만듭니다. n개의 n+1을 모두 더하면 (n+1) × n입니다. 이 또한 계산하기 쉽게 역순으로 더한 값을 빼려면 이 수식을 2로 나누

면 됩니다. (n+1) ×n/2의 수식이 도출됩니다. 이 수식을 계산하면 T(n) = $n^2/2$ + n/2입니다. 빅오의 정의에 따라 가장 높은 차수만 남기고 계수를 무시하면 최종적인 시간 복잡도는 O(n^2)이 됩니다.

10장

1. 최소 힙에서 가장 작은 원소는 항상 트리의 최상단에 있습니다. 따라서 최악의 경우에도 시간 복잡도는 O(1)입니다.

2. 모든 자식 노드는 부모 노드보다 큽니다. 가장 큰 노드는 말단 노드에만 존재합니다. 전체 노드의 후반부가 말단 노드이므로 트리의 후반부만 찾으면 효율적으로 찾을 수 있습니다. 이 방법은 전체를 뒤지는 것보다 확실히 더 빠르지만 시간 복잡도는 O(n)로 같습니다.

```c
int findMaxInMinHeap(int *heap, int n)
{
    int half = n / 2;
    int max_val = heap[half];

    for (int i = half +1; i < n; i++) {
        if (max_val < heap[i]) {
            max_val = heap[i];
        }
    }

    return max_val;
}

int main()
{
    int minheap[] = { 1, 2, 4, 10, 5, 6, 7 };
    printf("최댓값: %d\n", findMaxInMinHeap(minheap, 7));
    return 0;
}
```

3. 2번에서 언급했듯이, 최소 힙에서 최댓값을 찾을 때 시간 복잡도는 O(n)이며, 최악의 경우 시간 복잡도도 O(n)입니다.

4. 최소 힙에서 최솟값 삭제는 루트 값을 삭제한 후에 그 자리를 말단 노드로 대체한 다음, 힙 속성을 복원합니다. 따라서 최악의 경우 시간 복잡도는 O(logn)입니다.

5. 힙에 삽입 시 최악의 경우 시간 복잡도는 O(logn)입니다.

6. 힙은 완전 이진 트리입니다.

7. 힙 정렬에서 최악의 경우 시간 복잡도는 O(nlogn)입니다.

8. a.

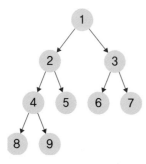

b.

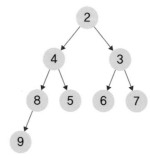

9. a.

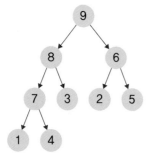

b.

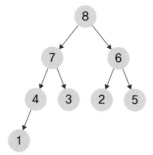

10.

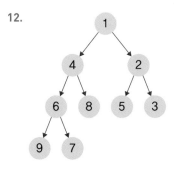

11. {4, 6, 2, 7, 8, 5, 3, 9}

12.

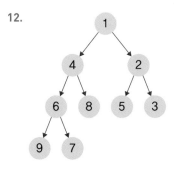

13. 힙에서 삭제할 때 시간 복잡도는 O(logn)입니다.

14. 힙에서 하나의 원소를 삽입하고 삭제할 때 시간 복잡도는 O(logn)입니다. 힙 정렬은 먼저 원소를 하나씩 삽입해 힙을 만들고, 힙을 하나씩 꺼내어 정렬합니다. 총 n번의 삽입과 n번의 삭제가 일어나며 시간 복잡도는 둘 다 O(nlogn)입니다. 따라서 전체 수행 시간은 2(nlogn)이며, 빅오 계산에서 계수는 무시하므로 총 시간 복잡도는 O(nlogn)이 됩니다.

11장

1.

```
int table[100000000] = { 0, };

int getNumber()
{
```

```
    for (int i = 0; i < 100000000; i++) {
        if (table[i] == 0) {
            table[i] = 1;
            return i;
        }
    }
    return -1;
}


int requestNumber(int val)
{
    if (0 == table[val]) {
        table[val] = 1;
        return 1;
    }
    return 0;
}
```

2. 정수 값을 키로 사용한 기존 해시 함수를 문자열로 변경해 구현합니다.

```
unsigned int Hash(char *key, int size)
{
    int ret = 0;
    int mul = 1;
    while (*key != '\0') {
        ret = ((int)(*key) * mul + ret) % size;
        mul *= 5;
        key++;
    }
    if (ret < 0) {
        ret = -ret;
    }
    return ret % size;
}
```

3.

```
#define MAX_KEY 32 // 키 값의 최대 크기
typedef struct hashTable_t
{
    int size;
    char **array;
    char *flag;
    int *count;
} HashTable;

#define EMPTY_NODE 0
#define FILLED_NODE 1
#define DELETED_NODE 2

int hornerHash(char key[], int size, int tableSize)
{
    int h = 0;
    int i = 0;
    while (i < size) {
        h = (32 * h + key[i]) % tableSize;
        i += 1;
    }
    return h;
}

int CollisionFunction(int i)
{
    return i;
}

void HashInit(HashTable *hTable, int size)
{
    hTable->size = size;
    // 각 해시값은 MAX_KEY 크기를 넘지 않는 키 값을 가집니다.
    hTable->array = (char**)malloc(hTable->size * sizeof(char*));
    for (int i = 0; i < size; i++) {
    hTable->array[i] = (char*)malloc( sizeof(char) * MAX_KEY);
}
```

```c
    hTable->flag = (char *)malloc(hTable->size * sizeof(char));
    hTable->count = (int *)malloc(hTable->size * sizeof(int));
    for (int i = 0; i < hTable->size; i++) {
        hTable->flag[i] = EMPTY_NODE;
    }
}

int HashFind(HashTable *hTable, char *value)
{
    int strSize = strlen(value);
    int hashValue = hornerHash(value, strSize, hTable->size);

    for (int i = 0; i < hTable->size; i++) {
        char buf[MAX_KEY] = { 0, };
        // 해시 테이블에 저장된 키 값을 버퍼로 복사합니다.
        memcpy(buf, (void*)hTable->array[hashValue * MAX_KEY], MAX_KEY *
sizeof(char));
        if ((hTable->flag[hashValue] == FILLED_NODE && strcmp(buf, value) == 0) ||
            hTable->flag[hashValue] == EMPTY_NODE) {
            break;
        }
        hashValue += CollisionFunction(i);
        hashValue = hashValue % hTable->size;
    }

    char buf[MAX_KEY] = { 0, };
    // 해시 테이블에 저장된 키 값을 버퍼로 복사합니다.
    memcpy(buf, (void*)hTable->array[hashValue * MAX_KEY], MAX_KEY * sizeof(char));

    if (hTable->flag[hashValue] == FILLED_NODE && strcmp(buf, value) == 0) {
        return 1;
    }
    else {
        return 0;
    }
}

    /*
```

해시 테이블에 이미 존재하는 값은 1을 증가시키고,
그렇지 않으면 빈도 1을 가지는 새로운 값을 추가합니다.
*/

```c
int HashAdd(HashTable *hTable, char *value)
{
    int strSize = strlen(value);
    int hashValue = hornerHash(value, strSize, hTable->size);

    int i = 0;
    for (; i < hTable->size; i++) {
        if (hTable->flag[hashValue] == EMPTY_NODE ||
            hTable->flag[hashValue] == DELETED_NODE) {
            memcpy((void*)hTable->array[hashValue], (void*)value, strSize *
sizeof(char));
            hTable->flag[hashValue] = FILLED_NODE;
            // 빈도를 1로 설정합니다.
            hTable->count[hashValue] = 1;
            break;
        }
        else if (hTable->flag[hashValue] == FILLED_NODE) {
            memcpy(buf, (void*)hTable->array[hashValue], MAX_KEY * sizeof(char));
            if (strcmp(buf, value) == 0) {
                hTable->count[hashValue]++;
            }
            break;
        }
        hashValue += CollisionFunction(i);
        hashValue = hashValue % hTable->size;
    }

    if (i != hTable->size) {
        return 1;
    }
    else {
        // 테이블이 가득 찼습니다.
        return 0;
    }
}
```

```
int main()
{
    HashTable hash;
    HashInit(&hash, 100);
    FILE* fp = fopen("some.txt", "r");

    if (fp != NULL) {
        char buf[255];
        while (!feof(fp)) {
            fgets(buf, 255, fp);
            char* token = strtok(buf, " ");
            while (token != NULL) {
                int ret = HashAdd(hash, token);
                printf("%s\n", token);
                token = strtok(NULL, " ");
            }
        }
        fclose(fp);
    }
}
```

4. 가장 자주 나타나는 단어에 대한 카운트와 인덱스를 갱신하도록 HashAdd( ) 함수를 수정합니다.

```
static int most_common_index = 0;
static int most_common_count = 0;

int HashAdd(HashTable *hTable, char *value)
{
    int strSize = strlen(value);
    int hashValue = hornerHash(value, strSize, hTable->size);

    int i = 0;
    for (; i < hTable->size; i++) {
        if (hTable->flag[hashValue] == EMPTY_NODE ||
            hTable->flag[hashValue] == DELETED_NODE) {
            memcpy((void*)hTable->array[hashValue], (void*)value, strSize *
sizeof(char));
```

```
                hTable->flag[hashValue] = FILLED_NODE;
                // 빈도를 1로 설정합니다.
                hTable->count[hashValue] = 1;
                break;
            }
            else if (hTable->flag[hashValue] == FILLED_NODE) {
                char buf[MAX_KEY] = { 0, };
                // 해시 테이블에 저장된 키 값을 버퍼로 복사합니다.
                memcpy(buf, (void*)hTable->array[hashValue], MAX_KEY * sizeof(char));
                if (strcmp(buf, value) == 0) {
                    hTable->count[hashValue]++;
                    if (hTable->count[hashValue] > most_common_count) {
                        // 가장 자주 나타나는 단어의 정보를 갱신합니다.
                        most_common_index = hashValue;
                        most_common_count = hTable->count[hashValue];
                    }
                }
                break;
            }
            hashValue += CollisionFunction(i);
            hashValue = hashValue % hTable->size;
        }

        if (i != hTable->size) {
            return 1;
        }
        else {
            // 테이블이 가득 찼습니다.
            return 0;
        }
    }
```

5. 3번 풀이에서 구현한 HashAdd( ) 함수와 HashFind( ) 함수에서 hornerHash( )를 호출해 문자열을 해싱하도록 구현했습니다.

6.

구분	AVL 트리	정렬된 배열
삽입	O(logn)	O(n)
삭제	O(logn)	O(n)
조회	O(logn)	O(logn)
장단점	탐색 속도가 빠르고, 트리 전체의 재배열 필요없음. 균형을 맞추는 데 시간이 많이 걸리고 구현이 어려움	구조가 간단해 구현이 쉽지만, 배열 크기를 늘리기가 어려움

12장

1. 데이크스트라 알고리즘에서 부모를 저장하고 경로를 출력하는 구현입니다.

```
int minDistance(TableNode *table, int count)
{
    // 최솟값 초기화
    int min = INT_MAX, min_index;

    for (int v = 0; v < count; v++) {
        if (table[v].visited == false && table[v].cost <= min) {
            min = table[v].cost;
            min_index = v;
        }
    }
    return min_index;
}

void printPath(TableNode *table, int i) {
    if (table[i].prev == -1) {
        return;
    }
    printPath(table, table[i].prev);
    printf("%d ", i);
}
```

```
void printAll(TableNode *table, int count, int source)
{
    for (int i = 1; i < count; i++) {
        printf("%d -> %d : %d ", source, i, table[source].cost);
        printPath(table, i);
        printf("\n");
    }
}

void dijkstra(int gph[8][8], int count, int source)
{
    TableNode *table= (TableNode*)malloc(count * sizeof(TableNode));

    // 테이블을 초기화합니다.
    for (int i = 0; i < count; i++) {
        table[i].prev = -1;
        table[i].cost = INFINITE;
        table[i].visited = false;
    }

    table[source].cost = 0;

    for (int dest = 0; dest < count; dest++) {
        int u = minDistance(table, count);
        table[u].visited = true;
        for (int v = 0; v < count; v++) {
            if (gph[u][v] && table[v].visited == false
                && table[u].cost + gph[u][v] < table[v].cost) {
                table[v].prev = u;
                table[v].cost = table[u].cost + gph[u][v];
            }
        }
    }

    printAll(table, count, 0);
    free(table);
}
```

2. GraphNode *head = gph->adj[curr].next;

인접 리스트에서는 next로 다음 노드를 찾지만, 인접 행렬에서는 for문에서 노드가 값을 가지는 경우만 찾아서 처리합니다. 예제 12-3을 인접 행렬로 재구현했습니다.

```
int DFSStack(Graph *gph, int source, int target)
{
    int count = gph->count;
    int *visited = (int*)calloc(count, sizeof(int));
    int curr
    Stack stk;
    StackInitialize(&stk);

    StackPush(&stk, source);
    visited[source] = 1;

    while (StackSize(&stk) != 0) {
        curr = StackPop(&stk);
        for (int i = 0; i < count; i++) {
            if (i == curr) {
                continue;
            }
            if (gph->adj[curr][i]) {
                if (visited[i] == 0) {
                    StackPush(&stk, i);
                    visited[i] = 1;
                }
            }
        }
    }
    return visited[target];
}
```

3. BFS로 풀 수 있습니다.

```
#define MAX 1000
#define BUF 256
int front = -1;
```

```c
int rear = -1;
char queue[MAX][BUF];

int qIsEmpty(void)
{
    if (front == rear) { // front와 rear가 같으면 큐는 비어 있는 상태
        return true;
    }
    else {
        return false;
    }
}

int qIsFull(void)
{
    int tmp = (rear + 1) % MAX; // 원형 큐에서 rear + 1을 MAX로 나눈 나머지 값이
    if (tmp == (MAX + front) % MAX) { // front와 같으면 큐는 가득 차 있는 상태
        return true;
    }
    else {
        return false;
    }
}

void qadd(char *value)
{
    if (qIsFull()) {
        printf("큐가 가득 참\n");
    }
    else {
        rear = (rear + 1) % MAX;
        strcpy(queue[rear], value);
    }
}

int qpop(char *buf)
{
    if (qIsEmpty()) {
```

```c
        printf("큐가 비었음\n");
    }
    else {
        front = (front + 1) % MAX;
        strcpy(buf, queue[front]);
        memset(queue, 0x0, sizeof(char) * BUF);
        return 1;
    }
    return 0;
}

int qsize()
{
    if (front < rear) {
        return rear - front;
    }
    int tmp = rear + MAX;
    return tmp - front;
}

typedef struct Node
{
    char value[8];
    struct Node *next;
} ListNode;

int insertNode(ListNode **ptrHead, char *value)
{
    ListNode *tempNode = (ListNode*)malloc(sizeof(ListNode));
    if (!tempNode) {
        return -1;
    }
    strcpy(tempNode->value, value);
    tempNode->next = *ptrHead;
    *ptrHead = tempNode;
    return 1;
}
```

```c
int findLength(ListNode *head)
{
    int count = 0;
    while (head) {
        count++;
        head = head->next;
    }
    return count;
}


int searchList(ListNode *head, char *value)
{
    while (head) {
        if (strcmp(head->value, value) == 0) {
            printf("\n값을 찾았습니다.\n");
            return 1;
        }
        head = head->next;
    }
    printf("\n값을 찾지 못했습니다.\n");
    return 0;
}

void deleteNode(ListNode **ptrHead, char *delValue)
{
    printf("\n노드 삭제 \n");
    ListNode *currNode = *ptrHead;
    ListNode *nextNode;

    if (currNode && !strcmp(currNode->value, delValue)) {
        *ptrHead = currNode->next;
        free(currNode);
        return;
    }

    while (currNode != NULL) {
        nextNode = currNode->next;
        if (nextNode != NULL && !strcmp(nextNode->value, delValue)) {
```

```
                currNode->next = nextNode->next;
                free(nextNode);
                return;
            }
            else {
                currNode = nextNode;
            }
        }
    }
}


int wordLadder(char *beginWord, char *endWord, ListNode *wordList)
{
    int level = 0;
    qadd(beginWord);
    const int WORD_LEN = strlen(beginWord);

    while (!qIsEmpty()) {
        ++level;
        int qn = qsize();
        for (int i = 0; i < qn; i++) {
            char buf[BUF];
            qpop(buf);
            if (strcmp(buf, endWord) == 0) {
                return level;
            }
            deleteNode(&wordList, buf);
            for (int pos = 0; pos < WORD_LEN; pos++) {
                char ch_org = buf[pos];
                for (char ch = 'a'; ch <= 'z'; ch++) {
                    buf[pos] = ch;
                    if (searchList(wordList, buf)) {
                        qadd(buf);
                    }
                }
                buf[pos] = ch_org;
            }
        }
    }
}
```

```
    return 0;
}
```

13장

1. 문자열을 순회하면서 만나는 각 문자의 인덱스를 맵에 저장해서 맵과 부분 문자열의 시작 인덱스로 부분 문자열 내에 중복 문자가 있는지 찾습니다. 중복 문자열을 발견하면 시작 인덱스를 하나 증가시켜 다음 부분 문자열을 찾습니다.

```c
int longestSubstring(char *in, char *out)
{
    int ret_s = 0; // 결괏값의 시작 인덱스
    int ret_e = 1; // 결괏값의 끝 인덱스
    int ret = 0;
    int start = 0;

    // 문자의 마지막 인덱스를 저장하기 위한 맵
    int hitMap[256];
    memset(hitMap, -1, sizeof(int) * 256);

    int one_len = 0;
    int LEN = strlen(in);
    if (LEN <= 1) {
        strcpy(out, in);
        return LEN;
    }

    for (int i = 0; i < LEN; i++) {
        char ch = in[i];
        if (hitMap[ch] == -1) {
            hitMap[ch] = i;
            one_len++;
        }
        else {
            // ch와 같은 값이 start 이후에 있다면 중복 문자를 찾은 것입니다.
```

```
            if (hitMap[ch] >= start) {
                if (one_len > ret) {
                    ret_s = start;
                    ret_e = i;
                    ret = one_len, ret;
                }
                one_len = i - hitMap[ch];
                start = hitMap[ch] + 1;
            }
            else {
                // 중복 문자가 없으면 부분 문자열의 길이를 늘립니다.
                one_len++;
            }
            hitMap[ch] = i;
        }
    }

    if (one_len > ret) {
        ret_s = start;
        ret_e = LEN;
        ret = one_len, ret;
    }

    strncpy(out, in + ret_s, ret_e - ret_s);
    return ret;
}
```

2. 문자열을 순회하며 처음부터 n개의 ch를 설정합니다. n이 문자열보다 크면 에러가 발생하므로 이때는 n 값을 보정해 줍니다.

```
void myMemset(char *in, int n, char ch)
{
    int LEN = strlen(in);
    // 문자열 크기가 n보다 작으면 n 대신 LEN을 사용합니다.
    if (LEN < n) {
        n = LEN;
    }
```

```
    for (int i = 0; i < n; i++) {
        in[i] = ch;
    }
}
```

3. 직렬화 과정에서 구분자를 사용해 각 문자열을 구분합니다. 다음 코드에서는 '~'을 구분자로 사용합니다.

```
/* in: 입력 문자열의 배열
   n: 문자열의 개수
   out: 직렬화된 문자열
*/
void serialize(char **in, int n, char *out)
{
    for (int i = 0; i < n; i++) {
        int LEN = strlen(in[i]);
        sprintf(out, "%s%s~", out, in[i]);
    }
}

// n은 out의 크기
int deserialize(char *in, char **out, int n)
{
    int cnt = 0;
    const int LEN = strlen(in);
    int start = 0;
    for (int i = 0; i < LEN; i++) {
        if (in[i] == '~') {
            if (cnt >= n) {
                // 버퍼 크기를 넘어서면 멈춥니다.
                break;
            }
            int cur_len = i - start; // 현재 문자열의 길이
            strncpy(out[cnt], in + start, cur_len);
            out[cnt][cur_len] = '\0';
            start = i + 1;
            cnt++;
        }
```

```
    }
    // 역직렬화된 컬렉션의 크기를 반환합니다.
    return cnt;
}
```

4. 20번째 문자에서부터 거꾸로 순회하며 공백을 찾습니다. 첫 번째 찾은 공백을 널 문자로 치환해 문자열을 끊습니다.

```
#define CUT_LEN 20

void smartInput(char *str)
{
    const int LEN = strlen(str);
    // 문자열의 길이가 자르려는 크기보다 작다면 아무것도 하지 않습니다.
    if (LEN < CUT_LEN) {
        return;
    }
    for (int i = CUT_LEN - 1; i >= 0; i--) {
        if (str[i] == ' ') {
            str[i] = '\0';
            return;
        }
    }
}
```

5. isalnum 함수로 알파벳인 경우만 확인해 팰린드롬 여부를 검사합니다.

```
int isPalindrome(char *s)
{
    int len = strlen(s);
    if (len <= 1) {
        return 1;
    }
    for (int i = 0, j = len - 1; i < j; i++, j--) {
        while (i < j && !isalnum(s[i])) {
            i++;
```

```
        }
        while (i < j && !isalnum(s[j])) {
            j--;
        }
        if (i < j && tolower(s[i]) != tolower(s[j])) {
            return 0;
        }
    }
    return 1;
}
```

6. 뒤에서부터 앞으로 문자열을 순회하며 숫자이면 정수로 변환합니다. 그리고 자릿수를 곱하고 결괏값에 더합니다.

```
int myAtoI(char *s)
{
    int ret = 0;
    int exp = 0;
    int len = strlen(s);
    for (int i = len - 1; i >= 0; i--) {
        if (s[i] >= '0' && s[i] <= '9') {
            ret += (s[i] - '0') * pow(10, exp);
            exp++;
        }
    }
    return ret;
}
```

7. 이 문제는 조금 복잡합니다. 데이터를 편하게 다루기 위해 C++의 vector 같은 컨테이너를 하나 만들어 구현하면 좀 더 쉽게 구현할 수 있습니다. 깊이 우선 탐색으로 토큰을 찾고, 토큰 간의 조합으로 카테시안 곱을 해서 구합니다.

```
typedef struct
{
    char buf[64];
}element;
```

```c
typedef struct VECTOR
{
    element *data;
    int size;
    int last;
}VECTOR;

void vInit(VECTOR **ppV)
{
    *ppV = (VECTOR*)malloc(sizeof(VECTOR));
    // **ppv = (VECTOR)malloc(sizeof(VECTOR));
    (*ppV)->size = 1; // 내부 메모리 크기
    (*ppV)->last = -1;
    (*ppV)->data = (element*)malloc((*ppV)->size * sizeof(element));
}


// 벡터 크기 증가 값
const int vINC = 8;
void vFull(VECTOR* V)
{
    V->size += vINC;
    V->data = (element*)realloc(V->data, V->size * sizeof(element));
}


void vPush(VECTOR *V, element *item)
{
    if (V->last >= V->size - 1) {
        vFull(V);
    }
    if (V->last == 8) {
        int x = 1;
    }
    memcpy(&V->data[++(V->last)], item, sizeof(element));
}


bool vEmpty(VECTOR *V)
{
    if (V->last < 0) {
```

```
            return true;
        }
        return false;
}


void vClear(VECTOR *V)
{
    V->last = -1;
}


void vUninit(VECTOR **ppV)
{
    if (*ppV == NULL) {
        return;
    }
    free((*ppV)->data);
    free(*ppV);
    *ppV = NULL;
}


void getWord(char *expr, int *pI, char *res) {
    int j = 0;
    while ('a' <= expr[*pI] && expr[*pI] <= 'z') {
        res[j++] = expr[(*pI)++];
    }
    res[j] = '\0';
}


VECTOR *dfs(char *expr, int exprLen, int *pI) {
    VECTOR *res;
    vInit(&res);
    VECTOR *S;
    vInit(&S);

    while (*pI < exprLen && expr[*pI] != ')') {
        if (expr[*pI] == ',') {
            // union
            for (int j = 0; j <= S->last; j++) {
```

```
                vPush(res, &(S->data[j]));
            }
            vClear(S);
            (*pI)++;
        }
        VECTOR *t;
        vInit(&t);
        if (expr[*pI] == '(') {
            (*pI)++;
            t = dfs(expr, exprLen, pI);
            (*pI)++;
        }
        else {
            element e1;
            getWord(expr, pI, e1.buf);
            vPush(t, &e1);
        }
        if (vEmpty(S)) {
            vUninit(&S);
            S = t;
        }
        else {
            // 카테시안 곱(cartesian product)
            VECTOR *S2;
            vInit(&S2);
            for (int j = 0; j <= S->last; j++) {
                for (int k = 0; k <= t->last; k++) {
                    element temp;
                    strcpy(temp.buf, S->data[j].buf);
                    strcat(temp.buf, t->data[k].buf);
                    vPush(S2, &temp);
                }
            }
            vUninit(&S);
            S = S2;
        }
    }
    // union
```

```
    for (int j = 0; j <= S->last; j++) {
        vPush(res, &S->data[j]);
    }

    return res;
}

VECTOR *braceExpansion(char *expression)
{
    int i = 0;
    VECTOR *ret = dfs(expression, strlen(expression), &i);
    return ret;
}

char **braceExpansionII(char *expression, int *returnSize)
{
    int i = 0;
    VECTOR *ret = dfs(expression, strlen(expression), &i);
    char **ans;
    *returnSize = ret->last + 1;
    ans = (char**)malloc(sizeof(char*) * (*returnSize) );

    for (int i = 0; i < (*returnSize); i++) {
        int N = strlen(ret->data[i].buf) + 1;
        ans[i] = (char*)malloc(sizeof(char) * N);
        strcpy(ans[i], ret->data[i].buf);
    }

    bool *duplicate = (bool*)malloc(sizeof(bool) * (*returnSize));
    memset(duplicate, 0x0, sizeof(bool) * (*returnSize));

    int count = (*returnSize);
    // 중복 제거
    for (int i = 0; i < (*returnSize); i++) {
        if (duplicate[i] != true) {
            for (int j = i + 1; j < (*returnSize); j++) {
                if (duplicate[j] != true) {
                    int cmp = strcmp(ans[i], ans[j]);
```

```c
                    if (cmp == 0) {
                        duplicate[j] = true;
                        count--;
                    }
                    else if (cmp > 0) {
                        // 정렬을 위해 큰 것을 오른쪽으로 옮깁니다.
                        char *temp = ans[i];
                        ans[i] = ans[j];
                        ans[j] = temp;
                    }
                }
            }
        }
    }

    if (count != (*returnSize)) {
        char **ansNew;
        ansNew = (char **)malloc(sizeof(char*) * count);
        int j = 0;

        for (int i = 0; i < (*returnSize); i++) {
            if (duplicate[i] != true) {
                int N = strlen(ans[i]) + 1;
                ansNew[j] = (char*)malloc(sizeof(char) * N);
                strcpy(ansNew[j], ans[i]);
                j++;
            }
            free(ans[i]);
        }

        free(ans);
        ans = ansNew;
        *returnSize = count;
    }

    vUninit(&ret);
    return ans;
}
```

8. 문자열을 한 번 순회해 각 문자의 출현 빈도를 기록합니다. 다시 문자열을 순회하면서 출현 빈도가 1인 부분 문자열 중 가장 긴 것을 찾습니다.

```c
int longestUniqueSubstring(char *in, char *out)
{
    int LEN = strlen(in);
    int cntMap[256];
    memset(cntMap, 0, sizeof(int) * 256);

    // 각 문자의 개수를 구합니다.
    for (int i = 0; i < LEN; i++) {
        cntMap[in[i]]++;
    }

    int ret_s = -1; // 결괏값의 시작 인덱스
    int ret_e = -1; // 결괏값의 끝 인덱스
    int ret = 0;

    int start = -1;
    int one_len = 0;

    int i = 0;
    for (; i < LEN; i++) {
        if (cntMap[in[i]] > 1 && start > 0) {
            int temp_len = i - start;
            if (one_len < temp_len) {
                one_len = temp_len;
                ret_s = start;
                ret_e = i;
            }
            start = -1;
        }
        if (cntMap[in[i]] == 1 && start < 0) {
            start = i;
        }
    }

    if (start > 0) {
```

```
            int temp_len = i - start;
            if (one_len < temp_len) {
                one_len = temp_len;
                ret_s = start;
                ret_e = i;
            }
        }
    }

    strncpy(out, in + ret_s, ret_e - ret_s);
    return ret;
}
```

9. 결과 문자열의 인덱스를 따로 관리해 'a'를 만날 때마다 'the'를 복사하고 인덱스를 2만큼 증가시킵니다.

```
void replaceA2The(char *in, char *out)
{
    int LEN = strlen(in);

    // j: 결과 문자열의 인덱스
    int j = 0;
    for (int i = 0; i < LEN; i++, j++) {
        if (in[i] == 'a') {
            out[j++] = 't';
            out[j++] = 'h';
            out[j] = 'e';
        }
        else {
            out[j] = in[i];
        }
    }

    out[j] = '\0';
}
```

10. 문자열을 순회하며 '%20' 문자 패턴을 찾아서 공백 문자로 바꿉니다. '%20'은 세 자이고 공백 문자는 한 자이므로 패턴을 찾으면 남은 문자열을 왼쪽으로 두 칸 옮겨야 합니다. 읽기 인덱스와 쓰기 인덱스가 다르면 읽기 인덱스의 문자를 쓰기 인덱스 위치로 복사합니다.

```
void replaceSpace(char *str)
{
    int LEN = strlen(str);
    int j = 0; // 쓰기 인덱스
    int i = 0; // 읽기 인덱스

    for (; i < LEN - 2; i++, j++) {
        if (str[i] == '%' && str[i+1] == '2' && str[i+2] == '0') {
            str[j] = ' ';
            i += 2;
        }
        else if (i != j) {
            str[j] = str[i];
        }
    }

    for (; i < LEN; i++, j++) {
        if (i != j) {
            str[j] = str[i];
        }
    }

    str[j] = '\0';
}
```

11. 문자열을 순회하며 '..' 패턴을 찾습니다. 그 과정에서 마지막 콤마의 위치를 저장합니다. 패턴을 찾으면 다음 콤마에서 시작 숫자에 해당하는 문자열과 끝 숫자에 해당하는 문자열을 구해 중간 문자열을 생성합니다.

```
void numExpansion(char *in, char *out)
{
    int LEN = strlen(in);

    int j = 0; // 쓰기 인덱스
    int i = 0; // 읽기 인덱스
    int comma = 0;
    int dot = -1;
    int start = -1;
```

```c
for (; i < LEN; i++) {
    if (in[i] == ',') {
        out[j++] = in[i];
        comma = i + 1;
        // "start..end,"의 end일 때
        if (start != -1) {
            char buf[256];
            strncpy(buf, in + dot, i - dot);
            buf[i - dot] = '\0';
            int end = atoi(buf);
            for (int k = start+1; k <= end; k++) {
                char buf2[10];
                sprintf(buf2, "%d", k);
                for (int m = 0; m < strlen(buf2); m++) {
                    out[j++] = buf2[m];
                }
                out[j++] = ',';
            }
            start = -1;
        }
    }
    else if (in[i] == '.' && in[i + 1] == '.') {
        char buf[256];
        strncpy(buf, in + comma, i - comma);
        buf[i - comma] = '\0';
        start = atoi(buf);
        dot = i + 2;
        i++;
    }
    else if (start == -1) {
        out[j++] = in[i];
    }
}

if (start != -1 && dot !=789 -1) {
    char buf[256];
    strncpy(buf, in + dot, i - dot);
    buf[i - dot] = '\0';
```

```
        int end = atoi(buf);
        for (int k = start + 1; k <= end; k++) {
            char buf2[10];
            sprintf(buf2, "%d", k);
            for (int m = 0; m < strlen(buf2); m++) {
                out[j++] = buf2[m];
            }
            if (k != end) {
                out[j++] = ',';
            }
        }
        start = -1;
    }

    out[j] = '\0';
}
```

12. 트라이 구조체로 사전을 만들고, 사전에서 단어를 발견할 때마다 공백 문자를 삽입합니다.

```
#include <string.h>
#include <stdlib.h>
#include <stdio.h>

typedef struct trieNode_t
{
    int flag;
    char ch;
    struct trieNode_t *child[26];
} TrieNode;

TrieNode *createNode()
{
    TrieNode *temp = (TrieNode *)malloc(sizeof(TrieNode));
    for (int i = 0; i < 26; i++) {
        temp->child[i] = NULL;
    }
    return temp;
}
```

```
        }

        void toLowerCase(char *str)
        {
            int length = strlen(str);
            for (int i = 0; i < length; i++) {
                if (str[i] >= 65 && str[i] <= (65 + 25)) {
                    str[i] += 32;
                }
            }
        }

        void trieInserUtil(TrieNode *root, char *str)
        {
            if (*(str + 1) == '\0') {
                if (root->child[*str - 'a'] == NULL) {
                    root->child[*str - 'a'] = createNode();
                }
                root->child[*str - 'a']->flag = 1;
                root->child[*str - 'a']->ch = *str;
                return;
            }
            else {
                if (root->child[*str - 'a'] == NULL) {
                    root->child[*str - 'a'] = createNode();
                    root->child[*str - 'a']->flag = 0;
                }
                root->child[*str - 'a']->ch = *str;
                trieInserUtil(root->child[*str - 'a'], (str + 1));
            }
        }

        TrieNode *trieInsert(TrieNode *root, char *str)
        {
            toLowerCase(str);
            if (str == NULL || *str == '\0') {
                return root;
            }
```

```
    if (root == NULL) {
        root = createNode();
        trieInserUtil(root, str);
    }
    else {
        trieInserUtil(root, str);
    }
    return root;
}


int findNode(TrieNode *root, char *str)
{
    toLowerCase(str);
    if (str == NULL) {
        return 0;
    }
    if (root == NULL) {
        return 0;
    }
    while (root->child[*str - 'a'] && *(str + 1) != '\0' &&
           root->child[*str - 'a']->ch == *str) {
        root = root->child[*str - 'a'];
        str++;
    }

    if (!root->child[*str - 'a'] || root->child[*str - 'a']->ch != *str) {
        return 0;
    }

    if (*(str + 1) == '\0') {
        if (root->child[*str - 'a']->ch == *str && root->child[*str - 'a']->flag == 1) {
            return 1;
        }
    }

    return 0;
}


TrieNode *makeDict(char words[][10], int numWords)
```

```
{
    TrieNode *root = createNode();
    for (int i = 0; i < numWords; i++) {
        trieInsert(root, words[i]);
    }

    return root;
}


void separateSentence(TrieNode *dict, char *in, char *out)
{
    int l = 0;
    int N = strlen(in);
    char buf[256] = { 0 };
    // 트라이로 만든 사전에서 단어를 찾아 공백 문자를 넣고 새로 다음 단어를 찾습니다.
    int i = 0;
    for (int r = 0; r < N; r++) {
        buf[r - l] = in[r];
        out[i++] = in[r];
        if (findNode(dict, buf)) {
            out[i++] = ' ';
            memset(buf, 0x0, 256 * sizeof(char));
            // 다음 왼쪽을 재설정합니다.
            l = r + 1;
        }
    }
}


int main()
{
    char words[4][10] = { "this\0", "is\0", "a\0", "sentence\0" };
    TrieNode *dict = makeDict(words, 4);
    char in[] = "Thisisasentence";
    char out[256] = "\0";
    separateSentence(dict, in, out);
    printf("%s\n", out);
    return 0;
}
```

13. 모든 문자열은 소문자 알파벳으로 이루어져 있고 찾으려는 문자열(str2)에는 중복된 문자가 없다고 가정합니다. 이 가정이 아니면 슬라이딩 윈도로 해결할 수 있습니다.

```c
#include <string.h>

// 주어진 문자열에서 문자 ch의 인덱스를 반환합니다.
int indexOf(char *str, char ch)
{
    for (int i = 0; i < strlen(str); i++) {
        if (str[i] == ch) return i;
    }
    return -1;
}

void completeFunc(const char *str1, const char *str2, const char *str3, char *out)
{
    const int LEN1 = strlen(str1);
    const int LEN2 = strlen(str2);
    const int LEN3 = strlen(str3);

    int match2[26] = { 0, };
    int match3[26] = { 0, };

    for (int i = 0; i < LEN2; i++) {
        match2[str2[i] - 'a'] = 1;
    }

    for (int i = 0; i < LEN3; i++) {
        match3[str3[i] - 'a'] = 1;
    }

    int start = 0;
    int end = 0;
    int count = 0;
    int minLen = LEN1; // 최솟값을 비교하기 위해 길이를 저장합니다. 처음에는 str1의 길이로
초기화합니다.
    int minS = 0; // 최솟값의 시작
```

```
    for (int i = 0; i < strlen(str1); i++) {
        if (match3[str1[i] - 'a'] == 1) {
            // str3의 문자를 발견하면 변수를 초기화합니다.
            start = 0;
            end = 0;
            count = 0;
        }
        else if (match2[str1[i] - 'a'] == 1) {
            if (count == 0) {
                start = i;
            }
            count++;
            if (count == LEN2) {
                end = i;
                int curLen = end - start + 1;
                // 현재 길이가 기존에 저장한 최소 길이보다 작다면 갱신합니다.
                if (minLen > curLen) {
                    minLen = curLen;
                    minS = start;
                }
                i = start;
                start = 0;
                end = 0;
                count = 0;
            }
        }
        else {
            if (count > 0) {
                count++;
            }
        }
    }

    strncpy(out, str1 + minS, minLen);
}

int main()
{
```

```
    char buf[256] = { 0, };
    completeFunc("abxcadybda", "abd", "xy", buf);
    return 0;
}
```

14. 찾으려는 애너그램 문자열 A의 크기만큼의 슬라이딩 윈도를 사용합니다. 애너그램 여부는 문자열의 알파벳 개수를
    저장하는 크기 26인 배열을 만들어 비교합니다. A가 크기 3인 문자열 'abd'라고 하면 배열은 {1, 1, 0, 1, ...}을 저
    장합니다. 마찬가지로 문자열 B에도 알파벳 개수를 세어 저장하는 배열을 만듭니다. 매번 A 크기만큼 문자열을 세
    어 개수가 같으면 애너그램입니다. 한 칸씩 이동하면서 슬라이딩 윈도를 벗어나는 문자열 값을 문자열 B의 카운트
    배열에서 뺍니다.

```c
#include <string.h>

int CompareCount(int cnt1[26], int cnt2[26])
{
    for (int i = 0; i < 26; i++) {
        if (cnt1[i] != cnt2[i]) {
            return 0;
        }
    }
    return 1;
}


/*
슬라이딩 윈도로 str2의 애너그램이 str1의 부분 문자열인지 찾습니다.
*/
int FindAnagram(const char *str1, const char *str2)
{
    const int LEN1 = strlen(str1);
    const int LEN2 = strlen(str2);
    // str1이 더 작다면 str2는 부분 문자열이 될 수 없습니다.
    if (LEN1 < LEN2) {
        return 0;
    }

    int cnt1[26] = { 0, }; // str1의 문자 개수를 저장합니다.
```

```
        int cnt2[26] = { 0, }; // str2의 문자 개수를 저장합니다.

        for (int i = 0; i < LEN2; i++) {
            cnt1[str1[i] - 'a']++;
            cnt2[str2[i] - 'a']++;
        }

        if (CompareCount(cnt1, cnt2)) {
            return 1;
        }

        /*
         str2 크기만큼 먼저 비교하고 한 칸씩 이동합니다.
         새로 추가된 문자를 cnt1에 넣고 맨 앞의 문자 하나를 cnt1에서 뺍니다.
         cnt1과 cnt2이 같다면 애너그램입니다.
        */
        for (int i = LEN2; i < LEN1; i++) {
            cnt1[str1[i] - 'a']++;
            cnt1[str1[i-LEN2] - 'a']--;
            if (CompareCount(cnt1, cnt2)) {
                return 1;
            }
        }

        return 0;
    }

int main()
{
    int result = FindAnagram("afdgzyxksldfm", "xyz");
    printf("%d\n", result);

    return 1;
}
```

15. 'bc'를 먼저 찾고 앞뒤로 'a'가 있는지 찾습니다. 'a'가 있으면 입력 문자열의 값을 'a'의 크기만큼 왼쪽으로 옮깁니다.

```c
#include <string.h>

/*
str1에서 str2 옆에 있는 str3를 제거합니다.
*/
void removeOccur(char *str1, const char *str2, const char *str3)
{
    const int LEN1 = strlen(str1);
    const int LEN2 = strlen(str2);
    const int LEN3 = strlen(str3);

    int newI = 0;
    for (int i = 0; i <= LEN1-LEN2; i++, newI++) {
        if (strncmp(str1 + i, str2, LEN2) == 0) {
            // str2 앞에 str이 있는지 확인합니다.
            if (i - LEN3 >= 0) {
                if (strncmp(str1 + i - LEN3, str3, LEN3) == 0) {
                    newI -= LEN3;
                }
            }
            // str2 뒤에 str이 있는지 확인합니다.
            if (i + LEN2 + LEN3 <= LEN1) {
                if (strncmp(str1 + i + LEN2, str3, LEN3) == 0) {
                    i += LEN3;
                }
            }
            strncpy(str1 + newI, str2, LEN2);
            newI += (LEN2-1);
            i += (LEN2 - 1);
        }
        else {
            if (newI != i) {
                str1[newI] = str1[i];
            }
        }
```

```
        }
        str1[newI] = '\0';
    }

    int main()
    {
        char buf[] = "xxxbcaayyabc\0";
        removeOccur(buf, "bc", "a");
        return 1;
    }
```

16. 이진수의 두 자리는 4진수의 한 자리로 변환할 수 있습니다.

1010101010 → 22222

11 → 3

1011 → 23

111 → 13

이진수가 홀수일 때 맨 왼쪽은 한 자리 수의 4진수로 변환합니다. 나머지는 두 자리의 이진수를 한 자리의 4진수로
변환합니다.

```
void convert2to4(char *str)
{
    int LEN = strlen(str);
    int odd = LEN & 1 ? 1 : 0;
    int i = 0;
    int j = 0;

    if (odd) {
        i = 1;
        j = 1;
    }

    for (; i < LEN; i+=2, j++) {
        int n1 = str[i] - '0';
        int n2 = str[i + 1] - '0';
```

```
        str[j] = '0' + n1 * 2 + n2;
    }

    str[j] = '\0';
}

int main()
{
    char buf[] = "1010101010";
    convert2to4(buf);
    return 1;
}
```

17. 삭제할 노드를 찾아 노드의 자식이 한쪽만 있으면 반대편 노드를 삭제할 노드 위치로 옮깁니다. 양쪽 자식이 다 있으면 오른쪽 트리에서 가장 작은 값을 찾아 삭제할 노드를 대체합니다.

```
// 노드를 삭제하고 새로운 루트를 반환합니다.
TreeNode *deleteNode(TreeNode *root, char *value)
{
    if (!root) {
        return NULL;
    }
    int compare = strcmp(root->value, value);
    if (compare == 1) {
        root->lChild = deleteNode(root->lChild, value);
    }
    else if (compare == -1) {
        root->rChild = deleteNode(root->rChild, value);
    }
    else {
        if (!root->lChild) { // 왼쪽 자식이 없다면
            TreeNode *node = root->rChild;
            free(root);
            return node;
        }
        else if (!root->rChild) {
            TreeNode *node = root->lChild;
```

```
        free(root);
        return node;
    }
    // 삭제할 노드의 오른쪽 트리에서 가장 작은 값을 찾아 삭제할 노드의 위치에 넣습니다.
    TreeNode *node = findMinNode(root);
    strcpy(root->value, node->value);
    root->rChild = deleteNode(root->rChild, node->value);
    }


    return root;
}
```

18. 노드를 삭제하려면 다음처럼 트리에서 가장 작은 노드를 찾아야 합니다.

```
TreeNode *findMinNode(TreeNode *node)
{
    TreeNode *cur = node;
    while (cur && cur->lChild != NULL) {
        cur = cur->lChild;
    }
    return cur;
}
```